技能应用速成系列

Stata 统计分析
从入门到精通

李 昕 编著

电子工业出版社
Publishing House of Electronics Industry
北京·BEIJING

内 容 简 介

本书以 Stata 为平台,通过实例引导的方式介绍应用 Stata 进行统计分析的相关知识,帮助读者系统地学习使用 Stata 解决实际工作中遇到的问题。

全书分为三部分,共 17 章,第一部分详细介绍 Stata 的操作界面、命令基本语法、数据管理、图形绘制等操作知识;第二部分介绍描述性统计、假设检验、方差分析、相关分析、各类回归分析、聚类分析、主成分分析与因子分析等统计分析知识;第三部分介绍时间序列分析知识,包括趋势分析与平滑方法、ARIMA 模型、VAR 模型与 VEC 模型、ARCH 系列模型等。本书涉及面广,涵盖了一般用户的基本需求,全书按逻辑顺序编排,自始至终结合实例进行介绍,内容完整且每章相对独立,是一本详尽实用的 Stata 学习用书。

本书适合高等院校经济学、统计学、管理学、金融学、社会学、医学等相关专业的学生、科研人员学习使用,还适合应用 Stata 进行数据分析以解决实际问题的人员学习使用。

未经许可,不得以任何方式复制或抄袭本书之部分或全部内容。
版权所有,侵权必究。

图书在版编目(CIP)数据

Stata 统计分析从入门到精通 / 李昕编著. —北京:电子工业出版社,2023.11
(技能应用速成系列)
ISBN 978-7-121-46623-6

Ⅰ. ①S… Ⅱ. ①李… Ⅲ. ①统计分析-应用软件 Ⅳ. ①C819

中国国家版本馆 CIP 数据核字(2023)第 214183 号

责任编辑:许存权　　　　　特约编辑:田学清
印　　刷:天津嘉恒印务有限公司
装　　订:天津嘉恒印务有限公司
出版发行:电子工业出版社
　　　　　北京市海淀区万寿路 173 信箱　　　邮编:100036
开　　本:787×1092　1/16　印张:23.5　字数:602 千字
版　　次:2023 年 11 月第 1 版
印　　次:2025 年 8 月第 5 次印刷
定　　价:79.00 元

凡所购买电子工业出版社图书有缺损问题,请向购买书店调换。若书店售缺,请与本社发行部联系,联系及邮购电话:(010)88254888,88258888。
质量投诉请发邮件至 zlts@phei.com.cn,盗版侵权举报请发邮件至 dbqq@phei.com.cn。
本书咨询联系方式:(010)88254484,xucq@phei.com.cn。

前　言

　　Stata 是现今最为流行和广泛应用的统计分析软件，它提供了丰富的数据分析方法和工具，广泛应用于社会科学、医学研究和商业市场分析等多个领域。

　　Stata 可以帮助用户进行数据处理、分析，并实现数据的可视化。在 Stata 中，可以使用各种不同的统计分析功能来探索和分析数据。例如，使用"描述性统计""相关分析""回归分析"等功能可以了解数据的基本情况并探究数据之间的关系。Stata 还支持高级编程语言，使得用户可以编写自己的脚本和程序，以便更深入地控制和定制数据分析过程。

1. 本书特点

　　本书作者拥有十余年的数据处理与分析经验，结合自身实际经验，在本书中穿插了大量应用技巧和示例，以方便读者学习。本书主要有如下特点。

　　循序渐进、通俗易懂。本书完全按照初学者的学习规律和习惯，由浅入深、由易到难安排章节内容，可以让初学者在学习中掌握 Stata 的基础知识及应用技能。

　　步骤详尽、内容新颖。本书结合作者多年的 Stata 使用经验与数据分析案例，将 Stata 的使用方法与技巧详细地介绍给读者。本书实例步骤详尽、内容新颖，介绍过程辅以相应的图片，使读者一目了然，从而可以快速掌握书中内容。

　　内容全面、结构合理。本书涉及描述性统计、假设检验、方差分析、相关分析、各类回归分析、聚类分析等各种统计分析方法的使用，内容全面、结构合理。

　　案例丰富、技术全面。本书的每一章都是 Stata 的一个专题，每个案例都包含多个知识点。读者对照本书进行学习，可以举一反三，达到从入门到精通的目的。

2. 本书内容

　　本书基于 Stata 17.0 版本编写，同时本书内容均在 Stata 18.0 版本下进行了调试、验证，因此本书内容同样适合该版本。全书内容分为基础应用、统计分析实现及时间序列分析三部分，涵盖了一般用户的基本需求。

　　第一部分为基础应用篇，详细介绍 Stata 的操作界面、命令基本语法、数据管理、图形绘制等操作知识，章节安排如下。

　　第 1 章　初识 Stata　　　　　　　　第 2 章　数据管理
　　第 3 章　图形绘制

　　第二部分为统计分析实现篇，介绍描述性统计、假设检验、方差分析、相关分析、各类回归分析、聚类分析、主成分分析与因子分析等统计分析知识，章节安排如下。

第 4 章 描述性统计	第 5 章 假设检验
第 6 章 方差分析	第 7 章 相关分析
第 8 章 经典线性回归分析	第 9 章 非经典线性回归分析
第 10 章 高级回归分析	第 11 章 离散回归分析
第 12 章 聚类分析	第 13 章 主成分分析与因子分析

第三部分为时间序列分析篇，包括趋势分析与平滑方法、ARIMA 模型、VAR 模型与 VEC 模型、ARCH 系列模型等，章节安排如下。

第 14 章 时间序列分析初步	第 15 章 ARIMA 模型
第 16 章 VAR 模型与 VEC 模型	第 17 章 ARCH 系列模型

说明：在学习过程中，请将本书的素材文件放置在工作目录下，本书编写时采用的目录为"D:\DingJB\Stata\"。在 Stata 中，表示路径时采用"/"或"\"均可，本书中采用"\"。

3．配套资源

本书中所有示例的数据源文件均收录在百度云盘中，读者在学习过程中结合对应的示例数据源文件进行实操，可以起到事半功倍的效果。读者也可以在"算法仿真"微信公众号上回复"46623"关键词获取数据源文件，下载链接如下。

链接：https://pan.baidu.com/s/1Nm35CDlK-jAYyUuJy2G_8Q。

提取码：08jp。

微信公众号

百度云盘

4．读者服务

虽然作者在写作过程中力求叙述准确、完善，但由于水平有限，书中难免存在欠妥之处，敬请读者及各位同人批评指正。读者朋友在学习过程中如遇到与本书有关的技术问题，可在 QQ 交流群（521752990）内沟通提问，作者会尽快给予答复。

作者

目 录

第一部分 基础应用篇

第1章 初识 Stata 1
- 1.1 Stata 概述 1
  - 1.1.1 Stata 功能简介 1
  - 1.1.2 Stata 功能汇总 2
- 1.2 操作界面 3
  - 1.2.1 窗口介绍 4
  - 1.2.2 语言偏好设置 5
  - 1.2.3 常用快捷键 6
- 1.3 命令基本语法 6
  - 1.3.1 命令名称（command）...... 7
  - 1.3.2 变量名称（varlist）............ 7
  - 1.3.3 按变量分类（by varlist:） ... 8
  - 1.3.4 赋值（=exp）....................... 9
  - 1.3.5 条件表达式（if exp）......... 9
  - 1.3.6 限定范围（in range）....... 10
  - 1.3.7 权重（weight）................. 11
  - 1.3.8 选项（options）................. 11
- 1.4 do 文件和 log 文件 12
  - 1.4.1 do 文件的编写 12
  - 1.4.2 运行 do 文件 13
  - 1.4.3 log 文件 14
- 1.5 获取帮助 14
  - 1.5.1 调用自带帮助 15
  - 1.5.2 使用 PDF 文档 17
- 1.6 本章小结 18

第2章 数据管理 19
- 2.1 变量 19
  - 2.1.1 变量命名规则 19
  - 2.1.2 变量类型 20
  - 2.1.3 变量的显示格式 20
  - 2.1.4 变量标签设置 25
- 2.2 创建/导入数据集 26
  - 2.2.1 利用数据编辑器创建数据集 26
  - 2.2.2 通过命令输入数据 27
  - 2.2.3 读取已有 Stata 数据 29
  - 2.2.4 导入其他格式数据 30
- 2.3 数据集基本操作命令 31
  - 2.3.1 browse 命令与 edit 命令 31
  - 2.3.2 generate 命令与 replace 命令 32
  - 2.3.3 rename 命令 33
  - 2.3.4 save 命令 33
  - 2.3.5 describe 命令 33
  - 2.3.6 list 命令 34
  - 2.3.7 codebook 命令 34

	2.3.8 drop 命令与 keep 命令 35	第 3 章 图形绘制 60
2.4	数值型变量和字符串变量的转换 36	3.1 二维绘图命令族介绍 60
		3.2 散点图 62
	2.4.1 字符串变量转换为数值型变量 36	3.2.1 scatter 命令语法格式 62
		3.2.2 散点显示设置 63
	2.4.2 数值型变量转换为字符串变量 37	3.2.3 散点标签设置 67
		3.2.4 散点连线设置 68
	2.4.3 利用 real()函数实现字符串数值化 38	3.2.5 散点振荡设置 69
		3.3 图形设置 70
2.5	运算符 38	3.3.1 坐标轴尺度设置 70
	2.5.1 算术运算符 38	3.3.2 坐标轴刻度设置 72
	2.5.2 关系运算符 39	3.3.3 坐标轴标题设置 75
	2.5.3 逻辑运算符 39	3.3.4 图标题设置 77
	2.5.4 运算符优先级 40	3.3.5 图例设置 78
2.6	常用函数 40	3.3.6 by()选项设置 81
	2.6.1 常用随机数函数 40	3.3.7 图形显示格式设置 83
	2.6.2 常用数学函数 41	3.4 常见图形绘制 84
	2.6.3 常用统计函数 43	3.4.1 曲线标绘图 84
2.7	虚拟变量与分类变量 44	3.4.2 连线标绘图 87
	2.7.1 虚拟变量 44	3.4.3 拟合图形 87
	2.7.2 分类变量 46	3.4.4 直方图 90
2.8	数据合并与抽取 50	3.4.5 条形图 92
	2.8.1 横向合并数据 50	3.5 图形保存与输出 95
	2.8.2 纵向合并数据 52	3.5.1 图形保存 95
	2.8.3 交叉合并数据 54	3.5.2 图形输出 95
	2.8.4 抽取数据 57	3.6 本章小结 96
2.9	本章小结 59	

第二部分 统计分析实现篇

第 4 章 描述性统计 97
    4.1 描述性统计基本理论 97
        4.1.1 变量类型 97
        4.1.2 频数分布 98
        4.1.3 集中趋势 98
        4.1.4 离散趋势 100
        4.1.5 正态分布 101
        4.1.6 偏度和峰度 102
        4.1.7 Z 标准化得分 103
    4.2 连续变量的描述性统计 103
        4.2.1 变量摘要统计信息 103

4.2.2 数值型变量汇总统计信息 105
4.2.3 统计量的置信区间 106
4.2.4 正态性检验与数据转换 ... 108
4.3 分类变量的描述性统计 114
4.3.1 列联表概述 114
4.3.2 利用 table 命令生成列联表 115
4.3.3 利用 tabulate 命令生成列联表 120
4.3.4 利用 tabstat 命令生成列联表 129
4.4 本章小结 131

第 5 章 假设检验 132
5.1 假设检验基础理论 132
5.1.1 假设检验基本步骤 132
5.1.2 t 检验 134
5.1.3 检验分类 136
5.2 基于均值的参数检验 137
5.2.1 Stata 中的 t 检验 137
5.2.2 单样本 t 检验 138
5.2.3 双样本 t 检验 139
5.2.4 配对样本 t 检验 141
5.2.5 直接检验法 141
5.3 基于标准差的参数检验 142
5.3.1 Stata 中的标准差检验 142
5.3.2 单样本标准差检验 143
5.3.3 双样本方差（标准差）检验 144
5.3.4 直接检验法 144
5.3.5 鲁棒检验 145
5.4 非参数检验 146
5.4.1 单样本正态分布检验 146
5.4.2 两独立样本检验 146
5.4.3 两相关样本检验 147
5.4.4 多独立样本检验 148
5.4.5 游程检验 149

5.5 本章小结 150

第 6 章 方差分析 151
6.1 单因素方差分析 151
6.1.1 基本理论 151
6.1.2 Stata 实现 154
6.1.3 分析示例 155
6.2 多因素方差分析 158
6.2.1 基本理论 159
6.2.2 Stata 实现 163
6.2.3 分析示例 164
6.3 协方差分析 169
6.3.1 基本理论 169
6.3.2 Stata 实现 170
6.3.3 分析示例 170
6.4 本章小结 172

第 7 章 相关分析 173
7.1 简单相关分析 173
7.1.1 简单相关分析基础 173
7.1.2 Stata 实现 175
7.1.3 分析示例 177
7.2 偏相关分析 180
7.2.1 偏相关分析基础 180
7.2.2 Stata 实现 181
7.2.3 分析示例 181
7.3 本章小结 182

第 8 章 经典线性回归分析 183
8.1 线性回归模型 183
8.1.1 一元线性回归模型 183
8.1.2 多元线性回归模型 184
8.1.3 回归参数的普通最小二乘估计 185
8.1.4 回归方程的统计检验 185
8.1.5 残差分析 191
8.1.6 经典线性回归分析假设 ... 195
8.2 线性回归的 Stata 实现 196

8.2.1 回归分析命令 196
8.2.2 回归系数的协方差矩阵 ... 198
8.2.3 计算拟合值和残差 199
8.2.4 对回归系数进行假设检验
.... 201
8.3 约束回归分析 202
8.3.1 约束回归条件设置 203
8.3.2 约束回归命令 203
8.3.3 约束回归分析示例 203
8.4 本章小结 205

第 9 章 非经典线性回归分析 206

9.1 多重共线性 206
9.1.1 多重共线性的检验 206
9.1.2 多重共线性的处理 207
9.2 内生性 211
9.2.1 内生性的检验 211
9.2.2 内生性的处理 214
9.2.3 扩展回归模型 215
9.3 异方差 219
9.3.1 异方差的检验 219
9.3.2 异方差的处理 221
9.4 本章小结 223

第 10 章 高级回归分析 224

10.1 非线性回归分析 224
10.1.1 Stata 实现 224
10.1.2 应用示例 225
10.2 非参数回归分析 227
10.2.1 Stata 实现 227
10.2.2 应用示例 227
10.3 分位数回归分析 229
10.3.1 Stata 实现 229
10.3.2 应用示例 229
10.4 断尾回归分析 231
10.4.1 Stata 实现 231
10.4.2 应用示例 231

10.5 截取回归分析 233
10.5.1 Stata 实现 233
10.5.2 应用示例 233
10.6 样本选择模型分析 235
10.6.1 Stata 实现 236
10.6.2 应用示例 236
10.7 本章小结 238

第 11 章 离散回归分析 239

11.1 二值响应模型 239
11.1.1 二元 Logistic 回归分析 . 239
11.1.2 二元 Probit 回归分析 241
11.2 多值响应模型 242
11.2.1 无序响应模型 242
11.2.2 有序响应模型 245
11.3 本章小结 248

第 12 章 聚类分析 249

12.1 聚类分析基本理论 249
12.1.1 距离的定义 249
12.1.2 指标间的相似系数 251
12.1.3 类间距离及其
         递推公式 252
12.1.4 K 均值聚类 253
12.2 划分聚类分析 254
12.2.1 Stata 实现 255
12.2.2 应用示例 256
12.3 层次聚类分析 259
12.3.1 Stata 实现 259
12.3.2 应用示例 261
12.4 本章小结 264

第 13 章 主成分分析与因子分析 265

13.1 主成分分析 265
13.1.1 主成分分析基本理论 265
13.1.2 Stata 实现 270
13.1.3 主成分分析的其他命令 ... 271

13.1.4 应用示例 278
13.2 因子分析 282
　　13.2.1 因子分析基本理论 282
　　13.2.2 Stata 实现 288
13.2.3 因子分析的其他命令 288
13.2.4 应用示例 289
13.3 本章小结 293

第三部分　时间序列分析篇

第 14 章　时间序列分析初步 294
14.1 基本时间序列模型 294
　　14.1.1 时间序列的构成因素 294
　　14.1.2 时间序列长期趋势
　　　　　分析 295
　　14.1.3 平稳性检验 297
14.2 数据预处理的 Stata 实现 298
　　14.2.1 定义时间序列 298
　　14.2.2 调整时间设置的初始值 . 299
　　14.2.3 时间变量为字符串
　　　　　格式时的处理 301
　　14.2.4 拓展时间区间 302
　　14.2.5 绘制时间序列趋势图 304
　　14.2.6 时间序列算子 305
14.3 趋势分析与平滑方法的
　　　Stata 实现 306
　　14.3.1 移动平均法 306
　　14.3.2 指数平滑法 308
　　14.3.3 非季节性 Holt-Winters
　　　　　平滑法 310
　　14.3.4 季节性 Holt-Winters
　　　　　平滑法 312
14.4 本章小结 315

第 15 章　ARIMA 模型 316
15.1 模型基本理论 316
　　15.1.1 自回归过程
　　　　　（AR 模型） 316

　　15.1.2 移动平均过程
　　　　　（MA 模型） 317
　　15.1.3 自回归移动平均过程
　　　　　（ARMA 模型） 318
　　15.1.4 单整自回归移动平均
　　　　　过程（ARIMA 模型） ... 318
15.2 单位根过程及其检验 319
　　15.2.1 常见的非平稳随机
　　　　　过程 319
　　15.2.2 单位根检验 320
　　15.2.3 协整检验 322
15.3 ARIMA 模型的 Stata 实现 322
　　15.3.1 相关性检验 322
　　15.3.2 平稳性检验 324
　　15.3.3 Stata 实现 328
15.4 本章小结 333

第 16 章　VAR 模型与 VEC 模型 334
16.1 模型基本理论 334
　　16.1.1 VAR 模型定义 334
　　16.1.2 VAR 模型的稳定性
　　　　　特征 335
　　16.1.3 格兰杰非因果性检验 336
　　16.1.4 VAR 模型的脉冲响应
　　　　　函数和方差分解 337
　　16.1.5 VEC 模型 339
　　16.1.6 Johansen 协整检验 340
16.2 模型的 Stata 实现 341
　　16.2.1 获取 VAR 模型的阶数 ... 341

16.2.2 构建 VAR 模型 343
16.2.3 平稳性条件判断 345
16.2.4 残差的自相关检验 346
16.2.5 残差的正态性检验 347
16.2.6 格兰杰因果性检验 348
16.2.7 脉冲响应分析 349
16.2.8 Johansen 协整检验 354

16.3 本章小结 356

第 17 章 ARCH 系列模型 357

17.1 模型基本理论 357
17.1.1 ARCH 模型 357
17.1.2 GARCH 模型 358
17.1.3 GARCH-M 模型 359
17.1.4 其他模型 359

17.2 模型的 Stata 实现 360
17.2.1 拟合 ARCH 系列模型 ... 360
17.2.2 ARCH 模型的 LM 检验 361
17.2.3 对 ARCH 系列模型进行预测 361

17.3 本章小结 364

参考文献 365

第一部分　基础应用篇

第 1 章

初识 Stata

Stata 是一款集数据分析、数据管理和绘制专业图表等功能于一体的整合性统计分析软件，其功能非常强大，包含线性混合模型、均衡重复反复和多项式普罗比模式，用 Stata 绘制的统计图形相当精美。Stata 界面友好、功能丰富，除传统的统计分析方法以外，还收集了近 20 年发展起来的新方法。Stata 具有操作灵活且简单、易学易用、运行速度极快等优点。

1.1　Stata 概述

Stata 最初由美国计算机资源中心（Computer Resource Center）研制，现为 Stata 公司的产品。Stata 公司于 2021 年 4 月推出 Stata 17.0 版本，本书就是基于该版本编写的，同时兼顾 Stata 14.0～16.0 等早期版本。

1.1.1　Stata 功能简介

Stata 之所以能成为最流行的计量经济学软件，根本原因在于 Stata 十分贴近计量经济学的实践应用。Stata 具有以下功能。

1. 统计功能

Stata 的统计功能很强，除具有传统的统计分析方法以外，还收集了近 20 年发展起来的新方法，如 Cox 比例风险回归、指数与 Weibull 回归、多类结果与有序结果的 Logistic 回归、泊松回归、负二项回归及广义负二项回归、随机效应模型等。具体来说，Stata 具有如下统计分析能力。

（1）数值型变量资料的一般分析：参数估计、t 检验，单因素和多因素的方差分析、协方差分析、交互效应模型、平衡和非平衡设计、嵌套设计、随机效应、多个平均值的两两比较、缺项数据的处理、方差齐性检验、正态性检验、变量变换等。

（2）分类资料的一般分析：参数估计、列联表分析（列联系数、确切概率）、流行病学表格分析等。

（3）等级资料的一般分析：秩变换、秩和检验、秩相关等。

（4）相关与回归分析：简单相关、偏相关、典型相关，以及数十种回归分析方法，如多元线性回归、逐步回归、加权回归、稳健回归、二阶段回归、百分位数（中位数）回归、残差分析、强影响点分析、曲线拟合、随机效应的线性回归模型等。

（5）其他方法：质量控制、整群抽样的设计效率、诊断试验评价、Kappa 分析等。

2．绘图功能

用 Stata 绘制的统计图形相当精美，并且很有特色。Stata 的绘图模块主要提供如下 8 种基本图形的绘制功能：直方图、条形图、百分条图、饼图、散点图、矩阵散点图、星形图、分位数图。这些图形的巧妙应用，可以满足绝大多数用户的统计绘图要求。

在有些非绘图命令中，还提供了专门绘制某种图形的功能，如在生存分析中提供了绘制生存曲线图的功能，在回归分析中提供了绘制残差图的功能等。

3．矩阵运算功能

Stata 具有矩阵运算功能。矩阵代数是多元统计分析的重要工具，Stata 提供了多元统计分析中所需的基本矩阵运算功能，如矩阵的加、积、逆、Cholesky 分解、Kronecker 内积等。

Stata 还提供了一些高级矩阵运算功能，如特征根求解、特征向量求解、奇异值分解等。在执行完某些统计分析命令后，Stata 还提供了一些系统矩阵，如估计系数向量、估计系数的协方差矩阵等。

4．程序语言功能

虽然 Stata 是一个统计分析软件，但它也具有很强的程序语言功能，这给用户提供了一个广阔的开发应用天地，用户可以充分发挥自己的聪明才智，熟练应用各种技巧，真正做到随心所欲。事实上，Stata 的 ado 文件（高级统计部分）都是用 Stata 自己的程序语言编写的。Stata 的统计分析能力远远超过了 SPSS，在许多方面也超过了 SAS。

由于 Stata 在分析时将数据全部读入内存，在计算全部完成后才和磁盘交换数据，因此其计算速度极快。通常，SAS 的运算速度比 SPSS 至少快一个数量级，而 Stata 的某些模块和执行同样功能的 SAS 模块相比运算速度又快了将近一个数量级。

Stata 也采用命令行方式来进行操作，但在使用上远比 SAS 简单，其生存分析、纵向数据（重复测量数据）分析等模块的功能甚至超过了 SAS。

5．网络功能

Stata 具有网络功能，支持网络应用，包括安装新指令、网络升级、网站档案分享、最新消息互动等。

1.1.2　Stata 功能汇总

Stata 可以实现的功能包括但不限于以下内容。

（1）数据管理：资料转换、分组处理、附加档案、ODBC（Open Data Base Connectivity，开放式数据库连接）、行列转换、数据标记、字符串函数等。

（2）基本统计：交叉表、相关性、t 检验、变异数相等性检验、比例检验、信赖区间等。

（3）线性模式：稳健 Huber/White/Sandwich 变异估计、三阶最小平方法、类非相关回归、齐次多项式回归、GLS 估计等。

（4）广义型线性模式：十联结函数、使用者-定义联结、最大似然估计及 IRLS 估计、九变异数估计、七残差等。

（5）二元、计数及有限应变量：Logistic 回归、Probit 模型、泊松回归、Tobit 模型、Truncated 回归、条件 Logistic 回归、多项式逻辑、巢状逻辑、负二项回归、Zero-Inflated 模型、Heckman 选择模式、边际影响等。

（6）Panel 数据/交叉-组合时间序列：随机及固定-影响之回归、GEE、随机及固定-影响之泊松及负二项分配、随机-影响、工具变量回归、AR(1)干扰回归等。

（7）无参数方法。

（8）多变量方法：因素分析、多变量回归、Anonical 相关系数等。

（9）模型检验及事后估计值支持分析：Wald 检验、LR 检验、线性及非线性组合、非线性限制检验、边际影响、修正平均值 Hausman 检验等。

（10）群集分析：加权平均、质量中心及中位数联结、Kmeans、Kmedians、Dendrograms、停止规则、使用者扩充等。

（11）绘制图形：直方图、条形图、饼图、散点图等。

（12）调查方法：抽样权重、丛集抽样、分层、线性变异数估计值、拟合最大似然估计值、回归、工具变量等。

（13）生存分析：Kaplan-Meier、Nelson-Aalen、Cox 比例风险回归（弱性）、参数模式（弱性）、危险比例测试、时间共变项、左-右检查、Weibull 分布、指数分配等。

（14）流行病学工具：比例标准化、病例控制、已配适病例控制、Mantel-Haenszel、药理学、ROC 分析、ICD-9-CM 等。

（15）时间序列：ARIMA、ARCH/GARCH、VAR、Newey-West、Correlograms、Periodograms、白色-噪音测试、最小整数根检验、时间序列运算、平滑化等。

（16）最大似然法。

（17）转换及常态检验：Box-Cox 变换、次方转换、Shapiro-Wilk 检验、Shapiro-Francia 检验等。

（18）其他统计方法：样本数量及次方、非线性回归、逐步回归、统计及数学函数等。

（19）再抽样及模拟方法：Bootstrapping、Jackknife、蒙特卡罗模拟、排列检验等。

1.2 操作界面

在 Windows 操作系统下，单击桌面左下角的"开始"菜单按钮，从程序列表中选择"Stata/MP 17.0"命令，或者在软件安装完成之后将快捷方式图标添加到桌面上，双击桌面上的快捷方式图标，可启动如图 1-1 所示的 Stata 操作界面。

图 1-1 Stata 操作界面

1.2.1 窗口介绍

在 Stata 操作界面中，除 Windows 版本的软件惯有的菜单栏、工具栏、状态栏等以外，默认界面由结果窗口、命令窗口、历史窗口、变量窗口和属性窗口 5 个窗口构成。

 各窗口的大小可以通过拖动边界的方式进行调整，以符合自己的使用习惯。

1. 结果窗口

结果窗口位于 Stata 操作界面中间的上部，软件运行中的所有信息，如所执行的命令、命令执行结果和出错信息等均列于此窗口。结果窗口中不同颜色的文本有不同的含义，如黑色的文本表示命令、蓝色的文本表示链接、红色的文本表示错误信息等。

2. 命令窗口

命令窗口位于结果窗口下方，用于输入需要执行的命令，按 Enter 键后命令即可开始执行，相应的结果会呈现在结果窗口中。

3. 历史窗口

历史窗口位于 Stata 操作界面左侧，所有执行过的命令均会依次出现在该窗口中。历史命令包括两部分。

（1）用户直接在命令窗口中输入的命令，此类命令无论正确与否均会出现在历史窗口中，其中错误的、未被执行的命令会以红色显示。

（2）通过窗口菜单操作，Stata 自动转换产生的命令。

单击相应的命令即可将其复制到命令窗口中，按 Enter 键即可再次执行该命令；双击相应的命令也可重复执行该命令。

 历史窗口中显示的命令都是临时性的,关闭 Stata 后这些命令会自动消失,如果想要保存这些命令以供下次使用,需要使用 log 命令,或者在历史窗口中右击,在弹出的快捷菜单中选择"保存"选项对命令进行保存。

4. 变量窗口

变量窗口位于 Stata 操作界面右上方,该窗口中显示当前 Stata 数据中的所有变量。当单击某个变量时,该变量即可在命令窗口中出现。

5. 属性窗口

属性窗口中显示的是当前数据文件中指定的变量及数据的性质。

除以上默认打开的窗口外,在 Stata 中还有数据编辑器窗口、do 文件编辑器窗口、变量管理器窗口、帮助窗口、图形窗口等,通过执行窗口菜单或帮助菜单下的相关命令可以将其打开。窗口菜单如图 1-2 所示。

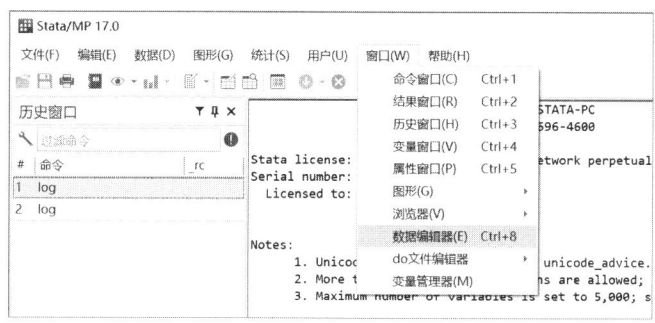

图 1-2 窗口菜单

除各种窗口外,Stata 的菜单栏也是很重要的。后文中对 Stata 的各种功能进行介绍都是通过命令语句来实现的。这些功能有很多也可以通过菜单命令实现,而不需要输入相关命令语句,方便了用户操作。

1.2.2 语言偏好设置

根据用户个人习惯的不同可以设置软件的用户界面语言。执行菜单栏中的"编辑"→"首选项"→"用户界面语言"命令,在弹出的"设置 Stata 的用户界面语言"对话框中可进行语言偏好设置,如图 1-3 所示。

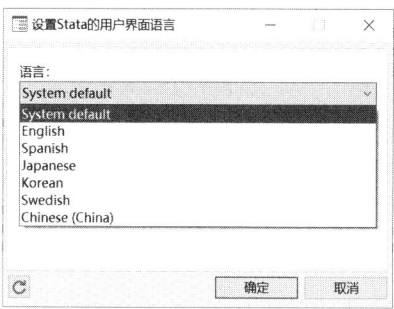

图 1-3 "设置 Stata 的用户界面语言"对话框

设置用户界面语言后，系统语言不会立即变为设置的语言，需要重新启动 Stata 才会变为设置的语言。本书采用简体中文版进行讲解。

1.2.3 常用快捷键

在 Stata 中，使用快捷键可以提高工作效率，常用快捷键如表 1-1 所示。

表 1-1 常用快捷键

快捷键	功 能	快捷键	功 能
通用快捷键			
Ctrl+C	复制	Ctrl+F	查找
Ctrl+V	粘贴	Ctrl+H	替换
Ctrl+Z	撤销	Ctrl+A	全选
Ctrl+Backspace	删除单词	Alt+Ps/SR	活动窗口快照
命令窗口快捷键			
Ctrl+1	将光标切换到命令窗口	Esc	清除命令窗口中的内容
Ctrl+8	查看数据	PgUp	重现上一条命令语句
Ctrl+9	打开 do 文件编辑器窗口	PgDn	重现下一条命令语句
变量首字母+Tab	自动补全变量名称	Ctrl+F	查找（按 Esc 键关闭）
cls（命令）	清除结果窗口中的内容		
do 文件编辑器窗口快捷键			
执行命令类		文本编辑类	
Ctrl+D	执行选中行（至少选中一个字母）	Home（End）	光标跳转到行首（行末）
Ctrl+Shift+D	执行光标以下所有命令	Ctrl+Home（End）	光标跳转到 do 文件文档首行（末行）
Ctrl+R	执行选中行，屏幕不显示结果	Alt+鼠标滑动	纵向选择（按列选择）
添加注释符类		Ctrl+L	选中光标所在行（Line）
Ctrl+/	在选中代码段行首加//注释符，复按取消	Ctrl+Shift+L	删除光标所在行
Ctrl+Shift+/	在选中代码段首加/* */注释符	Ctrl+→	从光标处向右逐个字母选中代码
Ctrl+Shift+\	删除所选代码段首尾的/* */注释符	Ctrl+Shift+→	从光标处向右逐个单词选中代码
		Shift+↑	从光标处向上逐行选中代码
		Shift+PgUp	从光标处向上逐块选中代码

1.3 命令基本语法

Stata 程序语言的基本语法（极少数例外）如下：

[by varlist:] command [varlist] [=exp] [if exp] [in range] [weight] [, options]

其中，方括号[]内的选项表示可以省略或根据需要选用；by varlist 为变量名称列表；command 为必选项，表示 Stata 命令；=exp 为代数表达式；in range 为观察范围；weight 为权重表达式；options 为可选项列表。

在 Stata 中，要区分字母大小写，不要混用，否则容易报错。

1.3.1 命令名称（command）

命令名称 command 是命令中唯一一个必不可少的部分。例如，在命令窗口中输入：

. sysuse auto.dta, clear   //导入 Stata 安装时自带的 auto.dta 数据集

并按 Enter 键即可将系统自带的 auto.dta 数据集导入系统内存。其中，clear 表示在导入前清除内存中原有的数据集。

命令语句前面的"."表示命令窗口中命令输入的提示符，在本书中，凡出现带"."的命令语句，"."后的内容均表示需要在命令窗口中输入的内容。

. regress mpg weight foreign   //线性拟合，后文介绍

执行上述命令，会在结果窗口中输出线性拟合结果，如图 1-4 所示。

```
. regress mpg weight foreign

      Source |       SS           df       MS      Number of obs   =        74
-------------+----------------------------------   F(2, 71)        =     69.75
       Model |  1619.2877          2   809.643849  Prob > F        =    0.0000
    Residual |  824.171761         71  11.608053   R-squared       =    0.6627
-------------+----------------------------------   Adj R-squared   =    0.6532
       Total |  2443.45946         73  33.4720474  Root MSE        =    3.4071

         mpg | Coefficient  Std. err.      t    P>|t|     [95% conf. interval]
-------------+----------------------------------------------------------------
      weight |   -.0065879   .0006371   -10.34   0.000    -.0078583   -.0053175
     foreign |   -1.650029   1.075994    -1.53   0.130      -3.7955    .4954422
       _cons |     41.6797   2.165547    19.25   0.000     37.36172    45.99768
```

图 1-4　线性拟合结果

注释不能出现在命令窗口中，一般只用在 do 文件或 ado 文件中。注释可以增加程序的可读性，在命令中是不运行的。为了方便读者理解，本书采用"//"作为注释符，读者在输入命令时无须将该符号后的注释输入到命令窗口中。

在 Stata 中，很多命令可以采用缩写形式，以提高工作效率。命令的缩写形式可以通过自己摸索尝试掌握，也可以通过帮助功能查看。例如，regress 可以缩写为 reg、regr 等至少保留前三个字母的形式，缩写为 re、r 则会报错，如图 1-5 所示。

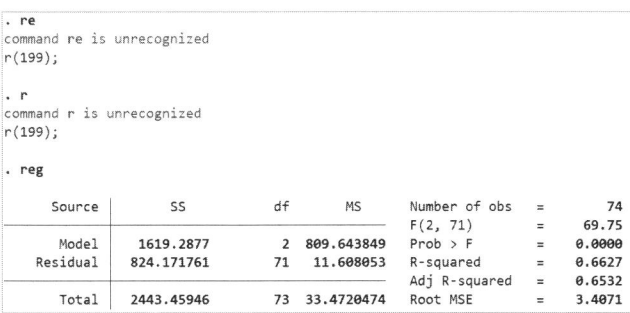

图 1-5　命令缩写形式

1.3.2 变量名称（varlist）

通常情况下，在命令名称 command 后接变量名称 varlist，表示对指定的变量进行操

作,如果没有变量出现,则默认 varlist 为 all,Stata 将指定对数据集中的所有变量进行操作。在更改或销毁数据的命令中,Stata 要求必须明确指定 varlist。

变量名称可以由字母、数字、下划线组合而成,需要以字母开头,长度不能超过 32bit。在调用已有变量时可以进行简化操作。例如:

regress grade1 score1 score2 score3 score4 score5

可以简写为:

regress grade1 score1-score5

也可以简写为:

regress grade1 score?   //通配符?表示任意单个字符,只能是单个字符
regress grade1 score*   //通配符*表示任意一个或多个字符,只要前缀一致即可

变量的简化操作只针对原始数据中的变量,新生成的变量不能进行简化操作。

1.3.3 按变量分类（by varlist:）

by varlist:表示按变量将数据分类后执行冒号后的命令。当以 by varlist:作为前缀时,将为每组观测值形成单独的数据集并保存,分别对每个数据集执行命令。数据集必须按变量进行排序。

【例 1-1】根据数据集 census12.dta 给出结婚率-离婚率汇总表,并使用数据中的所有观察结果,生成结婚率（marriage_rate）和离婚率（divorce_rate）的均值、标准差及范围表。

在命令窗口中依次输入:

. use D:\DingJB\Stata\census12, clear   //导入某国某年人口普查数据
. summarize marriage_rate divorce_rate

运行后在结果窗口中输出如图 1-6 所示的结果。

图 1-6 运行结果

按地区进行分类,汇总结婚率和离婚率,为全国每个地区生成一个表。

. sort region
. by region: summarize marriage_rate divorce_rate

上述两条命令语句的功能也可以通过以下命令语句实现:

. by region, sort: summarize marriage_rate divorce_rate

运行后在结果窗口中输出如图 1-7 所示的结果。

第 1 章 初识 Stata

```
. by region: summarize marriage_rate divorce_rate

-> region = N Cntrl
    Variable │     Obs        Mean    Std. dev.         Min         Max
marriage_r~e │      12     .0099121    .0011326     .0087363    .0127394
divorce_rate │      12     .0046974    .0011315     .0032817    .0072868

-> region = NE
    Variable │     Obs        Mean    Std. dev.         Min         Max
marriage_r~e │       9     .0087811     .001191     .0075757    .0107055
divorce_rate │       9      .004207    .0010264     .0029436    .0057071

-> region = South
    Variable │     Obs        Mean    Std. dev.         Min         Max
marriage_r~e │      16     .0114654    .0025721     .0074654    .0172704
divorce_rate │      16      .005633    .0013355     .0038917    .0080078
```

图 1-7 运行结果（部分）

数据集必须按变量进行排序，否则会报错，如图 1-8 所示。

```
. clear
. use D:\DingJB\Stata\census12
(1980 Census data by state)
. by region: summarize marriage_rate divorce_rate
not sorted
r(5);
```

图 1-8 错误信息

1.3.4 赋值（=exp）

=exp 用于指定要分配给变量的值，此时会统一改变现有变量的值或用新变量替换现有变量，通常用 generate 命令和 replace 命令实现。

其中，generate 命令可通过现有变量生成一个新变量，并保留原变量不变；replace 命令可利用现有变量生成一个新变量来替换原变量。命令的使用方法会在后文中介绍。

1.3.5 条件表达式（if exp）

if exp 用于对样本数据集进行筛选，只对符号条件（表达式值为真，即非零）的数据子集执行操作。例如，在命令窗口中依次输入：

. clear
. use D:\DingJB\Stata\census12
. summarize marriage_rate divorce_rate if region == "West"

运行后在结果窗口中输出如图 1-9 所示的结果。

```
. summarize marriage_rate divorce_rate if region == "West"

    Variable │     Obs        Mean    Std. dev.         Min         Max
marriage_r~e │      13     .0218987    .0363775     .0087365    .1428282
divorce_rate │      13     .0076037    .0031486     .0046004    .0172918
```

图 1-9 运行结果

Note

在 Stata 中，双等号==表示相等测试，一个等号=表示赋值。一条命令语句中最多只能有一个条件表达式。如果希望得到仅限于西部地区且结婚率超过 0.015 的观察结果，则不能输入：

```
summarize marriage_rate divorce_rate if region == "West" if marriage_rate>.015
```

而应该采用关系运算符&（与），即输入：

```
summarize marriage_rate divorce_rate if region == "West" & marriage_rate > .015
```

如果希望得到西部地区或结婚率超过 0.015 的观察结果，则应采用关系运算符|(或)，即输入：

```
summarize marriage_rate divorce_rate if region == "West" | marriage_rate>.015
```

关于关系运算符，在后文中会详细介绍，这里不再赘述。

1.3.6 限定范围（in range）

in range 通过限定范围对样本数据集进行筛选，区别于 if exp，in range 不依赖于变量是否符合某个条件，而直接筛选出符合范围要求的样本数据并执行相应的操作。操作符 in 的使用方法如表 1-2 所示。

表 1-2 操作符 in 的使用方法

序 号	格 式	含 义	示 例
1	in #1	第#1 个观测值	in 6（第 6 个观测值）
2	in #1/#2	从第#1 个到第#2 个观测值	in 3/6（第 3～6 个观测值）
3	in f/#2	从第 1 个到第#2 个观测值	in f/6（第 1～6 个观测值）
4	in #1/l	从第#1 个到最后一个观测值	in 3/l（第 3 个及之后所有观测值）
说明：带有符号-表示逆序选择观测值			

例如，基于第 6～25 年的结婚率和离婚率生成汇总表，在命令窗口中输入：

```
summarize marriage_rate divorce_rate in 6/25
```

运行后在结果窗口中输出如图 1-10 所示的结果。

当带有符号-时，表示逆序选择观测值。例如，在命令窗口中依次输入：

```
. sysuse auto, clear
. sort mpg
. list make mpg in -5/l
```

运行后在结果窗口中输出如图 1-11 所示的结果，即从最后一个观测值开始往前取 5 个观测值。

```
. summarize marriage_rate divorce_rate in 6/25

    Variable |        Obs        Mean    Std. dev.       Min        Max
-------------+---------------------------------------------------------
marriage_r~e |         20    .0097128    .0014862   .0075757     .01293
divorce_rate |         20    .0047889    .0011883   .0029436   .0072868
```

图 1-10 汇总表

```
. list make mpg in -5/l

     +----------------------+
     | make             mpg |
     |----------------------|
 70. | Toyota Corolla    31 |
 71. | Plym. Champ       34 |
 72. | Datsun 210        35 |
 73. | Subaru            35 |
 74. | VW Diesel         41 |
     +----------------------+
```

图 1-11 运行结果

1.3.7 权重（weight）

weight 表示要附加到每个观测值上的权重，即加权操作，多用于加权最小二乘回归分析，其语法格式为：

```
[weightword=exp]
```

weightword 是表 1-3 中的任一加权方式。

表 1-3 加权方式

加权方式	含义	加权方式	含义
weight	默认加权方式	aweight	元胞分析加权
fweight/frequency	频率加权	iweight	重要性加权
pweight	抽样加权		

【例 1-2】数据集 census12.dta 中包含美国 50 个州的人口观察结果。从数据中获得一个人口加权均值变量（median_age）。权重采用数据集中的 pop 变量，即每个州的总人口数。

在命令窗口中依次输入：

```
. clear
. use D:\DingJB\Stata\census12
. summarize median_age [weight=pop]
```

运行后在结果窗口中输出如图 1-12 所示的结果。结果表明，该数据集中包含美国 50 个州的人口观察结果，权重的总和为 225907472，加权均值为 30.11047。

```
. summarize median_age [weight=pop]
(analytic weights assumed)

    Variable |  Obs      Weight        Mean   Std. dev.       Min        Max
-------------+--------------------------------------------------------------
  median_age |   50   225907472    30.11047    1.66933       24.2       34.7
```

图 1-12 运行结果

1.3.8 选项（options）

options 可以与多数命令一起使用，使用时在命令行末尾输入逗号+要使用的选项。针对不同的命令，可使用的选项差异比较大。

例如，生成一个包含可变结婚率的均值（Mean）、标准差（Std. dev.）、最小值（Min）和最大值（Max）的命令如下：

```
. summarize marriage_rate
```

运行后在结果窗口中输出如图 1-13 所示的结果。

```
. summarize marriage_rate

    Variable |        Obs        Mean    Std. dev.       Min        Max
-------------+---------------------------------------------------------
marriage_r~e |         50    .0133221    .0188122    .0074654   .1428282
```

图 1-13 运行结果

将 summarize 命令中的 options 设置为 detail，即

```
. summarize marriage_rate, detail
```

运行后在结果窗口中输出如图 1-14 所示的结果。结果表明，增加 detail 后显示的结

果更加详细。

图 1-14 运行结果

1.4 do 文件和 log 文件

通常，用 Stata 进行统计分析需要使用很多命令，有时还可能需要使用很长的命令。因此，经常需要将所有的命令存储在一个文本文件中运行。在 Stata 中，该文件以 do 为后缀，被称为 do 文件。

1.4.1 do 文件的编写

所谓 do 文件，是指以 do 为后缀的、包含一系列 Stata 命令的文本文件。编写 do 文件的标准步骤如下。

（1）确定当前工作目录。

查看当前工作目录只需输入 cd 命令，若要改变当前工作目录，则可以在 cd 后加上要更改的目标目录名。例如，要将工作目录更改为 D:\DingJB\StataA，只需输入：

cd "D:\DingJB\StataA"

目录名加与不加双引号""均可，但当目录名中包含空格时，需要加双引号。

（2）打开 do 文件编辑器窗口。

文件编辑器可以是 Stata 内置的 do 文件编辑器，也可以是任意一个外部的文本编辑器。打开 Stata 内置的 do 文件编辑器窗口的方法如下。

- 直接在命令窗口中输入 doedit 命令。
- 执行菜单栏中的"窗口"→"do 文件编辑器"→"新 do 文件编辑器"命令，即可打开 do 文件编辑器窗口，输入命令并保存即可。

在 do 文件中可以通过在命令后面附"//"表示其后的内容为注释，以方便阅读理解。

（3）输入 do 文件的内容并保存。

直接单击 🖫（保存）按钮，或者执行菜单栏中的"文件"→"保存"命令，即可保存 do 文件。

(4) 查看 do 文件的内容。

通过下面的命令可以查看 do 文件的内容：

type ["] filename ["]

【例 1-3】do 文件应用示例。

在命令窗口中输入：

. doedit

打开 do 文件编辑器窗口，输入：

sysuse auto.dta, clear
summarize mpg   //显示摘要统计信息
scatter mpg weight, yscale(rev)   //绘制散点图

单击 🖫（保存）按钮，将内容保存为 dingdo.do 并关闭窗口。

在命令窗口中输入：

. type D:\dingdo.do   //显示 do 文件的内容

在结果窗口中显示 do 文件的内容：

sysuse auto.dta, clear
summarize mpg   //显示摘要统计信息
scatter mpg weight, yscale(rev)   //绘制散点图

1.4.2 运行 do 文件

通过下面的方法可以运行已经编写好的 do 文件。

（1）在命令窗口中运行 do 文件。首先通过 cd 命令将默认工作目录转换至 do 文件所在的工作目录，其次执行命令：

do dofilename

其中，dofilename 是 do 文件的名称。若文件名为 dingdo.do，则相应地执行命令：

cd D:
do dingdo   //后缀 do 可加可不加

输出结果如图 1-15 所示。

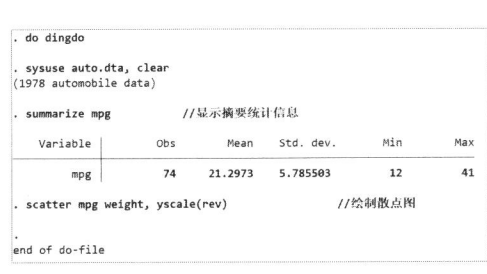

（a）命令窗口的输出

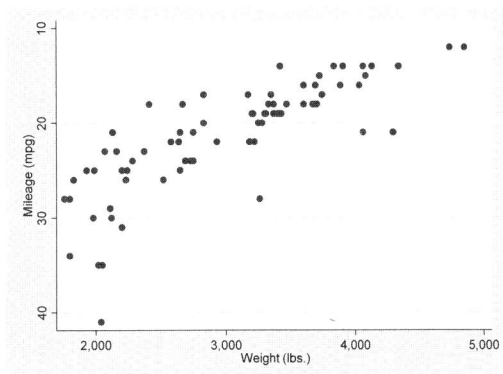

（b）图形输出

图 1-15 输出结果

（2）通过 do 文件编辑器运行 do 文件。

执行菜单栏中的"窗口"→"do 文件编辑器"→"新 do 文件编辑器"命令，打开 do 文件编辑器窗口。

在 do 文件编辑器窗口中执行"文件"→"打开"→"打开"命令，在弹出的"打开"对话框中选择要打开的文件。

执行"工具"→"执行（do）"命令即可运行 do 文件。

使用 do 文件编辑器的优势在于可以选定并执行部分命令。在每个 do 文件开始的地方添加 set more off 命令可以使结果连续显示，而非一页一页地显示，这样可以大量节省时间。

（3）执行 do 文件中的部分行。

选中要执行的行，按 Ctrl+D 组合键，就能执行选中的行。

1.4.3　log 文件

在默认情况下，Stata 会将输出结果直接显示在屏幕上。为了使输出结果可以重复使用，用户可以将其保存在一个独立的文件中。保存输出结果的优势在于，对于一些较长的输出结果，使用文本编辑器更方便阅读。

保存 Stata 输出结果的文件称为 log 文件（日志文件），它同时包含 Stata 命令及这些命令的运行结果。在默认情况下，这些文件的后缀被设定为 log，用户也可设定其他的后缀，如 txt。对于这些文件，用户既可以通过一个标准的文本编辑器阅读，也可以通过 Stata 的特殊模式 smcl 阅读。

log 文件可以通过 log 命令创建。例如，要创建一个名为 dingdo.txt 的 log 文件，可以在命令窗口中输入：

. log using dingdo.txt,　text replace

其中，replace 选项允许新写入的 log 文件覆盖原有的同名文件。如果这里没有 replace 选项，并且工作目录中已经存在同名 log 文件，那么 Stata 会拒绝该文件的创建。当程序执行完毕时，用户可以输入：

.log close

以关闭当前的 log 文件。

一个 log 文件可能会非常长，通过编辑已生成的 log 文件可以获得想要的运行结果。log 文件中以"."开头的命令后跟着该命令的运行结果。用户可以根据 log 文件获得相应的 do 文件，方法是去掉 Stata 命令的运行结果和每条命令语句前的"."。

1.5　获取帮助

Stata 提供了强大的帮助系统，用户通过帮助系统可以随时查询所需功能及其操作方法。在 Stata 的帮助系统中，主要包括调用自带帮助、使用 PDF 文档等获取帮助的方式。

1.5.1 调用自带帮助

使用 Stata 很难且没必要记住常用命令的每个细节,因此在调用命令时经常需要查询命令的自带帮助,其中 help 命令与 search 命令是 Stata 中最重要的两个帮助命令,它们的区别在于 help 命令用于精确查找命令名,而 search 命令用于模糊查找。

1. help(帮助)命令

如果已知某个命令的名字,想查阅其具体用法,则只需在 Stata 的命令窗口中输入 help+空格+命令名,并按 Enter 键,即可显示出该命令的帮助文件的全部内容。

例如,想查阅关于基本回归命令 regress 的使用方法,只需在命令窗口中输入:

help regress

并按 Enter 键,即可弹出显示 regress 命令的相关信息的 Viewer - help regress 窗口,如图 1-16 所示。该窗口中详尽地展示了 regress 命令的相关信息,主要包括以下内容。

(1) Syntax:命令的语法格式。
(2) Menu:菜单实现的操作方法。
(3) Description:语法解释。
(4) Links to PDF documentation:PDF 文档链接。
(5) Options:选项参数解释。
(6) Examples:调用示例。
(7) Video example:示例的视频演示。
(8) Stored results:结果的存储形式。
(9) References:参考文献等信息。

图 1-16 Viewer - help regress 窗口

另外,在安装 Stata 时,也安装了部分数据集,想查看安装的这些数据集,只需在命令窗口中输入:

help dta_examples   //查询已安装的数据集

并按 Enter 键,即可弹出如图 1-17 所示的窗口,显示已安装的数据集。

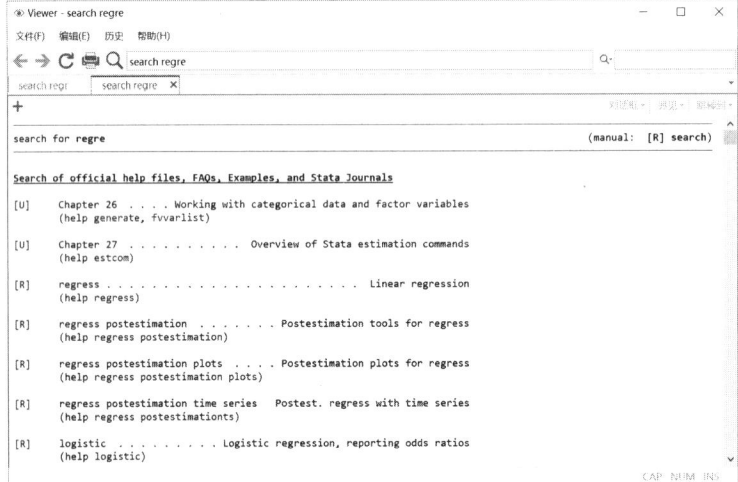

图1-17 显示已安装的数据集

 通过联网可以查看 Stata 文档中使用的数据集的完整列表，每个手册标题都作为一个链接给出，单击相应的链接可以进入该手册的数据集列表。

2. search（查询）命令

如果想在 Stata 中做某个估计或计算，而不知如何实现，则可以采用 search 命令。其使用方法与 help 命令类似，只需把准确的命令名改成某个关键词，并按 Enter 键，便会在结果窗口中给出所有和这个关键词相关的帮助文件名和链接列表。在列表中寻找最相关的内容，单击后在弹出的窗口中会给出相关的帮助文件。

例如，要查询关于 regress 命令的信息，但已记不清 regress 命令的全名，只记得 regress 的前半部分 regre，则可以在 Stata 的命令窗口中输入：

    search regre

并按 Enter 键，即可弹出显示 regre 的相关信息的 Viewer-search regre 窗口，如图 1-18 所示，在该窗口中继续查找自己需要的命令即可。

图1-18 Viewer-search regre 窗口

3．菜单命令

执行菜单栏中的"帮助"→"内容"命令，即可弹出如图 1-19 所示的 Viewer-help contents 窗口。该窗口中按各种功能将命令的帮助文件分类，读者可以逐级寻找自己需要的帮助文件。通过单击自己需要的部分向下逐级寻找。

例如，依次单击 Top→Statistics→Basic statistics→regress-Linear regression 可以找到对应的 regress 命令的相关信息。

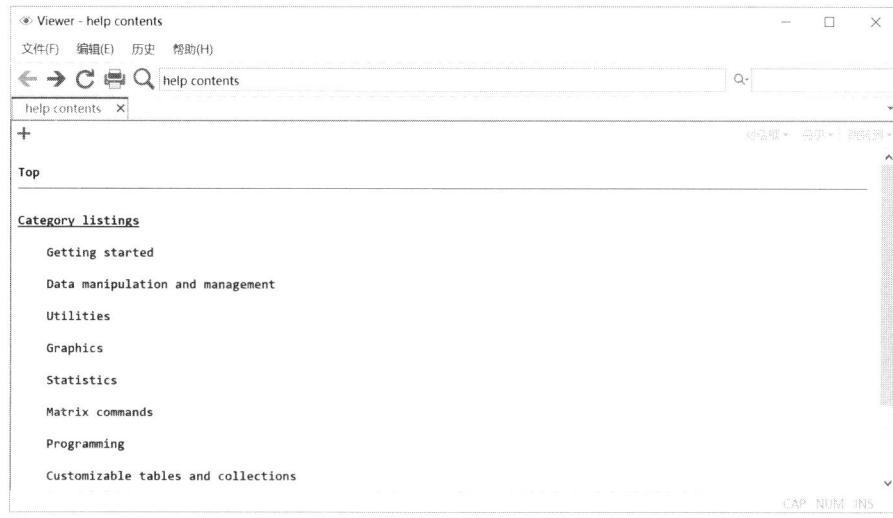

图 1-19　Viewer-help contents 窗口

1.5.2　使用 PDF 文档

执行菜单栏中的"帮助"→"PDF 文档"命令，即可弹出如图 1-20 所示的 PDF 文档。通过该文档找到自己需要的内容即可。

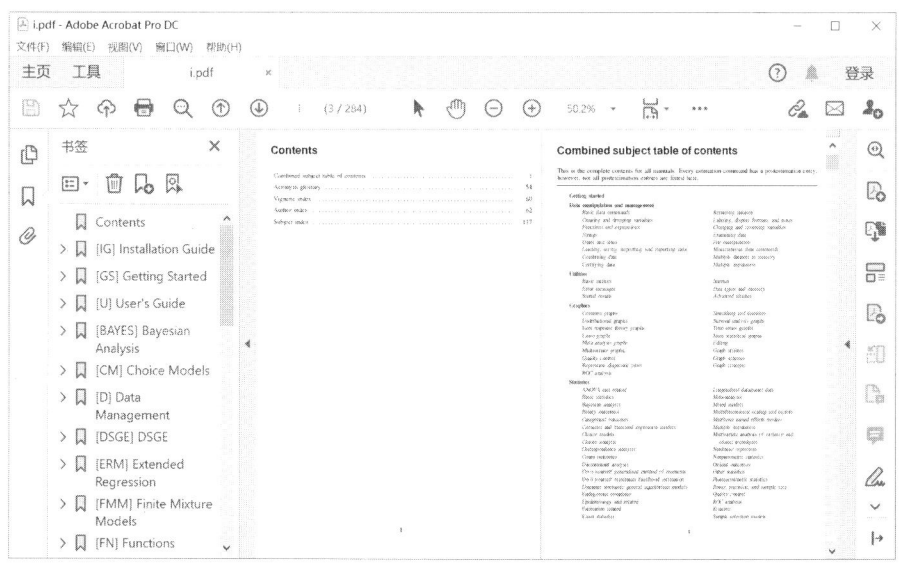

图 1-20　PDF 文档

1.6 本章小结

本章首先对 Stata 操作界面进行了介绍；其次对命令的基本语法，包括命令名称、变量名称、按变量分类、赋值、条件表达式、限定范围、权重、选项等命令语法结构进行了较为详细的介绍，为后续知识的讲解打下基础；再次对 do 文件和 log 文件进行了初步介绍，以方便读者自行编写程序进行统计分析；最后对如何在 Stata 中获取帮助进行了介绍，以帮助读者使用帮助系统进行学习。

第 2 章 数据管理

数据管理是指对原始数据进行编辑加工、合并与抽取操作，使其能满足特定统计分析要求的前期数据处理工作。数据分析的起点就是数据的搜集和管理，一个高级统计分析员的绝大部分时间通常是用在数据管理上的。Stata 具有强大的数据管理功能，方便用户对数据进行管理与操作。数据管理是 Stata 的重要基础功能，掌握该基础功能是学习 Stata 其他功能的前提。

2.1 变量

统计数据的结构总是以变量为列、以观测值（或称为观测例、记录值）为行的矩阵形式的，如表 2-1 所示。其中，变量是统计分析语言的基本单位。

表 2-1 统计数据的结构

	变量 A	变量 B	变量 C	…
观测值 1	变量值 $A1$	变量值 $B1$	变量值 $C1$	…
观测值 2	变量值 $A2$	变量值 $B2$	变量值 $C2$	…
观测值 3	变量值 $A3$	变量值 $B3$	变量值 $C3$	…
…	…	…	…	…

2.1.1 变量命名规则

数据矩阵的每一列起始行为变量名，在数据处理的过程中，变量是由变量名来代表的。Stata 的变量命名规则如下。

（1）变量名长度可达 32 个字符。

（2）变量名由字符组成，包括 A～Z、a～z、0～9 及下画线"_"，其他符号不可以出现在变量名中。

（3）变量名不能以数字开头，所以 2dingjb 是不合法的变量名，而 dingjb、_dingjb 是合法的变量名。

（4）变量名区分字母大小写，如 dingjb、Dingjb 及 DingJB 是 3 个不同的变量名。

（5）由于内部变量由"_"加字母组成，为避免混淆，"_"一般不作为自定义变量的首个字符。

（6）Stata 自带的系统变量名称、命令名称、数据存储格式等不可以作为变量名。

（7）建议采用汉语拼音或英文缩写作为变量名，以方便理解与记忆。

2.1.2 变量类型

在 Stata 中的变量类型有：①数值型变量；②以 ASCII 为基础的字符型变量；③日期型变量。下面在介绍完这 3 类变量后，还会简要说明缺失变量的取值问题。

1．数值型变量

数值型变量主要是指由数字、正负号、小数点组成的数据，按其精度和所需存储空间大小不同，又可分为 5 类，如表 2-2 所示。

表 2-2　数值型变量

变量类型	最小值	最大值	占用字节数	存储类型
byte	-127	100	1	integer
int	-32767	32740	2	integer
long	-2147483647	2147483620	4	integer
float	$-1.70141173319 \times 10^{38}$	$1.70141173319 \times 10^{38}$	4	real
double	$-8.9884656743 \times 10^{307}$	$8.9884656743 \times 10^{307}$	8	real

其中，double 是所有变量中所需存储空间最大的，相应地其精度也最高。在使用时，应根据变量的特征来设置变量类型。在 Stata 中默认的数值型变量类型为 float。

2．字符型变量

字符型变量通常用来说明样本的一些特征信息，可以由字母、特殊符号和数字组成，但这里的数字已经退化成一种符号，不再具有数值特征。

字符型变量一般会被保存为 str#格式，其中 str 表示 Stata 使用字符型变量的格式，而#表示该变量最多可容纳的字符数，即 str 后面的数字代表最大字符长度。字符型变量一般用英文状态下的引号""进行标注，引号不被视为字符型变量的一部分。

例如，str6 表示最多可容纳 6 个字符的字符型变量，存储 dingjb、ding、djb 都是可以的，但是存储 dingjbin 是不可以的，存储 dingjbin 需要将 str6 修改为 str8。

3．日期型变量

在 Stata 中有多种方式用来表示时间的变量，如 2008 年 8 月 8 日可以写为 20080808，也可以写为 08082008 等。在 Stata 中将 1960 年 1 月 1 日看作分界线，为第 0 天，之前的天数前都加上一个负号，如 1959 年 12 月 30 日为第-2 天。

4．缺失值

在 Stata 中有一种特殊的变量取值——缺失值。在 Stata 中有 27 个数值型代码代表缺失值，即 .、.a、.b、.c、.d…….Z，它们依次增大，"."被认为大于任何数，同时也是所有缺失值中最小的。通常只使用"."作为缺失值即可。

2.1.3 变量的显示格式

用户可以根据需要设定变量的显示格式，下面介绍数值型变量、字符型变量、日期型变量的显示格式。

1. 数值型变量的显示格式

在 Stata 中数值型变量的基本显示格式有 e 格式（科学记数法格式）、f 格式（固定格式）和 g 格式（一般格式）3 种，如表 2-3 所示。它们的表达式中均包含由"."隔开的两个数字 w.d。其中，w 表示显示的字符数，即宽度；d 表示小数点后的位数。g 格式中的 d 比较灵活，它可以自动调整显示格式。

表 2-3 数值型变量的显示格式示例

显 示 格 式	表 达 式	示　　例	π	963216
e 格式 （科学记数法格式）	%w.de	%9.4e	3.1416e+00	9.6322e+04
f 格式 （固定格式）	%w.df	%9.4f	3.1416	963216.0000
	%w.dfc	%9.0fc	3	963,216
g 格式 （一般格式）	%w.dg	%9.0g	3.1416	963216
	%w.dgc	%9.2gc	3.1416	963,216

通常，数值型变量的显示格式采用%w.d 加上 3 种基本显示格式的显示符，如%10.4f 表示数值型变量的显示宽度为 10 个字符，小数点后有 4 位的固定格式。若在 f 后面附加字母 c，则表示采用逗号","分隔；若在%后跟"0"，则表示采用前导 0 的数字显示格式。

2. 字符型变量的显示格式

字符型变量的显示格式只有一种，其表达式为%#s。其中，%是一个提示符；#表示显示的字符数，即宽度；s 表示字符型变量的显示格式。例如，%12s 表示 12 个字符的字符型变量的显示格式，右对齐。

在 Stata 中默认的显示格式为右对齐，当%后跟"-"时表示左对齐，如%-12s 表示 12 个字符的字符型变量的显示格式，左对齐。

数值型变量的显示格式也可以使用同样的方法更改为左对齐。

3. 日期型变量的显示格式

在 Stata 中日期型变量的显示格式有多种，如表 2-4 所示。

表 2-4 日期型变量的显示格式

显 示 格 式	含　　义	显 示 格 式	含　　义
%tC	日/时间，校正到秒	%tq	季度
%tc	日/时间，忽略秒	%th	半年
%td	日	%ty	年
%tw	周	%tg	通用显示格式
%tm	月	%tb	自定义商务日历

说明：①默认显示格式为右对齐，当%后跟"-"时表示左对齐。
②除%ty 和%tb 以外，起始日期均基于 1960 年 1 月 1 日；%tc 和%tC 记录此后的毫秒数；%td 记录天数；%tw、%tm、%tq、%th 分别记录周数、月数、季度数、半年数；%ty 只记录年份，%tb 记录用户自定义商务日历

4. 显示格式命令format

通过format命令可以规定各类型变量的显示格式，该命令的调用格式为：

format varlist %fmt
format %fmt varlist

其中，%fmt可以是数值型变量、字符型变量或日期型变量的显示格式。

查看变量目前所采用的显示格式的命令调用格式为：

format [varlist]

命令中带有下画线"_"的字符表示可采用的缩写形式，因为命令的缩写形式不唯一，因此本书仅在本章中给出了命令缩写下画线，其后章节的命令不再给出。

【例2-1】对数据集census10.dta中变量的显示格式进行设置。

在命令窗口中输入：

. use D:\DingJB\Stata\census10, clear
(1980 Census data by state)

利用describe命令查看数据集的简明汇总表，在命令窗口中输入：

. describe

运行命令后，输出结果如图2-1（a）所示，给出了数据的显示格式。

. list in 1/8

运行命令后，输出结果如图2-1（b）所示，给出了数据的显示样式。

. format state %-14s
. list in 1/8

运行命令后，输出结果如图2-1（c）所示。

. format region %-8.0g
. list in 1/8

运行命令后，输出结果如图2-1（d）所示。

. format pop %11.0gc
. list in 1/8

运行命令后，输出结果如图2-1（e）所示，可以发现pop的第5行值中没有逗号，这是因为该值太大，Stata无法插入逗号，仍遵守当前的宽度11个字符。

. format pop %12.0gc
. list in 1/8

运行命令后，输出结果如图2-1（f）所示。

. format medage %8.1f
. list in 1/8

运行命令后，输出结果如图2-1（g）所示。

显示格式通过format命令将永久附加在变量上。例如，保存后的数据在下次使用时，state仍将被格式化为%-14s，region仍将被格式化为%-8.0g等。

```
. describe

Contains data from D:\DingJB\Stata\census10.dta
 Observations:           50              1980 Census data by state
    Variables:            4              25 Apr 2023 14:11

Variable      Storage   Display    Value
    name        type    format     label       Variable label

state          str14    %14s                   State
region         int      %8.0g      cenreg      Census region
pop            long     %11.0g                 Population
medage         float    %9.0g                  Median age

Sorted by:
```

（a）数据集的简明汇总表

```
. list in 1/8

         state      region      pop     medage
  1.   Alabama      South     3893888     29.3
  2.    Alaska       West      401851     26.1
  3.   Arizona       West     2718215     29.2
  4.  Arkansas      South     2286435     30.6
  5. California      West    23667902     29.9

  6.  Colorado       West     2889964     28.6
  7. Connecticut      NE      3107576       32
  8.  Delaware      South      594338     29.8
```

（b）数据的显示样式

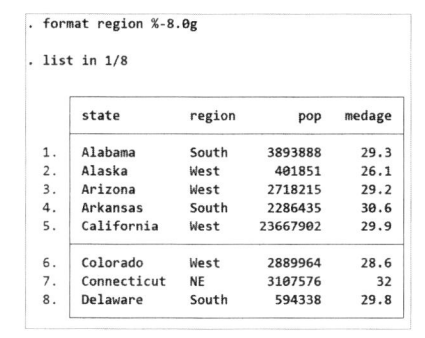

```
. format state %-14s
. list in 1/8

    state          region      pop     medage
  1. Alabama       South      3893888    29.3
  2. Alaska         West       401851    26.1
  3. Arizona        West      2718215    29.2
  4. Arkansas      South      2286435    30.6
  5. California     West     23667902    29.9

  6. Colorado       West      2889964    28.6
  7. Connecticut     NE       3107576      32
  8. Delaware      South       594338    29.8
```

（c）format state %-14s

```
. format region %-8.0g
. list in 1/8

    state          region      pop     medage
  1. Alabama       South      3893888    29.3
  2. Alaska         West       401851    26.1
  3. Arizona        West      2718215    29.2
  4. Arkansas      South      2286435    30.6
  5. California     West     23667902    29.9

  6. Colorado       West      2889964    28.6
  7. Connecticut     NE       3107576      32
  8. Delaware      South       594338    29.8
```

（d）format region %-8.0g

```
. format pop %11.0gc
. list in 1/8

    state          region      pop      medage
  1. Alabama       South      3,893,888   29.3
  2. Alaska         West        401,851   26.1
  3. Arizona        West      2,718,215   29.2
  4. Arkansas      South      2,286,435   30.6
  5. California     West     23,667,902   29.9

  6. Colorado       West      2,889,964   28.6
  7. Connecticut     NE       3,107,576     32
  8. Delaware      South        594,338   29.8
```

（e）format pop %11.0gc

```
. format pop %12.0gc
. list in 1/8

    state          region      pop       medage
  1. Alabama       South       3,893,888   29.3
  2. Alaska         West         401,851   26.1
  3. Arizona        West       2,718,215   29.2
  4. Arkansas      South       2,286,435   30.6
  5. California     West      23,667,902   29.9

  6. Colorado       West       2,889,964   28.6
  7. Connecticut     NE        3,107,576     32
  8. Delaware      South         594,338   29.8
```

（f）format pop %12.0gc

```
. format medage %8.1f
. list in 1/8

    state          region      pop       medage
  1. Alabama       South       3,893,888   29.3
  2. Alaska         West         401,851   26.1
  3. Arizona        West       2,718,215   29.2
  4. Arkansas      South       2,286,435   30.6
  5. California     West      23,667,902   29.9

  6. Colorado       West       2,889,964   28.6
  7. Connecticut     NE        3,107,576   32.0
  8. Delaware      South         594,338   29.8
```

（g）format medage %8.1f

图 2-1　显示格式调整

【例 2-2】对数据集 fmtxmpl.dta 中的标识变量 empid 进行前导 0 显示格式设置。在命令窗口中输入：

```
. use D:\DingJB\Stata\fmtxmpl, clear
```
利用 describe 命令查看 empid 的简明汇总表，在命令窗口中输入：
```
. describe empid
```
运行命令后，输出结果如图 2-2（a）所示，给出了 empid 的显示格式。
```
. list empid in 83/87
```
运行命令后，输出结果如图 2-2（b）所示，给出了数据的显示样式。
```
. format empid %05.0f
. list empid in 83/87
```
运行命令后，输出结果如图 2-2（c）所示，在数据前面添加了前导 0。

```
. describe empid

Variable      Storage    Display     Value
    name         type     format     label      Variable label

empid            float    %9.0g
```

（a）empid 的简明汇总表

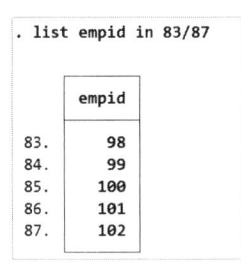

（b）list empid in 83/87

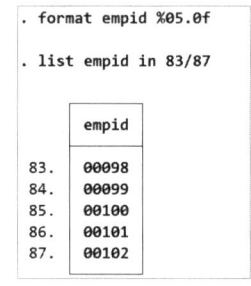

（c）format empid %05.0f

图 2-2　前导 0 显示格式设置

【例 2-3】数据集 fmtxmpl2.dta 中包含某公司的员工信息，这些信息包括雇佣日期（hiredate）、登录时间（login）和注销时间（logout）。hiredate 存储为浮点型，login 和 logout 存储为双精度浮点型。现需要为这 3 个变量设置日期显示格式。

在命令窗口中输入：
```
. use D:\DingJB\Stata\fmtxmpl2, clear
. format hiredate login logout
```
运行命令后，输出结果如图 2-3（a）所示。
```
. format login logout %tcDDmonCCYY_HH:MM:SS.ss
. list login logout in 1/5
```
运行命令后，输出结果如图 2-3（b）所示。
```
. format hiredate %td
. list hiredate in 1/5
```
运行命令后，输出结果如图 2-3（c）所示。
```
. format hiredate %tdDD/NN/CCYY
. list hiredate in 1/5
```
运行命令后，输出结果如图 2-3（d）所示。

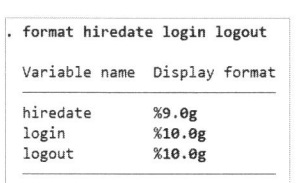   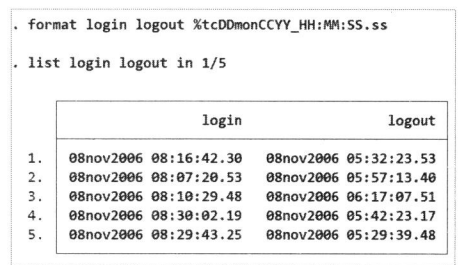

（a）3 个变量的显示格式　　　　（b）format login logout %tcDDmonCCYY_HH:MM:SS.ss

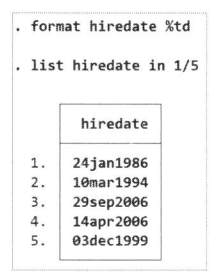   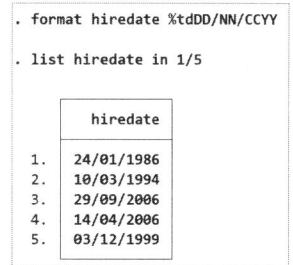

（c）format hiredate %td　　　　（d）format hiredate %tdDD/NN/CCYY

图 2-3　日期显示格式设置

2.1.4　变量标签设置

为帮助用户更清晰地掌握数据的结构和变量，Stata 通过标签为变量、数据等提供说明。Stata 通过标签工具可以为数据集添加标签，也可以为变量和变量的值添加标签。

添加标签的命令是 label，该命令的调用格式为：

```
label data ["label"]                               //为数据集添加标签
label variable varname ["label"]                   //为变量添加标签
label define lblname # "label" [# "label"...] [,add modify replace nofix]   //定义值标签
label values varlist lblname [, nofix]             //将定义好的值标签添加到变量上
label dir                                          //查看值标签名称
label values varlist [.]                           //移除值标签
label drop {lblname [lblname ...] | all}           //删除值标签
```

其中，"label"为要添加的标签说明；varname 指定要添加说明的变量；lblname 为标签的名称。

【例 2-4】在数据集 hbp4.dta 中查看并创建变量标签。

在命令窗口中输入：

```
. use D:\DingJB\Stata\hbp4, clear
. describe                            //查看数据集的简明汇总表（略）
. label define yesno 0 "No" 1 "Yes"   //定义值标签 yesno
. label dir                           //查看已定义的值标签名称
yesno
sexlbl
. label list yesno                    //查看名为 yesno 的值标签
yesno:
           0 No
```

```
                       1 Yes
. label list                           //查看所有变量标签
yesno:
                       0 No
                       1 Yes
sexlbl:
                       0 Male
                       1 Female
. label define yesno 2 maybe, add      //在现有标签上添加值标签
                                       //后面需要添加选项 add、modify 或 replace，否则会报错
. label list yesno
yesno:
                       0 No
                       1 Yes
                       2 maybe
. label define yesno 2 "Don't know", modify   //修改现有标签
. label list yesno
yesno:
                       0 No
                       1 Yes
                       2 Don't know
. label define yesno 2 "", modify      //使用 modify 选项删除现有标签
. label list yesno
yesno:
                       0 No
                       1 Yes
```

2.2 创建/导入数据集

统计分析都是基于数据集的，针对数据集的操作是 Stata 最基本的操作，下面介绍如何在 Stata 中创建/导入数据集。

2.2.1 利用数据编辑器创建数据集

在 Stata 主界面中，通过以下操作可以弹出如图 2-4 所示的"数据编辑器（编辑）"窗口。

- 执行菜单栏中的"窗口"→"数据编辑器"命令。
- 单击工具栏中的 [数据编辑器（编辑）] 图标。
- 在命令窗口中执行 edit 命令。

（1）在"数据编辑器（编辑）"窗口左侧的单元格中可以输入变量值，如 1112，此时系统会自动创建变量 var1，若继续在下一列中输入 1118，则系统会自动创建变量 var2，如图 2-5 所示，依次类推，即可根据需要创建变量。

（2）在"数据编辑器（编辑）"窗口右侧上方的变量窗口中显示刚刚创建的变量的属性，包括名称、标签、类型、格式、值标签等。

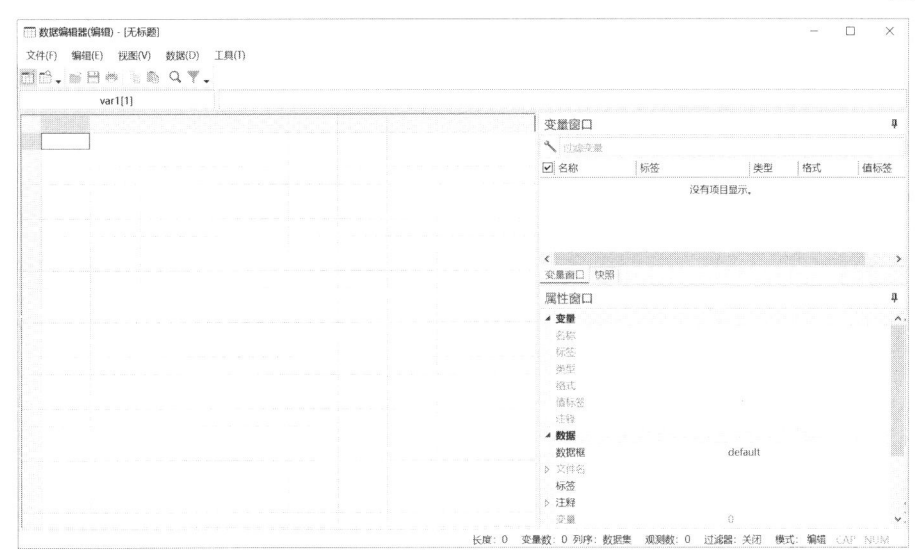

图 2-4 "数据编辑器（编辑）"窗口

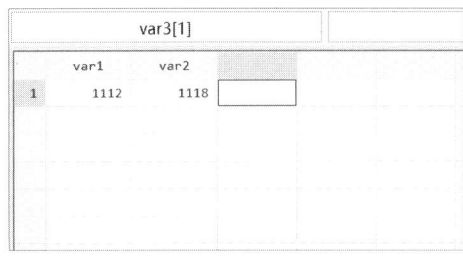

图 2-5 创建变量

（3）在"数据编辑器（编辑）"窗口右侧下方的属性窗口中可以修改变量的属性，在修改变量的属性前首先需要在变量窗口中选中变量，如将变量名称 var1 修改为 ParameterA。

（4）在"数据编辑器（编辑）"窗口中，执行菜单栏中的"数据"→"数据编辑器"→"数据编辑器（浏览）"命令，可以将数据编辑器切换到浏览状态，此时不能对数据进行编辑。

（5）数据编辑完成后，单击右上角的 × （关闭）按钮，即可返回 Stata 主界面。

2.2.2 通过命令输入数据

在 Stata 的命令窗口中可以直接通过 input 命令将数据输入内存中的数据集，其命令格式为：

Input [varlist] [,automatic label]

其中，varlist 为需要输入的变量名称列表；automatic 可以使 Stata 从遇到的非数值型数据中创建值标签，它会自动加长显示格式以满足最长的标签要求；label 允许用户输入标签（字符串），而非与值标签相关联的变量的数值，只有指定自动时才会自动创建新的值标签。

【例 2-5】利用 input 命令创建数据集示例。

（1）创建初始数据集。在命令窗口中依次输入：

```
. input acc_rate spdlimit
        acc_rate spdlimit
1. 4.58 55
2. 2.86 60
3. 1.61 .
4. end
.
```

通过以上操作创建了 acc_rate 与 spdlimit 两个变量，并依次输入观测值，按 Enter 键接受输入，其中用"."表示输入缺失值（空值）。在输入 end 命令后结束数据的输入。

通过 list 命令查看输入的数据，如图 2-6（a）所示。

（2）为已存在的变量增加观测值。在命令窗口中依次输入：

```
. input
        acc_rate spdlimit
4. 3.02 60
5. end
.
```

（3）在已存在的数据集中添加变量 acc_pts、junk。在命令窗口中依次输入：

```
. input acc_pts
        acc_pts
1. 4.6
2. 4.4
3. 2.2
4. 4.7
. input junk
        junk
1. 1
2. 2
3. end
```

通过 list 命令可以确认输入的数据，如图 2-6（b）所示。

```
. input acc_rate spdlimit
        acc_rate   spdlimit
1. 4.58 55
2. 2.86 60
3. 1.61 .
4. end

. list

     acc_rate   spdlimit
1.   4.58       55
2.   2.86       60
3.   1.61       .
```

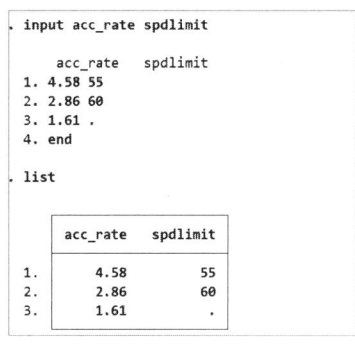

（a）初始数据集

```
. list

     acc_rate   spdlimit   acc_pts   junk
1.   4.58       55         4.6       1
2.   2.86       60         4.4       2
3.   1.61       .          2.2       .
4.   3.02       60         4.7       .
```

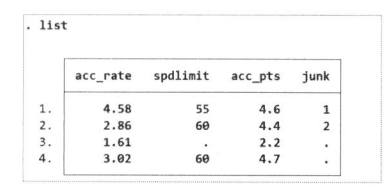

（b）最终数据集

图 2-6 创建数据集

【例 2-6】利用 input 命令创建字符串数据集示例。

在命令窗口中依次输入：

```
. clear
. input str16 name age str6 sex
            name        age     sex
  1. "Arthur Doyle" 22 male
  2. "Mary Hope" 37 "female"
  3. Guy Fawkes 48 male
'Fawkes' cannot be read as a number
  3. "Guy Fawkes" 48 male
  4. "Kriste Yeager" 25 female
  5. end
```

通过 list 命令可以确认输入的数据，如图 2-7（a）所示，在"数据编辑器"窗口中显示的结果如图 2-7（b）所示。

（a）结果窗口中的数据　　　　　　　　（b）在"数据编辑器"窗口中显示的结果

图 2-7　创建字符串数据集

2.2.3　读取已有 Stata 数据

对于已存在的 Stata 数据文件，可以通过下面的方式打开。
- 直接双击需要打开的数据文件（该文件默认打开方式为 Stata）。
- 在 Stata 主界面中，执行菜单栏中的"文件"→"打开"命令，打开需要的文件。
- 在命令窗口中执行 use 命令。

在 Stata 中，多用 use 命令将之前保存的 Stata 格式数据集加载到系统中。如果指定的文件名没有后缀，则默认为 dta。该命令的调用格式为：

use filename [, clear nolabel]　　　　　//加载 Stata 格式数据集
use [varlist] [if] [in] using filename [, clear nolabel]　　//加载 Stata 格式数据集的子集

其中，clear 指定可以替换系统中的数据；nolabel 用于防止加载保存数据中的值标签。

> **注意**：如果文件路径或文件名中包含空格，则需要将其放置在双引号""中。当命令中指定加载的变量名时，必须使用 using 命令，否则会提示错误。

【例 2-7】①加载 Stata 格式数据集 hiway.dta 到系统中；②加载 Stata 格式数据集 nlswork.dta 的 ln_wage、grade、age、tenure、race 子集到系统中。

设文件存储在当前目录 D:\DingJB\Stata\下的 mysubdir 文件夹中。

在命令窗口中输入：

```
. use mysubdir\hiway
(Minnesota Highway Data, 1973)
. use "mysubdir\hiway"
(Minnesota Highway Data, 1973)
```

```
. use ln_wage grade age tenure race using   mysubdir/nlswork
 (National Longitudinal Survey of Young Women, 14-24 years old in 1968)
```

执行上述操作后即可将对应的数据集与子集加载到系统中。

说明 当使用 use 命令加载数据集时，系统中的原有数据集将被自动清除。

2.2.4　导入其他格式数据

在 Stata 中也可以导入其他格式数据，在 Stata 主界面中执行菜单栏中的"文件"→"导入"命令，在弹出的菜单中可以看到 Stata 支持导入的数据格式，如图 2-8 所示。下面简单介绍 Excel 电子表格及文本数据的导入方式。

图 2-8　Stata 支持导入的数据格式

1．导入 Excel 电子表格

在 Stata 主界面中执行菜单栏中的"文件"→"导入"→"Excel 电子表格"命令，即可弹出"导入 Excel 文件"对话框，如图 2-9 所示。在该对话框中找到需要导入的 Excel 文件。

根据下方的数据预览进行设置，确定是否需要勾选"将第一行作为变量名""将所有数据导入为字符串类型"复选框。

满足要求后，单击"确定"按钮即可将 Excel 文件导入 Stata。

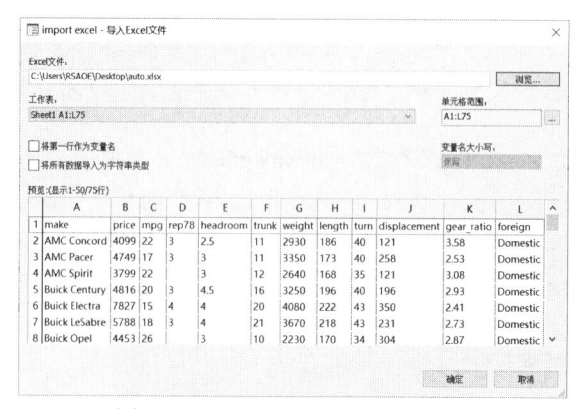

图 2-9　"导入 Excel 文件"对话框

> 说明：通常也可以通过打开的 Excel 文件将数据通过复制、粘贴的方式导入 Stata。

2．导入文本数据

在 Stata 主界面中执行菜单栏中的"文件"→"导入"→"文本数据"命令，即可弹出"导入带分隔符的文本数据"对话框，如图 2-10 所示。在该对话框中找到需要导入的文本数据文件。

根据下方的数据预览进行设置，确定是否需要勾选"连续分隔符视为一个处理""根据区域设置解析数字"复选框。

满足要求后，单击"确定"按钮即可将文本数据导入 Stata。

图 2-10 "导入带分隔符的文本数据"对话框

2.3 数据集基本操作命令

在 Stata 中创建新数据集的基本命令包括 browse、edit、generate、replace、rename、save、describe、list、codebook、drop、keep 等，这是 Stata 最基础的操作命令。下面通过介绍这些命令的格式和常用选项来讲解如何创建新数据集。

2.3.1 browse 命令与 edit 命令

browse 命令用于打开数据编辑器（浏览），执行该命令等同于单击工具栏中的 [数据编辑器（浏览）] 图标；edit 命令用于打开数据编辑器（编辑），执行该命令等同于单击工具栏中的 [数据编辑器（编辑）] 图标。

> 说明：两者的不同之处在于，数据编辑器（编辑）可以对数据进行编辑，而数据编辑器（浏览）只能浏览数据，不能对数据进行编辑。

browse 命令与 edit 命令的语法格式为：

edit [varlist] [if] [in] [, nolabel]
browse [varlist] [if] [in] [, nolabel]

（1）[varlist]表明可以在命令后加上需要的变量名称，如果只输入 edit 或 browse，则会打开包含所有变量的数据集。

（2）[if]用于选择满足表达式的数据子集，其语法格式为：

command if exp

其中，command 是某个 Stata 命令；exp 是需要满足的表达式，该表达式是利用 3 种运算符连接起来的变量。

（3）[in]用于选择需要的数据子集，并指定观测值，可以是某个观测值，也可以是某个区间内的观测值，如第 20~30 个观测值，其语法格式为：

command in range

其中，command 是某个 Stata 命令；range 可以是一个数字"#"、从某个数字到另一个数字"#1/#2"、从某个数字到最后一个数字"#/l"或从第一个数字到最后一个数字"f/#"。

例如，指定第 10 个观测值，表达式是 in 10；指定从第 10 个到第 20 个观测值，表达式是 in 10/20；指定从第 10 个到最后一个观测值，表达式是 in 10/l（注意此处为小写字母 l，而不是数字 1）；指定前 10 个观测值，表达式是 in 1/10（这里是数字 1）或 in f/10；指定最后 10 个观测值，表达式为 in -10/l。

> [varlist]、[if]、[in]等在 1.3 节命令基本语法中已介绍过，此处进行了回顾，后文中将不再赘述。

2.3.2　generate 命令与 replace 命令

在 Stata 中，generate 命令用于创建变量，replace 命令用于替换现有变量的内容，其语法格式为：

generate [type] newvar [:lblname] =exp [if] [in]
　　　　 [, before(varname)] [after(varname)]
replace oldvar =exp [if] [in] [, nopromote]

其中，before(varname)与 after(varname)用于指定新生成的变量放置在数据集中的位置。

在默认情况下，replace 命令将变量类型更改为浮点型（float 或 double），从而正确存储更改的值。nopromote 用于阻止提升变量类型。针对字符串，replace 命令会将其提升为更长的字符串，而 nopromote 阻止提升，此时替换值会被截断以适应当前存储类型。

另外，还可以通过 set 命令指定分配给新变量的默认存储类型，其语法格式为：

set type {float | double} [, permanently]

【例 2-8】结合数据集 genxmpl4.dta 演示 generate 命令与 replace 命令的使用方法。

在命令窗口中输入：

```
. use "D:\DingJB\Stata\genxmpl4.dta", clear    //可省略""
. list                                         //输出结果如图 2-11（a）所示
. generate int odd2=odd^2+odd                  //创建变量 odd2
. list                                         //输出结果如图 2-11（b）所示
```

```
. replace even=even^2-even
(4 real changes made)
. list                          //输出结果如图 2-11（c）所示
```

	odd	even
1.	1	2
2.	3	4
3.	-8	6
4.	7	8
5.	9	10

	odd	even	odd2
1.	1	2	2
2.	3	4	12
3.	-8	6	56
4.	7	8	56
5.	9	10	90

	odd	even	odd2
1.	1	2	2
2.	3	12	12
3.	-8	30	56
4.	7	56	56
5.	9	90	90

（a）原始数据集　　　（b）创建变量 odd2　　　（c）替换 even 变量值

图 2-11　算术运算示例

2.3.3　rename 命令

rename 命令用于对变量进行重命名，其语法格式为：

rename old_varname new_varname

其中，old_varname 是变量的旧名称；new_varname 是变量的新名称。

另外，还有用于重命名变量组的 rename group 命令，其语法格式为：

```
rename old new [, options1]                                    //重命名单个变量
rename (old1 old2 … ) (new1 new2 … ) [, options1]              //重命名一组变量
rename old1 old2 … , {upper | lower | proper} [options2]       //更改变量组名称的字母大小写
```

【例 2-9】rename 命令应用示例。

```
. rename (v1 v2) (var1 var2)    //将 v1 更改为 var1，将 v2 更改为 var2
. rename V1 V2, lower           //将 V1 更改为 v1，将 V2 更改为 v2
. rename v# =old                //为变量 v1、v2……添加一个或多个后缀 old
. rename *old *                 //从所有以 old 结尾的变量中删除后缀 old
. rename old* *                 //从所有以 old 开头的变量中删除前缀 old
```

2.3.4　save 命令

save 命令用于保存内存中的数据集，其语法格式为：

save [filename] [, save_options]

其中，save_options 选项含义如表 2-5 所示。

表 2-5　save_options 选项含义

选项	含义
nolabel	从保存的数据集中省略值标签
replace	允许替换并覆盖原有数据集
all	用于程序设计，指定将 e(sample) 与数据一起保存
orphans	保存所有值标签
emptyok	保存所有数据集，包含零观测值及零变量

2.3.5　describe 命令

describe 命令用于创建一个对数据集的简明汇总表，其语法格式为：

describe [varlist] [, memory_options]   //描述内存中的数据

describe [varlist] using filename [, file_options]   //描述文件中的数据

其中，memory_options 选项含义如表 2-6 所示。

表 2-6 memory_options 选项含义

选　项	含　义
simple*	仅显示变量名而不显示其他内容
short*	仅显示观测值数目、变量个数和次序等基本信息
fullnames	不允许对变量进行缩写（当变量名称超过 15 个字符时默认进行缩写）
numbers	显示变量编号和名称
replace	生成描述的数据集，而不是书面报告
clear	使用 replace 命令时用于清除内存数据
varlist*	用于程序设计，除通常存储的结果之外，还存储 r(varlist) 和 r(sortlist)
说明：标*的选项也适应于 file_options	

2.3.6　list 命令

list 命令用于列表显示变量值。如果没有设定变量，则默认显示所有变量值，其语法格式为：

list [varlist] [if] [in] [, options]

其中，options 选项含义如表 2-7 所示。

表 2-7　options 选项含义（部分）

选　项	含　义
compress	紧凑显示表和显示格式中的列宽度
noobs	不显示观测值的数值
table	强制以表格形式显示
clean	不显示任何分割线
separator(#)	每隔#行画一条分割线，默认为 separator(5)，即每隔 5 行画一条分割线
sepby(varlist)	每当 varlist 数值发生变化时就画一条分割线
nolabel	显示数值代码，而不是标签

2.3.7　codebook 命令

codebook 命令用于详细地描述变量的内容，包括变量名称、变量标签和变量的赋值等，其语法格式为：

codebook [varlist] [if] [in] [, options]

其中，options 选项含义如表 2-8 所示。

表 2-8　options 选项含义（部分）

选　项	含　义
all	打印包括缺失值在内的完整报告
header	显示数据集的名称及最后一次修改的时间
notes	显示与变量相关的标注
mv	显示缺失值的类型
tabulate(#)	设置汇总表统计的阈值，默认为 tabulate(9)
problems	显示数据集中的潜在问题
compact	显示对变量的精简报告

2.3.8 drop 命令与 keep 命令

drop 命令用于从内存数据中删除变量或观测值，keep 命令用于指定需要保留的变量或观测值，其语法格式为：

```
drop varlist                //删除变量
drop if exp                 //删除观测值
drop in range [if exp]      //删除一系列观测值
keep varlist                //需要保留的变量
drop if exp                 //需要保留的观测值
drop in range [if exp]      //需要保留的一系列观测值
```

【例 2-10】drop 命令与 keep 命令应用示例。

在命令窗口中输入：

```
. use "D:\DingJB\Stata\census11.dta", clear
(1980 Census data by state)
. describe                            //输出结果如图 2-12（a）所示
. drop pop*
. describe                            //输出结果如图 2-12（b）所示
. drop marriage divorce mrgrate dvcrate
. describe                            //输出结果如图 2-12（c）所示
. drop if medage>32                   //删除 medage>32 的观测值
(3 observations deleted)
. by region: drop if _n==1            //删除各区域的第一个观测值
(4 observations deleted)
```

```
Observations:        50              1980 Census data by state
   Variables:        15              2 Dec 2020 14:31

Variable      Storage   Display    Value
   name         type    format     label       Variable label

state          str13    %-13s                  State
state2         str2     %-2s                   Two-letter state abbreviation
region         byte     %-8.0g     cenreg      Census region
pop            long     %12.0gc                Population
poplt5         long     %12.0gc                Pop, < 5 year
pop5_17        long     %12.0gc                Pop, 5 to 17 years
pop18p         long     %12.0gc                Pop, 18 and older
pop65p         long     %12.0gc                Pop, 65 and older
popurban       long     %12.0gc                Urban population
medage         float    %9.2f                  Median age
death          long     %12.0gc                Number of deaths
marriage       long     %12.0gc                Number of marriages
divorce        long     %12.0gc                Number of divorces
mrgrate        float    %9.0g                  Marriage rate
dvcrate        float    %9.0g                  Divorce rate

Sorted by: region
```

（a）完整数据集的简明汇总表

```
Observations:        50
   Variables:         9

Variable      Storage   Display    Value
   name         type    format     label

state          str13    %-13s
state2         str2     %-2s
region         byte     %-8.0g     cenreg
medage         float    %9.2f
death          long     %12.0gc
marriage       long     %12.0gc
divorce        long     %12.0gc
mrgrate        float    %9.0g
dvcrate        float    %9.0g

Sorted by: region
```

（b）删除以 pop 开头的变量

```
Observations:        50
   Variables:         5

Variable      Storage   Display    Value
   name         type    format     label

state          str13    %-13s
state2         str2     %-2s
region         byte     %-8.0g     cenreg
medage         float    %9.2f
death          long     %12.0gc

Sorted by: region
```

（c）删除 medage>32 的观测值

图 2-12　简明汇总表

2.4 数值型变量和字符串变量的转换

字符串变量看起来和添加了值标签的数值型变量很像,但大多数统计运算和代数关系都不能应用于字符串变量,而数据中同时包括反映统一信息的字符串变量和添加了值标签的数值型变量。

2.4.1 字符串变量转换为数值型变量

在 Stata 中,使用 encode 命令可以将已经存在的字符串变量转换为一个去了值标签的数值型变量。

通常,数字 1 被赋给字符串中按照字母顺序排在第一位的那个,然后是 2、3 等。

encode 命令的语法格式如下:

encode varname [if] [in] ,generate(newvar) [label(name) noextend]

encode 命令用于基于字符串变量 varname 创建一个名为 newvar 的新变量,创建、添加或仅使用(根据需要)值标签 newvar 或(如果指定)name。如果 varname 包含恰好以字符串形式存储的数字,则不要使用 encode,而需要使用 generate(newvar)。

【例 2-11】数据集 hbp2.dta 记录了高血压数据,其中变量 sex 存储性别,包含男性 male 和女性 female(字符串变量)。请对种族 race、性别 sex 和年龄组 age_grp 的高血压数据进行回归分析。

在命令窗口中输入:

```
. use D:\DingJB\Stata\hbp2, clear
. regress hbp sex race age_grp        //对变量进行回归分析
no observations                        //报错,无观察结果
r(2000);
```

上述回归分析不能获得观察结果,输出报错,这是因为 Stata 不能直接处理字符串变量,所以所有关于 sex 的观察结果都是缺失的。通过下面的操作可以解决该问题。

在命令窗口中输入:

```
. encode sex, gen(gender)
. regress hbp gender race age_grp      //回归分析结果如图 2-13(a)所示
. list sex gender in 1/4               //显示结果如图 2-13(b)所示,注意缺失值
. list sex gender in 1/4, nolabel      //去掉值标签的显示结果如图 2-13(c)所示
. label list gender                    //查看名为 gender 的值标签,图略
```

在上述命令语句中,通过 encode 命令查看一个字符串变量,并生成一个包含所有值的内部表,此处为 male 与 female。encode 命令将列表按字母顺序排列,并为每个条目分配数字代码(female 为 1,male 为 2)。基于此创建一个新的 int 变量 gender,将 female 定义为 1、male 定义为 2、空值定义为缺失值(.)。最终创建一个值标签(gender),记录 1 $ female 和 2 $ male 的映射。

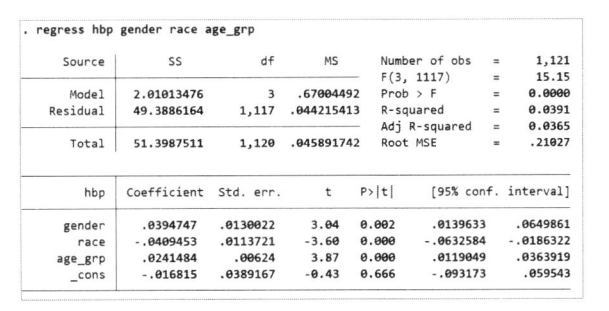

```
. regress hbp gender race age_grp

      Source |       SS           df       MS      Number of obs   =     1,121
-------------+----------------------------------   F(3, 1117)      =     15.15
       Model |  2.01013476         3   .67004492   Prob > F        =    0.0000
    Residual |  49.3886164     1,117  .044215413   R-squared       =    0.0391
-------------+----------------------------------   Adj R-squared   =    0.0365
       Total |  51.3987511     1,120  .045891742   Root MSE        =    .21027

         hbp | Coefficient  Std. err.      t    P>|t|     [95% conf. interval]
-------------+----------------------------------------------------------------
      gender |   .0394747   .0130022     3.04   0.002     .0139633    .0649861
        race |  -.0409453   .0113721    -3.60   0.000    -.0632584   -.0186322
     age_grp |   .0241484    .00624     3.87   0.000     .0119049    .0363919
       _cons |   -.016815   .0389167    -0.43   0.666     -.093173    .059543
```

（a）回归分析结果

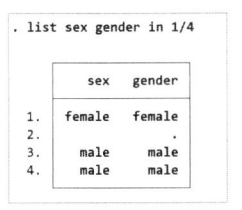

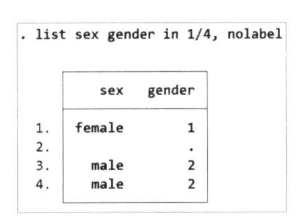

```
. list sex gender in 1/4

     +-----------------+
     |   sex    gender |
     |-----------------|
  1. | female   female |
  2. |             .   |
  3. |  male     male  |
  4. |  male     male  |
     +-----------------+
```

```
. list sex gender in 1/4, nolabel

     +-----------------+
     |   sex    gender |
     |-----------------|
  1. | female      1   |
  2. |             .   |
  3. |  male       2   |
  4. |  male       2   |
     +-----------------+
```

（b）显示值标签　　　　　　　　　　　　　（c）显示值

图 2-13　显示效果

2.4.2　数值型变量转换为字符串变量

在 Stata 中，使用 decode 命令可以将一个带有相关值标签的数值型变量转换为一个字符串变量。decode 命令的语法格式如下：

<u>dec</u>ode varname [if] [in] , <u>gen</u>erate(newvar) [<u>max</u>length(#)]

decode 命令用于基于 encode 数值型变量 varname 及其值标签创建一个名为 newvar 的新字符串变量。

【例 2-12】在数据集 hbp3.dta 中，female 是一个数值型变量，占一个字节，它有一个名为 sexlbl 的值标签，描述数字代码的含义，0 表示男性 male，1 表示女性 female。试通过 decode 命令利用数值型变量创建一个字符串变量。

在命令窗口中输入：

```
. use D:\DingJB\Stata\hbp3, clear
. describe female                  //查看 female 的简明汇总表，图略
. label list sexlbl                //查看值标签 sexlbl，图略
. tabulate female                  //查看 female 的频数表，图略
. decode female, gen(sex)          //由数值型变量创建字符串变量
. describe female sex              //查看 female、sex 的简明汇总表，如图 2-14（a）所示
. list female sex in 1/5           //输出结果如图 2-14（b）所示，注意缺失值
. list female sex in 1/5, nolabel  //输出结果如图 2-14（c）所示
```

```
. describe female sex

Variable      Storage   Display    Value
    name        type    format     label       Variable label
-------------------------------------------------------------------
female          byte    %8.0g      sexlbl      Female
sex             str6    %9s                    Female
```

（a）查看 female、sex 的简明汇总表

图 2-14　显示效果

```
. list female sex in 1/5

     female    sex
1.   Female   Female
2.       .
3.   Male     Male
4.   Male     Male
5.   Female   Female
```

```
. list female sex in 1/5, nolabel

     female    sex
1.   1        Female
2.   .
3.   0        Male
4.   0        Male
5.   1        Female
```

（a）显示值标签　　　　　　　　　　　（b）显示值

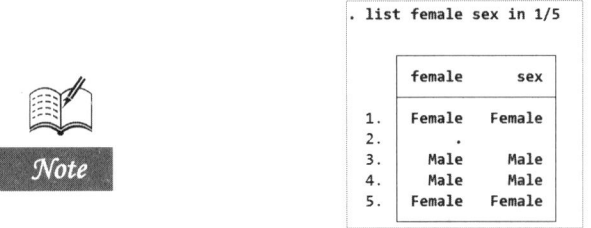

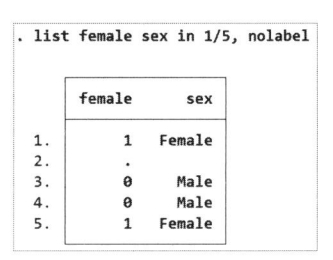

图 2-14　显示效果（续）

2.4.3　利用 real() 函数实现字符串数值化

在 Stata 中，real() 函数用于从合适的字符串表达式中得到数值，所以该函数的定义域为各种字符串，值域为数字和缺失值。例如，real("10.4")+6=16.2 表示利用 real() 函数从字符串"10.4"中得到真实的数字 10.4，并与数值 6 进行求和运算，最终得到 16.2。

当字符串中不包含数字时，返回缺失值。例如，real("number")=.表示"umber"字符串中没有数字，real() 函数返回 "."，即返回缺失值。

2.5　运算符

Stata 中的运算符可分为算术运算符、关系运算符和逻辑运算符三大类，下面分类给出它们的运算符和运算法则。

2.5.1　算术运算符

在 Stata 中，算术运算符如表 2-9 所示。算术运算的结果为某个数值。

表 2-9　算术运算符

运算符	含义	运算符	含义	运算符	含义
+	加	*	乘	^	乘方
-	减	/	除	sqrt	开方

例如，$-\dfrac{x+y^{x-y}}{xy}$ 可用下面的表达式表示：

-(x+y^(x-y))/(x*y)

若 x 或 y 为缺失值或零，则计算结果为缺失值。

【例 2-13】算术运算符应用示例。

在命令窗口中输入：

```
. use "D:\DingJB\Stata\genxmpl4.dta", clear    //可省""
. list                                         //输出结果如图 2-15（a）所示
. gen oddeven=odd+even                         //gen 为 generate 的缩写，用于变量的创建
. list                                         //输出结果如图 2-15（b）所示
. generate odd2=odd^2
. list                                         //输出结果如图 2-15（c）所示
```

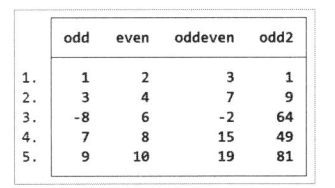

odd even	odd even oddeven	odd even oddeven odd2
1. 1 2	1. 1 2 3	1. 1 2 3 1
2. 3 4	2. 3 4 7	2. 3 4 7 9
3. -8 6	3. -8 6 -2	3. -8 6 -2 64
4. 7 8	4. 7 8 15	4. 7 8 15 49
5. 9 10	5. 9 10 19	5. 9 10 19 81
（a）原始数据集	（b）创建 oddeven 变量	（c）创建 odd2 变量

图 2-15　算术运算符应用示例

2.5.2　关系运算符

在 Stata 中，关系运算符如表 2-10 所示。关系运算的结果为 1（真）或 0（假）。

表 2-10　关系运算符

运算符	含义	示例	运算符	含义	示例	运算符	含义	示例
==	恒等于	A==B	>	大于	A>B	<	小于	A<B
~=（或!=）	不等于	A~=B（或A!=B）	>=	大于或等于	A>=B	<=	小于或等于	A<=B

【例 2-14】关系运算符应用示例。

根据数据集的年龄（age）数据列出 25 岁及以下的人的数据子集，可以输入：

. list if age<=25

如果需要列出正好 25 岁的人的数据子集，则可以输入：

. list if age==25　　　　　　//注意采用双等号==，如果采用=，则会提示错误

创建一个新变量 incgt10k，当收入小于或等于 10000 元时，新变量取值为 0，当收入大于 10000 元时，新变量取值为 1。由于缺失值大于所有非缺失值，因此当收入缺失时，新变量也将取值为 1。通过 generate 命令创建新变量如下：

generate incgt10k=income>10000 if income<.

2.5.3　逻辑运算符

在 Stata 中，逻辑运算符如表 2-11 所示。逻辑运算的结果同样为 1（真）或 0（假）。

表 2-11　逻辑运算符

运算符	含义	示例	运算符	含义	示例	运算符	含义	示例
&	逻辑与	A&B	|	逻辑或	A|B	~（或!）	逻辑非	~A（或!A）

【例 2-15】逻辑运算符应用示例。

根据数据集的年龄（age）和收入（income）数据列出收入超过 50000 元的人，以及年龄在 25 岁以下且收入超过 30000 元的人的数据子集，可以输入：

list if income>50000 | income>30000 & age<25

此处运算符&优先于|，如果不确定优先级，则可通过()锁定优先级：

list if income>50000 | (income>30000 & age<25)

注意：汇总表中还将列出收入缺失的所有观察结果，因为缺失值大于 50000。

2.5.4 运算符优先级

当用多个运算符和运算量写出一个表达式时，必须明确运算符优先级。表 2-12 所示为 Stata 运算符优先级。

表 2-12 Stata 运算符优先级

优 先 级	运 算 符
最高	^（乘方）
↓	~或!（逻辑非）
	*（乘）、/（除）
	+（加）、-（减）
	>（大于）、>=（大于或等于）、<（小于）、<=（小于或等于）、==（恒等于）、~=或!=（不等于）
	&（逻辑与）
最低	|（逻辑或）

在表 2-12 中，Stata 运算符优先级从上到下依次降低。表 2-12 中同一行中的各运算符具有相同的优先级，而在同一级别中又遵循有括号先括号运算的原则。

2.6 常用函数

函数多用在表达式（exp=）中，在任何表达式中均可调用函数，函数的参数可以是包含函数在内的任何表达式。函数的参数放置在括号内，若有多个参数，则参数直接用逗号隔开。

在 Stata 中包含日期和时间函数、数学函数、矩阵函数、程序函数、随机数函数、时间序列函数、统计函数、字符串函数、三角函数九大类函数，读者可以通过 help function 命令对其进行查询。

2.6.1 常用随机数函数

在 Stata 的命令窗口中输入 help random_number_functions 命令，可以查看随机数函数的帮助文件，常用随机数函数如表 2-13 所示。

表 2-13 常用随机数函数

函 数	含 义
runiform()	生成均匀分布随机变量，区间为(0,1)
runiform(a,b)	生成均匀分布随机变量，区间为(a,b)
runiformint(a,b)	生成均匀分布随机整数变量，区间为(a,b)
rbeta(a,b)	生成贝塔分布随机变量，a 和 b 为贝塔分布参数
rbinomial(n, p)	生成二项分布随机变量，n 为试验次数，p 为成功概率
rnbinomial(n, p)	生成负二项分布随机变量，n 为试验次数，p 为成功概率
rcauchy(a,b)	生成柯西分布随机变量，a 为位置参数，b 为尺度参数
rchi2(df)	生成卡方分布随机变量，df 为自由度
rexponential(b)	生成指数分布随机变量，b 为速率参数
rgamma(a, b)	生成伽马分布随机变量，a 为形状参数，b 为比例参数
rnormal()	生成标准正态（高斯）分布随机变量，均值为 0，标准差为 1

第 2 章 数据管理

续表

函　数	含　义
rnormal(m, s)	生成正态（高斯）分布随机变量，m 为均值，s 为标准差
rpoisson(m)	生成泊松分布随机变量，m 为均值

说明 系统中给出的随机数并不是真正的随机数，而是按照一定的规律生成的伪随机数。如果给定生成伪随机数所基于的初始数值（种子数 seed），则对相同的初始数值#，生成的伪随机数序列完全一样。

种子数的设置方法如下：

set seed #

【例 2-16】随机数函数应用示例。

在命令窗口中输入：

```
. clear
. set obs 8
. gen var1=runiform()
. gen var2=runiform()
. set seed 123
. gen var3=runiform()
. set seed 123
. gen var4=runiform()
. gen var5=runiform()
. set seed 456
. gen var6=runiform()
. list        //输出结果如图 2-16 所示
```

	var1	var2	var3	var4	var5	var6
1.	.0894259	.0358593	.3132002	.3132002	.8190824	.1056099
2.	.7505445	.0702359	.5559791	.5559791	.4882096	.5658157
3.	.9484983	.2101787	.9382851	.9382851	.2704866	.2614017
4.	.1121626	.6616006	.7363221	.7363221	.5859706	.5615141
5.	.4809064	.2011381	.1924075	.1924075	.0539035	.6402857
6.	.9763448	.9874877	.1951401	.1951401	.5583192	.964814
7.	.1254975	.2985383	.9509598	.9509598	.6395468	.4686308
8.	.7655026	.8969765	.2904454	.2904454	.9747689	.5908417

图 2-16　生成的随机数

由图 2-16 可知，变量 var1 与 var2 由于没有指定种子数，因此得到的随机数并不相同；变量 var3 与 var4 由于指定了相同种子数 123，因此得到的随机数完全一致；变量 var5 与 var6 由于分别指定了不同的种子数 123 与 456，因此得到的随机数也不相同。

2.6.2　常用数学函数

在 Stata 的命令窗口中输入 help math_functions 命令，可以查看数学函数的帮助文件，常用数学函数如表 2-14 所示。

表 2-14　常用数学函数

函　数	含　义	示　例
abs(x)	返回 x 的绝对值	
acos(x)	反余弦函数（弧度单位）	acos(0.5)≈1.047 acos(1)=0
asin(x)	反正弦函数（弧度单位）	
atan(x)	反正切函数（弧度单位）	
atanh(x)	反双曲正切函数	
ceil(x)	返回≥x 的最小整数，即当 n-1＜x≤n 时，返回整数 n	ceil(0.7)=1、ceil(3)=3 ceil(-0.7)=0
cloglog(x)	x 的互补对数，返回 ln{-ln(1-x)}的值	
comb(n,k)	从 n 中取 k 个的组合，即 comb(n,k)=n!/{k!(n-k)!}	comb(10,5)=252 comb(6,2)=15
cos(x)	余弦函数	
digamma(x)	返回 digamma 函数值，是 lngamma(x)的一阶导数	
exp(x)	指数函数，反函数为 ln(x)	
expm1(x)	同 exp(x)，对极小的|x|，expm1(x)-1 比 exp(x)-1 具有更高的精度	
floor(x)	返回≤x 的最小整数，即当 n＜x≤n+1 时，返回整数 n	floor(0.7)=0、floor(3)=3、floor(-0.7)=-1
int(x)	取整函数，即 x 舍去小数点后的整数	int(0.7)=0、int(2.9)=2 int(-2.55)=-2
invcloglog(x)	返回 invcloglog(x)=1-exp{-exp(x)}的值	
ln(x)	自然对数函数	
lnfactorial(n)	返回 n 的阶乘的自然对数，即 lnfactorial(n)=ln(n!)，计算 n!时用 round(exp(lnfactorial(n)),1)函数保证得出的结果是一个整数。求 n 的阶乘的自然对数比单纯求 n 的阶乘更有用，因为存在溢出值问题	
lngamma(x)	返回 gamma 函数的自然对数	
log10(x)	以 10 为底的对数函数	
logit(x)	返回 logit 函数值，logit(x)=ln{x/(1-x)}	
max(x1,x2,...,xn)	返回 x1,x2,…,xn 中的最大值	max(1,2,3)=3
min(x1,x2,...,xn)	返回 x1,x2,…,xn 中的最小值	min(1,2,3)=3
mod(x,y)	求 x 除以 y 的余数，即 mod(x,y)=x-y*int(x/y)	mod(7,4)=3
reldif(x,y)	返回 x、y 的相对差异值，reldif(x,y)=|x-y|/(|y|+1)，若 x、y 为相同类型的缺失值，则返回 0；若 x、y 只有一个为缺失值或 x、y 为不同类型的缺失值，则返回缺失值	
round(x)	返回对 x 四舍五入后的整数	
round(x,y)	返回与 y 的单位最接近的数 x，x 为真数，y 为近似单位，当 y=1 或 y 为缺失值时，表示对 x 进行四舍五入操作，同 round(x)	round(5.2,1)=round(4.8,1)=5、 round(2.234,0.1)=2.2、 round(2.234,0.01)=2.23、 round(28,5)=30
sign(x)	求 x 的符号：若为负数则返回-1；若为 0 则返回 0；若为正数则返回 1；若为缺失值则返回缺失值	
sin(x)	正弦函数	
sqrt(x)	求 x 的平方根，x 只能为非负数	sqrt(100)=10
sum(x)	对 x 求和，缺失值视为 0	
tan(x)	正切函数	

续表

函数	含义	示例
tanh(x)	双曲正切函数	
trigamma(x)	返回 lngamma(x)的二阶导数	
trunc(x)	将数据截为特定的长度,类似于取整函数 int(x)	

【例 2-17】数学函数应用示例。

在命令窗口中输入:

```
. clear
. set obs 8
Number of observations (_N) was 0, now 8.
. gen randnum1=-1+runiform()     //runiform 用于生成(0,1)范围内均匀分布的伪随机数
. gen randnum2=100-100*runiform()
. list                           //输出结果如图 2-17(a)所示
. gen var1=abs(randnum1)
. gen var2=ceil(randnum2)
. gen var3=floor(randnum2)
. gen var4=int(randnum2)
. gen var5=round(randnum2,1)
. gen var6=round(randnum2,0.01)
. gen var7=int(10*runiform())
. gen var8=mod(var2,var7)
. gen var9=trunc(randnum2)
. list var*                      //输出结果如图 2-17(b)所示
```

	randnum1	randnum2
1.	-.9901237	10.5894
2.	-.6799563	3.152659
3.	-.994803	76.07797
4.	-.7724565	30.72664
5.	-.148532	51.15641
6.	-.0179934	56.23548
7.	-.9675208	41.41995
8.	-.0125153	62.12908

	var1	var2	var3	var4	var5	var6	var7	var8	var9
1.	.9901237	11	10	10	11	10.59	6	5	10
2.	.6799563	4	3	3	3	3.15	9	4	3
3.	.994803	77	76	76	76	76.08	6	5	76
4.	.7724565	31	30	30	31	30.73	5	1	30
5.	.148532	52	51	51	51	51.16	7	3	51
6.	.0179934	57	56	56	56	56.24	7	1	56
7.	.9675208	42	41	41	41	41.42	6	0	41
8.	.0125153	63	62	62	62	62.13	0	.	62

(a)创建的随机数据　　　　　　　　　　(b)创建新的变量

图 2-17　数学函数应用示例

2.6.3　常用统计函数

在 Stata 的命令窗口中输入 help density_functions 命令,可以查看统计函数的帮助文件,常用概率分布与概率密度函数如表 2-15 所示。

表 2-15　常用概率分布与概率密度函数

分布	x 左侧的累计面积	x 右侧的累计面积(P 值)	概率密度函数	反函数（分位数）	说明
二项分布	binomial(n,x,p)				n 为独立试验次数,x 为成功次数
正态分布	normal(x)（标准正态分布）		normalden(x) normalden(x,s) normalden(x,m,s)	invnormal(p)	m 为均值（默认为 0）,s 为标准差（默认为 1）

续表

分布	x 左侧的累计面积	x 右侧的累计面积(P 值)	概率密度函数	反函数（分位数）	说明
卡方分布	chi2(x)	chi2tail(df,x) =1-chi2(df,x)		invchi2(df,p) invchi2tail(df,p)	df 为自由度
t 分布		ttail(df,x)	tden(df,x)	invttail(df,p)	df 为自由度
F 分布	F(df1,df2,x)	Ftail(df1,df2,x) =1-F(df1,df2,x)	Fden(df1,df2,x)	invF(df1,df2,p) invFtail(df1,df2,p)	df1、df2 分别为分子、分母自由度

【例 2-18】 统计函数应用示例。

在命令窗口中输入：

```
. clear
. display binomial(16,12,0.9)
.06840617
. display normal(3)
.9986501
. display invchi2(16,0.05)
7.9616456
. display ttail(16,3)
.00423975
. display invF(16,9,0.05)
.39406281
```

2.7 虚拟变量与分类变量

在 Stata 中，常见的变量有虚拟变量和分类变量，它们通常是由连续变量转换而来的。分类变量的用途就是通过定义值的方法对观测样本进行分类。

2.7.1 虚拟变量

取值为 0 和 1 的虚拟变量是最简单的分类变量。虚拟变量的取值非此即彼，在统计分析和回归分析中用途非常广泛。使用 generate 和 replace 组合命令或 generate 快捷方式可以生成虚拟变量。另外，使用 recode 命令也可以生成虚拟变量。

1. 使用generate和replace组合命令生成虚拟变量

generate 命令和 replace 命令的操作在前文中已经进行过介绍，下面直接给出使用 generate 和 replace 组合命令生成虚拟变量的示例。

【例 2-19】 通过 Stata 自带的女性就业数据集 mroz.dta 练习使用 generate 和 replace 组合命令创建虚拟变量的过程。该数据集收集了美国 1975 年女性工作的各种数据。该数据集中共有 753 条观测记录，代表 753 名女性，每条观测记录包括 22 个变量，其中主要变量为 wage（工资）、educ（受教育水平、受教育年数）、exper（工作经验、工作年限）。

```
. use D:\DingJB\Stata\mroz, clear
(Wages & hours worked by college grads)
. describe wage educ exper        //输出
```

```
. gen college=0                    //产生一个常数变量，并赋值为0
. replace college=1 if educ >= 12  //将 eudc≥12 的观测样本的 college 值改为1
(593 real changes made)
. list educ college in 10/18       //列出第10～18个观测样本的 educ 值和 college 值
```

输出结果如图 2-18 所示

```
. describe wage educ exper

Variable    Storage   Display   Value
    name       type    format   label    Variable label

wage          float     %9.0g            estimated wage from earns., hours
educ           byte     %9.0g            years of schooling
exper          byte     %9.0g            actual labor mkt exper
```

（a）简明汇总表

```
. list educ college in 10/18

       educ   college
 10.    12       1
 11.    12       1
 12.    11       0
 13.    12       1
 14.    12       1
 15.    10       0
 16.    11       0
 17.    12       1
 18.    12       1
```

（b）查看变量

图 2-18　输出结果

2. 使用 generate 快捷方式生成虚拟变量

在 Stata 中生成虚拟变量的 generate 快捷方式如下：

generate newvar=(varname>#)

其中，=的含义为，对满足其后括号内表达式的观测样本，将会在新的变量中将其定义为1，其余情况下将其定义为0。

由此，例 2-19 中定义 college 的命令语句可改写为：

generate college=(educ>=12)

利用 generate 快捷方式，还可以完成更加复杂的任务，如定义各个受教育水平的虚拟变量，命令如下：

```
. use D:\DingJB\Stata\mroz, clear
(Wages & hours worked by college grads)
. gen educ0=(educ==0)                    //受教育年数为0时为文盲，educ0 赋值为0
. gen primary=(educ>0 & educ<7)          //受教育年数在1～6范围内时为小学，primary 赋值为1
. gen junior=(educ>6 & educ<10)          //受教育年数在7～9范围内时为初中，junior 赋值为1
. gen senior=(educ>9 & educ<13)          //受教育年数在10～12范围内时为高中，senior 赋值为1
. gen college=(educ>12 & educ<17)        //受教育年数在13～16范围内时为大学本科，college 赋值为1
. gen master=(educ>16 & educ<.)          //受教育年数在17～18范围内时为研究生，master 赋值为1
. tab1 educ0-master                      //查看新生成的虚拟变量的频数表
```

输出结果如图 2-19 所示。

注意：缺失值会被认为不满足等号后括号内的表达式，因而在各虚拟变量中取值为0。

```
. tab1 educ0-master

-> tabulation of educ0

    educ0 |      Freq.     Percent        Cum.
        0 |        753      100.00      100.00
    Total |        753      100.00

-> tabulation of primary

  primary |      Freq.     Percent        Cum.
        0 |        743       98.67       98.67
        1 |         10        1.33      100.00
    Total |        753      100.00

-> tabulation of junior

   junior |      Freq.     Percent        Cum.
        0 |        690       91.63       91.63
        1 |         63        8.37      100.00
    Total |        753      100.00

-> tabulation of senior

   senior |      Freq.     Percent        Cum.
        0 |        285       37.85       37.85
        1 |        468       62.15      100.00
    Total |        753      100.00

-> tabulation of college

  college |      Freq.     Percent        Cum.
        0 |        587       77.95       77.95
        1 |        166       22.05      100.00
    Total |        753      100.00

-> tabulation of master

   master |      Freq.     Percent        Cum.
        0 |        707       93.89       93.89
        1 |         46        6.11      100.00
    Total |        753      100.00
```

图 2-19 查看新生成的虚拟变量的频数表

2.7.2 分类变量

分类变量不仅可以使用 generate 和 replace 组合命令、recode 命令及 tabulate 命令来生成，还可以使用 autocode()函数、recode()函数、group()函数来生成。

1. 使用generate和replace组合命令生成分类变量

generate 命令和 replace 命令的操作在前文中已经进行过介绍，下面直接给出使用 generate 和 replace 组合命令生成分类变量的示例。

【例2-20】通过女性就业数据集 mroz.dta 练习使用 generate 和 replace 组合命令生成分类变量的过程。

```
. use D:\DingJB\Stata\mroz, clear
. gen edugra=0                            //受教育年数为0时为文盲，edugra 赋值为0
. replace edugra=1 if educ>0 & educ<7     //受教育年数在1~6范围内时为小学，edugra 赋值为1
(10 real changes made)
. replace edugra=2 if educ>6 & educ<10    //受教育年数在7~9范围内时为初中，edugra 赋值为2
(63 real changes made)
. replace edugra=3 if educ>9 & educ<13    //受教育年数在10~12范围内时为高中，edugra 赋值为3
(468 real changes made)
. replace edugra=4 if educ>12 & educ<17   //受教育年数在13~16范围内时为大学，edugra 赋值为4
(166 real changes made)
. replace edugra=5 if educ>16 & educ<.    //受教育年数在17~18范围内时为研究生，edugra 赋值为5
(46 real changes made)
. tab1 edugra                             //查看新生成的分类变量的频数表
```

输出结果如图 2-20 所示。由此可知，未读过书的个体数为0，大部分被调查者受教育水平集中在高中和大学阶段，其中高中阶段有 468 个，大学阶段有 166 个；受教育水平为小学的个体有 10 个，为初中的个体有 63 个，为研究生的个体有 46 个。

```
. tab1 edugra

-> tabulation of edugra

    edugra |      Freq.     Percent        Cum.
-----------+-----------------------------------
         1 |         10        1.33        1.33
         2 |         63        8.37        9.69
         3 |        468       62.15       71.85
         4 |        166       22.05       93.89
         5 |         46        6.11      100.00
-----------+-----------------------------------
     Total |        753      100.00
```

图 2-20　查看新生成的分类变量的频数表

2．使用recode命令生成分类变量

在 Stata 中，既可以对已有的变量重新赋值，也可以转换变量取值以获得新的变量取值。除 replace 命令外，recode 命令也可以实现该功能，recode 命令可以方便地指定变量取值的直接转换。recode 命令的语法格式为：

recode varlist (rule) [(rule)...] [, generate (newvar)]　　//基本语法
recode varlist (erule) [(erule) ...] [if] [in] [, options]　　//完整语法

其中，varlist 是需要进行转换取值的变量名；rule 是事先确定的转换规则；[,generate (newvar)] 选项用于将转换后的变量保存为一个新变量。recode 命令中 options 选项含义如表 2-16 所示。

表 2-16　recode 命令中 options 选项含义

选　　项	含　　义
generate(newvar)	生成新的转换变量 newvar，默认值为替换原有变量
prefix(str)	生成带有 str 前缀的新变量
label(name)	为转换规则定义的值标签指定名称
copyrest	从原有变量中复制样本值
test	测试转换规则是否被调用且不重叠

常见的转换规则如表 2-17 所示。

表 2-17　常见的转换规则

规　　则	示　　例	含　　义
# = #	3 = 1	3 转换为 1
# # = #	2. = 9	2 和缺失值转换为 9
#/# = #	1/5 = 4	1～5 转换为 4
nonmissing = #	nonmiss = 8	所有非缺失值转换为 8
missing = #	miss = 9	所有缺失值转换为 9

【例 2-21】通过数据集 recxmpl.dta 演示 recode 命令的使用方法。

在命令窗口中输入：

```
. use D:\DingJB\Stata\recxmpl, clear
. recode x (1=2),gen(nxa)        //将 x 的取值由 1 转换为 2，其他值不变，并将新变量保存为 nxa
(2 differences between x and nxa)
. recode x (1=2) (2=1),gen(nxb)  //将 x 的取值 1 和 2 交换，并将新变量保存为 nxb
(4 differences between x1 and nxb)
. recode x (1 2=1) (3=2) (4/7=3),gen(nxc)
                                 //改变 x 的取值，将 1、2 转换为 1，3 转换为 2，4～7 转换为 3，
```

并将新变量保存为 nxc
(7 differences between x2 and nxc)
. recode x (1 2=1) (3=2) (4/7=3), gen(nxd)
//改变 x 的取值，将 1、2 转换为 1，3 转换为 2，4~7 转换为 3，并将新变量保存为 nxd
. recode x1 x2 x3 (1=5) (2=4) (3=3) (4=2) (5=1), pre(n) test
//转换变量 x1、x2、x3 中 1~5 的"方向"，转换后的变量分别保存为 nx1、nx2、nx3（通过在旧变量名前加 n 来形成新的变量名）
(6 differences between x1 and nx1)
(6 differences between x2 and nx2)
(6 differences between x3 and nx3)
. list x x* nx*   //对比查看原有变量和新变量的取值变化，如图 2-21 所示

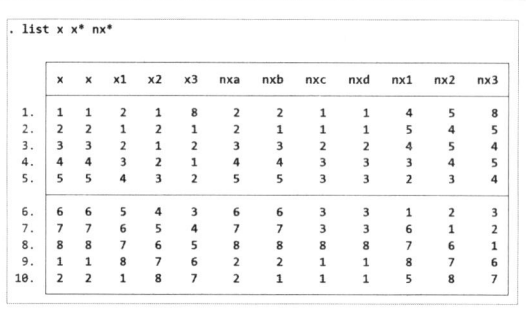

图 2-21 原有变量和新变量的取值

3. 使用函数生成分类变量

生成分类变量的常用函数主要有 autocode()、group()和 recode()，其含义如表 2-18 所示。

表 2-18 生成分类变量的常用函数

函　　数	含　　义
autocode(x,n,xmin,xmax)	根据 x 值生成分类变量，将 x 的值域(xmin xmax)分成等距的 n 份，并给出各 x 值所在区间的上限
group(x)	生成一个分类变量，尽可能将排序后的数据分为等规模的 x 个子样本
recode(x1,x2,…,xn)	接受≥3 个参数。当 x 缺失时求得缺失值，当 x<x1 时求得 x1，当 x<x2 时求得 x2

autocode()函数是根据目标变量的取值进行均匀分组的，即各个组在目标变量上的取值区间宽度相等。group()函数是根据观测样本的数目进行均匀分组的，即各个组在目标变量的排列顺序下包含相同数目的观测样本，也即先根据目标变量排序再分组。在均匀分组的意义上，autocode()函数和 group()函数都是自动完成分组的。recode()函数可以对分组的过程进行更多的控制，可以任意定义各个组的取值区间。

【例 2-22】通过数据集 agexmpl.dta 演示 recode()函数、autocode()函数和 group()函数的使用方法。

（1）在命令窗口中输入：

. use D:\DingJB\Stata\agexmpl, clear
. generate byte agecat1=recode(age,21,38,64,75)

```
//agecat1 为新生成的变量，age 是将被转换为分类变量的目标变量，其后的
4 个数字是各个组的取值上限
. tabulate agecat1        //查看 agecat1 的频数表，如图 2-22 所示
```

在上述代码中，recode()函数将对照列表中的其余参数检查第一个参数（age），并返回列表中大于或等于第一个参数的第一个元素，否则返回列表中的最后一个参数。也就是说，对于每次观测，recode()函数都会询问年龄是否小于或等于 21 岁？如果是，则返回 21。如果不是，则询问年龄是否小于或等于 38 岁？如果是，则返回 38。如果不是，则询问年龄是否小于或等于 64 岁？如果是，则返回 64。如果不是，则返回 75。

（2）在命令窗口中输入：

```
. generate agecat2=autocode(age,4,18,65)
                          //agecat2 为新生成的变量，age 是将被转换为分类变量的目标变量，4 是要分
                          成的组的个数，autocode()函数自动分成 4 个组且各个组间隔相等，18、65 指
                          明分组过程中的最小值和最大值
. tabulate agecat2        //查看 agecat2 的频数表，如图 2-23 所示
```

```
. tabulate agecat

  agecat |      Freq.     Percent        Cum.
---------+-----------------------------------
      21 |         28       13.73       13.73
      38 |        148       72.55       86.27
      64 |         24       11.76       98.04
      75 |          4        1.96      100.00
---------+-----------------------------------
   Total |        204      100.00
```

图 2-22 agecat1 的频数表

```
. tabulate agecat2

 agecat2 |      Freq.     Percent        Cum.
---------+-----------------------------------
   29.75 |         82       40.20       40.20
    41.5 |         96       47.06       87.25
   53.25 |         16        7.84       95.10
      65 |         10        4.90      100.00
---------+-----------------------------------
   Total |        204      100.00
```

图 2-23 agecat2 的频数表

在上述代码中，autocode()函数将年龄从 18 岁到 65 岁分成 4 个均匀分布的组。分组后的 4 个组的断点为 29.75、41.5、53.25 和 65。第 1 个组包括 29.75 岁及以下的所有人；第 2 个组包括 29.75 岁以上、41.5 岁及以下的人；第 3 个组包括 41.5 岁以上、53.25 岁及以下的人；第 4 个组包括 53.25 岁以上的所有人。

（3）在命令窗口中输入：

```
. sort age                //对 age 进行排序
. gen agecat3=group(4)    //根据观测样本的数目平均分成 4 个组（完全平均）
. tabulate agecat3        //查看 agecat3 的频数表，如图 2-24 所示
. gen agecat4=group(5)    //根据观测样本的数目平均分成 5 个组（不完全平均）
. tabulate agecat4        //查看 agecat4 的频数表，如图 2-25 所示
```

```
. tabulate agecat3

 agecat3 |      Freq.     Percent        Cum.
---------+-----------------------------------
       1 |         51       25.00       25.00
       2 |         51       25.00       50.00
       3 |         51       25.00       75.00
       4 |         51       25.00      100.00
---------+-----------------------------------
   Total |        204      100.00
```

图 2-24 agecat3 的频数表

```
. tabulate agecat4

 agecat4 |      Freq.     Percent        Cum.
---------+-----------------------------------
       1 |         41       20.10       20.10
       2 |         41       20.10       40.20
       3 |         40       19.61       59.80
       4 |         41       20.10       79.90
       5 |         41       20.10      100.00
---------+-----------------------------------
   Total |        204      100.00
```

图 2-25 agecat4 的频数表

在上述代码中，group()函数依据观测样本的数目平均分成 4 个组，各个组在目标变量（age）的排列顺序下包含相同数目（51 个）的观测样本。如果不能完全平均，则 group()函数将按照尽量接近平均的方式分组。

2.8 数据合并与抽取

当原始数据被存放在不同的数据文件中时，在对数据进行处理和分析前需要把不同的数据文件合并为一个综合的数据文件。下面介绍如何在 Stata 中实现数据合并与抽取操作。

2.8.1 横向合并数据

横向合并数据是指将两个数据文件的变量合并在一起，合并后数据的样本不变，但变量的数目增加了，也就是使得数据文件变宽了。通常，横向合并的两个数据的样本是一样的，只是被存放在不同的数据文件中。

在 Stata 中，横向合并数据是通过 merge 命令来完成的，其语法格式为：

```
merge 1:1 varlist using filename [, options]    //对指定的变量进行一对一合并
merge m:1 varlist using filename [, options]    //对指定的变量进行多对一合并
merge 1:m varlist using filename [, options]    //对指定的变量进行一对多合并
merge m:m varlist using filename [, options]    //对指定的变量进行多对多合并
merge 1:1 n using filename [, options]          //通过观察进行一对一合并
```

其中，varlist 是需要进行合并的关键变量；using filename 是需要与源文件合并的文件名及路径。在默认情况下，执行 merge 命令后会创建一个新变量 _merge，包含与合并数据集中的每个观测样本相关的数字代码，用于指示观测样本的来源和内容情况。merge 命令中 options 选项含义如表 2-19 所示。

表 2-19 merge 命令中 options 选项含义

选 项	含 义
keepusing(varlist)	保留避免使用数据集中的变量，默认值为 all
generate(newvar)	创建一个标记合并结果的新变量，默认为 _merge
nogenerate	不创建合并变量
nolabel	不复制内存外数据的值标签，即合并后的数据使用内存中数据的值标签
nonotes	不复制内存外数据的说明
update	用内存外的值替换内存中同名变量的缺失值
replace	用内存外的非缺失值替换内存中同名变量的相应值（需要更新时）
noreport	不显示匹配结果的汇总表
force	允许字符串/数值型变量类型不匹配而不提示错误
assert(results)	指定所需的匹配结果
keep(results)	指定要保留的匹配结果

【例 2-23】通过数据集 autosize.dta 与 autoexpense.dta（见图 2-26）演示使用 merge 命令横向合并数据的方法。数据集包含相同型号汽车的不同信息，autosize.dta 数据集中额外多存储一辆汽车的信息。试将所有信息整合到一个数据集中。

向 autosize.dta 数据集的旧变量中添加新变量，首先要确定需要进行哪个类型的匹配合并。通过查看数据集可以发现，make 变量（用于识别两个数据集中的汽车）能够识别数据集中的单个观测结果。

```
      make            weight    length
1.    Toyota Celica   2,410     174
2.    BMW 320i        2,650     177
3.    Cad. Seville    4,290     204
4.    Pont. Grand Prix 3,210    201
5.    Datsun 210      2,020     165
6.    Plym. Arrow     3,260     170
```

（a）autosize.dta 数据集

```
      make            price     mpg
1.    Toyota Celica   5,899     18
2.    BMW 320i        9,735     25
3.    Cad. Seville    15,906    21
4.    Pont. Grand Prix 5,222    19
5.    Datsun 210      4,589     35
```

（b）autoexpense.dta 数据集

图 2-26　数据集

在命令窗口中输入：

```
. use D:\DingJB\Stata\autosize, clear
(1978 automobile data)
. merge 1:1 make using D:\DingJB\Stata\autoexpense    //对指定的变量 make 进行一对一合并
. list                                                //查看新数据集，如图 2-27 所示
```

```
      make              weight   length   price    mpg    _merge
1.    BMW 320i          2,650    177      9,735    25     Matched (3)
2.    Cad. Seville      4,290    204      15,906   21     Matched (3)
3.    Datsun 210        2,020    165      4,589    35     Matched (3)
4.    Plym. Arrow       3,260    170      .        .      Master only (1)
5.    Pont. Grand Prix  3,210    201      5,222    19     Matched (3)
6.    Toyota Celica     2,410    174      5,899    18     Matched (3)
```

图 2-27　新数据集

重新使用数据集 autosize.dta 与 autoexpense.dta，使用 keep(match)选项确保合并后的数据集中只包含与之匹配的观测结果。

在命令窗口中输入：

```
. use D:\DingJB\Stata\autosize, clear
(1978 automobile data)
. merge 1:1 make using D:\DingJB\Stata\autoexpense,
> keep(match) nogenerate              //输出结果如图 2-28（a）所示
. list                                 //查看新数据集，如图 2-28（b）所示
```

```
Result                Number of obs
Not matched           0
Matched               5
```

（a）输出结果

```
      make              weight   length   price    mpg
1.    BMW 320i          2,650    177      9,735    25
2.    Cad. Seville      4,290    204      15,906   21
3.    Datsun 210        2,020    165      4,589    35
4.    Pont. Grand Prix  3,210    201      5,222    19
5.    Toyota Celica     2,410    174      5,899    18
```

（b）新数据集

图 2-28　运行结果

> **说明**：在本书中，当命令语句前面是">"而非"."时，表示续行，即输入时延续前一行进行输入。

【例 2-24】通过数据集 sforce.dta 与 dollars.dta［见图 2-29（a）、（b）］演示使用 merge 命令横向合并数据的方法。其中，sforce.dta 数据集中为区域销售人员数据，dollars.dta 数据集中为区域销售数据。试将所有信息整合到一个数据集中。

在命令窗口中输入：

```
. use D:\DingJB\Stata\sforce, clear
(Sales Force)
. merge m:1 region using D:\DingJB\Stata\dollars
            //对指定的变量进行多对一合并，输出结果如图 2-29（c）所示
(label region already defined)
. list       //查看新数据集，如图 2-29（d）所示
```

（a）sforce.dta 数据集

（b）dollars.dta 数据集

（c）输出结果

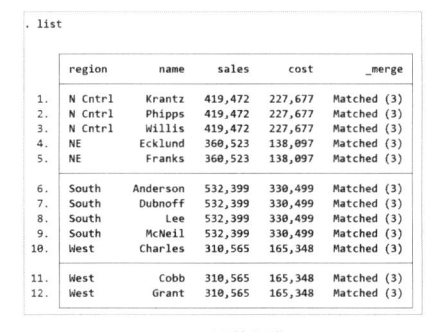

（d）新数据集

图 2-29　横向合并数据

2.8.2　纵向合并数据

纵向合并数据是指把两个数据的样本合并在一起，合并后数据的变量数目不变，但样本数增加，即数据量变多。最常见的纵向合并数据是合并使用相同的问卷在不同地区或不同时间调查得来的数据，这种合并便于研究差异和变迁。

在进行两个数据集的纵向合并时，需要做好以下工作。

（1）两个数据集中相同变量的名称要一致，否则其会被当作两个变量来处理，并产生大量无用的缺失值。

（2）两个数据集中相同变量的类型要一致，否则其中一个变量的值将全部缺失（这一点经常被忽略，也不易被察觉）。

（3）两个数据集中的观测样本序号不能重复，否则合并后将无法辨认个体观测样本。

（4）每个数据要生成一个新的变量来辨别合并后该数据的观测样本。

在 Stata 中，纵向合并数据是通过 append 命令来完成的，其语法格式为：

append using filename [filename] [, options]

其中，filename 是内存外数据文件名，即要和当前内存中的数据合并的数据文件名。

如果文件名中有空格或特殊字符，则必须用双引号引起来。append 命令中 options 选项含义如表 2-20 所示。

表 2-20　append 命令中 options 选项含义

选　　项	含　　义
generate(newvar)	创建一个标记合并结果的新变量，默认为 _merge
keep(varlist)	varlist 是内存外数据指定保留的变量，当内存外变量数目多于内存中变量数时，可以只保留内存中的变量
nolabel	不复制内存外数据的值标签，即合并后的数据使用内存中数据的值标签
nonotes	不复制内存外数据的说明
force	允许字符串/数值型变量类型不匹配而不提示错误

【例 2-25】通过数据集 even.dta 与 odd.dta［见图 2-30（a）、（b）］演示使用 append 命令纵向合并数据的方法。其中，even.dta 数据集中包含第 6 个到第 8 个正偶数，odd.dta 数据集中包含前 5 个正奇数。试将所有信息整合到一个数据集中。

在命令窗口中输入：

```
. use D:\DingJB\Stata\odd, clear
(First five odd numbers)
. append using D:\DingJB\Stata\even    //把偶数附加到奇数的末尾
. list                                 //查看新数据集，如图 2-30（c）所示
```

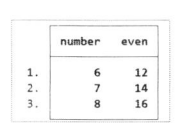

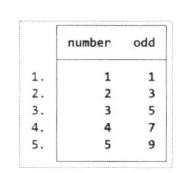

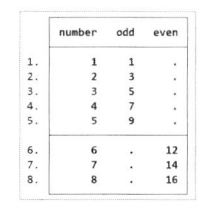

（a）even.dta 数据集　　（b）odd.dta 数据集　　（c）新数据集

图 2-30　纵向合并数据

在 Stata 中有 byte、int、long、float 和 double 这 5 个类型的数值型变量，下面通过示例演示纵向合并包含同名但不同类型数值型变量的数据集的方法。

【例 2-26】通过数据集 odd.dta、even.dta 与 oddeve.dta 演示使用 append 命令纵向合并包含同名但不同类型数值型变量的数据集的方法。

首先，使用 describe 命令查看数据集中变量的类型。在命令窗口中输入：

```
. describe using D:\DingJB\Stata\odd       //如图 2-31（a）所示
. describe using D:\DingJB\Stata\even      //如图 2-31（b）所示
. describe using D:\DingJB\Stata\oddeven   //如图 2-31（c）所示
```

（a）odd.dta 数据集中变量的类型

图 2-31　查看数据集中变量的类型

```
Contains data                              6th through 8th even numbers
 Observations:          3                  9 Jan 2020 08:43
    Variables:          2

Variable      Storage   Display    Value
    name        type    format     label      Variable label

number         byte     %9.0g
even           float    %9.0g                 Even numbers

Sorted by: number
```

（b）even.dta 数据集中变量的类型

```
Contains data                              First five odd numbers
 Observations:          8                  9 Jan 2020 08:53
    Variables:          3

Variable      Storage   Display    Value
    name        type    format     label      Variable label

number         float    %9.0g
odd            float    %9.0g                 Odd numbers
even           float    %9.0g                 Even numbers
```

（c）oddeven.dta 数据集中变量的类型

图 2-31　查看数据集中变量的类型（续）

变量 number 在 odd.data 数据集中为浮点型变量，在 even.dta 数据集中为字节型变量。由于浮点型是更精确的存储类型，因此生成的数据集 oddeven.dta 将变量 number 存储为浮点型。因此，在将 odd.dta 数据集合并到 even.dta 数据集中时，变量 number 仍被存储为浮点型。

其次，纵向合并包含同名但不同类型数值型变量的数据集。在命令窗口中输入：

```
. use D:\DingJB\Stata\even, clear
(6th through 8th even numbers)
. append using D:\DingJB\Stata\odd
(variable number was byte, now float to accommodate using data's values)
. describe            //如图 2-32 所示
```

```
. describe

Contains data from D:\DingJB\Stata\even.dta
 Observations:          8                  6th through 8th even numbers
    Variables:          3                  25 Apr 2023 14:38

Variable      Storage   Display    Value
    name        type    format     label      Variable label

number         float    %9.0g
even           float    %9.0g                 Even numbers
odd            float    %9.0g                 Odd numbers

Sorted by:
    Note: Dataset has changed since last saved.
```

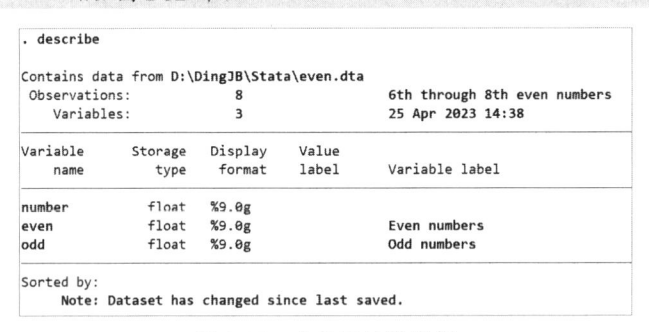

图 2-32　合并后的数据集

2.8.3　交叉合并数据

交叉合并数据是指把一个数据集中的样本和另一个数据集中的样本交叉搭配生成新的数据集。从数据结构上讲，交叉合并比纵向合并和横向合并更加复杂，要想使用交叉合并方法，首先要了解合并后的数据结构及其用途。

在 Stata 中，交叉合并包括使用 joinby 命令实现的组内交叉合并和使用 cross 命令实现的一一交叉合并。

1. 使用joinby命令实现的组内交叉合并

组内交叉合并是指两个数据集中的样本有分组，对每个组内的样本进行一对一交叉合并，实现组内交叉合并的命令为 joinby，其语法格式为：

joinby [varlist] using filename [, options]

其中，varlist 是合并的分组变量，如果没有值得分组的变量，那么 joinby 命令会自动采用两个数据集中的共同变量；filename 是内存外数据文件名。joinby 命令中 options 选项含义如表 2-21 所示。

表 2-21 joinby 命令中 options 选项含义

选 项	含 义
样本吻合	
update	内存中的缺失值可以被内存外数据集中相同变量的相应数值覆盖
replace	内存中的所有数值被内存外数据集中相同变量的相应数值覆盖
样本不吻合	
unmatched(none)	不保留非吻合样本，默认选项
unmatched(both)	两个数据集中的非吻合样本都保留
unmatched(master)	只保留内存中数据集中的非吻合样本
unmatched(using)	只保留内存外数据集中的非吻合样本
_merge(newvar)	自动生成合并吻合度的记录变量，默认为 merge
nolabel	不复制内存外数据的值标签

说明

（1）当两个数据集中的每个组内都只有一个样本时，组内交叉合并其实就是简单的横向合并，可以使用 merge 命令来实现。

（2）当一个数据集中的每个组内只有一个样本，而另一个数据集中的每个组内有多个样本时，进行的是组内一对多的交叉合并。

（3）当两个数据集中的每个组内都有多个样本时，进行的是组内多对多的交叉合并，此时必须指定一个共同的序号变量来标识每个组内的样本。

【例 2-27】数据集 child.dta 与 parent.dta（见图 2-33）中均包含一个 family_id 变量，用于标识属于同一个家庭的人。试将 child.dta 数据集中的数据信息合并到 parent.dta 数据集中。

```
. describe
Contains data from D:\DingJB\Stata\child.dta
 Observations:          5              Data on Children
    Variables:          4              26 Apr 2023 15:23

Variable      Storage   Display    Value
  name         type     format     label      Variable label
family_id      int      %8.0g                 Family ID number
child_id       byte     %8.0g                 Child ID number
x1             byte     %8.0g
x2             int      %8.0g

Sorted by: family_id

. list

      family~d   child_id    x1    x2
  1.     1025         3      11   320
  2.     1025         1      12   300
  3.     1025         4      10   275
  4.     1026         2      13   280
  5.     1027         5      15   210
```

```
. describe
Contains data from D:\DingJB\Stata\parent.dta
 Observations:          6              Data on Parents
    Variables:          4              25 Apr 2023 14:41

Variable      Storage   Display    Value
  name         type     format     label      Variable label
family_id      int      %8.0g                 Family ID number
parent_id      float    %9.0g                 Parent ID number
x1             float    %9.0g
x3             float    %9.0g

Sorted by:

. list

      family~d   parent~d   x1    x3
  1.     1030        10     39    600
  2.     1025        11     20    643
  3.     1025        12     27    721
  4.     1026        13     30    760
  5.     1026        14     26    668
  6.     1030        15     32    684
```

（a）child.dta 数据集　　　　　　　（b）parent.dta 数据集

图 2-33 数据集

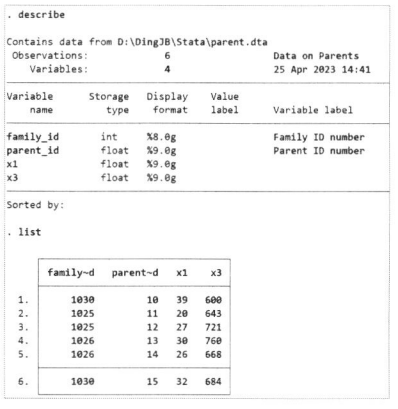

在命令窗口中输入：

. use D:\DingJB\Stata\parent,clear
(Data on Children)
. joinby family_id using D:\DingJB\Stata\child
. describe　　　　　　　　　　　//查看数据集的简明汇总表，如图2-34（a）所示
. list, sepby(family_id) abbrev(12)　　//如图2-34（b）所示

```
. describe
Contains data
  Observations:          8                   Data on Parents
  Variables:             6

Variable      Storage   Display    Value
name          type      format     label     Variable label

family_id     int       %8.0g                Family ID number
parent_id     float     %9.0g                Parent ID number
x1            float     %9.0g
x3            float     %9.0g
child_id      byte      %9.0g                Child ID number
x2            int       %8.0g

Sorted by:
   Note: Dataset has changed since last saved.
```

```
. list, sepby(family_id) abbrev(12)

     family_id  parent_id   x1    x3   child_id   x2
1.   1025       11          20    643   4          275
2.   1025       11          20    643   3          320
3.   1025       11          20    643   1          300
4.   1025       12          27    721   1          300
5.   1025       12          27    721   3          320
6.   1025       12          27    721   4          275
7.   1026       13          30    760   2          280
8.   1026       14          26    668   2          280
```

（a）数据集的简明汇总表　　　　　　　　　　　（b）数据列表

图2-34　组内交叉合并数据

由图2-34（b）可知，family_id 1027（仅在 child.dta 数据集中出现）与 family_id 1030（仅在 parent.dta 数据集中出现）不出现在合并后的数据集中，合并后的数据集中省略了两个数据集中没有匹配变量的观测结果。

变量 x1 出现在两个数据集中，合并后的数据集中此变量的值是执行 joinby 命令时内存中 parent.dta 数据集中的值。若在执行 joinby 命令时内存中为 child.dta 数据集，则变量 x1 的值将是 child.dta 数据集中的值。

2．使用cross命令实现的一一交叉合并

一个数据集的每个样本与另一个数据集的每个样本交叉合并就是一一交叉合并，合并后的样本数为两个样本数的积，此时样本单位变为一对一的配对关系。

例如，在婚姻配对中，对男女样本进行一一交叉合并，以便于分析各配对间的互动关系；在自由市场中，把买方和卖方的数据进行一一交叉合并，以便于分析交易形成模式。

实现一一交叉合并的命令为 cross，其语法格式为：

joinby using filename

其中，filename 是内存外数据文件名。该命令没有额外的选项。

一一交叉合并的两个数据集中最好没有同名的变量，否则 Stata 会沿用内存中的变量名。因此，当配对的数据集中有同名的变量时，在合并前要先对这些变量进行重命名。

【例2-28】创建一个包含 3 个年龄类别和 2 个性别的所有组合的数据集，作为存根。这 3 个年龄类别分别为 20 岁、30 岁和 40 岁。

在命令窗口中输入：

. clear
. input str6 sex　　　　　//创建变量 sex
            sex

```
        1. male
        2. female
        3.  end
. save sex
  file sex.dta saved          //将数据集保存为 sex.dta
. drop _all
.  input agecat
            agecat
        1. 20
        2. 30
        3. 40
        4. end
. cross using sex             //对数据进行一一交叉合并
. list                        //查看新数据集，如图 2-35 所示
```

```
     agecat    sex
1.      20    male
2.      30    male
3.      40    male
4.      20    female
5.      30    female
6.      40    female
```

图 2-35　新数据集

2.8.4　抽取数据

当数据集中存在巨量数据（如全国人口普查数据、股票市场交易数据等）时，因其样本容量太大，所以不适宜直接对其进行分析。此时就需要从数据中随机抽取一个样本，对样本进行分析。

在 Stata 中，数据抽取是通过 sample 命令完成的，该命令随机从内存数据中抽取分析样本，其语法格式为：

sample # [if] [in] [, count by (groupvars)]

其中，#是样本容量（或样本百分比），当指定 count 时，#表示抽取的样本个数；当不指定 count 时，#表示抽取的样本百分比。例如：

```
sample 100, count       //从数据中抽取 100 个样本
sample 100              //从数据中抽取 15% 的样本
```

当需要确保样本的分布时，需要通过 by (groupvars)选项来进行组内抽样。例如，数据中包括男、女性别的大量样本，简单随机抽样可能会导致男性（或女性）样本过多而女性（或男性）样本过少的情况发生，从而影响统计分析的有效性，此时可以通过使用以下命令解决该问题。

```
sample 50, count by(sex)   //在男性样本与女性样本中均抽取 50 个样本
```

注意　在同样的数据中，重复执行同一 sample 命令得到的样本并不相同，此时可以在执行 sample 命令前设定随机数的初始值，以确保每次抽样结果相同。例如：

```
set seed 8
```

【例 2-29】 数据集 nlswork.dta 给出了 1968 年 14～24 岁年轻女性的调查数据，尝试从中抽取 10%的样本。

在命令窗口中输入：

```
. use D:\DingJB\Stata\nlswork, clear
(National Longitudinal Survey of Young Women, 14-24 years old in 1968)
. describe, short          //查看数据集的简明汇总表，如图 2-36（a）所示
. sample 10
(25,681 observations deleted)
. describe, short          //查看新数据集的简明汇总表，如图 2-36（a）所示
```

```
. describe, short
Contains data from D:\DingJB\Stata\nlswork.dta
 Observations:       28,534             National Longitudinal Survey of Young
                                        Women, 14-24 years old in 1968
    Variables:           21             25 Apr 2023 14:41
Sorted by: idcode  year
```

（a）抽取前的原始数据集

```
. describe, short
Contains data from D:\DingJB\Stata\nlswork.dta
 Observations:        2,853             National Longitudinal Survey of Young
                                        Women, 14-24 years old in 1968
    Variables:           21             25 Apr 2023 14:41
Sorted by:
    Note: Dataset has changed since last saved.
```

（b）抽取后的样本数据集

图 2-36　数据集的简明汇总表

由图 2-36 可知，原始数据集中有 28534 个观测值，样本数据集中有 2853 个观测值，接近 28534×10%，样本抽取满足要求。

数据集 nlswork.dta 中的变量之一是 race（种族），通过输入标签列表可以知道，race=1 表示白人，race=2 表示黑人，race=3 表示其他种族的人。

当要求保留 10%的白人女性样本和 100%的非白人女性样本时，在命令窗口中输入：

```
. use D:\DingJB\Stata\nlswork, clear
(National Longitudinal Survey of Young Women, 14-24 years old in 1968)
. tab race                     //输出结果如图 2-37（a）所示
. sample 10 if race==1         //保留 10%的白人女性样本和 100%的非白人女性样本
(18,162 observations deleted)
. describe, short              //输出结果如图 2-37（b）所示
. display .10*20180 + 8051 + 303    //验证数据
10372
```

```
. tab race

      Race |      Freq.    Percent       Cum.
-----------+-----------------------------------
     White |     20,180      70.72      70.72
     Black |      8,051      28.22      98.94
     Other |        303       1.06     100.00
-----------+-----------------------------------
     Total |     28,534     100.00
```

（a）race 信息

图 2-37　输出结果

```
. describe, short

Contains data from D:\DingJB\Stata\nlswork.dta
 Observations:        10,372                  National Longitudinal Survey of Young
                                              Women, 14-24 years old in 1968
   Variables:            21                   25 Apr 2023 14:41
Sorted by:
     Note: Dataset has changed since last saved.
```

（b）抽取后的样本数据集

图 2-37　输出结果（续）

当要求保留全部样本的 10%时，在命令窗口中输入：

. use D:\DingJB\Stata\nlswork, clear
(National Longitudinal Survey of Young Women, 14-24 years old in 1968)
. sample 10, by(race)
(25,681 observations deleted)
. tab race　　　　　　//输出结果如图 2-38 所示

```
. tab race

      Race |      Freq.    Percent       Cum.
-----------+-----------------------------------
     White |      2,018      70.73      70.73
     Black |        805      28.22      98.95
     Other |         30       1.05     100.00
-----------+-----------------------------------
     Total |      2,853     100.00
```

图 2-38　输出结果

2.9　本章小结

　　数据管理是进行 Stata 统计分析时对数据的前期处理，是统计分析的重要基础工作，学好数据管理才能获得较好的数据分析结果。本章重点对 Stata 的数据管理进行了详细的介绍，包括对变量、数据集的操作，运算符、常用函数的使用，以及数据合并与抽取等，这些都是读者应掌握的基础操作。

第3章 图形绘制

数据可视化是指对原始数据或数据分析结果的展示，可以帮助读者更加直观地理解数据与统计结果。Stata 提供了一整套绘图工具与选项，读者可以自由地选择满足要求的绘图工具。Stata 的绘图命令主要包括二维绘图命令族（graph twoway），以及非二维绘图命令族（如条形图、直方图等）。常规图形在 Stata 中的绘制命令相当简单，通过本章的学习读者可以轻松掌握使用 Stata 进行绘图的方法。

3.1 二维绘图命令族介绍

在 Stata 中，graph twoway 是二维绘图命令族，包含多种二维绘图命令，其语法格式为：

[graph] twoway plot [if] [in] [,twoway_options]

其中，plot 的语法格式为：

[(] plottype varlist ... , options [)] [||]

在二维绘图命令中，每种图形被称为一个绘图类型（plottype），常用绘图类型如表 3-1 所示。

表 3-1 常用绘图类型

绘图类型	含义	绘图类型	含义
scatter	散点图	pcscatter	成对坐标图，带记号
line	折线图	pci	即时参数成对坐标图，带峰线
connected	点线图	pcarrowi	即时参数成对坐标图，带箭头
scaneri	即时参数散点图	tsline	时间序列标绘图
area	面积图	tsrline	时间序列全距图
bar	条形图	contour	带填充的等高线图
spike	峰线图	contourline	等高线图
dropline	垂线图	mband	以直线段连接波段内的交叉中位数
dot	点标图	mspline	以立方样条曲线连接交叉中位数
rarea	全距图，高、低端值之间进行填充	lowess	局部加权回归平滑拟合图形
rbar	全距图，高、低端值之间添加条形	lfit	线性拟合图形

续表

绘图类型	含义	绘图类型	含义
rspike	全距图，高、低端值之间添加峰线	qfit	二次拟合曲线图
rcap	全距图，两端戴帽	fpfit	分式多项式拟合曲线图
rcapsym	全距图，两端添加带标记的峰线	lfitci	线性拟合图形，带置信带
rscalter	全距图，带散点标志	qfitci	二次拟合曲线图，带置信带
rline	全距图，带线条	fpfitci	分式多项式拟合曲线图，带置信带
rconnected	全距图，带线条和标志	function	函数的曲线标绘图
pcspike	成对坐标图，带峰线	histogram	直方图
pccapsym	成对坐标图，带两端加标记的峰线	kdensity	核密度图
pcarrow	成对坐标图，带箭头	lpoly	局部多项式平滑图
pcbarrow	成对坐标图，带双箭头	lpolyci	局部多项式平滑图，带置信带

说明 前导[graph]为可选项。如果第一个（或唯一一个）图是散点图（scatter），那么也可以省略[graph]，此时的语法格式为：

scatter ... [,scatter_options] [|| plot [plot [plot...]]]

通常，不同的命令之间可以用"||"作为分隔符或用"()"括起来，以便将所要绘制的图形重叠绘制在同一个图形中，以下三条命令语句是等价的：

scatter yvar1 yvar2 xvar
scatter yvar1 xvar || yvar2 xvar
(scatter yvar1 xvar) (scatter yvar2 xvar)

scatter 命令是二维绘图命令中最基本的一个，其他二维绘图命令都是基于 scatter 命令的。

同样地，多个绘图类型的二维绘图命令可以放在一起，以绘制重叠的复合图形，以下两条命令语句是等价的：

twoway (scatter...) (line...) (lfit...)...
scatter... || line... || lfit... || ...

其中，scatter、line、lfit 是不同的二维绘图命令。

【例 3-1】二维绘图命令的应用示例。

在命令窗口中输入：

```
. use D:\DingJB\Stata\uslifeexp2, clear
(U.S. life expectancy, 1900-1940)
. list in 1/8                        //查看变量情况，图略
. twoway scatter le year             //绘制散点图，如图 3-1（a）所示
. twoway line le year                //绘制折线图，如图 3-1（b）所示
. twoway connected le year           //绘制点线图，如图 3-1（c）所示
. twoway (scatter le year) (lfit le year)   //绘制带线性拟合的散点图，如图 3-1（d）所示
```

（a）散点图　　　　　　　　　　　　　（b）折线图

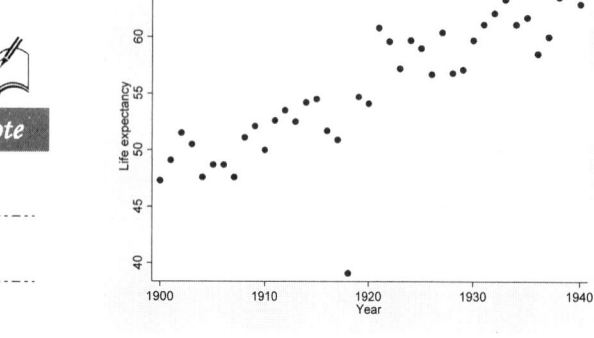

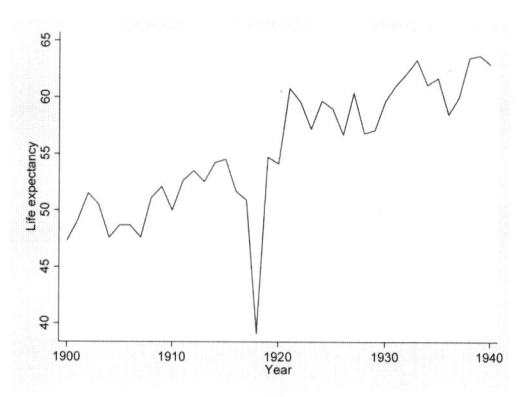

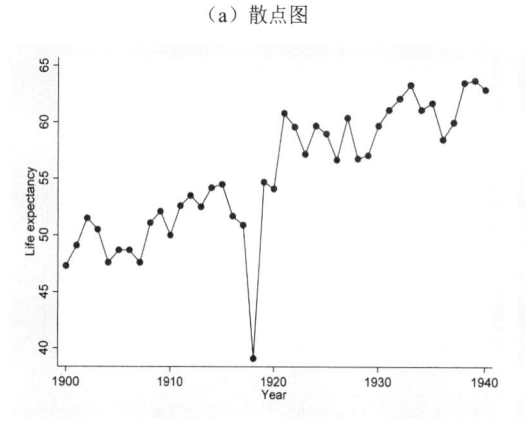

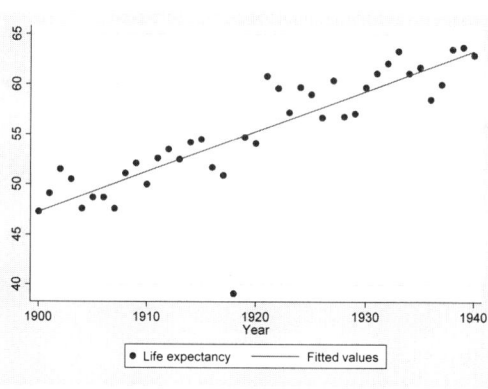

（c）点线图　　　　　　　　　（d）带线性拟合的散点图

图 3-1　二维绘图命令的应用示例

3.2　散点图

散点图多用于表示因变量随自变量的变化而变化的大致趋势，由此可以选择合适的函数进行经验分布的拟合，进而找到变量之间的函数关系。散点图在探索变量之间的函数关系，为进一步的统计分析做准备工作中得到非常广泛的运用。

3.2.1　scatter 命令语法格式

在 Stata 中，散点图是最基础的二维图形，掌握散点图的绘制方法，再学习其他图形的绘制方法也就变得简单了。scatter 命令语法格式为：

[twoway] scatter varlist [if] [in] [weight] [, options]

其中，varlist 可以为：

y1 [y2 [...]] x

在 Stata 的实际应用中，以下 3 种形式都是可以识别的：

graph twoway scatter ...
twoway scatter ...
scatter ...

当命令后紧跟两个变量时，Stata 默认第一个变量为 y 轴变量，第二个变量为 x 轴变量；当命令后紧跟两个以上变量时，Stata 会将除最后一个变量以外的变量作为 y 轴变量，而将最后一个变量作为 x 轴变量。例如：

scatter yvar xvar   //以 yvar 为 y 轴变量，以 xvar 为 x 轴变量
scatter yvar1 yvar2 xvar   //以 yvar1 和 yvar2 为 y 轴变量，以 xvar 为 x 轴变量

scatter 命令的选项非常复杂，此处首先给出这些选项的分类，如表 3-2 所示。后文中会对其进行详细的介绍，以帮助读者掌握这些选项的使用方法。

表 3-2 scatter 命令的选项分类

选 项 分 类	含 义
marker_options	散点显示设置
marker_label_options	散点标签设置
connect_options	散点连线设置
composite_style_options	图形的整体类型设置
jitter_options	散点振荡设置
axis_choice_options	附加坐标设置
twoway_options	图题、图例、轴、线条、文字、by()选项、区域、名称、纵横比等设置

3.2.2 散点显示设置

散点显示设置（marker_options）包括散点的形状、颜色、大小等 10 个选项，如表 3-3 所示。

表 3-3 散点显示设置选项

选 项	含 义
msymbol(symbolstylelist)	散点的形状
mcolor(colorstylelist)	散点的颜色
msize(markersizestylelist)	散点的大小
msangle(anglestyle)	标记符号角度
mfcolor(colorstylelist)	散点的填充颜色
mlcolor(colorstylelist)	散点外圈的颜色
mlwidth(linewidthstylelist)	散点外圈的厚度
mlalign(linealignmentstyle)	轮廓对齐方式（内侧对齐、外侧对齐、中心对齐）
mlstyle(linestylelist)	散点外圈的整体类型
mstyle(markerstylelist)	散点的整体类型

下面对散点的形状、颜色、大小进行简单的介绍，其余选项说明请参考帮助文件。

1. 散点的形状

散点的形状选项可以简写为 ms()，括号内为散点的形状参数，根据实际需要可以选择合适的散点显示符号，如表 3-4 所示。

表 3-4 散点显示符号

msymbol()	缩 写	含 义	msymbol()	缩 写	含 义
circle	O	实圆圈	circle_hollow	Oh	空心圆圈
diamond	D	实钻石形	diamond_hollow	Dh	空心钻石形
square	S	实正方形	square_hollow	Sh	空心正方形

续表

msymbol()	缩　写	含　义	msymbol()	缩　写	含　义
triangle	T	实三角形	triangle_hollow	Th	空心三角形
smcircle	o	小圆点	smcircle_hollow	oh	小空心圆点
smdiamond	d	小钻石点	smdiamond_hollow	dh	小空心钻石点
smsquare	s	小正方形	smsquare_hollow	sh	小空心正方形
smtriangle	t	小三角形	smtriangle_hollow	th	小空心三角形
X	X	×号	smx	x	小×号
V	V	√号	smv	v	小√号
plus	+	加号	smplus		小加号
pipe	|	|	arrowf	A	箭头头
point	p	小点	arrow	a	箭头
none	i	不显示符号			

注意 利用不显示符号（none）选项可以隐藏散点。部分散点显示符号示意图如图3-2所示。

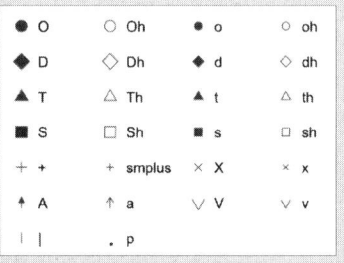

图 3-2　部分散点显示符号示意图

2．散点的颜色

在 Stata 中，mcolor()选项用于设置图形组件（如线条、背景和条形图）的颜色和不透明度。颜色包括从黑到白的灰阶、蓝色、黄色、红色等，读者也可以使用 RGB 或 CMYK 进行数字调色。Stata 中可用的颜色如表 3-5 所示。

表 3-5　Stata 中可用的颜色

绘图类型	含　义	绘图类型	含　义
black	黑色	lime	石灰白
gs0	等同于黑色，即 0=black	ltblue	浅蓝色
gs1	极深的灰度（接近黑色）	ltbluishgray	浅蓝灰
⋮	⋮	ltkhaki	浅黄褐色
gs15	极浅的灰度（接近白色）	magenta	紫红色
gs16	等同于白色，即 16=white	maroon	栗色
white	白色	midblue	浅蓝色
blue	蓝色	midgreen	浅绿色
bluishgray	蓝灰色	mint	薄荷色
brown	褐色	navy	海军蓝
cranberry	蔓越莓色	olive	黄绿色
cyan	青色	olive_teal	蓝绿色
dimgray	介于 gs14 与 gs15 之间	orange	橘黄色
dkgreen	深绿色	orange_red	橘红色

续表

绘图类型	含 义	绘图类型	含 义
dknavy	深海军蓝	pink	粉色
dkorange	深橘黄色	purple	紫色
eggshell	蛋壳色	red	红色
emerald	祖母绿	sand	黄灰色
forest_green	森林绿	sandb	明黄灰色
gold	金黄色	sienna	赭色
gray	灰色，等同于 gs8	stone	石头灰
green	绿色	teal	蓝绿色
khaki	黄褐色	yellow	黄色
lavender	淡紫色		
以下为《经济学人》杂志使用的颜色			
ebg	背景色	background or bg	背景色
ebblue	明蓝色	foreground or fg	前景色
edkblue	暗蓝色	"# # #"	RGB：白色="255 255 255"
eltblue	明红色	"# # # #"	CMYK：黄色="0 0 255 0"
eltgreen	浅绿色	"hsv # # #"	HSV：白色="hsv 0 0 1"
emidblue	浅蓝色	colorstyle*#	校正颜色强度：0~255
erose	玫瑰色	*#	校正颜色强度的默认颜色
none	无色		

注意　在设定 RGB 或 CMYK 时，需要将相关的设定参数放在双引号内，如"30 30 30"。

如果需要查看完整的颜色清单，则可在 Stata 的命令窗口中输入：

. graph query colorstyle

运行后可得到颜色清单的详细列表，这里不再列出。

利用 palette 命令可以查看某种颜色的具体情况，其调用格式为：

palette color colorstyle [,scheme(schemename)]

同样地，利用 palette 命令还可以对比两种颜色的情况：

palette color colorstyle colorstyle [,scheme(schemename)]

其中，[,scheme(schemename)]选项用来制定某种图形的显示格式，限于篇幅，这里不再介绍。

【例 3-2】颜色对比示例。

在命令窗口中输入：

. palette color brown purple   //对比褐色和紫色
("brown" = "156 136 71", "purple" = "128 0 128")

运行后，输出结果如图 3-3 所示，可以查看两种颜色的对比显示效果，包括颜色的名称、RGB 数值、实心点、直线及空心点的对比显示效果。

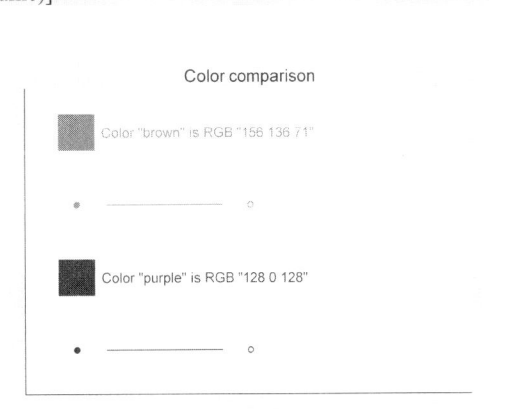

图 3-3　两种颜色的对比显示效果

3. 散点的大小

在 Stata 中，msize()选项用于控制散点的大小，该选项的取值范围为 vtiny～ehuge，如表 3-6 所示，具体效果需要读者在使用过程中测试。

表 3-6 散点大小参数

参 数	含 义	参 数	含 义
vtiny	最小	large	大
tiny	细小	vlarge	非常大
vsmall	非常小	huge	巨大
small	小	vhuge	极大
medsmall	比较小	ehuge	最大
medium	中间	size	通过尺寸调整
medlarge	一般大		

如果需要查看完整的尺寸清单，则可在 Stata 的命令窗口中输入：

. graph query markersizestyle

运行后可得到尺寸清单的详细列表，这里不再列出。

【例 3-3】根据数据集 uslifeexp.dta 提供的预期寿命与年份的比较数据绘制不同显示样式的散点图。

在命令窗口中输入：

```
. use D:\DingJB\Stata\uslifeexp, clear
(U.S. life expectancy, 1900-1999)
. scatter le_female le_male year
                //绘制散点图，如图 3-4（a）所示，采用默认整体样式，即前者 p1, 后者 p2
. scatter le_female le_male year,mstyle(p9 p8)
                //绘制散点图，如图 3-4（b）所示，采用整体样式，即前者 p9, 后者 p8
. scatter le_female le_male year, msymbol(O X) mcolor(green blue)
> msize(small medium)        //绘制散点图，如图 3-4（c）所示
. scatter le_female le_male year, msymbol(Oh Dh) mcolor(red green)
> msize(small small)         //绘制散点图，如图 3-4（d）所示
```

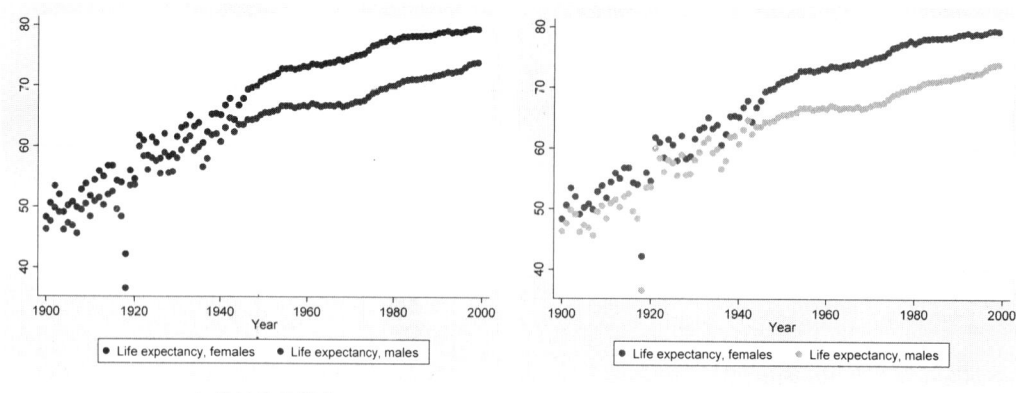

（a）默认整体样式　　　　　　　　　　（b）整体样式

图 3-4 不同显示样式的散点图绘制

（c）样式 1　　　　　　　　　　　　　　（d）样式 2

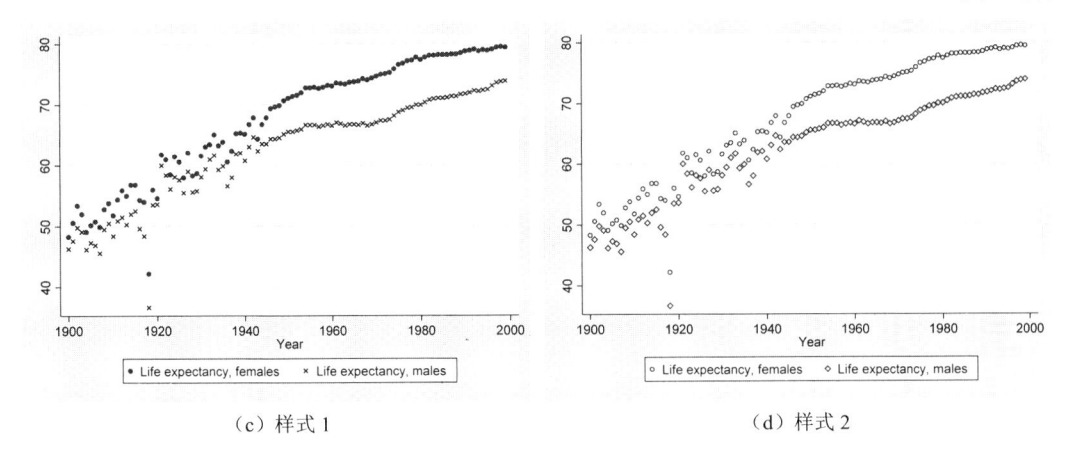

图 3-4　不同显示样式的散点图绘制（续）

3.2.3　散点标签设置

散点标签一般是指位于每个散点旁的、用于说明该散点所代表个体的文字。在 Stata 中，利用散点标签设置（marker_label_options）设定散点标签，散点标签设置包括如表 3-7 所示的 10 个选项。

表 3-7　散点标签设置选项

选　　项	含　　义
mlabel(varlist)	指定标签变量
mlabposition(clockposlist)	标签位置，通过设定一个常数应用到所有的点，默认为 mlabposition(3)
mlabvposition(varname)	另一种标签位置，设定一个变量指示每个变量的标签方向，该变量的取值范围为 0～12
mlabangle(anglestylelist)	标签角度，默认为水平，其取值如表 3-8 所示
mlabgap(sizelist)	标记和标签的间隙
mlabsize(textsizestylelist)	标签尺寸
mlabcolor(colorstylelist)	标签颜色和不透明度
mlabformat(%fmtlist)	标签格式
mlabtextstyle(textstylelist)	标签文本总体样式
mlabstyle(markerlabelstylelist)	标签总体样式，包括标签位置、大小、方向等，在 p1 到 p15 之间取值

表 3-8　标签角度取值

取　值	含　义	取　值	含　义	取　值	含　义
horizontal	水平	0	0°	180	180°
vertical	垂直	45	45°	270 或-90	270°
rvertical	反向垂直	90	90°	#	其他角度
rhorizontal	反向水平				

【例 3-4】散点标签设置示例。

在命令窗口中输入：

```
. use D:\DingJB\Stata\lifeexp, clear
(Life expectancy, 1998)
. list country lexp gnppc if region==2        //显示变量列表，如图 3-5（a）所示
. scatter lexp gnppc if region==2, mlabel(country)  //显示标签（默认），如图 3-5（b）所示
```

由图 3-5（b）可以发现，标签 United States 超界，显示不完整；标签 Honduras 与标签 EI Salvador 重叠，辨识困难。通过 xscale 调整 x 轴显示边界，通过 mlabv 调整标签方向，具体如下：

```
. scatter lexp gnppc if region==2, mlabel(country) xscale(range(35000))
                //调整 x 轴显示边界，如图 3-5（c）所示
. generate pos = 3
. replace pos = 9 if country=="Honduras"
(1 real change made)
. scatter lexp gnppc if region==2, mlabel(country) mlabv(pos)
> xscale(range (35000)) plotregion(margin(l+9))
                //调整 x 轴显示边界及标签方向，如图 3-5（d）所示
```

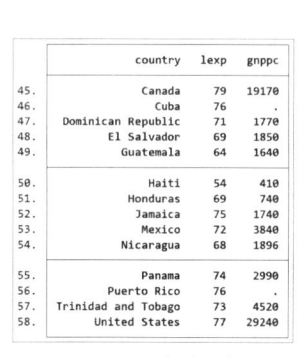

（a）显示变量列表　　　　　　　　　　　（b）显示标签（默认）

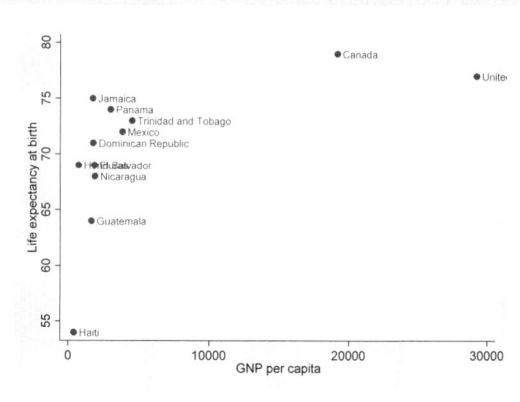

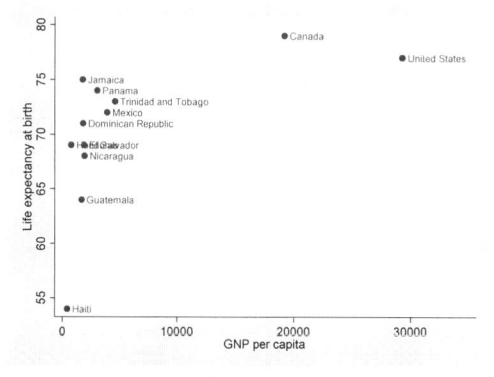

（a）调整 x 轴显示边界 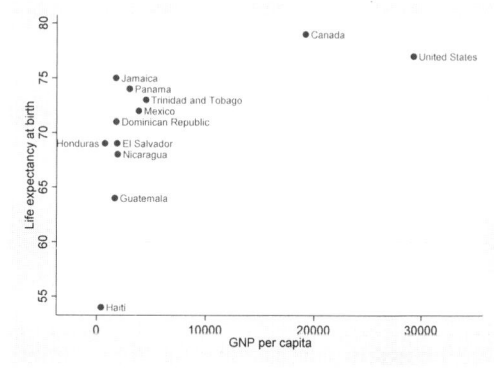　　　　　　　　　（b）调整 x 轴显示边界及标签方向

图 3-5　散点标签设置示例

3.2.4　散点连线设置

当需要将散点图上的各点通过线连接起来时，就需要使用散点连线设置（connect_options），以便更加清晰地查看散点变化趋势。散点连线设置包括如表 3-9 所示的 8 个选项。

表 3-9　散点连线设置选项

选　项	含　义
connect(connectstylelist)	连线方式，默认为不连接
sort [(varlist)]	在连接前首先对 x 轴变量进行排序，如年份用于表明前后顺序

续表

选项	含义
cmissing({y | n}…)	缺失值处理方式
lpattern(linepatternstylelist)	线型（实线、虚线等）
lwidth(linewidthstylelist)	连线宽度
lcolor(colorstylelist)	连线颜色和不透明度
lalign(linealignmentstyle)	连线对齐方式（内侧对齐、外侧对齐、中心对齐）
lstyle(linestylelist)	连线整体样式

1．连线方式

connect(connectstylelist)选项用于确定是否以及如何将相邻的两点连接起来，其参数如表3-10所示。

表3-10　connect(connectstylelist)选项参数

参数	符号	含义
none	I	表示不连接（默认）
direct	l	表示直线连接（直线标绘图的默认形式）
ascending	L	只有当 x[j+1]> x[j]，即后点大于前点时进行直线连接
stairstep	J	表示各点以阶梯形的线条（先水平后垂直）连接
stepstair		表示各点以阶梯形的线条（先垂直后水平）连接

2．线型

lpattern(linepatternstylelist)选项用于确定连线的类型，是实线还是虚线，是长虚线还是短虚线后接着圆点等，其参数如表3-11所示。

表3-11　lpattern(linepatternstylelist)选项参数

参数	含义	参数	含义
solid	实线	shortdash	短虚线
dash	虚线	shortdash_dot	短虚线+点
dot	点线	longdash	长虚线
dash_dot	点画线（虚线+点）	longdash_dot	长虚线+点
blank	无	"formula"	使用符号组合，如"-."和"--.."等

说明 符合组合"formula"为下列符号的组合，实线"l"、长虚线"_"、中虚线"-"、点虚线"."，或者一个点及空格"#"（#表示空格数量）。

3.2.5　散点振荡设置

当数据点过于密集或重叠，使得观察数据变化趋势受到影响时，需要将这些数据点挪动到适当的位置，使得过于密集或重叠的数据点相互分开。此时就需要用到Stata中的散点振荡设置（jitter_options），以实现振荡数据点的目的。

当设定振荡选项 jitter(#)后，scatter 命令会在绘图前向数据中增加白噪声，#用来指定一个数字，表明振荡的程度占绘图区域的百分比。若设定为jitterseed(#)，则表示通过随机数设定 jitter(#)。

【例3-5】散点振荡设置示例。

在命令窗口中输入：

```
. use D:\DingJB\Stata\autornd, clear
(1978 automobile data)
. scatter mpg weight          //输出结果如图3-6（a）所示，只显示19个数据点，实际上有74个数据点
. scatter mpg weight, jitter(7)     //通过振荡解决数据点的重叠问题，输出结果如图3-6（b）所示
```

> **说明** jitter(7)表明对散点振荡的程度为整个绘图区域的7%。由图3-6可知，通过设置散点振荡选项，重叠的数据点被分开，读者通过调整数字可以查看振荡的效果。

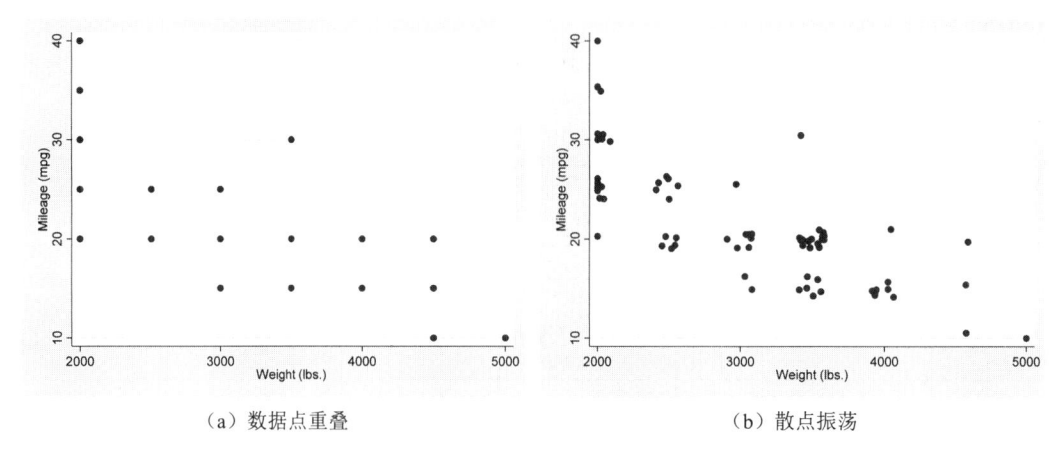

（a）数据点重叠　　　　　　　　　　　　　（b）散点振荡

图3-6　散点振荡设置示例

3.3　图形设置

3.2节主要介绍了绘制散点图的部分特有选项（其他绘图类型类似），本节继续以散点图为例介绍各种二维绘图命令的共有选项，包括坐标轴设置、图标题设置、图例设置、by()选项控制、图形显示格式控制等。

3.3.1　坐标轴尺度设置

坐标轴设置是二维绘图中最复杂的一环，包括坐标轴尺度设置（axis_scale_options）、坐标轴刻度设置（axis_label_options）及坐标轴标题设置（axis_title_options）。

下面首先介绍坐标轴尺度设置（axis_scale_options），其包括如表3-12所示的4个选项。坐标轴尺度设置决定了坐标轴是采用正常的算术坐标、对数坐标还是采用反向坐标，坐标轴的数值范围，以及轴线的显示等。

表3-12　坐标轴尺度设置选项

选　项	含　义	选　项	含　义
xscale(axis_suboptions)	控制x轴显示	tscale(axis_suboptions)	控制t轴（时间轴）显示
yscale(axis_suboptions)	控制y轴显示	zscale(axis_suboptions)	控制z轴显示

子选项axis_suboptions的内容如表3-13所示。

表 3-13　子选项 axis_suboptions 的内容

子　选　项	含　　义
axis(#)	选定要修改的坐标轴，取值范围为 0～9
[no]log	使用对数坐标
[no]reverse	使用反向坐标，即坐标从大到小反向显示
range(numlist)	扩展坐标尺度的范围
range(datelist)	扩展时间轴坐标尺度的范围（仅在 tscale()中使用）
off 或 on	关闭或打开坐标轴的显示
fill	无论是否关闭坐标轴的显示，均留出坐标轴的位置
alt	将坐标轴从左边移到右边，或者从下边移到上边
fextend	扩展轴线到绘图区及周边区域
extend	扩展轴线到绘图区
noextend	不扩展轴线的范围
noline	不显示轴线
line	强制显示轴线
titlegap(size)	轴标题与刻度之间的距离
outergap(size)	轴标题之外的空白距离
lstyle(linestyle)	轴线整体类型
lcolor(colorstyle)	轴线颜色
lwidth(linewidthstyle)	轴线宽度
lpattern(linepatternstyle)	轴线类型，如实线、虚线等

【例 3-6】坐标轴尺度设置示例 1。

在命令窗口中输入：

```
. use D:\DingJB\Stata\lifeexp, clear
(Life expectancy, 1998)
. scatter lexp gnppc                //默认坐标，如图 3-7（a）所示
. scatter lexp gnppc, xscale(log)   //x 轴对数坐标，如图 3-7（b）所示
        //功能同命令语句 generate log_gnppc=log(gnppc)和 scatter lexp log_gnppc
```

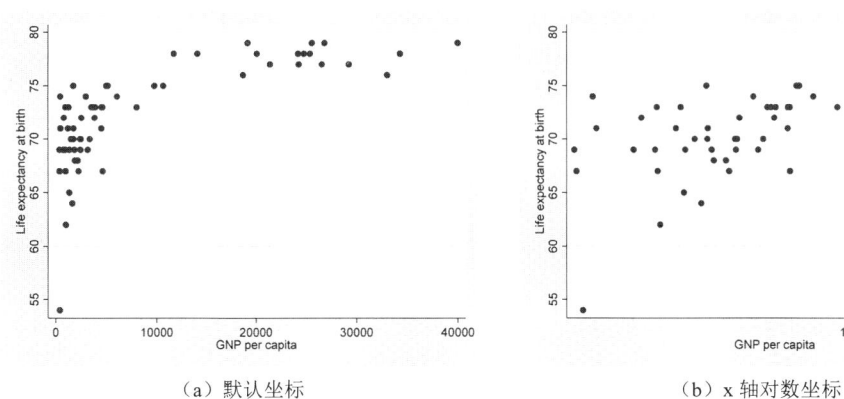

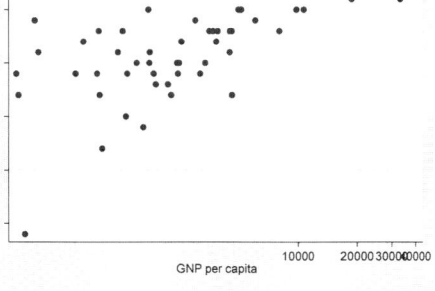

（a）默认坐标　　　　　　　　　　　　（b）x 轴对数坐标

图 3-7　坐标轴尺度设置示例 1

【例 3-7】坐标轴尺度设置示例 2。

在命令窗口中输入：

```
. sysuse auto, clear
(1978 automobile data)
```

```
. scatter mpg weight, yscale(rev)     //y轴坐标从大到小反向显示，如图3-8（a）所示
. scatter mpg weight, plotregion(style(none))
        //绘图区域周围的轴和边界彼此重叠，取消边框并显示轴线，如图3-8（b）所示
. scatter mpg weight, plotregion(style(none)) yscale(off) xscale(off)
        //取消显示轴线，如图3-8（c）所示
. scatter mpg weight, plotregion(style(none)) yscale(noline) xscale(noline)
        //取消显示轴线，保留轴标签、轴标题等，如图3-8（d）所示
```

在 Stata 中，plotregion()为页边选项。

（a）y轴坐标从大到小反向显示　　　　　　（b）取消边框并显示轴线

（c）取消显示轴线　　　　　　　　　　（d）取消显示轴线，保留轴标签、轴标题等

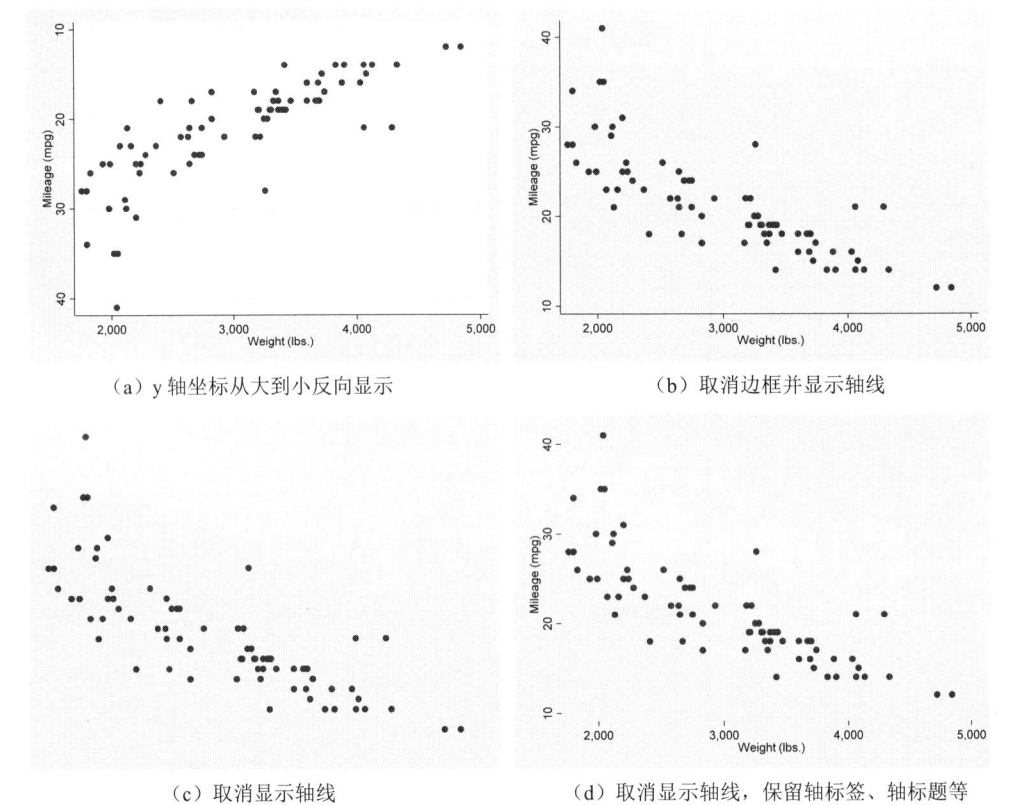

图 3-8　坐标轴尺度设置示例 2

3.3.2　坐标轴刻度设置

坐标轴的刻度和刻度标识是通过坐标轴刻度设置（axis_label_options）来控制的，其包括如表 3-14 所示的 4 个选项。

表 3-14　坐标轴刻度设置选项

选　　项	含　　义
{y|x|t|z}label(rule_or_values)	设定主要刻度和刻度标识
{y|x|t|z}tick(rule_or_values)	仅设定主要刻度
{y|x|t|z}mlabel(rule_or_values)	设定次要刻度和刻度标识
{y|x|t|z}mtick(rule_or_values)	仅设定次要刻度

坐标轴刻度设置选项中的子选项 rule_or_values 的定义如下：

[rule] [numlist ["label" [numlist ["label" [...]]]]]...[,suboptions]

说明 在使用坐标轴刻度设置选项时至少需要定义 rule 或 numlist，也可以两者同时定义。

rule 的定义说明如表 3-15 所示，子选项 suboptions 的内容如表 3-16 所示。

表 3-15 rule 的定义说明

定义	示例	含义
##	#6	约 6 个刻度
###	##10	主要刻度间有 10-1=9 个次要刻度，仅在 mlabel() 和 mtick() 中使用
#(#)#	-4(.5)3	标识 -4～3，步长为 0.5
minmax	minmax	仅标识最小值、最大值
none	none	不标识刻度
.	.	跳过该规则

表 3-16 子选项 suboptions 的内容

子选项	含义
axis(#)	选定要修改的坐标轴，取值范围为 0～9
add	合并选项
[no]ticks	不显示刻度
[no]labels	不显示刻度标识
valuelabel	选用第一个变量的标签作为坐标标识
format(%fmt)	规范坐标标识的显示方式
angle(anglestyle)	坐标标识的显示角度
alternate	错开主要刻度标识和次要刻度标识
norescale	不重新缩放轴
tstyle(tickstyle)	刻度的整体显示样式
labgap(size)	刻度标识和刻度之间的距离
labstyle(textstyle)	刻度标识的整体显示样式
labsize(textsizestyle)	刻度标识的字体大小
labcolor(colorstyle)	刻度标识的字体颜色
tlength(size)	刻度的长度
tposition(outside | crossing | inside)	刻度的位置
tlstyle(linestyle)	刻度线的样式
tlwidth(linewidthstyle)	刻度线的粗细程度
tlcolor(colorstyle)	刻度线的颜色和透明度
[no]grid	增加网格线
[no]gmin	在最小值处增加网格线
[no]gmax	在最大值处增加网格线
gstyle(gridstyle)	网格线的整体类型
[no]gextend	将网格线添加到绘图区域的边缘
glstyle(linestyle)	网格线的类型
glwidth(linewidthstyle)	网格线的粗细
glcolor(colorstyle)	网格线的颜色和透明度
glpattern(linepatternstyle)	网格线的样式

【例 3-8】 坐标轴刻度设置示例。

在命令窗口中输入：

```
. sysuse auto, clear
(1978 automobile data)
. scatter mpg weight              //默认显示，如图 3-9（a）所示
. scatter mpg weight,ylabel(#10) xlabel(#10)
                                  //调整刻度标识数量为 10，如图 3-9（b）所示
. scatter mpg weight,ylabel(10(5)45) xlabel(1500 2000 3000 4000 4500 5000)
                //设定 x 轴、y 轴刻度，其中 y 轴从 10 到 45，步长为 5，如图 3-9（c）所示
. scatter mpg weight, ytick(#10) xtick(#15)    //如图 3-9（d）所示
                //设定 x 轴约有 15 个刻度，y 轴约有 10 个刻度，注意此处不要求对刻度进行数值标识
. scatter mpg weight, ymlabel(##5) xmtick(##10)
                //x 轴主要刻度间有 10 个次要刻度，y 轴主要刻度间有 5 个次要刻度标识，如图 3-9（e）所示
. scatter mpg weight,ylabel(#10) xlabel(#10) xlabel(,grid)
                //添加 x 轴栅格（y 轴默认显示栅格），如图 3-9（f）所示
. scatter mpg weight, ymtick(#20,grid tstyle(none))
>  xmtick(#20,grid tstyle(none))
                //x 轴与 y 轴主要刻度间均添加约 20 个栅格，不显示小刻度，如图 3-9（g）所示
. scatter mpg weight, by(foreign) ylabel(,nogrid)
                //分别绘制散点图，并隐藏 y 轴栅格，如图 3-9（h）所示
```

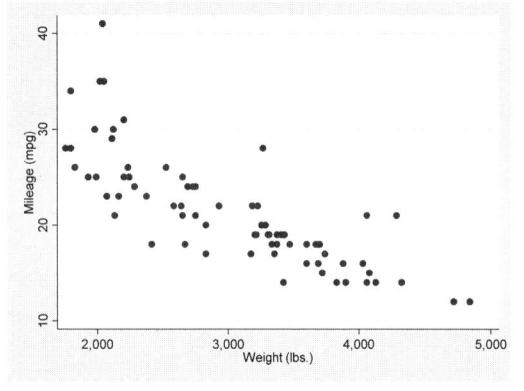

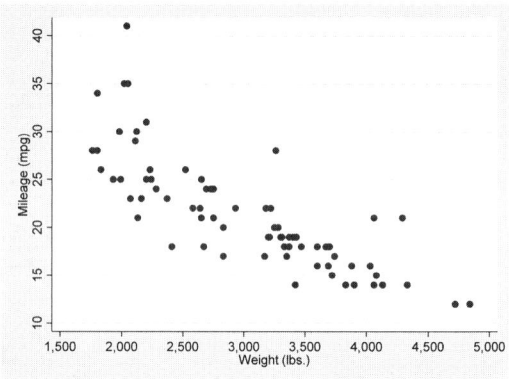

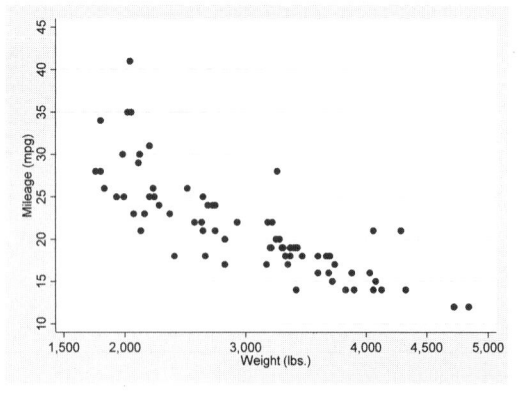

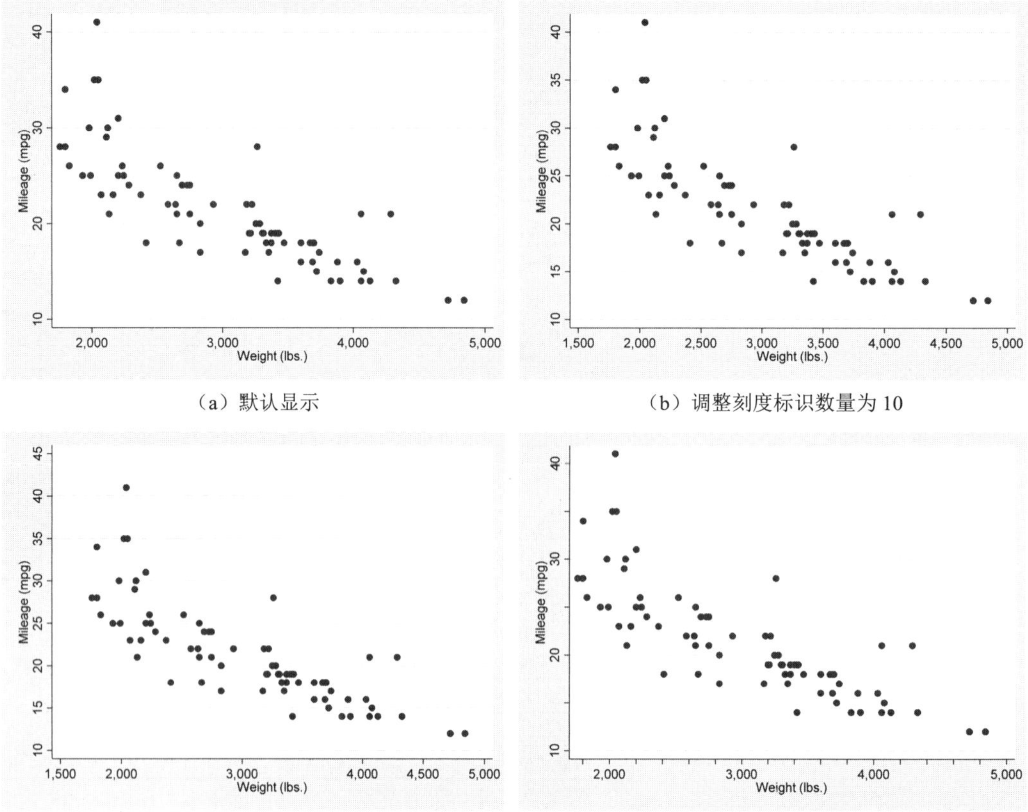

（a）默认显示　　　　　　　　　　　　（b）调整刻度标识数量为 10

（c）设定 x 轴、y 轴刻度　　　　　　　　（d）添加次要刻度

图 3-9　坐标轴刻度设置示例

（e）x 轴添加次要刻度，y 轴添加次要刻度标识　　　　（f）添加 x 轴栅格

（g）添加约 20 个栅格　　　　　　　　　　　　（h）隐藏 y 轴栅格

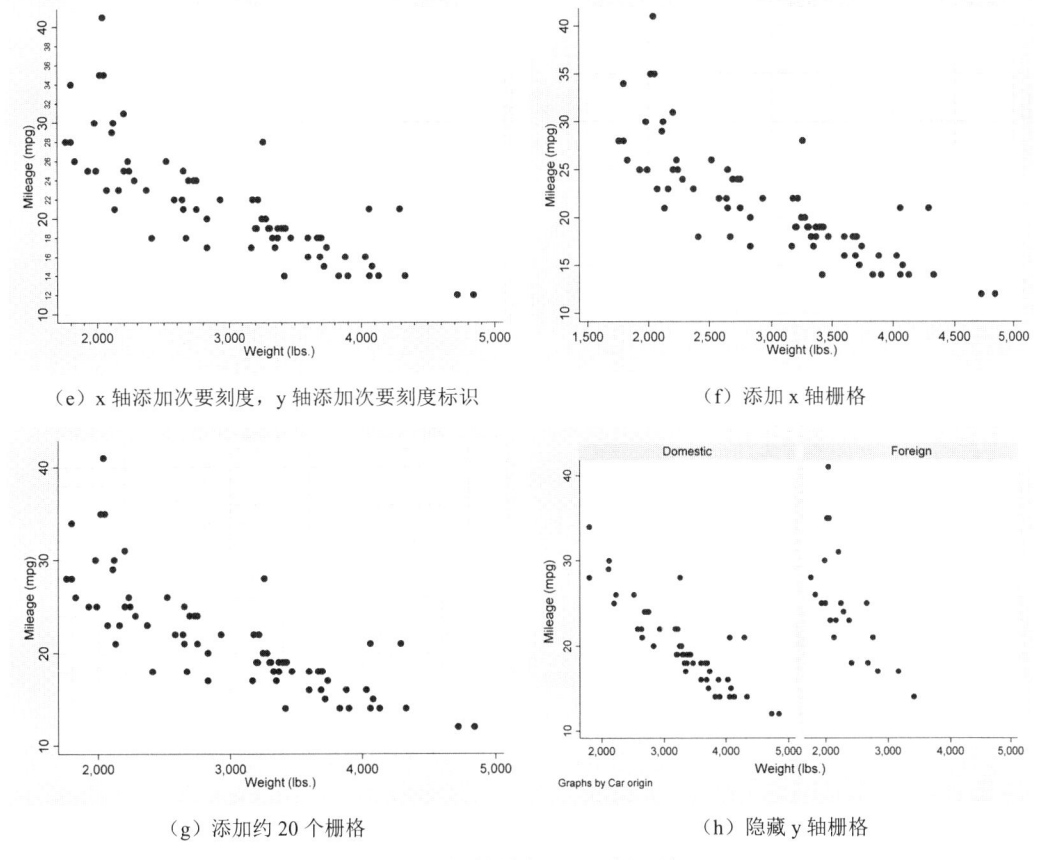

图 3-9　坐标轴刻度设置示例（续）

3.3.3　坐标轴标题设置

坐标轴的标题通过坐标轴标题设置（axis_title_options）选项设定，其包括如表 3-17 所示的 4 个选项。

表 3-17　坐标轴标题设置选项

选　　项	含　　义	选　　项	含　　义
xtitle(axis_title)	设定 x 轴标题	ztitle(axis_title)	设定 z 轴标题
ytitle(axis_title)	设定 y 轴标题	ttitle(axis_title)	设定 t 轴（时间轴）标题

坐标轴标题设置选项中的子选项 axis_title 的定义如下：

"string" ["string" [...]] [,suboptions]

子选项 suboptions 的内容如表 3-18 所示。

表 3-18　子选项 suboptions 的内容

子　选　项	含　　义
axis(#)	选定要修改的坐标轴，取值范围为 0~9
prefix	用于组合选项，新标题置前
suffix	用于组合选项，新标题置后
textbox	控制文本外观的细节

1. 默认轴标题

默认轴标题使用相应变量的标签，如果没有标签，则使用变量名。例如：

. twoway scatter yvar xvar

此时，默认 y 轴标题为 yvar 的标签或变量名自身，默认 x 轴标题为 xvar 的标签或变量名自身。对于某些绘图类型则并非如此。例如，对于如线性拟合图形：

. twoway lfit yvar xvar

此时，默认 y 轴标题为 Fitted values，这不取决于变量 yvar 的标签或变量名。

当一个坐标轴上需要关联多个变量时，相应地该坐标轴的标题将是这几个变量的组合标题。例如：

. twoway scatter y1var xvar || line y2var xvar || lfit y1var xvar

此时，y 轴的默认标题为 y1var_title/y2var_title/Fitted values。

2. 自定义轴标题

通过 ytitle()命令、xtitle()命令可以改变 x 轴和 y 轴的标题。例如：

xtitle("Dingjb x title")
ytitle("Dingjb y title")

上述命令语句将 x 轴标题设定为 Dingjb x title，将 y 轴标题设定为 Dingjb y title。设定时需要使用双引号，并将设定的标题放置在括号内。例如：

. scatter yvar xvar, ytitle("Price") xtitle("Quantity")

上述命令语句将 x 轴标题设定为 Quantity，将 y 轴标题设定为 Price。

当需要放置多行标题时，需要将每一行标题放在一个双引号内，并将几个双引号接连放在括号内。例如：

ytitle("First line" "Second line")
xtitle("First line" "Second line" "Third line")

当不需要显示任何标题时，可以使用两个紧接着的双引号。例如：

{y|x}title("")

3. 轴标题的替换与组合设置

在同一条命令语句中，选项 xtitle()和 ytitle()可能会被重复设定，此时位于最右边的选项将决定最终的设定结果。例如，默认 x 轴标题为 Analysis Results，若执行下面的命令：

. sts graph, xtitle("New Analysis")

则 x 轴标题 Analysis Results 会被替换为 New Analysis。

若执行下面的命令：

. sts graph, xtitle("Calculate Time", suffix)

则 x 轴标题变为 Analysis Results（第 1 行）与 Calculate Time（第 2 行）的组合标题。

若执行下面的命令：

. sts graph, xtitle("Time to Failure", prefix)

则 x 轴标题变为 Time to Failure（第 1 行）与 Analysis Results（第 2 行）的组合标题。

3.3.4 图标题设置

为标明绘制的图形所表达的含义，需要对图形添加图标题。在 Stata 中，通过图标题设置（title_options）选项设定图标题。图标题设置选项如表 3-19 所示。

表 3-19 图标题设置选项

选 项	含 义	选 项	含 义
title(tinfo)	主标题	t1title(tinfo)/ t2title(tinfo)	很少使用，限二维图使用
subtitle(tinfo)	副标题	b1title(tinfo)/ b2title(tinfo)	很少使用，限二维图使用
note(tinfo)	标注	l1title(tinfo)/ l2title(tinfo)	左侧纵向标题，限二维图使用
caption(tinfo)	字幕标题	r1title(tinfo)/ r2title(tinfo)	右侧纵向标题，限二维图使用

图标题设置选项中的子选项 tinfo 的定义如下：

"string" ["string" [...]] [,suboptions]

子选项 suboptions 的内容如表 3-20 所示。

表 3-20 子选项 suboptions 的内容

子 选 项	含 义	子 选 项	含 义
prefix	用于组合选项，新标题置前	ring(ringposstyle)	标题距离绘图区域的远近
suffix	用于组合选项，新标题置后	span	分散标题
position(clockposstyle)	标题位置	textbox_options	居中标题

1．多行图标题设置

在 Stata 中，图标题可以设置成很多行，只需要将放在括号内的多行图标题分别用双引号隔开即可。例如：

. graph ...,title("My Title" "Second Line" "Third Line") ...

此时，图标题第一行为 My Title，第二行为 Second Line，第三行为 Third Line，依次类推。

每个图标题设置选项都可以重复设置多次。例如：

. graph ..., title("One") ... title("Two") ...

此时，只有图标题 Two 出现在最终绘制的图形中，图标题 One 会被忽略。

使用子选项 prefix 或 suffix 可以将不同的设置合并起来。例如：

. graph ..., title("One") ... title("Two", suffix) ...

此时，输出结果第一行为 One，第二行为 Two。若输入命令：

. graph ..., title("One") ... title("Two", prefix) ...

则输出结果第一行为 Two，第二行为 One。

2．图标题位置设置

在 Stata 中，图标题位置由 scheme 选项设定。子选项 position(clockposstyle) 与 ring(ringposstyle) 可以覆盖 scheme 选项的选择，其中子选项 position() 根据钟表的 12 个方向来设定标题的方向，而子选项 ring() 则用于设定标题距绘图区域的远近。

子选项 position() 的设定类似于钟表，如图 3-10 所示，其中内圈是 ring(0) 时的设定，外圈是 ring(k), k>0 时的设定。

图 3-10 position()设定示意图

子选项 ring()的设定和标题的默认位置如图 3-11 所示。当 ring(k)中的 k=0 时，标题位于绘图区域（plot region）内；当 ring(k)中的 k>0 时，标题位于绘图区域之外，k 越大标题距离绘图区域越远。

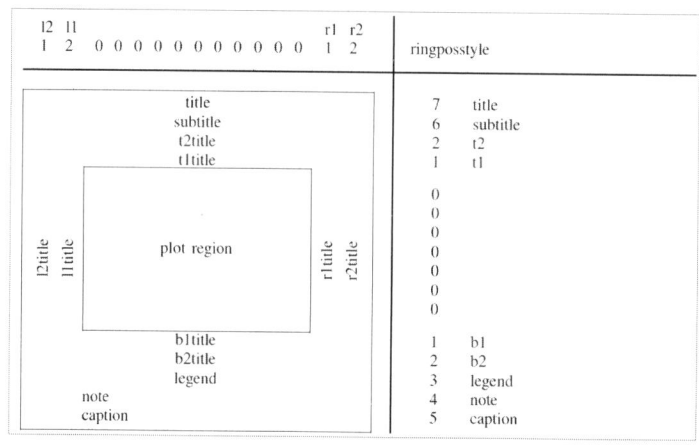

图 3-11 ring()设定示意图

3.3.5 图例设置

图例表示图形中不同符号所对应的内容，它能够帮助读者轻松地读懂图形中不同符号的含义，通常 Stata 自动生成的图例基本符合要求。legend 选项的语法格式为：

legend([contents] [location])

图例设置包括图例内容（contents）设置和图例位置（location）设置两部分。其中，图例内容设置选项如表 3-21 所示，图例位置设置选项如表 3-22 所示。

表 3-21 图例内容设置选项

选　　项	含　　义
order(orderinfo)	指定图例中要显示的图形及其显示顺序
label(labelinfo)	设定图例的标签
holes(numlist)	图例内部的位置设定
all	所有符号生成对应的图例
style(legendstyle)	图例的整体样式
cols(#)	每行放置的图例数
rows(#)	每列放置的图例数
[no]colfirst	第 1 行还是第 1 列中的"1、2、3"
[no]textfirst	符号文本还是文本符号
stack	图例纵向排列
rowgap(size)	每一行的距离设定

续表

选项	含义
colgap(size)	每一列的距离设定
symplacement(compassdirstyle)	图例标识的对齐方式
keygap(size)	设定图例标识和文字之间的距离
symysize(size)	每条图例的高度
symxsize(size)	每条图例的宽度
textwidth(size)	每条图例说明文字的宽度
forcesize	按照选项 symysize()、symxsize()和 textwidth()的设定绘制图形
bmargin(marginstyle)	图例周围留白
textbox_options	关键字描述性文本的外观
title_options	标题、子标题、注释、说明性文字
region(roptions)	边框和背景着色

表 3-22 图例位置设置选项

选项	含义
off 或 on	控制的图例的显示与否
position(clockposstyle)	图例方位，依据 12 点钟方向设定图例在绘图区域的方向
ring(ringposstyle)	图例距离绘图区域的远近
bplacement(compassdirstyle)	图例是否向两边延伸
at(#)	仅与 by()选项共同使用

【例 3-9】图例设置应用示例。

在命令窗口中输入：

```
. use D:\DingJB\Stata\uslifeexp, clear
  (U.S. life expectancy, 1900-1999)
. line le year                          //默认不显示图例，如图 3-12（a）所示
. line le year, legend(on)              //显示图例，如图 3-12（b）所示
. line le_m le_f year                   //默认在下方显示图例，如图 3-12（c）所示
. line le_m le_f year, legend(off)      //隐藏图例，如图 3-12（d）所示
. line le_m le_f year, legend(label(1 "Males") label(2 "Females"))
                                        //图例显示为标签，如图 3-12（e）所示
```

上述最后一条命令语句的功能等同于以下三条命令语句的组合：

```
. label var le_m "Males"
. label var le_f "Females"
. line le_m le_f year
```

继续在命令窗口中输入：

```
. line le_m le_f year, legend(pos(3) col(1))     //调整图例位置，如图 3-12（f）所示
. line le_m le_f year, legend(pos(3) col(1) lab(1 "Males") lab(2 "Females"))
              //图例显示为标签，如图 3-12（g）所示
. line le_m le_f year, legend(pos(3) col(1) lab(1 "Males") lab(2 "Females")
> stack order(1 - " " 2))
              //缩小图例宽度并增加图例间的空行，如图 3-12（h）所示
. line le_m le_f year, legend(pos(5) ring(0) col(1) lab(1 "Males")
> lab(2 "Females"))                    //调整图例位置至绘图区域，如图 3-12（i）所示
. line le_m le_f year, legend(pos(5) ring(0) col(1) lab(1 "Males")
> lab(2 "Females") region(fcolor(gs15)))    //为图例增加背景，如图 3-12（j）所示
```

（a）默认不显示图例

（b）显示图例

（c）默认显示图例

（d）隐藏图例

（e）图例显示为标签（一）

（f）调整图例位置

（g）图例显示为标签（二）

（h）缩小图例宽度并增加图例间的空行

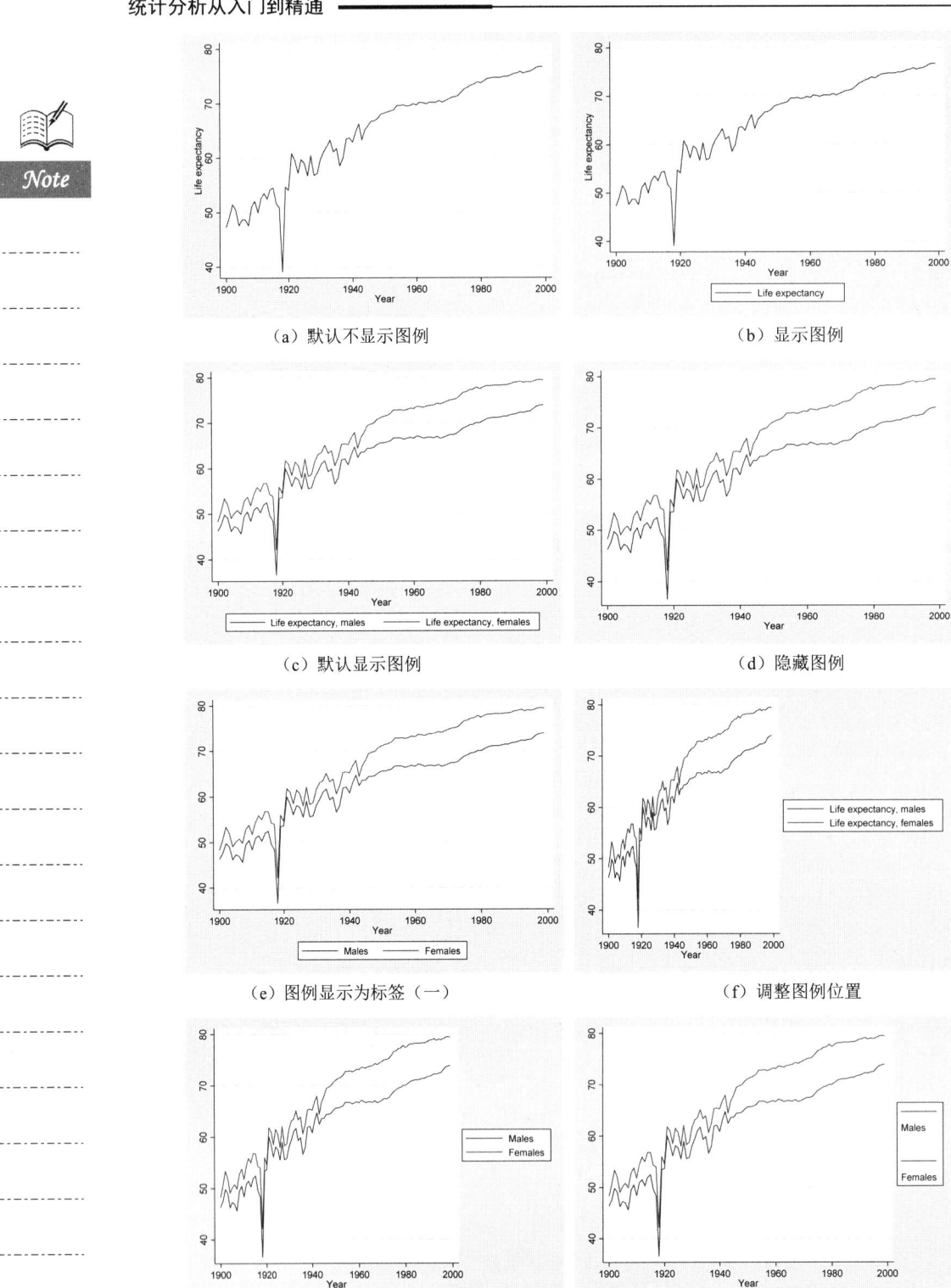

图 3-12　图例显示设置示例

（i）调整图例位置至绘图区域　　　　　　　（j）为图例增加背景

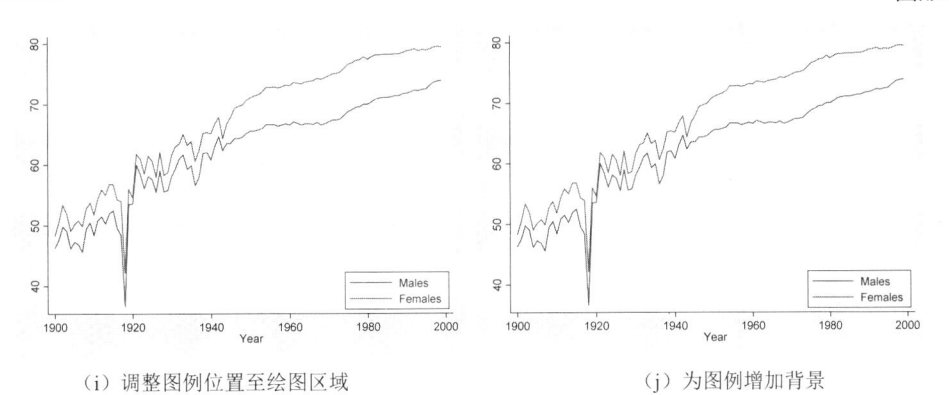

图 3-12　图例显示设置示例（续）

3.3.6　by()选项设置

在图形控制中，by()选项设置的依据通常是分类变量，如性别、民族、班级、地区等，一旦设定了 by()选项，Stata 就会根据括号中变量的不同取值重复绘图。by()选项的语法格式为：

by(varlist[, byopts])

其中，varlist 是绘图的依据变量。子选项 byopts 的内容如表 3-23 所示。

表 3-23　by()子选项的内容

子　选　项	含　义
total	除对每个组分别绘图以外，还添加一个含有全部样本的图形
missing	为缺失的样本绘图
colfirst	先填充绘图矩阵的列，再填充其行
rows(#) | cols(#)	替代变量，设定绘图的行或列数目
holes(numlist)	留白位置
iscale([*]#)	文本和标记的大小
compact	style(compact)的简写
style(bystyle)	总体样式设定
[no]edgelabel	设定 x 轴样式
[no]rescale	为每个组分别设定 x 轴、y 轴的尺度
[no]yrescale	为每个组分别设定 y 轴的尺度
[no]xrescale	为每个组分别设定 x 轴的尺度
[no]iyaxes	显示每个小图的 y 轴
[no]ixaxes	显示每个小图的 x 轴
[no]iytick	显示每个小图的 y 轴刻度
[no]ixtick	显示每个小图的 x 轴刻度
[no]iylabel	显示每个小图的 y 轴标签
[no]ixlabel	显示每个小图的 x 轴标签
[no]iytitle	显示每个小图的 y 轴标题
[no]ixtitle	显示每个小图的 x 轴标题
imargin(marginstyle)	图形之间的空白大小
legend_option	图例选项
title_options	标题选型
region_options	总体轮廓、着色和外观

【例 3-10】by()选项设置应用示例。

在命令窗口中输入：

```
. sysuse auto, clear
(1978 automobile data)
. scatter mpg weight                                //默认绘制散点图，如图 3-13（a）所示
. scatter mpg weight, by(foreign)                   //绘制分组散点图，如图 3-13（b）所示
. scatter mpg weight, by(foreign, total)            //绘制分组及总体散点图，如图 3-13（c）所示
. scatter mpg weight, by(foreign, total noedgelabel)   //输出同上
. scatter mpg weight, by(foreign, total rows(1))
        //图形排列为一行，如图 3-13（d）所示
. scatter mpg weight, by(foreign, total holes(3))
        //将留白位置设置在左下方，如图 3-13（e）所示
. scatter mpg weight,subtitle(, ring(0) pos(1) nobexpand) by(foreign, total)
        //修改小标题位置并修改属性为 nobexpand，如图 3-13（f）所示
. scatter mpg weight, by(foreign, total style(compact))
        //图形紧凑排列，如图 3-13（g）所示
. scatter mpg weight || lfit mpg weight ||, by(foreign, total row(1))
        //复合绘图并绘制线性拟合曲线(lfit)，如图 3-13（h）所示
. scatter mpg weight || lfit mpg weight ||, legend(cols(1))
> by(foreign, total legend(pos(4)))                 //调整图例显示方式，如图 3-13（i）所示
. scatter mpg weight || lfit mpg weight ||, legend(cols(1))
> by(foreign, total legend(at(4) pos(0)))           //调整图例位置，如图 3-13（j）所示
```

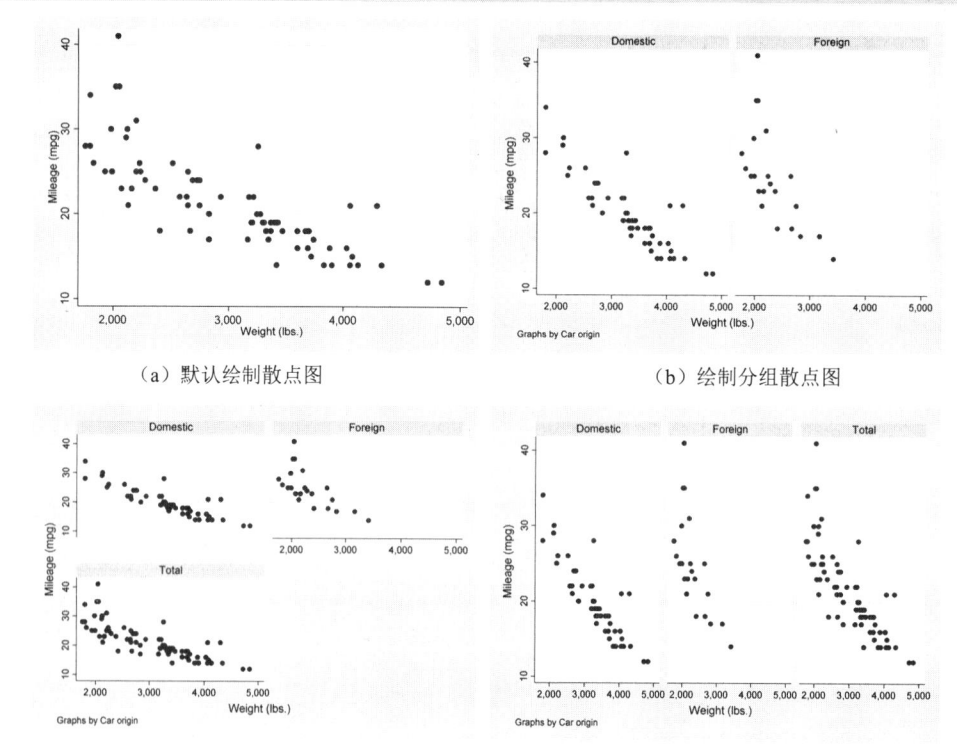

（a）默认绘制散点图　　　　　　　　　　　（b）绘制分组散点图

（c）绘制分组及总体散点图　　　　　　　　（d）图形排列为一行

图 3-13　by()选项设置应用示例

（e）将留白位置设置在左下方　　　　　（f）修改小标题位置并修改属性为 nobexpand

（g）图形紧凑排列　　　　　（h）复合绘图并绘制线性拟合曲线（lfit）

（i）调整图例显示方式　　　　　（j）调整图例位置

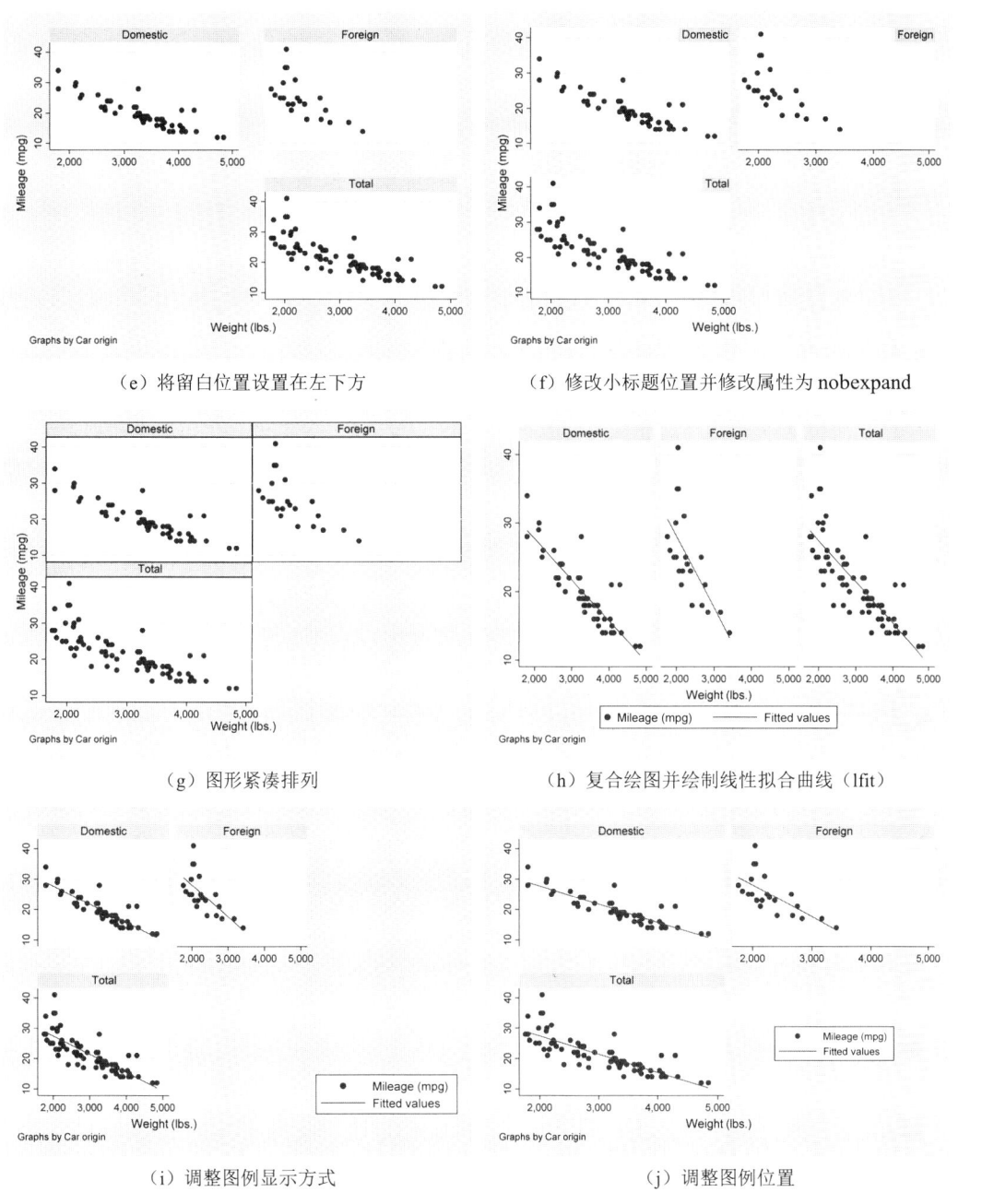

图 3-13　by() 选项设置应用示例（续）

3.3.7　图形显示格式设置

图形显示格式（整体外观）通过 scheme 选项进行控制，包括图形的各个方面。图形的底色、字体大小、轴线自动分段、坐标轴位置等，在不同的图形显示格式中各不相同。scheme 选项指定用于此特定图形命令的图形方案，而不更改默认值。

查看可供选择的图形显示格式的命令为：

```
. graph query, schemes
```

设置绘图显示格式的语法格式为：

```
. set scheme schemename [ ,permanently]
. graph ...[, ... scheme(schemename) ...]
```

使用 permanently 选项后，图形显示格式将被永远设置为所选格式，直到下一次重新设定。

【例 3-11】修改图形显示格式设置方案示例。

在命令窗口中输入：

```
. set scheme economist              //本次使用 economist 方案，下次使用时返回默认方案
. set scheme economist, permanently //economist 方案将作为默认方案
. set scheme s2color, permanently   //设置为默认方案（s2color）
```

3.4 常见图形绘制

前文基于散点图详细介绍了二维绘图命令族，下面将对常见图形的绘制方法进行介绍，包括曲线标绘图、连线标绘图、拟合图形、直方图和条形图。其中，曲线标绘图和连线标绘图是二维绘图命令族中直接来源于散点图的图形。

3.4.1 曲线标绘图

曲线标绘图实际上是指将散点图中的点用线段连接起来并将散点隐藏，是散点图的拓展，散点图中控制添加坐标轴标签、刻度和刻度标识等的相关选项对曲线标绘图同样适用，只是增加了可以控制曲线本身特征的选项。

曲线标绘图的命令语法格式为：

[twoway] line varlist [if]　[in] [, options]

此处参与绘图的变量 varlist 的定义为：

y1 [y2 [...]] x

其中，twoway 可以省略；varlist 为参与绘图的变量名称；选项 options 包括 connect_options、axis_choice_options 及其他 twoway_options，如坐标轴设置、图标题设置、图例设置、增加线和文本、by()选项控制、图形显示格式控制等。

以下 3 条命令语句对曲线标绘图是等价的：

```
. graph twoway line ...
. twoway line ...
. line ...
```

曲线标绘图作为二维绘图命令族中的一员，可以与其他二维绘图命令混合使用。例如：

```
. twoway (line ... ) (scatter ...) (lfit ...) ...
```

也可以写成

```
. line ... || scatter ... || lfit ... ||
```

曲线标绘图可以说是散点图的拓展，即将各点通过线段连接起来且不显示散点。因

此，以下两条命令语句是等价的：

. line yvar xvar
. scatter yvar xvar, msymbol(none) connect(l)

> **注意**：在使用时，可以用 scatter 选项代替 line 选项，但不可以用 line 选项代替 scatter 选项，这是因为 line 选项可以设定 marker option msymbol()。

【例 3-12】曲线标绘图示例。

在命令窗口中输入：

. use D:\DingJB\Stata\uslifeexp, clear
 (U.S. life expectancy, 1900-1999)
. line le year   //绘制折线图，如图 3-14（a）所示

折线图适用于时间序列数据。对于其他数据集，线通常用于显示预测值和置信区间。

在命令窗口中输入：

. sysuse auto, clear
 (1978 automobile data)
. quietly regress mpg weight
            //以因变量 mpg、自变量 weight 进行回归，quietly 指定不显示回归结果
. predict hat   //获取预测值 hat
 (option xb assumed; fitted values)
. predict stdf, stdf   //获取预测标准差 stdf
. generate lo = hat - 1.96*stdf   //构建置信区间下界
. generate hi = hat + 1.96*stdf   //构建置信区间上界
            //语句中的 1.96 表示置信水平为 95%的双侧检验的 t 值
. scatter mpg weight || line hat lo hi weight, pstyle(p2 p3 p3) sort
            //①以 mpg 为 y 轴，以 weight 为 x 轴绘制散点图。②对 weigt 进行排序（必选项），并以
            hat、lo 和 hi 为 y 轴，以 weight 为 x 轴绘制散点图，如图 3-14（b）所示

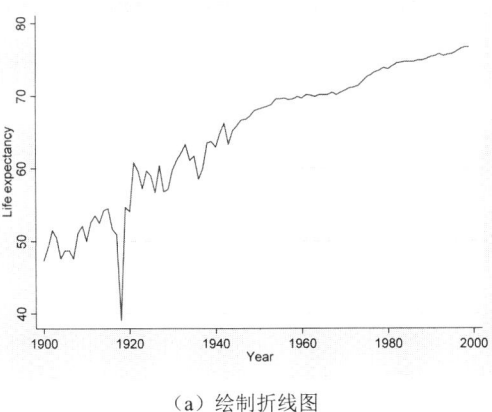

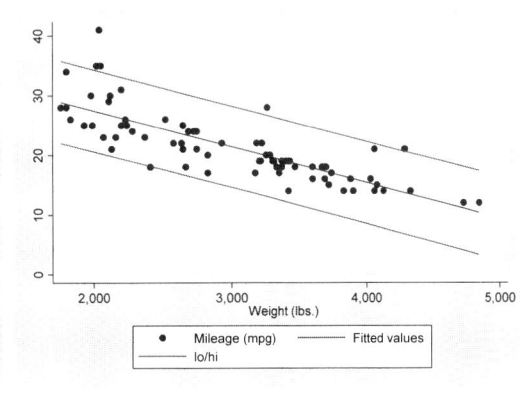

（a）绘制折线图　　　　　　　　　（b）带置信区间的散点图

图 3-14　曲线标绘图示例

在命令窗口中输入：

. use D:\DingJB\Stata\uslifeexp, clear
 (U.S. life expectancy, 1900-1999)
. generate diff=le_wm-le_bm   //新变量 diff 的值为女性与男性预期寿命的差值

```
. label var diff "Difference"          //为 diff 设置标签 Difference
. line le_wm year, yaxis(1 2) xaxis(1 2) || line le_bm year || line diff year || lfit diff year ||,
        //绘制男性预期寿命、女性预期寿命、男女预期寿命差异曲线标绘图及男女预期寿命差异
        对时间的一次拟合线，并设置两个坐标轴：左、右 y 轴和上、下 x 轴
>    ylabel(0(5)20, axis(2) gmin angle(horizontal))
        //设置左 y 轴，刻度标识为 0～20（步长为 5），并标注最小值，标识为水平（默认为垂直）
>    ylabel(0 20(10)80, gmax angle(horizontal)) ytitle("", axis(2))
        //设置右 y 轴，含义同上，并省略右 y 轴标题
v    xlabel(1918, axis(2)) xtitle("", axis(2))
        //对上 x 轴仅标注点 1918，并省略上 x 轴标题
>    ylabel(, axis(2) grid) ytitle("Life expectancy at birth (years)")
>    title("White and black life expectancy")        //标注图标题
>    subtitle("USA, 1900-1999")                      //标注子标题
>    note("Source: National Vital Statistics, Vol 50, No. 6"
>    "(1918 dip caused by 1918 Influenza Pandemic)") //添加备注文本
                                                    //输出结果如图 3-15 所示
```

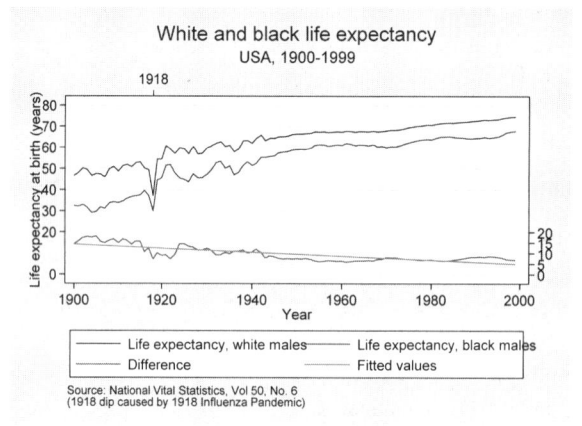

图 3-15 绘制复合图形

由图 3-15 可知，图例的文本说明超出边框，改变图例名称及调整图例位置可以使得图形整体更加美观。此时的程序变为：

```
. line le_wm year, yaxis(1 2) xaxis(1 2) || line le_bm year || line diff year || lfit diff year ||,
>    ylabel(0(5)20, axis(2) gmin angle(horizontal))
>    ylabel(0 20(10)80, gmax angle(horizontal)) ytitle("", axis(2))
>    xlabel(1918, axis(2)) xtitle("", axis(2))
>    ylabel(, axis(2) grid) ytitle("Life expectancy at birth (years)")
>    title("White and black life expectancy")
>    subtitle("USA, 1900-1999")
>    note("Source: National Vital Statistics, Vol 50, No. 6"
>    "(1918 dip caused by 1918 Influenza Pandemic)")
>    legend(label(1 "White males") label(2 "Black males"))  //修改第 1、2 条图例
>    legend(col(1) pos(3))         //将图例放置在 3 点钟方向，每条图例单独成列
                                   //输出结果如图 3-16 所示
```

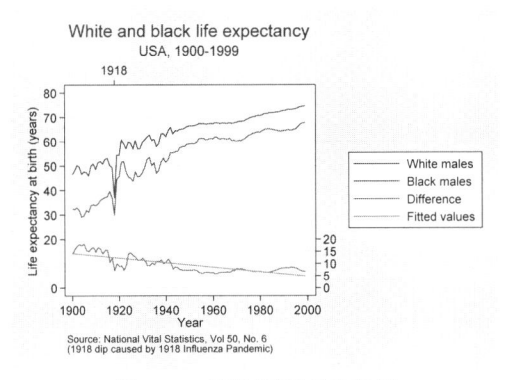

图 3-16　调整图例后的效果

3.4.2　连线标绘图

连线标绘图是指将每个散点连接起来，与曲线标绘图不同的是，连线标绘图会显示各个散点。连线标绘图的命令语法格式为：

［twoway］connected varlist [if] ［in] [weight] [, scatter_options]

此处参与绘图的变量 varlist 的定义为：

y1 [y2 [...]] x

其中，twoway 可以省略；varlist 为参与绘图的变量名称；选项 scatter_options 的含义与散点图的选项完全一致。

以下三条命令语句对连线标绘图是等价的：

. graph connected line ...
. twoway connected...
. connected ...

连线标绘图作为二维绘图命令族中的一员，可以与其他二维绘图命令混合使用，绘制复合图形。例如：

. twoway (connected ...) (scatter ...) (lfit ...) ...

也可以写成

. line ... || scatter ... || lfit ... || ...

连线标绘图本质上与散点图是一致的，以下两条命令语句是等价的：

. twoway connected yvar xvar
. scatter yvar xvar, connect(l)

同样，以下两条命令语句也是等价的：

. twoway connected yvar xvar, connect(none)
. scatter yvar xvar

3.4.3　拟合图形

Stata 提供了包括一次拟合图形、二次拟合图形、局部加权回归平滑拟合图形等多种图形拟合，通过这些拟合图形可以快速判读数据背后的关系，对于探索数据关系有着重要的意义。

1. 一次拟合图形

在绘制一次拟合图形时，首先通过因变量 yvar 与自变量 xvar 进行一元线性回归，其次通过得到 yvar 的拟合值（如 hat）对 xvar 进行曲线标绘图，并复合原始数据的散点图。其命令语法格式为：

twoway lfit yvar xvar [if] [in] [weight] [, options]

其中，选项 options 含义如表 3-24 所示。

表 3-24　选项 options 含义

选　　项	含　　义
range(# #)	计算预测值的范围
n(#)	计算预测值的点的数目
atobs	计算 xvar 赋值处的 yvar 预测值
estopts(regress options)	regress 命令选项
predopts(predict options)	predict 命令选项
cline_options	改变连线的外形
axis_choice_options	选择需要的坐标轴
twoway_options	二维绘图命令族的选项，包括坐标轴设置、图标题设置、图例设置、增加线和文本等

【例 3-13】一次拟合图形绘制示例。

绘制散点图（mpg 与 weight）及一次拟合图形（mpg 和 weight）的复合图形。在命令窗口中输入：

. sysuse auto, clear
(1978 automobile data)
. scatter mpg weight || lfit mpg weight　　　//输出结果如图 3-17（a）所示

上述命令语句的功能也可以由以下命令语句实现：

. regress mpg weight
. predict fitted
. scatter mpg weight || line fitted weight

根据分类变量 foreign 绘制复合图形，在命令窗口中输入：

. scatter mpg weight || lfit mpg weight ||, by(foreign, total row(1))　　//输出结果如图 3-17（b）所示

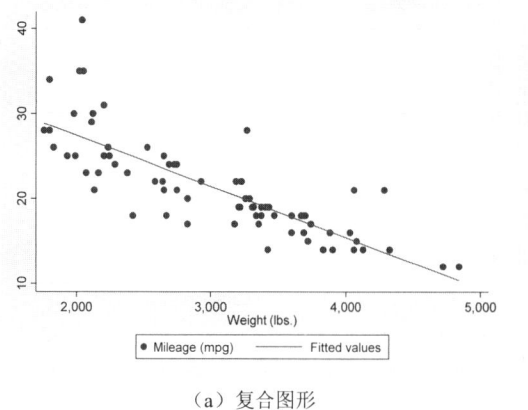

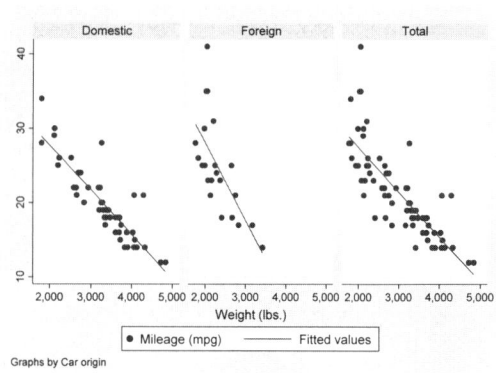

（a）复合图形　　　　　　　　　　（b）分类变量一次拟合图形

图 3-17　一次拟合图形绘制示例

2. 二次拟合图形

在绘制二次拟合图形时,首先通过因变量 yvar 与自变量 xvar 及 xvar 的平方进行二次回归,其次通过得到 yvar 的拟合值(如 hat)对 xvar 进行曲线标绘图,并复合原始数据的散点图。其命令语法格式为:

twoway qfit yvar xvar [if] [in] [weight] [, options]

其中,选项 options 含义同一次拟合图形。

【例 3-14】二次拟合图形绘制示例。

在命令窗口中输入:

. sysuse auto, clear
(1978 automobile data)
. scatter mpg weight || qfit mpg weight   //输出结果如图 3-18(a)所示

上述命令语句的功能也可以由以下命令语句实现:

. generate tempvar = weight^2
. regress mpg weight tempvar
. predict fitted
. scatter mpg weight || line fitted weight

根据分类变量 foreign 绘制复合图形,在命令窗口中输入:

. scatter mpg weight || qfit mpg weight ||, by(foreign, total row(1))   //输出结果如图 3-18(b)所示

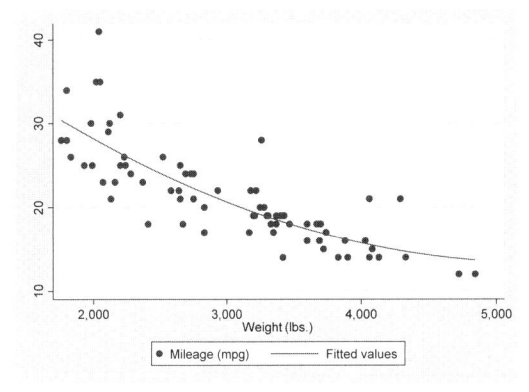

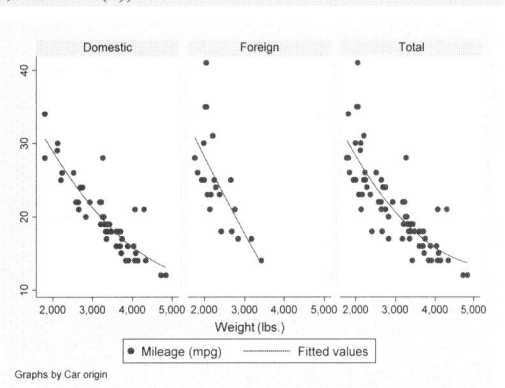

(a)复合图形　　　　　　　　　　(b)分类变量二次拟合图形

图 3-18　二次拟合图形绘制示例

3. 局部加权回归平滑拟合图形

局部加权回归(lowess)平滑拟合图形是一种非参数拟合图形。其命令语法格式为:

twoway lowess yvar xvar [if] [in] [, options]

其中,选项 options 含义如表 3-25 所示。

表 3-25　选项 options 含义

选　项	含　义
bwidth(#)	平滑参数,设定波段宽度。除接近端点处采用更小的非对中的波段以外,用于平滑观测样本的对中子集约有 bwidth×n 个,默认为 bwidth(0.8)
mean	移动平均值法平滑,默认为移动线性最小二乘法修匀
noweight	未加权的平滑,默认为局部加权函数

续表

选项	含义
logit	将平滑值进行 logit 变换
adjust	调整平滑值的函数,使其等于原始变量 y 的平均值,如同 logit 变换,当 y 为虚拟变量时 adjust 效果明显
cline_options	改变连线的外形
axis_choice_options	选择需要的坐标轴
twoway_options	二维绘图命令族的选项,包括坐标轴设置、图标题设置、图例设置、增加线和文本等

【例 3-15】 局部加权回归平滑拟合图形绘制示例。

在命令窗口中输入:

```
. sysuse auto, clear
(1978 automobile data)
. twoway scatter mpg weight, mcolor(*.6) || lfit mpg weight || lowess mpg weight
         //输出结果如图 3-19(a)所示
. twoway scatter mpg weight, mcolor(*.6) || lfit mpg weight || lowess mpg weight ||, by(foreign)
         //输出结果如图 3-19(b)所示
```

(a) 一次拟合及平滑拟合复合图形　　　　(b) 分类变量平滑拟合图形

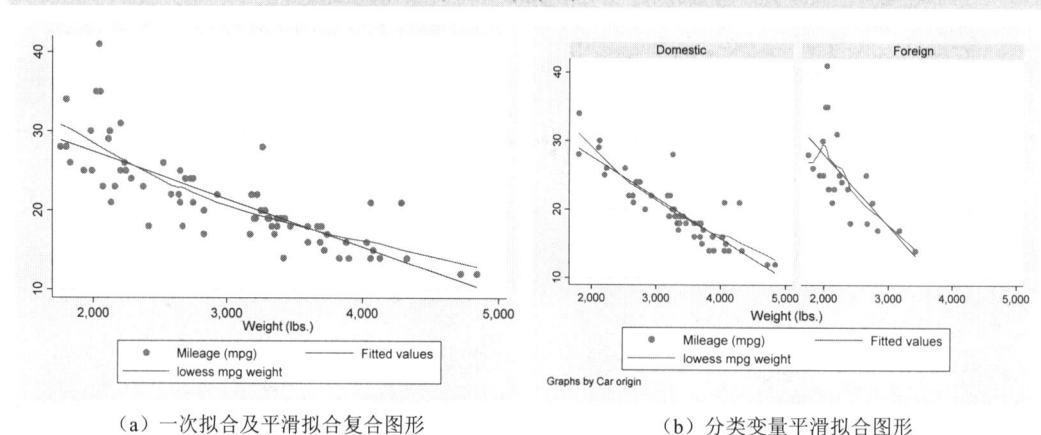

图 3-19　平滑拟合图形绘制示例

3.4.4　直方图

直方图又称柱状图,是一种统计报告图。在 Stata 中,绘制直方图的命令为 histogram,其语法格式为:

```
histogram varname [if] [in] [weight]
         [,[continuous _options | discrete_options] options]
```

二维绘图命令族中的直方图绘制命令语法格式为:

```
twoway histogram varname [if] [in] [weight]
         [,[discrete_options | continuous_options] common_options]
```

其中,discrete_options 为分类变量可用选项;continuous_options 为连续变量可用选项;common_options 为命令通用选项。各选项含义如表 3-26 所示(针对 twoway)。

表 3-26　各选项含义

选　项	子　选　项	含　　义
discrete_options	discrete	指定分类变量
	width(#)	指定直方图中条柱的宽度（#）
	start(#)	指定直方图中第一个条柱最低起始数值（#）
continuous_options	bin(#)	指定条柱数目（#）
	width(#)	指定直方图中条柱的宽度（#）
	start(#)	指定直方图中第一个条柱最低起始数值（#）
common_options	density	指定绘制密度
	fraction	指定绘制比例
	frequency	指定绘制频数
	percent	指定绘制百分比
	vertical	绘制垂直直方图（默认）
	horizontal	绘制水平直方图
	gap(#)	减小柱间宽度，0<#<100
	barlook_options	更改直方图的外观
	axis_choice_options	选择需要的坐标轴
	twoway_options	二维绘图命令族的选项，包括坐标轴设置、图标题设置、图例设置等

【例 3-16】 直方图绘制示例 1。

在命令窗口中输入：

```
. sysuse lifeexp, clear
(Life expectancy, 1998)
. twoway histogram le              //默认输出结果如图 3-20（a）所示
. twoway histogram le, discrete    //指定 discrete 查看单个值，如图 3-20（b）所示
. twoway histogram le, discrete by(region, total)
              //指定分类变量显示分组与总体效果，如图 3-20（c）所示
. twoway histogram le, discrete freq by(region, total)
              //指定频率显示分组与总体效果，如图 3-20（d）所示
```

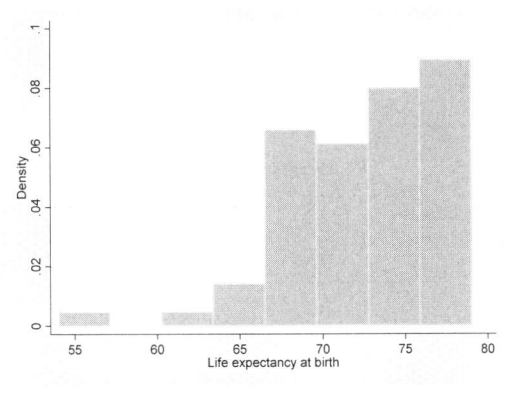

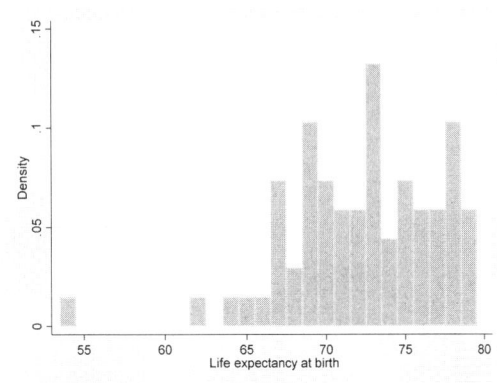

（a）默认输出结果　　　　　　　　　　（b）制定 discrete 查看单个值

图 3-20　直方图绘制示例 1

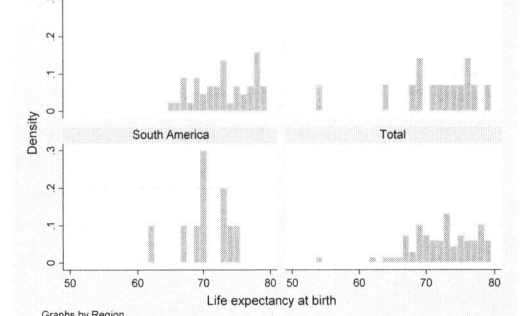

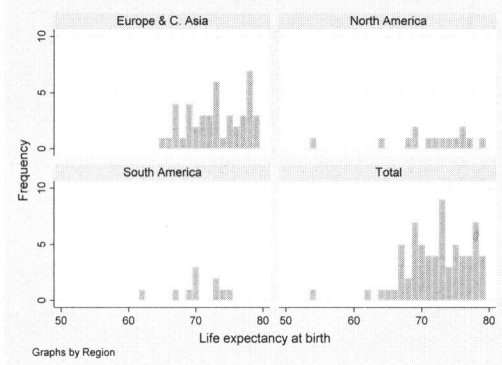

（c）指定分类变量显示分组与总体效果　　　　（d）指定频率显示分组与总体效果

图 3-20　直方图绘制示例 1（续）

【例 3-17】直方图绘制示例 2。

在命令窗口中输入：

```
. sysuse auto, clear
(1978 automobile data)
. histogram mpg, discrete freq addlabels ylabel(,grid) xlabel(12(2)42)
(start=12, width=1)                              //在条柱上方添加频数，如图 3-21（a）所示
. histogram mpg, discrete by(foreign, col(1))    //指定分类变量，如图 3-21（b）所示
```

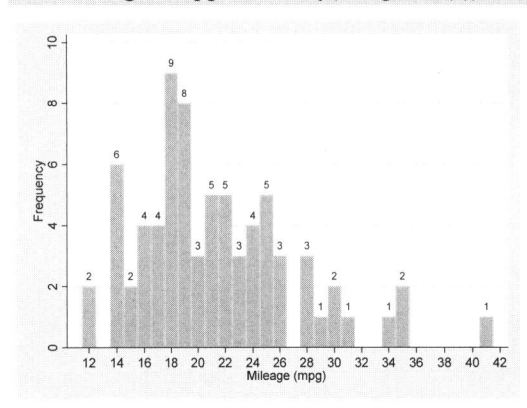

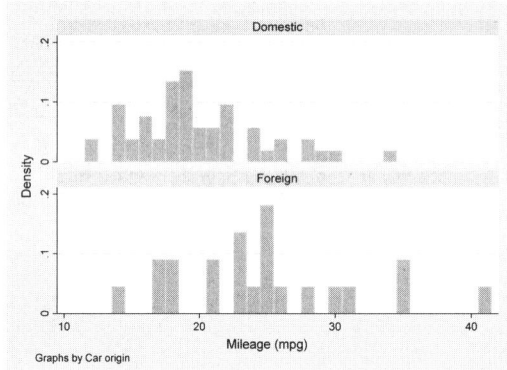

（a）在条柱上方添加频数　　　　　　　　　（b）指定分类变量

图 3-21　直方图绘制示例 2

3.4.5　条形图

条形图可以直观地显示包括均值、中位数、各种分位数等在内的众多描述性统计量，在同一个条形图中可以显示多个变量的统计量。在 Stata 中，绘制条形图的命令为 bar 及 hbar，其语法格式为：

```
graph bar yvars [if] [in] [weight] [, options]
graph hbar yvars [if] [in] [weight] [, options]
```

此处变量 yvars 的定义为：

```
(asis) varlist
```

```
(percent) [varlist] | (count) [varlist]
[(stat)] varname [[(stat)] ...]
[(stat)] varlist [[(stat)] ...]
[(stat)] [name=] varname [...][[(stat)] ...]
```

其中，stat 为 mean（均值）、median（中位数）、p1,p2,…,p99（各种分位数）、sum（和）、count（计数，不含缺失值的观测样本数）、percent（百分比）、min（最小值）、max（最大值）或其他统计量。percent 是默认统计量，百分比通过 varname 来计算。

二维绘图命令族中的条形图绘制命令语法格式为：

```
twoway bar yvar xvar [if] [in] [, options]
```

其中，选项 options 比较复杂，可分为 6 类，如表 3-27 所示。

表 3-27　选项 options 分类说明

选　项	类别含义	子　选　项	含　义
group_options	设定条形图分的组	over(varname [,over subopts])	设定用于分类的变量
		nofill	忽略有缺失值的分类
		missing	保持缺失值为一个独立变量组
		allcategories	设置包含数据集中的所有分类
yvar_options	设定绘制条形图变量	ascategory	将 yvars 视为已进行 over() 分类
		asyvars	将 over() 分类视为多个 y 轴变量
		percentages	显示 y 轴变量内部的百分比
		stack	设置叠加 y 轴变量
		cw	忽略 y 轴变量缺失值
lookofbar_options	设定条形图外观	outergap([*]#)	设置第一个与最后一个条形与绘图边界的距离
		bargap(#)	每两个条形间的距离，默认为 0
		intensity([*]#)	填充密度
		lintensity([*]#)	外包线的密度
		pcycle(#)	条形的外观样式
		bar(#, barlook options)	第#个条形的样式
legending_options	设定条形图图例	legend_options	图例设置选项
		nolabel	图例直接使用 yvar 的变量名，而不使用标签
		yvaroptions(over_subopts)	yvar 的 over 子选项，使用较少
		showyvars	显示 yvar 的标签
		blabel(...)	增加标签到条形图
axis_options	设定 y 轴的刻度标识	yalternate	y 轴交错显示
		xalternate	x 轴交错显示
		exclude0	不强制 y 轴显示 0
		yreverse	y 轴为反向坐标轴
		axis_scale_options	y 轴的尺度和外观
		axis_label_options	y 轴的标识
		ytitle(...)	y 轴的标题
title_and_other_options	设定添加标题等	text(...)	添加标签到 x 轴
		yline(...)	y 轴增加线
		aspect_option	绘图区域相关系数设置选项组
		std_options	设置标题、图形大小等
		by(varlist, : : :)	by() 选项

【例 3-18】条形图绘制示例。

在命令窗口中输入：

```
. sysuse citytemp, clear
(City temperature data)
. graph bar (mean) tempjuly tempjan, over(region) bargap(-30)
>       legend( label(1 "July") label(2 "January"))
>       ytitle("Degrees Fahrenheit")
>       title("Average July and January temperatures")
>       subtitle("by regions of the United States")
>       note("Source: U.S. Census Bureau, U.S. Dept. of Commerce")
        //输出结果如图 3-22（a）所示
. graph hbar (mean) tempjan, over(division) over(region) nofill
>       ytitle("Degrees Fahrenheit")
>       title("Average January temperature")
>       subtitle("by region and division of the United States")
>       note("Source: U.S. Census Bureau, U.S. Dept. of Commerce")
        //输出结果如图 3-22（b）所示

. sysuse nlsw88, clear
(NLSW, 1988 extract)
. graph bar (mean) wage, over(smsa) over(married) over(collgrad)
>       title("Average Hourly Wage, 1988, Women Aged 34-46")
>       subtitle("by College Graduation,Marital Status,and SMSA residence")
>       note("Source:1988 data from NLS,U.S. Dept. of Labor,
>       Bureau of Labor Statistics")
        //输出结果如图 3-22（c）所示

. sysuse educ99gdp, clear
(Education and GDP)
. generate total = private + public
. graph hbar (asis) public private,
>       over(country, sort(total) descending) stack
>       title( "Spending on tertiary education as % of GDP,1999", span pos(11) )
>       subtitle(" ")
>       note("Source: OECD, Education at a Glance 2002", span)
        //输出结果如图 3-22（d）所示
```

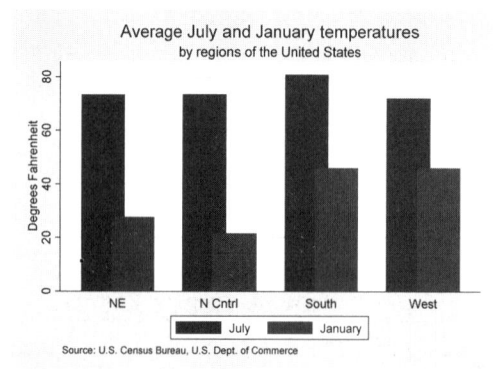

（a）条形图 1 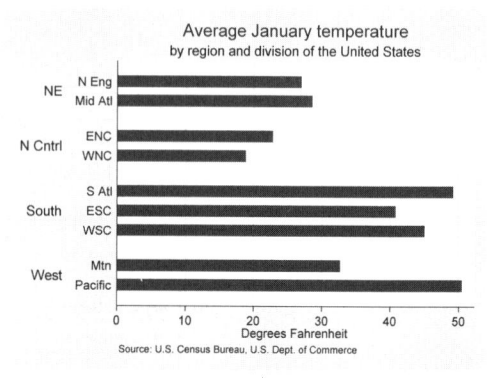　　　　　　　　　　（b）条形图 2

图 3-22　条形图绘制示例

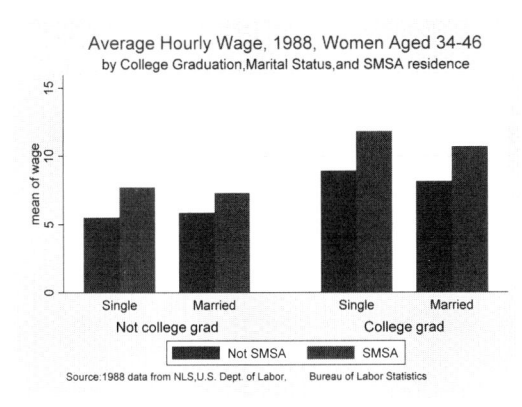

(c）条形图 3 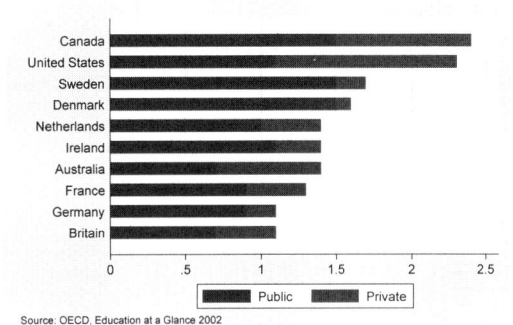　　　　　　　　　（d）条形图 4

图 3-22　条形图绘制示例（续）

限于篇幅，其他常见图形的绘制命令（如 area、contour、pie、dot 等）及其具体选项含义可参考前文或帮助文件，这里不再展开介绍。

3.5　图形保存与输出

图形绘制完成之后，需要将图形保存并输出。在对当前图形进行保存前，所绘制的图形均暂存在内存中。如果要绘制另外一个图形，那么 Stata 会自动清除之前保留在内存中的图形。

3.5.1　图形保存

保存的 Stata 图形文件的后缀为 gph，文件中包含图形、数据甚至绘制该图形的命令。对保存在内存中的图形的基本信息进行显示，可以使用如下命令：

graph describe

保存激活模式下的图形文件，可以使用如下命令：

graph save filename

例如，将图形文件保存为 dingjbfile 文件：

graph save dingjbfile, replace　　　//选项 replace 表示覆盖相同名称的文件

在绘图过程中保存图形文件，可以使用 saving()选项：

graph ..., ... saving (myfile)...

将当前目录和当前内存中所有的图形文件与已命名的图形列出来，可以使用如下命令：

graph dir

3.5.2　图形输出

在 Stata 中，利用图形输出工具可以将图形输出到打印设备或将图形输出为其他格式的图形，以便于生成的图形与其他设备或图形、文字处理软件等的交互处理。

1. 打印图形

对于已保存在存储介质中的图形文件，需要先读取图形，再打印；对于结果窗口中的图形，可以直接使用打印命令 graph print 将其输出到打印机中进行打印，命令如下：

```
graph use filename
graph print
```

查看打印参数的设置情况，可以使用如下命令：

```
help pr_options
```

2. 输出为其他格式的图形

同其他常用软件一样，Stata 也可以将生成的图形输出为多种格式。图形输出命令为：

```
graph export newfilename.suffix [, options]
```

其中，filename 为要保存的图形文件名；suffix 为图形文件名后缀，包括 ps、eps、wmf、emf、pict、pdf、png、tif 等。

当输出为其他格式的图形时，也可以直接在结果窗口中通过菜单命令或工具按钮进行保存，这与其他常用软件的操作相同，这里不再赘述。

3.6 本章小结

Stata 拥有强大的绘图功能，可以通过图形展示数据的分析结果，以便于操作者直观地理解数据的特点。在 Stata 中，常见图形的绘制命令相当简单。本章重点介绍了二维绘图命令族、非二维绘图命令族（如条形图、直方图等）的功能，这些功能是 Stata 的基本绘图功能，读者应熟练掌握。此外，本章还对图形的输出进行了简单介绍。

第二部分 统计分析实现篇

第4章 描述性统计

描述性统计是指运用制表和分类、图形及计算概括性数据等方法来描述数据特征的各项活动。描述性统计分析是指对调查总体所有变量的有关数据进行统计分析，主要包括数据的频数分布分析、集中趋势分析、离散趋势分析、分布及一些基本的统计图形分析等。

在进行数据的预处理时，通过频数分布分析和交叉频数分布分析可以检验异常值；通过数据的集中趋势分析可以反映数据的一般水平，常用的指标有平均值、中位数和百分位数等；通过数据的离散趋势分析可以反映数据之间的差异程度，常用的指标有方差和标准差；在统计分析中，通常还需要假设样本所属总体的分布属于正态分布，因此需要用偏度和峰度两个指标来检查样本数据是否服从正态分布；通过绘制统计图的形式来表达数据，比文字表达更清晰、更简明。

4.1 描述性统计基本理论

在学习 Stata 描述性统计分析前，先对描述性统计基本理论进行介绍。在统计学中，变量分为定性（分类）变量和定量（连续）变量。针对不同变量的描述性统计分析会有所不同。

4.1.1 变量类型

1. 定性（分类）变量

在描述定性观测值时，每个观测值能且只能落入一个类（或组），给出落入每个类的观测值的个数或相对于观测值总数的比例，用这种数值方法来描述数据集的变量，称为定性（分类）变量。频率和频数是描述定性变量的两个重要指标。

对给定的类（或组），频数是指落入这个类（或组）的观测值的个数；频率是指落入这个类（或组）的观测值的个数相对于观测值总数的比例。

2. 定量（连续）变量

数值描述性统计量是由数据集计算得到的数值，包括均值、最大值、最小值、标准差、中位数、偏度系数、峰度系数等。数据分析中的大部分变量都是连续变量。

连续变量的描述性统计可以给出 3 个类型的度量：①帮助确定相对频数分布中心位置的度量；②围绕中心波动的度量；③描述数据集中一个观测值相对位置的度量。这些度量分别被称作中心趋势的度量、变异的度量和相对位置的度量。

4.1.2 频数分布

在收集到计量数据后，通过资料整理编制频数分布表（简称频数表）可以了解其分布规律。频数分布通常是针对样本而言的。

对于连续变量，频数分布为 n 个变量值在各变量值区间内的变量值个数的分配。对于离散变量，频数分布为 n 个变量值在各（或各几个）变量值处的变量值个数的分配。

下面以连续变量为例介绍频数表的编制步骤。

（1）求极差。极差也称全距，即最大值和最小值之差，记作 R。

（2）确定组段数和组距。组段数通常取 10~15，分组过多会使计算烦琐，分组过少则难以显现分布特征。组距可通过极差除以组段数求得，一般取方便阅读和计算的数字。

（3）根据组距写出组段。每个组段的下限为 L、上限为 U，变量值 X 的归组统一定为 $L \leqslant X < U$。

最后一个组段写出上限和下限，其他组段只写出下限。起始组段、最后组段应分别包含全部变量值的最小值和最大值。

（4）分组划记并统计频数，绘制频数表。

4.1.3 集中趋势

统计学中一般用平均值这一指标体系来描述一组变量值的集中位置或平均水平。常用的平均值有算术平均值、几何平均值等。

1. 算术平均值

算术平均值简称均值，可用于反映一组呈对称分布的变量值在数量上的平均水平。

（1）直接计算法，计算公式为

$$\bar{X} = \frac{x_1 + x_2 + \cdots + x_n}{n} = \frac{\sum x}{n}$$

式中，$x_1, x_2, \cdots, x_n$ 为所有变量值；n 为样本含量；$\sum$ 为求和符号。

（2）频数表法，计算公式为

$$\bar{X} = \frac{f_1 x_1 + f_2 x_2 + \cdots + f_k x_k}{f_1 + f_2 + \cdots + f_k} = \frac{\sum f x}{\sum f}$$

式中，k 表示频数表的组段数；$f_1, f_2, \cdots, f_k$ 及 $x_1, x_2, \cdots, x_k$ 分别表示各组段的频数和组中值，组中值=(本组段的下限+下一个组段的下限)/2。在这里，频数 f 起到了"权"的作用，即某个组段频数大，权重就大，其组中值对均值的影响也大；反之，则影响小。

2. 几何平均值

几何平均值用于反映一组经对数转换后呈对称分布的变量值在数量上的平均水平，在医学研究中常用作免疫学的指标。其计算公式为

$$G = \sqrt[n]{x_1 x_2 \cdots x_n} \text{ 或 } G = \lg^{-1}\left(\frac{\sum \lg x}{n}\right)$$

3. 中位数

中位数是将 n 个变量值从小到大排列后位置居中的那个数。当 n 为奇数时，中位数取位置居中的变量值；当 n 为偶数时，中位数取位置居中的两个变量值的平均值。中位数适用于各种分布类型的资料分析，尤其是偏态分布资料和一端或两端无确切数值的资料。其计算公式为

n 为奇数：

$$M = x_{\left(\frac{n+1}{2}\right)}$$

n 为偶数：

$$M = \frac{1}{2}\left(x_{\left(\frac{n}{2}\right)} + x_{\left(\frac{n}{2}+1\right)}\right)$$

4. 百分位数

百分位数是一种位置指标，用 P_x 来表示，读作第 x 百分位数。一个百分位数 P_x 将全部变量值分为两部分，在 P_x 处若无相同变量值，则在不包含 P_x 的全部变量值中有 $x\%$ 的变量值小于它，有 $(100-x)\%$ 的变量值大于它。故百分位数是一个界值，其重要用途是确定参考值范围。中位数实际上是第 50 百分位数。

（1）直接计算法。

将 n 个变量值从小到大排列，设 $(n+1)x\% = j + g$，j 为整数部分，g 为小数部分，则

$$P_x = \begin{cases} x_{(j)}, & g = 0 \\ (1-g)x_{(j)} + gx_{(j+1)}, & g \neq 0 \end{cases}$$

当 $x\% = 50\%$ 时，上式为中位数计算公式（该计算方法为 SPSS 所用方法）。

（2）频数表法。

对于连续变量的频数表资料，百分位数的计算公式为

$$P_x = L_x + \frac{i_x}{f_x}\left(nx\% - \sum f_L\right)$$

式中，L_x、i_x、f_x 分别为第 x 百分位数所在组段的下限、组距和频数；$\sum f_L$ 为小于 L_x 的各组段的累计频数；n 为总例数。当 $x\% = 50\% = \frac{1}{2}$ 时，中位数的计算公式为

$$M = P_{50} = L_{50} + \frac{i_{50}}{f_{50}}\left(\frac{n}{2} - \sum f_L\right)$$

4.1.4 离散趋势

离散趋势指的是计量资料所有变量值偏离中心位置的程度。要全面刻画一组数据（变量值）的数量特征，除计算平均指标以外，还必须计算描述离散趋势的指标。描述离散趋势的常用指标有极差、四分位数间距、方差、标准差和变异系数。

1．极差

极差是指一组变量值的最大值与最小值之差。极差计算简便、概念清晰，因而应用比较广泛，如说明传染病及食物中毒的最长、最短潜伏期等。

2．四分位数间距

四分位数是把全部变量值分为四部分的分位数，包括第一个四分位数（$Q_L = P_{25}$）、第二个四分位数（$M = P_{50}$）、第三个四分位数（$Q_U = P_{75}$）。

四分位数间距是由第三个四分位数和第一个四分位数相减而得到的，记为 QR。它一般和中位数一起用于描述偏态分布资料的分布特征。

3．方差与标准差

方差也称均方差，反映一组数据的平均离散水平。就总体而言，应该考虑其每个变量值 x 与均值 μ 的差值，即离均差 $x - \mu$。$x - \mu$ 有正有负，使得 $\sum(x-\mu) = 0$，故离均差和 $\sum(x-\mu)$ 无法描述一组数据的变异大小。

将离均差 $x - \mu$ 平方后相加得到 $\sum(x-\mu)^2$，此为离均差平方和，后者消除了正、负值的影响。但离均差平方和尚未考虑到变量值个数 N 的影响，即 N 越大，$\sum(x-\mu)^2$ 也就越大。为解决此问题，可将离均差平方和除以 N，得到总体方差。总体方差用 σ^2 表示，其计算公式为

$$\sigma^2 = \frac{\sum(x-\mu)^2}{N}$$

标准差是方差的正平方根，其单位与原变量值的单位相同。总体标准差用 σ 表示，计算公式为

$$\sigma = \sqrt{\frac{\sum(x-\mu)^2}{N}}$$

在一般情况下，总体均值 μ 未知，需要用样本均值 $\bar{x}$ 估计。数理统计证明：若用样本个数 n 代替 N，计算出的样本方差对 σ^2 的估计偏小，需要将 n 用 $n-1$ 代替。样本方差记为 S^2，其标准差 S 的计算公式为

$$S = \sqrt{\frac{\sum(x-\bar{x})^2}{n-1}}$$

为了简化计算，标准差的公式还可以写为

$$S = \sqrt{\frac{\sum x^2 - \frac{(\sum x)^2}{n}}{n-1}}$$

利用频数表计算标准差的公式为

$$S = \sqrt{\frac{\sum fx^2 - \frac{(\sum fx)^2}{\sum f}}{\sum f - 1}}$$

式中，f 为各组段频数。

4．变异系数

变异系数记为 CV，多用于观察指标单位不同时的变异程度，如身高与体重变异程度的比较，或者均值相差较大时的变异程度，如儿童身高与成人身高变异程度的比较。其计算公式为

$$CV = \frac{S}{\bar{x}} \times 100\%$$

4.1.5 正态分布

正态分布（也称高斯分布）是一种最常见、最重要的连续型随机变量分布。正态分布曲线呈两头低、中间高、左右对称的钟形。

1．正态分布的概念和特征

如果随机变量 x 的分布服从概率密度函数

$$f(x) = \frac{1}{\sigma\sqrt{2\pi}} e^{\frac{-(x-\mu)^2}{2\sigma^2}}, \quad -\infty < x < +\infty$$

则称 x 服从正态分布，记作 $x \sim N(\mu, \sigma^2)$，μ 为 x 的总体均值，σ^2 为总体方差。

正态分布具有以下特征。

（1）正态分布曲线在直角坐标系的 x 轴上方呈钟形，两端与 x 轴永不相交，并且以 $x = \mu$ 为对称轴，左右完全对称。

（2）在 $x = \mu$ 处，$f(x)$ 取最大值，其值为 $f(\mu) = 1/(\sigma\sqrt{2\pi})$；$x$ 越远离 μ，$f(x)$ 值越小。

（3）正态分布有两个参数，即位置参数 μ 和形态参数 σ。若固定 σ，改变 μ，则曲线沿着 x 轴平行移动，其形状不变，如图 4-1（a）所示。若固定 μ，则 σ 越小，曲线越陡峭；σ 越大，曲线越平坦，如图 4-1（b）所示。

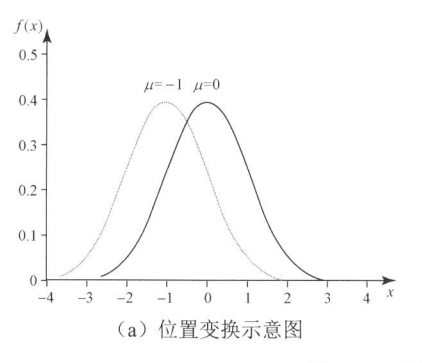

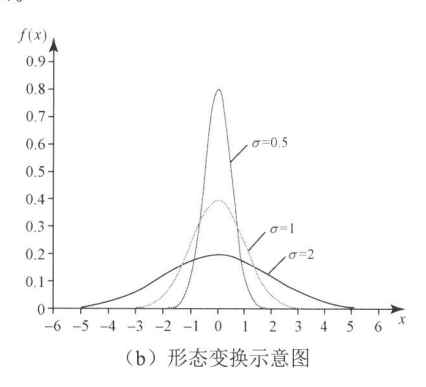

（a）位置变换示意图

（b）形态变换示意图

图 4-1 正态分布的变换示意图

(4) x 轴上方正态分布曲线下的面积分布有一定的规律。欲求 x 轴上方正态分布曲线下一定区间内的面积，可通过对概率密度函数求积分来实现，即

$$F(x) = \frac{1}{\sigma\sqrt{2\pi}} \int_{\infty}^{x} e^{\frac{-(x-\mu)^2}{2\sigma^2}} dx$$

式中，$F(x)$ 为正态变量 x 的分布函数。由上式可得出：①x 轴与正态分布曲线所夹面积恒等于 1 或 100%；②区间 $\mu \pm \sigma$ 的面积为 68.27%，区间 $\mu \pm 1.96\sigma$ 的面积为 95%，区间 $\mu \pm 2.58\sigma$ 的面积为 99%，如图 4-2 所示。

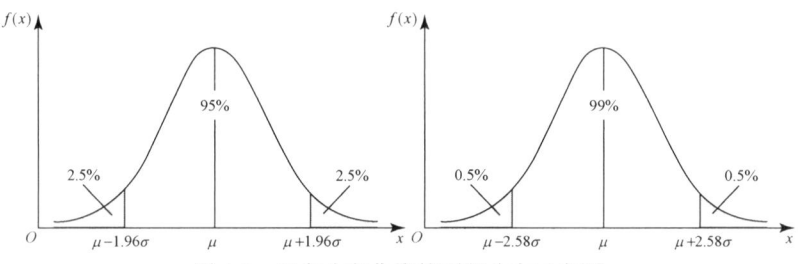

图 4-2　正态分布曲线的面积分布示意图

2. 标准正态分布

正态分布是一个分布族，对应于不同的参数 μ 和 σ 会产生不同位置、不同形状的正态分布。为了应用方便，令 $u = \dfrac{x-\mu}{\sigma}$，则有

$$\varphi(u) = \frac{1}{\sqrt{2\pi}} e^{\frac{-u^2}{2}}, \quad -\infty < u + \infty$$

即将 $x \sim N(\mu, \sigma^2)$ 的正态分布转化为 $u \sim N(0,1)$ 的标准正态分布，u 被称为标准正态变量，其分布函数为

$$\Phi(u) = \frac{1}{\sqrt{2\pi}} \int_{-\infty}^{u} e^{\frac{-u^2}{2}} du$$

且

$$\Phi(u) = 1 - \Phi(-u)$$

4.1.6　偏度和峰度

1. 偏度

偏度是指对数据对称性（分布偏斜方向及程度）的测度，用来度量分布的不对称性。由于正态分布是对称的，因此其偏度为 0。度量偏度的统计量是偏度系数，其计算公式为

$$SK = \frac{n \sum (x_i - \bar{x})^3}{(n-1)(n-2)S^3}$$

式中，S^3 为样本标准差的三次方。

如果数据的分布是对称的，则其偏度系数为 0；如果偏度系数明显不等于 0，则表明数据的分布是非对称的；如果偏度系数大于 1 或小于 -1，则表明数据的分布为高度偏态分

布。通常若计算的偏度系数超过其标准误的 2 倍，则认为该组数据不具有对称性。

2．峰度

峰度是指对数据分布平峰或尖峰程度的测度。度量峰度的统计量是峰度系数，其计算公式为

$$K = \frac{n(n+1)\sum(x_i - \bar{x})^4 - 3(n-1)\left[\sum(x_i - \bar{x})^2\right]^2}{(n-1)(n-2)(n-3)S^4}$$

峰度通常用于对频数分布曲线与标准正态分布曲线进行比较。Stata 中计算的峰度系数未减 3，故是与 3 进行比较而不是与 0 进行比较。若峰度系数等于 3，则表明服从标准正态分布，反之则意味着其分布比标准正态分布更尖或更平。

4.1.7 Z 标准化得分

Z 标准化得分是某个数据与均值的距离以标准差为单位的测量值，x_i 的 Z 标准化得分 Z_i 的计算公式为

$$Z_i = \frac{x_i - \bar{x}}{\sigma}$$

Z 标准化得分既可表明各原始数据在一组数据分布中的相对位置，也可在不同分布的各组原始数据间进行比较，常用于统一量纲，多应用于回归分析、聚类分析。

4.2 连续变量的描述性统计

在 Stata 中，summarize 命令、tabstat 命令、ci 命令可以实现连续变量的描述性统计，下面对其进行介绍。

4.2.1 变量摘要统计信息

在数据分析中，通常需要对数据进行核对，尤其需要对缺失值、无效值、奇异值进行探测等，同时在专业论文中需要实证部分内容。在 Stata 中，计算并显示各种单变量或所有变量的摘要统计信息的命令为 summarize，其语法格式为：

summarize [varlist] [if] [in] [weight] [, options]

命令中如果未加任何变量，则默认对数据中的所有变量进行描述性统计。其中，options 选项含义如表 4-1 所示。

表 4-1 options 选项含义

选 项	含 义
detail	生成更加详细的额外统计量，包括偏度、峰度、4 个最小值和最大值及各种百分位数
meanonly	在不指定 detail 时使用，仅计算和显示平均值，该选项在编程中比较有用
format	使用变量的显示格式
separator(#)	每#个变量画一条分界线，默认为 separator(5)，separator(0)表示禁止使用分界线
display_options	用于控制间距、行宽、基本单元格和空格

统计量及其含义如表 4-2 所示。

表 4-2 统计量及其含义

统计量	含义	统计量	含义
Obs	有效观测样本	Variance	方差
Mean	均值	Skewness	偏度
Std.dev.	样本标准差	Kurtosis	峰度
Min/Max	最小/最大值	Largest	显示 4 个最大值
Percentiles	百分比	Smallest	显示 4 个最小值
Sum of wgt.	权重（weights）的和（默认），每个案例的权重为 1，权重之和等于案例数量		

【例 4-1】summarize 命令应用示例。

在命令窗口中输入：

```
. sysuse auto2, clear
(1978 automobile data)
. summarize mpg                        //给出 mpg 的统计信息
. summarize mpg, detail                //给出 mpg 的详细统计信息
. by foreign: summarize mpg weight     //针对 foreign 给出 mpg、weight 的统计信息
```

输出结果如图 4-3 所示。

在命令窗口中输入：

```
. summarize price weight               //给出 price weight 的统计信息
. format price weight %9.2fc
. summarize price weight, format       //给出 price weight 格式化后的统计信息
. summarize i.rep78                    //获取 rep78 的 5 个级别的样本比例
```

输出结果如图 4-4 所示。

```
. summarize mpg

    Variable |        Obs        Mean    Std. dev.       Min        Max
         mpg |         74     21.2973    5.785503         12         41

. summarize mpg, detail

                         Mileage (mpg)
      Percentiles      Smallest
 1%         12              12
 5%         14              12
10%         14              14        Obs                  74
25%         18              14        Sum of wgt.          74

50%         20                        Mean           21.2973
                         Largest      Std. dev.     5.785503
75%         25              34
90%         29              35        Variance      33.47205
95%         34              35        Skewness      .9487176
99%         41              41        Kurtosis      3.975005

. by foreign: summarize mpg weight

-> foreign = Domestic
    Variable |        Obs        Mean    Std. dev.       Min        Max
         mpg |         52    19.82692    4.743297         12         34
      weight |         52    3317.115    695.3637       1800       4840

-> foreign = Foreign
    Variable |        Obs        Mean    Std. dev.       Min        Max
         mpg |         22    24.77273    6.611187         14         41
      weight |         22    2315.909    433.0035       1760       3420
```

图 4-3 输出结果

```
. summarize price weight

    Variable |        Obs        Mean    Std. dev.       Min        Max
       price |         74    6165.257    2949.496       3291      15906
      weight |         74    3019.459    777.1936       1760       4840

. format price weight %9.2fc
. summarize price weight, format

    Variable |        Obs        Mean    Std. dev.       Min        Max
       price |         74    6,165.26    2,949.50    3,291.00   15,906.00
      weight |         74    3,019.46      777.19    1,760.00    4,840.00

. summarize i.rep78

    Variable |        Obs        Mean    Std. dev.       Min        Max
       rep78 |
       Poor  |         69    .0289855    .1689948          0          1
       Fair  |         69    .115942     .3225009          0          1
    Average  |         69    .4347826    .4993602          0          1
       Good  |         69    .2608696    .4423259          0          1
  Excellent  |         69    .1594203    .3687494          0          1
```

图 4-4 输出结果

4.2.2 数值型变量汇总统计信息

tabstat 命令用于在一个表中显示一系列数值型变量的汇总统计信息，与 summarize 命令相比，它提供了更加灵活的统计量组合信息。它允许指定要显示的统计信息列表。统计数据可以根据另一个变量进行计算。

当不加 by()选项时，tabstat 命令可以替代 summarize 命令，这是因为利用 stat()可以添加所需要的各种统计量。by()选项允许对 by()选项中变量不同的取值分别进行描述性统计。

tabstat 命令的语法格式与 summarize 命令基本一致，其语法格式为：

tabstat [varlist] [if] [in] [weight] [, options]

其中，options 选项含义如表 4-3 所示。

表 4-3　options 选项含义

选　项	含　义
by(varname)	根据 varname 的取值分别计算各变量的描述性统计量
statistics(statname[...])	报告指定的统计量，可报告的统计量如表 4-4 所示
labelwidth(#)	设置 by()选项中变量标签的宽度，默认为 labelwidth(16)
varwidth(#)	设置变量宽度，默认为 varwidth(12)
columns(variables)	在表列中显示变量（默认）
columns(statistics)	在表列中显示统计量信息，统计量为列表头，变量为行表头
format [(% fmt)]	指定统计量的显示格式，默认为%9.0g。format 指定每个变量的统计量的显示格式与该变量一致；format(%fmt)指定所有统计量的显示格式
casewise	按样本删除观测值
nototal	与 by()选项配合使用，不显示总体统计量
missing	报告 by()选项中变量缺失值的统计信息
noseparator	输出结果时不在 by()选项类别之间使用分界线
longstub	使左表的存根更宽
save	在 r()中存储摘要统计信息

表 4-4　可报告的统计量

统 计 量	含　义	统 计 量	含　义
mean	均值	cv	变异系数（sd/mean）
count	非缺失值总和	semean	标准误（$sd/\sqrt{n}$）
n	计数	skewness	偏度
sum	总和	kurtosis	峰度
max	最大值	median	中位数，同 P_{50}
min	最小值	iqr	四分位数间距（$P_{75}-P_{25}$）
range	极差（max−min）	q	四分位数，等同于指定 P_{25}、P_{50}、P_{75}
sd	标准差	P#	第#个百分位数，常用的有 P_1、P_5、P_{10}、P_{25}、P_{50}、P_{75}、P_{90}、P_{95}、P_{99} 等
variance	方差		

【例 4-2】tabstat 命令应用示例。

在命令窗口中输入：

. sysuse auto, clear
(1978 automobile data)
. tabstat price weight mpg rep78, by(foreign)
. tabstat price weight mpg rep78, by(foreign) stat(mean sd min max)

```
> nototal                         //输出结果 1 如图 4-5（a）所示。
. tabstat price weight mpg rep78, by(foreign) stat(mean sd min max) long format
. tabstat price weight mpg rep78, by(foreign) stat(min mean max)
> col(stat) long                  //输出结果 2 如图 4-5（b）所示。
. tabstat price weight mpg rep78, stat(n mean cv q) col(stat)
                                  //输出结果 3 如图 4-5（c）所示。
```

```
. tabstat price weight mpg rep78, by(foreign)

Summary statistics: Mean
Group variable: foreign (Car origin)

 foreign |     price    weight       mpg     rep78
---------+----------------------------------------
Domestic |  6072.423  3317.115  19.82692  3.020833
 Foreign |  6384.682  2315.909  24.77273  4.285714
---------+----------------------------------------
   Total |  6165.257  3019.459   21.2973  3.405797
--------------------------------------------------

. tabstat price weight mpg rep78, by(foreign) stat(mean sd min max) nototal

Summary statistics: Mean, SD, Min, Max
Group variable: foreign (Car origin)

 foreign |     price    weight       mpg     rep78
---------+----------------------------------------
Domestic |  6072.423  3317.115  19.82692  3.020833
         |  3097.104  695.3637  4.743297   .837666
         |      3291      1800        12         1
         |     15906      4840        34         5
---------+----------------------------------------
 Foreign |  6384.682  2315.909  24.77273  4.285714
         |  2621.915  433.0035  6.611187  .7171372
         |      3748      1760        14         3
         |     12990      3420        41         5
--------------------------------------------------
```

（b）输出结果 1

```
. tabstat price weight mpg rep78, by(foreign) stat(mean sd min max) long format

foreign      Stats |     price    weight       mpg     rep78
-------------------+----------------------------------------
Domestic      Mean |   6,072.4   3,317.1   19.8269   3.02083
                SD |   3,097.1   695.364    4.7433   .837666
               Min |     3,291     1,800        12         1
               Max |    15,906     4,840        34         5
-------------------+----------------------------------------
Foreign       Mean |   6,384.7   2,315.9   24.7727   4.28571
                SD |   2,621.9   433.003   6.61119   .717137
               Min |     3,748     1,760        14         3
               Max |    12,990     3,420        41         5
-------------------+----------------------------------------
Total         Mean |   6,165.3   3,019.5   21.2973    3.4058
                SD |   2,949.5   777.194    5.7855   .989932
               Min |     3,291     1,760        12         1
               Max |    15,906     4,840        41         5
------------------------------------------------------------

. tabstat price weight mpg rep78, by(foreign) stat(min mean max) col(stat) long

foreign      Variable |       Min      Mean       Max
----------------------+------------------------------
Domestic        price |      3291  6072.423     15906
               weight |      1800  3317.115      4840
                  mpg |        12  19.82692        34
                rep78 |         1  3.020833         5
----------------------+------------------------------
Foreign         price |      3748  6384.682     12990
               weight |      1760  2315.909      3420
                  mpg |        14  24.77273        41
                rep78 |         3  4.285714         5
----------------------+------------------------------
Total           price |      3291  6165.257     15906
               weight |      1760  3019.459      4840
                  mpg |        12   21.2973        41
                rep78 |         1  3.405797         5
-----------------------------------------------------
```

（b）输出结果 2

```
. tabstat price weight mpg rep78, stat(n mean cv q) col(stat)

    Variable |         N      Mean        CV       p25       p50       p75
-------------+------------------------------------------------------------
       price |        74  6165.257   .478406      4195    5006.5      6342
      weight |        74  3019.459  .2573949      2240      3190      3600
         mpg |        74   21.2973  .2716543        18        20        25
       rep78 |        69  3.405797   .290661         3         3         4
--------------------------------------------------------------------------
```

（c）输出结果 3

图 4-5　输出结果

4.2.3　统计量的置信区间

ci 命令用于计算均值、比例、方差和标准差的置信区间，其语法格式为：

```
ci means [varlist] [if] [in] [weight] [, options]
                                  //均值的置信区间（正态分布）
ci means [varlist] [if] [in] [weight] , poisson [exposure(varname) options]
                                  //均值的置信区间（泊松分布）
ci proportions [varlist] [if] [in] [weight] [,prop_options options]
                                  //比例的置信区间
ci variances [varlist] [if] [in] [weight] [,bonett options]
                                  //方差的置信区间
ci variances [varlist] [if] [in] [weight] ,sd [bonett options]
                                  //标准差的置信区间
```

其中，poisson 指定变量基于泊松分布计算置信区间，默认基于正态分布计算。

exposure(varname)仅与 poisson 一起使用,指定 exposure()时无须指定 poisson,varname 包含观察到 varlist 中记录的事件的总量。options 选项含义如表 4-5 所示,prop_options 选项含义如表 4-6 所示。

表 4-5 options 选项含义

选项	含义
level(#)	设置置信水平,默认为 level(95)
separator(#)	在每#个变量后添加分界线,默认为 separator(5)
total	为所有组合的组添加输出(与 by()选项配合使用)

表 4-6 prop_options 选项含义

选项	含义
exact	计算准确的置信区间(默认)
wald	计算 Wald 置信区间
wilson	计算 Wilson 置信区间
agresti	计算 Agresti-Coull 置信区间
jeffreys	计算 Jeffreys 置信区间

【例 4-3】ci 命令应用示例。

在命令窗口中输入:

```
. sysuse auto, clear
(1978 automobile data)
. ci means mpg price
. by foreign: ci means mpg, total
```

输出结果如图 4-6 所示。

```
. ci means mpg price

    Variable |       Obs        Mean    Std. err.   [95% conf. interval]
-------------+---------------------------------------------------------------
         mpg |        74     21.2973    .6725511      19.9569     22.63769
       price |        74    6165.257    342.8719      5481.914    6848.6

. by foreign: ci means mpg, total

-> foreign = Domestic

    Variable |       Obs        Mean    Std. err.   [95% conf. interval]
-------------+---------------------------------------------------------------
         mpg |        52    19.82692    .657777      18.50638    21.14747

-> foreign = Foreign

    Variable |       Obs        Mean    Std. err.   [95% conf. interval]
-------------+---------------------------------------------------------------
         mpg |        22    24.77273    1.40951      21.84149    27.70396

-> Total

    Variable |       Obs        Mean    Std. err.   [95% conf. interval]
-------------+---------------------------------------------------------------
         mpg |        74     21.2973    .6725511     19.9569     22.63769
```

图 4-6 输出结果

在命令窗口中输入:

```
. use D:\DingJB\Stata\petri, clear
. ci means count, poisson
```

```
. ci means count, exposure(area)
. ci means count, exposure(area) level(90)
```

输出结果如图4-7所示。

```
. ci means count, poisson

                                                    Poisson exact
    Variable    Exposure        Mean    Std. err.   [95% conf. interval]

       count          36    2.333333    .2545875    1.861158    2.888825

. ci means count, exposure(area)

                                                    Poisson exact
    Variable    Exposure        Mean    Std. err.   [95% conf. interval]

       count           3          28    3.055051     22.3339    34.66591

. ci means count, exposure(area) level(90)

                                                    Poisson exact
    Variable    Exposure        Mean    Std. err.   [90% conf. interval]

       count           3          28    3.055051     23.1714    33.57056
```

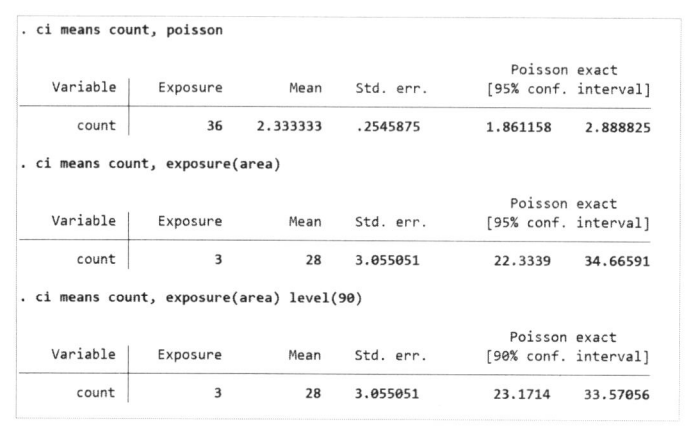

图4-7 输出结果

在命令窗口中输入：

```
. use D:\DingJB\Stata\promo, clear
. ci proportions promoted
. ci proportions promoted, wilson
. ci proportions promoted, agresti
. ci proportions promoted, jeffreys
```

输出结果如图4-8所示。

```
. ci proportions promoted

                                                    Binomial exact
    Variable     Obs    Proportion    Std. err.    [95% conf. interval]

    promoted      20            .1     .067082     .0123485    .3169827

. ci proportions promoted, wilson

                                                          Wilson
    Variable     Obs    Proportion    Std. err.    [95% conf. interval]

    promoted      20            .1     .067082     .0278665    .3010336

. ci proportions promoted, agresti

                                                       Agresti-Coull
    Variable     Obs    Proportion    Std. err.    [95% conf. interval]

    promoted      20            .1     .067082     .0156562    .3132439

. ci proportions promoted, jeffreys

                                                          Jeffreys
    Variable     Obs    Proportion    Std. err.    [95% conf. interval]

    promoted      20            .1     .067082     .0213725    .2838533
```

图4-8 输出结果

4.2.4 正态性检验与数据转换

1. 正态性检验概述

统计检验大都要求数据服从正态分布，即使对数据分布要求最为宽松的回归分析，如果解释变量不能很好地包含被解释变量的偏度和峰度,也可能导致有限样本性质中的统计推断有误。

随着统计学的发展,现在已有很多方法可以尝试将某一变量的数据分布转换为正态分布,这些方法并不通用,而仅是一种尝试。另外,在进行数据转换的同时还必须注意转换后数据的经济学或社会学含义。

正态性检验有图形检验、卡方检验、偏度-峰度检验、D'Agostino 检验、Shapiro-Wilk 检验和 Shapiro-Francia 检验等。下面着重对图形检验、卡方检验进行介绍。

1) 图形检验

常用的图形检验是直方图检验和正态分位数图检验。对于直方图而言,如果直方图和钟形相差很大,则拒绝正态性,这是一种非常直观的方法,可以满足大部分的需要。

如果直方图基本上是对称的,则可以考虑绘制一个正态分位数图。正态分位数图按照以下步骤进行绘制。

(1) 对数据进行排序,将数据从小到大排列。

(2) 对于容量为 n 的样本,每个值都代表样本 $1/n$ 的比例,因此使用标准正态分布计算对应于 x 轴上方正态分布曲线下的这些面积值的 z 值,从最左边开始延伸,依次为 $1/2n$、$3/2n$、$5/2n$、$7/2n$,以此类推。

(3) 描绘点 (x,y),其中每个 x 都是一个原始样本值,y 是步骤(2)中计算出的相应的 z 值。

考察正态分位数图的要点在于:如果这些点的位置不接近于一条直线,或者呈某种对称图案而不是一条直线图案,则认为数据不服从正态分布。

2) 卡方检验

卡方检验可以比图形检验更加精确地检验数据的分布,用于检验正态分布的卡方统计量源于基本的卡方检验。

卡方检验是指检验有 k 个类型的多项式概率假设,所用的统计量是基于观测和期望单元计数离差的加权平方和,具体公式为

$$\chi^2 = \sum_{i=1}^{k} \frac{\left[n_i - E(n_i)\right]^2}{E(n_i)} = \left(\sum_{i=1}^{k} \frac{n_i^2}{np_{i,0}}\right) - n$$

这个统计量近似服从卡方分布。卡方检验的具体内容概括如下。

(1) H_0: $p_1 = p_{1,0}, p_2 = p_{2,0}, \cdots, p_k = p_{k,0}$,其中 $p_{1,0}, p_{2,0}, \cdots, p_{k,0}$ 代表多项式概率的假设值。H_1: 至少有一个多项式概率不等于假设值。

(2) 检验统计量:

$$\chi^2 = \sum_{i=1}^{k} \frac{\left[n_i - E(n_i)\right]^2}{E(n_i)} = \left(\sum_{i=1}^{k} \frac{n_i^2}{np_{i,0}}\right) - n$$

式中,$E(n_i) = np_{i,0}$ 是在 H_0 成立的条件下,得到类型 i 的期望个数;n 为样本容量。

(3) 拒绝域:$\chi^2 > \chi_\alpha^2$,这里 χ_α^2 有 $k-1$ 个自由度。

(4) 假定:为了保证卡方近似的有效性,对所有 n_i 有 $E(n_i) \geqslant 5$。

3）其他统计检验

限于篇幅，本书不对偏度-峰度检验、D'Agostino 检验、Shapiro-Wilk 检验和 Shapiro-Francia 检验等进行详细介绍，下面给出这些检验方法的选用策略。

（1）偏度-峰度检验和 D'Agostino 检验适用于加总性数据分析，均能获得良好的效果，但偏度-峰度检验不够稳定，因而多选用 D'Agostino 检验。

（2）Shapiro-Francia 检验非常适用于个体数据分析，不适用于加总性数据分析。

（3）不推荐使用 Shapiro-Wilk 检验。

说明：①随着样本容量的增大，所有的统计检验趋于拒绝原假设，这时图形检验、偏度-峰度检验的数值可能更有利于判断正态性；②判断数据分析是否要求总体的正态性，如方差分析对数据的分布做了要求，而回归分析可以完全不依赖于正态性假设。

2．正态性检验的 Stata 实现

各种正态性检验命令的语法格式为：

```
sktest varlist [if] [in] [weight] [,sktest_options]      //偏度–峰度检验
swilk varlist [if] [in] [,swilk_options]                 //Shapiro-Wilk 检验
sfrancia varlist [if] [in] [,sfrancia_options]           //Shapiro-Francia 检验
```

sktest 命令给出了一个基于偏度和一个基于峰度的正态性检验，并将两个检验合并成一个整体检验统计量。sktest 命令至少需要 8 个观测值才能进行计算。

其中，sktest_options 选项含义如表 4-7 所示，swilk_options 选项含义如表 4-8 所示，sfrancia_options 选项含义如表 4-9 所示。

表 4-7 sktest_options 选项含义

选 项	含 义
noadjust	用于抑制 Royston（1991 年）对总体卡方检验和显著性水平做的经验调整，呈现 D'Agostino 检验所描述的未改变检验。这可能会降低检验的显著性水平，使拒绝原假设的可能性减小
nolstretch	对于长变量名，不自动加宽表

表 4-8 swilk_options 选项含义

选 项	含 义
generate(newvar)	创建 newvar 变量，包含 W 检验系数
lnnormal	三参数对数正态性检验
noties	不对并列值使用平均排名

表 4-9 sfrancia_options 选项含义

选 项	含 义
boxcox	对 W0 使用 Box-Cox 变换，默认使用对数变换
noties	不对并列值使用平均秩

【例 4-4】对数据集 auto.dta、cancer.dta 中的变量进行正态性检验。

在命令窗口中输入：

```
. sysuse auto, clear
(1978 automobile data)
. sktest mpg trunk            //用偏度-峰度检验方法检验变量是否服从正态分布
```

```
. swilk mpg trunk              //用 Shapiro-Wilk 检验方法检验变量是否服从正态分布
. sfrancia mpg trunk           //用 Shapiro-Francia 检验方法检验变量是否服从正态分布
. sktest mpg trunk ,noadjust   //用 D'Agostino 检验方法检验变量是否服从正态分布
```

输出结果如图 4-9 所示。由输出结果可得出以下结论。

（1）sktest 命令拒绝 mpg 服从正态分布的假设。从偏度上看，Pr(skewness)为 0.0015<0.05，拒绝正态性假设；从峰度上看，Pr(kurtosis)为 0.0804>0.05，接受正态性假设。但将两者结合考虑后从整体上看，Prob>chi2 为 0.0042<0.05，因此拒绝正态性假设。

（2）sktest 命令不能拒绝 trunk 服从正态分布的假设（至少在 12.28%的水平上）。虽然 Pr(kurtosis)为 0.0445<0.05，表明其与 5%显著性水平的正态分布的峰度显著不同，但是仅基于偏度并不能拒绝 trunk 服从正态分布的假设。

（3）swilk 命令与 sfrancia 命令均拒绝 mpg 服从正态分布的假设，但不能拒绝 trunk 服从正态分布的假设。

```
. sktest mpg trunk
Skewness and kurtosis tests for normality
                                                    ——— Joint test ———
   Variable  |  Obs  Pr(skewness)  Pr(kurtosis)  Adj chi2(2)  Prob>chi2
        mpg  |   74      0.0015        0.0804        10.95      0.0042
      trunk  |   74      0.9115        0.0445         4.19      0.1228

. swilk mpg trunk
           Shapiro-Wilk W test for normal data
   Variable  |  Obs      W         V        z       Prob>z
        mpg  |   74    0.94821   3.335    2.627    0.00430
      trunk  |   74    0.97921   1.339    0.637    0.26215

. sfrancia mpg trunk
           Shapiro-Francia W' test for normal data
   Variable  |  Obs      W'        V'       z       Prob>z
        mpg  |   74    0.94872   3.650    2.510    0.00604
      trunk  |   74    0.98446   1.106    0.195    0.42271

. sktest mpg trunk ,noadjust
Skewness and kurtosis tests for normality
                                                    ——— Joint test ———
   Variable  |  Obs  Pr(skewness)  Pr(kurtosis)   chi2(2)    Prob>chi2
        mpg  |   74      0.0015        0.0804        13.13      0.0014
      trunk  |   74      0.9115        0.0445         4.05      0.1320
```

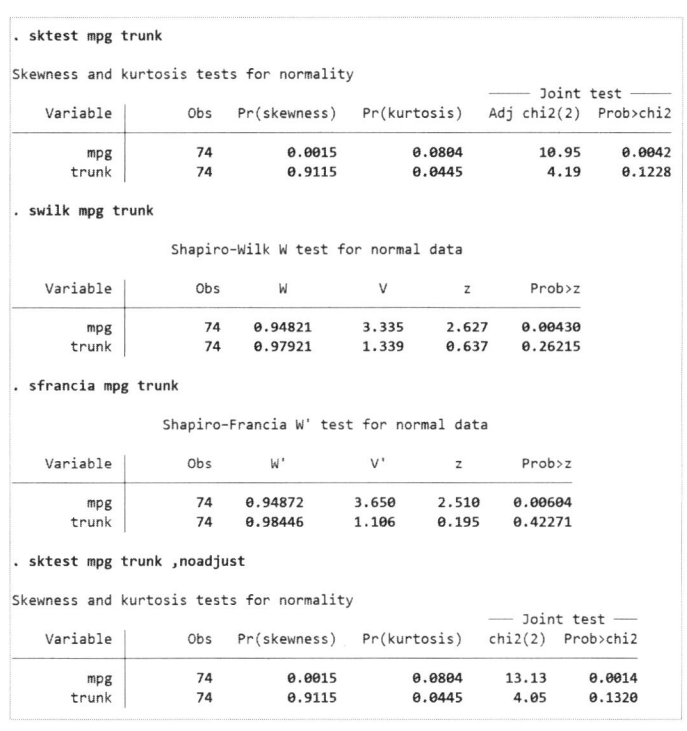

图 4-9 输出结果

在命令窗口中输入：

```
. sysuse cancer, clear
(Patient survival in drug trial)
. generate lnstudytime = ln(studytime)
. swilk lnstudytime                         //检验 studytime 是否服从对数正态分布
. lnskew0 lnstudytimek = studytime, level(95)  //获取 k 使得产生的偏度为 0
. swilk lnstudytimek, lnnormal              //检验 studytime-k 是否服从对数正态分布
```

输出结果如图 4-10 所示。由输出结果可知，拒绝 studytime 服从对数正态分布的假设，不能拒绝 studytime-k 服从对数正态分布的假设。

```
. generate lnstudytime = ln(studytime)
. swilk lnstudytime

         Shapiro-Wilk W test for normal data

    Variable      Obs      W        V       z     Prob>z

   lnstudytime     48   0.92731   3.311   2.547   0.00543

. lnskew0 lnstudytimek = studytime, level(95)

      Transform         k      [95% conf. interval]   Skewness

   ln(studytim-k)   -11.01181   -infinity  -.9477328  -.0000173

. swilk lnstudytimek, lnnormal

    Shapiro-Wilk W test for 3-parameter lognormal data

    Variable      Obs      W        V       z     Prob>z

   lnstudytimek    48   0.97064   1.337   1.261   0.10363
```

图 4-10　输出结果

3．数据转换

当通过正态性检验发现一个变量不服从正态分布时，可以考虑对数据进行非线性转换，常用的数据转换方法有取平方、三次方、自然对数等。Stata 提供了幂级数子集工具，先进行数据转换，然后依次进行正态性检验（偏度-峰度检验）。幂级数子集如表 4-10 所示。

表 4-10　幂级数子集

选项	含义	转换结果	对应的 Stata 命令	功能
Cubic	三次方	VarX^3	generate VarY= VarX^3	缓解严重负偏态
Square	平方	VarX^2	generate VarY=VarX^2	缓解轻度负偏态
Identity	自身	VarX	generate VarY=VarX	无
Square root	平方根	sqrt(VarX)	generate VarY=sqrt(VarX)	缓解轻度正偏态
Log	对数	log(VarX)	generate VarY=log(VarX)	缓解轻度正偏态
1/(Square root)	平方根倒数	1/sqrt(VarX)	generate VarY=1/sqrt(VarX)	缓解严重正偏态
Inverse	倒数	1/VarX	generate VarY=1/VarX	缓解非严重正偏态
1/Square	平方倒数	1/(VarX^2)	generate VarY=1/(VarX^2)	缓解非严重正偏态
1/Cubic	三次方倒数	1/(VarX^3)	generate VarY=1/(VarX^3)	缓解非严重正偏态

幂级数相关的命令有 3 个，其中 ladder 命令是幂级数最基本的命令，它尝试获得表 4-10 中所涉及的 9 种转换结果（幂级数子集），并分别对其进行正态性检验。通过 ladder 命令的 9 种转换结果可以方便地找到变量 varname 转换为服从正态分布的变量的有效方法。ladder 命令的语法格式为：

　　ladder varname [if] [in] [,generate(newvar) noadjust]

gladder 命令用于将 ladder 命令的 9 种转换结果展示为直方图，以便更直观地观察幂级数和正态分布检验有效结合的结果。其语法格式为：

　　gladder varname [if] [in] [,histogram_options combine_options]

qladder 命令与 gladder 命令类似，只是 qladder 命令用于将 ladder 命令的 9 种转换结果展示为分位数，并与正态分布的分位数进行比较。其语法格式为：

　　qladder varname [if] [in] [,qnorm_options combine_options]

【例 4-5】对数据集 auto.dta 中的变量进行数据转换。

在命令窗口中输入：

```
. sysuse auto, clear
(1978 automobile data)
. ladder mpg                    //输出结果如图 4-11 所示
```

```
. ladder mpg

Transformation      Formula         chi2(2)    Prob > chi2
Cubic               mpg^3            43.59       0.000
Square              mpg^2            27.03       0.000
Identity            mpg              10.95       0.004
Square root         sqrt(mpg)         4.94       0.084
Log                 log(mpg)          0.87       0.647
1/(Square root)     1/sqrt(mpg)       0.20       0.905
Inverse             1/mpg             2.36       0.307
1/Square            1/(mpg^2)        11.99       0.002
1/Cubic             1/(mpg^3)        24.30       0.000
```

图 4-11 输出结果

在命令窗口中输入：

```
. ladder mpg, gen(mpgx)         //输出结果如图 4-12 所示
```

由图 4-12 可知，系统根据数据转换结果选取最优结果赋给新的变量 mpgx，即 mpgx = 1/sqrt(mpg)。这里 1/mpg 也服从正态分布，因此在使用时不用事先生成变量。

```
. ladder mpg, gen(mpgx)

Transformation      Formula         chi2(2)    Prob > chi2
Cubic               mpg^3            43.59       0.000
Square              mpg^2            27.03       0.000
Identity            mpg              10.95       0.004
Square root         sqrt(mpg)         4.94       0.084
Log                 log(mpg)          0.87       0.647
1/(Square root)     1/sqrt(mpg)       0.20       0.905
Inverse             1/mpg             2.36       0.307
1/Square            1/(mpg^2)        11.99       0.002
1/Cubic             1/(mpg^3)        24.30       0.000

(mpgx = 1/sqrt(mpg)   generated)
```

图 4-12 输出结果

在命令窗口中输入：

```
. gladder mpg, fraction         //输出结果如图 4-13 所示
```

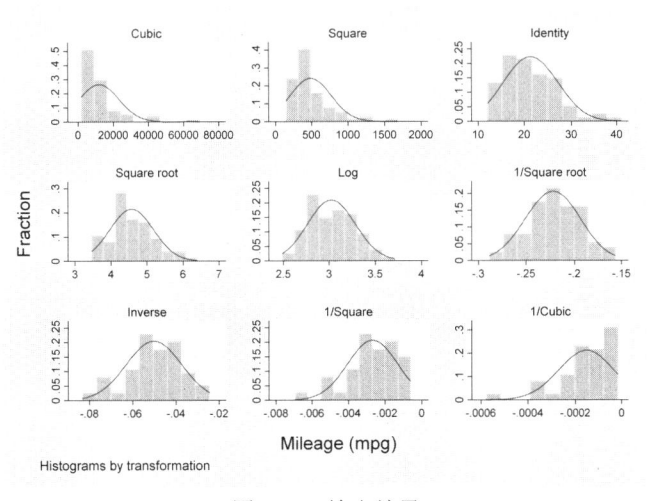

图 4-13 输出结果

在命令窗口中输入：

. qladder mpg　　　　　　　　//输出结果如图 4-14 所示

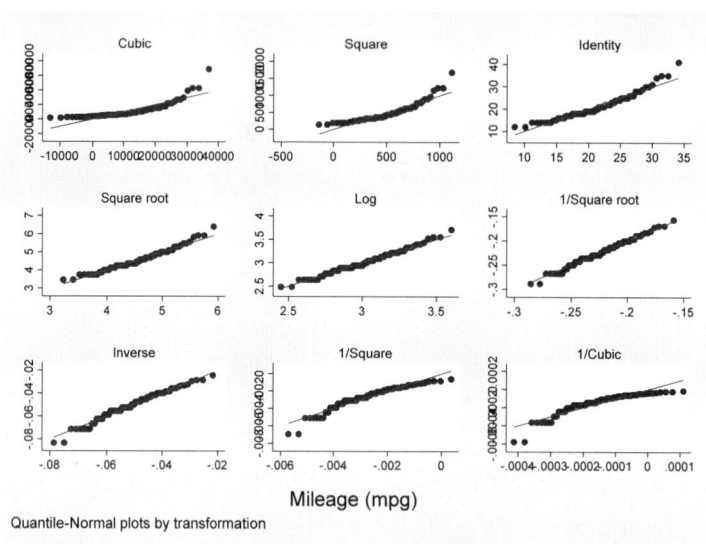

图 4-14　输出结果

4.3　分类变量的描述性统计

对分类变量进行统计分析经常会使用列联表，列联表不仅可以生动地展示分类变量，还可以利用统计手段对分类变量之间的相关性进行假设检验和度量。

4.3.1　列联表概述

列联表是分析两个分类变量（名义变量或定序变量）之间关系的基本统计工具。设两个变量 A、B 分别有 p、q 个类型，则它们可以构成一个 p×q 的列联表，如表 4-11 所示。

表 4-11　列联表样式

	B_1	B_2	…	B_q	$p_i = \sum_{j=1}^{q} n_{ij}$
A_1	n_{11}	n_{12}	…	n_{1q}	p_1
A_2	n_{21}	n_{22}	…	n_{2q}	p_2
⋮	⋮	⋮		⋮	⋮
A_p	n_{p1}	n_{p2}	…	n_{pq}	p_p
$q_j = \sum_{i=1}^{p} n_{ij}$	q_1	q_2	…	q_q	$N = \sum_{i=1}^{p} p_i = \sum_{j=1}^{q} q_j$

其中，n_{ij} 代表列联表中第 (i,j) 个单元中的观测频数，p_i 代表行方向的频数合计，q_j 代表列方向的频数合计，N 代表总的观测频数。列联表中第 (i,j) 个单元的期望频数 $E_{ij} = \dfrac{p_i q_j}{N}$。

在进行列联表分析时要注意区分名义变量和定序变量，常见的情况是，行变量和列变量都是名义变量或都是定序变量。

两个变量之间的关联是否显著可以通过独立性检验来判别，但通过此种方法无法确定两个变量之间的关联强度，关联强度的度量可以通过考察各种相关测量统计量实现，其数值越大表明行变量和列变量之间的关联越强。

（1）对于名义变量，关联强度度量统计量有 Phi 系数、列联系数、Cramer's V 系数。在 Stata 中，通常采用基于卡方统计量的各种统计量来进行关联强度的度量，最常用的统计量是 Cramer's V 系数。

Cramer's V 系数的计算公式为

$$V = \sqrt{\frac{x^2}{n(k-1)}}, \quad k = \min(p, q), \quad 0 \leqslant V \leqslant 1$$

Cramer's V 系数是针对 Phi 系数没有上限、列联系数最大值小于 1 提出来的关联系数，当行变量和列变量完全相关时，Cramer's V 系数取得最大值 1。

（2）对于定序变量，关联强度度量的统计量通常是基于观测的一致对和不一致对的个数。若给定一对观测 (x_1, y_1) 和 (x_2, y_2)，则一致对和不一致对的定义如下。

①若 $x_1 < x_2$ 且 $y_1 < y_2$，或者 $x_1 > x_2$ 且 $y_1 > y_2$，则 (x_1, y_1) 和 (x_2, y_2) 是一致的。

②若 $x_1 < x_2$ 且 $y_1 > y_2$，或者 $x_1 > x_2$ 且 $y_1 < y_2$，则 (x_1, y_1) 和 (x_2, y_2) 是不一致的。

使用 γ 统计量、Kendall's τ_b 统计量、Stuart's τ_c 统计量可以描述关联强度。在所有观测对中一致对的个数记为 P，不一致对的个数记为 Q。

①γ 统计量：

$$\gamma = \frac{P-Q}{P+Q}$$

γ 统计量的取值范围为 -1~1，越接近 1 表明变量之间的正关联越强，越接近 -1 表明变量之间的负关联越强。对于同一个样本数据，γ 统计量一般都大于其他的统计量。

②Kendall's τ_b 统计量：

$$\tau_b = \frac{P-Q}{\sqrt{\omega_p \omega_q}} = \frac{P-Q}{\sqrt{\left(n^2 - \sum_{i=0}^{p} n_i^2\right)\left(n^2 - \sum_{j=1}^{q} n_j^2\right)}}$$

在一个正方形的列联表中，τ_b 的取值范围也为 -1~1，当所有的观测频数都落在主对角线上时，若 $\tau_b = 1$，则行变量与列变量完全正相关；若 $\tau_b = -1$，则行变量与列变量完全负相关。如果列联表不是正方形的，则无法取到极端值 -1 和 1。

4.3.2 利用 table 命令生成列联表

在 Stata 中，table 命令和 tabulate 命令可以实现对分类变量的频数及频率的统计。可以先利用 table 命令很方便地生成列联表，然后利用 tabulate 命令进行独立性检验。

table 命令可以生成一维到多维的列联表，列联表中不仅可以包含常见的频数，还可以包含任意其他变量的描述性统计量。table 命令的调用格式为：

table (rowspec) (colspec) (tabspec) [if] [in] [weight] [, options]

其中，rowspec（行变量）、colspec（列变量）及 tabspec（更高阶列变量）既可以是空的，也可以包含变量名或表 4-12 中任意一个关键词；options 选项含义如表 4-13 所示。

表 4-12 关键词

关键词	含义	关键词	含义
result	统计结果中的信息量	coleq	列联表统计的列方程名称
var	statistic()的索引选项中的变量	roweq	列联表统计的行方程名称
across	索引 across()的信息量	command	command()的索引选项
colname	列联表统计信息的列名	statcmd	statistic()与 command()的索引选项
rowname	列联表统计信息的行名		

表 4-13 options 选项含义

选项	含义
totals(totals)	仅报告指定的总数
nototals	抑制边际总数
statistic(statspec)	待报告的统计数据，未指定权重时默认为 statistic(frequency)，否则为 statistic(sumw)
command(cmdspec)	由指定的 Stata 命令收集结果
nformat(%fmt [results])	指定数字格式
sformat(sfmt [results])	指定字符串格式
cidelimiter(char)	使用字符作为置信区间限制的分隔符
cridelimiter(char)	使用字符作为可信间隔限制的分隔符
stars(starspec)	添加星号表示统计意义
listwise	使用列表删除功能处理缺失值
missing	像对待其他值一样处理缺失值
showcounts	在 statistic()选项中显示所有变量的样本容量大小
name(cname)	将结果收集到名为 cname 的数据集中
append	将结果附加到现有数据集中
replace	替换现有数据集中的结果
label(filename)	指定数据集标签
style(filename [, override])	指定数据集样式
markvar(newvar)	创建 newvar 变量，用于标识列联表中使用的观测值
noisily	显示每条命令语句的输出

statistic(statspec)指定要显示的统计信息。其中 statistic(freqstat)为频率统计、statistic(sumstat varlist)为汇总统计（可报告的统计量如表 4-14 所示）、statistic(ratiostat [varlist]) [, ratio_options])为比率统计。

表 4-14 可报告的统计量

统计量	含义	统计量	含义
mean	均值	min	最小值
semean	均值标准误	max	最大值
sebinomial	均值标准误，二项分布	range	范围
sepoisson	均值标准误，泊松分布	first	第一个值
variance	方差	last	最后一个值
sd	标准偏差	firstnm	第一个非缺失值
skewness	偏度	lastnm	最后一个非缺失值
kurtosis	峰度	total	全部值

续表

统 计 量	含 义	统 计 量	含 义
cv	变异系数	rawtotal	未加权总数
count	非缺失值的数量	fvfrequency	各因素变量水平的频率
median	中值	fvrawfrequency	各因素变量水平的未加权频率
p#	#th 百分位数	fvproportion	各因素变量水平内的比例
q1	第一个四分位数	fvrawproportion	各因素变量水平内的未加权比例
q2	第二个四分位数	fvpercent	各因素变量水平内的百分比
q3	第三个四分位数	fvrawpercent	各因素变量水平内的未加权百分比
iqr	四分位数间距		

【例 4-6】根据 1981 年全美健康和营养调查（NHANES II）数据集 nhanes2l.dta（该数据集中包含人口的基本信息，如参与者的年龄、性别和种族等，还包含一些健康指标，如是否患有高血压等），试生成按地区（region）分列的健康状况（hlthstat）频数表。

在命令窗口中输入：

```
. use D:\DingJB\Stata\nhanes2l, clear
(Second National Health and Nutrition Examination Survey)
. table hlthstat region    //生成按地区（region）分列的健康状况（hlthstat）频数表
. table hlthstat region, missing
                //通过 missing 选项检查缺失值。可以发现有 16 个人的健康状况信息缺失，
                这些人大多来自东北部地区
```

输出结果如图 4-15 所示。

```
. table hlthstat region

                       Region
                NE     MW      S      W    Total

Health status
    Excellent  562    730    546    569    2,407
    Very good  558    721    651    661    2,591
    Good       631    735    807    765    2,938
    Fair       257    419    532    462    1,670
    Poor        77    167    317    168      729
    Total    2,085  2,772  2,853  2,625   10,335

. table hlthstat region, missing

                       Region
                NE     MW      S      W    Total

Health status
    Excellent         562    730    546    569    2,407
    Very good         558    721    651    661    2,591
    Good              631    735    807    765    2,938
    Fair              257    419    532    462    1,670
    Poor               77    167    317    168      729
    .                   1      1                      2
    Blank but applicable 10    1             3       14
    Total           2,096  2,774  2,853  2,628   10,351
```

图 4-15　输出结果

在命令窗口中输入：

```
. table hlthstat region, statistic(percent)
            //频数表中的观测值为百分比。可以发现居住在东北部地区且健康状况良好的人约为 5.44%
. table hlthstat region, statistic(percent, across(region))
            //查看每个健康状况级别在不同地区的观察结果分布情况（不是总体百分比）
```

```
. table hlthstat region, statistic(percent, across(hlthstat))
```
//查看每个地区内不同健康状况级别的观察结果分布情况

输出结果如图 4-16 所示。在健康状况良好的人中，23.35%的人生活在东北部地区，30.33%的人生活在中西部地区，22.68%的人生活在南部地区，23.64%的人生活在西部地区。在生活在南部地区的人中，11.11%的人健康状况不佳，这明显高于其他地区健康状况不佳的人的比例。

```
. table hlthstat region, statistic(percent)

                        Region
              NE       MW        S        W       Total
Health status
  Excellent   5.44    7.06     5.28     5.51     23.29
  Very good   5.40    6.98     6.30     6.40     25.07
  Good        6.11    7.11     7.81     7.40     28.43
  Fair        2.49    4.05     5.15     4.47     16.16
  Poor        0.75    1.62     3.07     1.63      7.05
  Total      20.17   26.82    27.61    25.40    100.00
```

```
. table hlthstat region, statistic(percent, across(region))

                        Region
              NE       MW        S        W       Total
Health status
  Excellent  23.35   30.33    22.68    23.64    100.00
  Very good  21.54   27.83    25.13    25.51    100.00
  Good       21.48   25.02    27.47    26.04    100.00
  Fair       15.39   25.09    31.86    27.66    100.00
  Poor       10.56   22.91    43.48    23.05    100.00
  Total      20.17   26.82    27.61    25.40    100.00
```

```
. table hlthstat region, statistic(percent, across(hlthstat))

                        Region
              NE       MW        S        W       Total
Health status
  Excellent  26.95   26.33    19.14    21.68     23.29
  Very good  26.76   26.01    22.82    25.18     25.07
  Good       30.26   26.52    28.29    29.14     28.43
  Fair       12.33   15.12    18.65    17.60     16.16
  Poor        3.69    6.02    11.11     6.40      7.05
  Total     100.00  100.00   100.00   100.00    100.00
```

图 4-16　输出结果

在命令窗口中输入：

```
. table hlthstat region, statistic(frequency)
> statistic(percent, across(hlthstat))      //在同一个表格中查看频率和百分比
```

输出结果如图 4-17 所示。

```
. table hlthstat region, statistic(frequency) statistic(percent, across(hlthstat))

                        Region
              NE       MW        S        W       Total
Health status
  Excellent
    Frequency   562     730      546      569     2,407
    Percent    26.95   26.33    19.14    21.68    23.29
  Very good
    Frequency   558     721      651      661     2,591
    Percent    26.76   26.01    22.82    25.18    25.07
  Good
    Frequency   631     735      807      765     2,938
    Percent    30.26   26.52    28.29    29.14    28.43
  Fair
    Frequency   257     419      532      462     1,670
    Percent    12.33   15.12    18.65    17.60    16.16
  Poor
    Frequency    77     167      317      168       729
    Percent     3.69    6.02    11.11     6.40     7.05
  Total
    Frequency 2,085   2,772    2,853    2,625    10,335
    Percent   100.00  100.00   100.00   100.00   100.00
```

图 4-17　输出结果

利用 table 命令还可以生成除单向表格和双向表格之外的复杂表格。在多维表格中，可以显示两个或多个变量级别的频率。可以在列、行或两个维度中将一个变量的级别嵌

套在另一个变量中。通过单一命令，还可以将一个或多个变量的级别或不同的结果创建为单独的表。

【例 4-7】 继续使用 nhanes2l.dta 数据集生成复杂表格。

在生成任何表格前，大都需要修改数据集中的一些标签，以展示希望展示的样式。在命令窗口中输入：

```
. use D:\DingJB\Stata\nhanes2l, clear
  (Second National Health and Nutrition Examination Survey)
. label define yesno 0 "No" 1 "Yes"          //修改数据集中的标签
. label values highbp diabetes heartatk yesno
. label variable diabetes "Diabetes"
```

检查每个年龄组中有多少男性和女性患有高血压并形成表格，其中行为年龄组，列为高血压和性别。

```
. table (agegrp) (sex highbp), nototals
            //给出频数表，并通过 nototals 选项抑制每个类别的总和
. table (agegrp) (sex highbp), nototals statistic(percent, across(highbp))
            //在每个性别和年龄组组合中，报告高血压患者和非高血压患者的百分比，子选项
            across(highbp)用于计算每个性别和年龄组组合中的百分比
```

输出结果如图 4-18 所示。由图 4-18 可以看出，20～29 岁的男性患有高血压的概率为 26.08%，而 20～29 岁的女性患有高血压的概率仅为 8.39%。

图 4-18 输出结果

在命令窗口中输入：

```
. table (agegrp) (sex highbp), nototals statistic(percent, across(highbp#sex))
            //计算高血压和性别类别的百分比，也可以将其视为年龄组内的百分比
```

输出结果如图 4-19 所示。由图 4-19 可以看出，在 20～29 岁的人群中，12.54%的男性患有高血压，4.35%的女性患有高血压。

```
. table (agegrp) (sex highbp), nototals statistic(percent, across(highbp#sex))
```

```
                        Sex
              Male              Female
         High blood pressure  High blood pressure
            No      Yes        No      Yes
Age group
   20-29   35.56   12.54      47.54    4.35
   30-39   29.59   17.88      42.36   10.17
   40-49   26.42   21.54      34.12   17.92
   50-59   19.75   26.88      25.95   27.42
   60-69   19.86   28.01      21.85   30.28
   70+     14.91   30.53      18.26   36.31
```

图 4-19 输出结果

在命令窗口中输入：

```
. table (agegrp) (highbp sex), nototals statistic(percent, across(highbp))
    //颠倒列变量的顺序，将性别嵌套在高血压中
```

输出结果如图 4-20 所示。最后两列表示该年龄组中患有高血压的男性的百分比和该年龄组中患有高血压的女性的百分比。通过图 4-20 可以清楚地看出，在所有年龄组中，患有高血压的男性比例都高于患有高血压的女性比例。

```
. table (agegrp) (highbp sex), nototals statistic(percent, across(highbp))
```

```
                High blood pressure
             No              Yes
             Sex             Sex
         Male   Female    Male   Female
Age group
   20-29  73.92   91.61   26.08    8.39
   30-39  62.34   80.63   37.66   19.37
   40-49  55.08   65.56   44.92   34.44
   50-59  42.36   48.62   57.64   51.38
   60-69  41.49   41.92   58.51   58.08
   70+    32.81   33.46   67.19   66.54
```

图 4-20 输出结果

4.3.3 利用 tabulate 命令生成列联表

tabulate 命令主要用于生成一维表格或二维表格，对于二维表格还可以进行独立性检验。tabulata 命令的调用格式为：

```
tabulate varname1 [varname2] [if] [in] [weight] [, options]
```

其中，options 选项含义如表 4-15 所示。

表 4-15 options 选项含义

选项	含义
summarize(varname3)	报告 varname3 的摘要统计信息
[no]means	包含或抑制均值
[no]standard	包含或抑制标准差
[no]freq	包含或抑制频率
[no]obs	包含或抑制观察数
nolabel	显示数字代码而不是值标签
wrap	不破坏宽表的结构
missing	将 varname1 和 varname2 的缺失值视为类别

使用 summarize()选项制表可生成汇总统计信息的一维表格和二维表格。当将该选项和前缀 by 组合时，也可以生成 n 维表格。

1. 一维表格

利用 tabulate 命令可以生成一维表格，利用 tab1 命令也可以生成一维表格，它们的调用格式为：

tabulate varname1 [varname2] [if] [in] [weight] [options]
tab1 varlist [if] [in] [weight] [, options]

其中，options 选项含义如表 4-16 所示。

表 4-16　options 选项含义

选项	含义
subpop(varname)	排除 varname=0 的观测值
missing	像对待其他值一样对待缺失值
nofreq	不显示频率
nolabel	显示数字代码而不是值标签
plot	制作相对频率的条形图
sort	按频率降序显示表格
generate(stubname)	为 stubname 创建指标变量，tabulate 命令特有选项
matcell(matname)	在 matname 中保存频数，tabulate 命令程序选项
matrow(matname)	在 matname 中保存 varname 的唯一值，tabulate 命令程序选项

【例 4-8】数据集 hiway.dta 为明尼苏达州各条高速公路的限速和每百万车辆每英里（1mi≈1.609km）的事故率（1973 年）数据集，该数据集中包含限速变量 spdlimit。

在命令窗口中输入：

```
. use D:\DingJB\Stata\hiway, clear
(Minnesota highway data, 1973)
. summarize spdlimit          //获取 spdlimit 变量的均值和标准差
. tabulate spdlimit           //获取更多变量的信息
```

输出结果如图 4-21 所示。由图 4-21 可知，平均限速为 55mi/h。其中，1 条高速公路限速为 40mi/h，3 条高速公路限速为 45mi/h，7 条高速公路限速 50mi/h，等等。百分比列显示了数据集中具有指定限速的高速公路的百分比，如数据集中 38.46%的高速公路限速为 55mi/h。最后一列显示累计百分比，如数据集中 66.67%的高速公路限速为 55mi/h 或更低。

```
. summarize spdlimit

    Variable |        Obs        Mean    Std. dev.       Min        Max
    spdlimit |         39          55    5.848977         40         70

. tabulate spdlimit

 Speed limit |      Freq.     Percent        Cum.
          40 |          1        2.56        2.56
          45 |          3        7.69       10.26
          50 |          7       17.95       28.21
          55 |         15       38.46       66.67
          60 |         11       28.21       94.87
          65 |          1        2.56       97.44
          70 |          1        2.56      100.00
       Total |         39      100.00
```

图 4-21　输出结果

在命令窗口中输入：

```
. tabulate spdlimit, plot           //输出结果如图 4-22 所示
. generate spdcat=recode(spdlimit,50,60,70)
                                    //向数据集中添加新变量 spdcat，将 spdlimit 分为 3 类
. tabulate spdcat                   //使用变量名标记制表
. label define scat 50 "Below 50" 60 "55 to 60" 70 "Above 60"
. label values spdcat scat
. label variable spdcat "Speed Limit Category"
. tabulate spdcat                   //使用值标签 scat 标记新变量 spdcat 的值
```

输出结果如图 4-23 所示。

```
. tabulate spdlimit, plot

Speed limit |      Freq.
------------+------------+-----------------------------------------------------
         40 |          1 |*
         45 |          3 |***
         50 |          7 |*******
         55 |         15 |***************
         60 |         11 |***********
         65 |          1 |*
         70 |          1 |*
------------+------------+-----------------------------------------------------
      Total |         39
```

图 4-22　输出结果

```
. generate spdcat=recode(spdlimit,50,60,70)

. tabulate spdcat

     spdcat |      Freq.     Percent        Cum.
------------+-----------------------------------
         50 |         11       28.21       28.21
         60 |         26       66.67       94.87
         70 |          2        5.13      100.00
------------+-----------------------------------
      Total |         39      100.00

. label define scat 50 "Below 50" 60 "55 to 60" 70 "Above 60"

. label values spdcat scat

. label variable spdcat "Speed Limit Category"

. tabulate spdcat

Speed Limit |
   Category |      Freq.     Percent        Cum.
------------+-----------------------------------
   Below 50 |         11       28.21       28.21
   55 to 60 |         26       66.67       94.87
   Above 60 |          2        5.13      100.00
------------+-----------------------------------
      Total |         39      100.00
```

图 4-23　输出结果

2. 二维表格

利用 tabulate 命令可以生成二维表格，利用 tab2 命令也可以生成二维表格，利用 tabi 命令可以生成复杂表格，它们的调用格式为：

```
tabulate varname1 [varname2] [if] [in] [weight] [, options]
tab2 varlist [if] [in] [weight] [, options]                //生成二维表格
tabi #11 #12 [···] \ #21 #22 [ ··· ][\··· ][, options]     //生成复杂表格（直接创建表格）
```

其中，options 选项含义如表 4-17 所示。

表 4-17　options 选项含义

选　　项	含　　义
chi2	报告 Pearson's χ^2 统计量
exact [(#)]	报告 Fisher's 精确检验统计量
gamma	报告 Goodman and Kruskal's γ 统计量
lrchi2	报告 χ^2 似然比统计量
taub	报告 Kendall's τ_b 统计量
V	报告 Cramer's V 系数
cchi2	在每个单元格中报告 Pearson's χ^2 统计量
column	报告每个单元格在列中的相对频率

续表

选项	含义
row	报告每个单元格在行中的相对频率
clrchi2	在每个单元格中报告 χ^2 似然比
cell	报告每个单元格中的相对频率
expected	报告每个单元格中的预期频率
nofreq	不显示频率
rowsort	按观测频率的顺序列出行
colsort	按观测频率的顺序列出列
missing	像对待其他值一样对待缺失值
wrap	不破坏宽表的结构
[no] key	报告/抑制单元格内容键
nolabel	显示数字代码而不是值标签
nolog	不显示 Fisher's 精确检验的枚举日志
firstonly	仅 tab2 可用，仅显示 varlist 中包含第一个变量的表
matcell(matname)	在 matname 中保存频率，程序选项
matrow(matname)	在 matname 中保存 varname1 的唯一值，程序选项
matcol(matname)	在 matname 中保存 varname2 的唯一值，程序选项
replace	用给定的单元频率替换当前数据
all	等同于指定 chi2、lrchi2、V、gamma 及 taub

说明 tab2 命令使用起来比较方便。例如：

. tab2 myvar thisvar thatvar, chi2

等同于以下命令语句：

. tabulate myvar thisvar, chi2
. tabulate myvar thatvar, chi2
. tabulate thisvar thatvar, chi2

【例 4-9】在高速公路数据集 hiway2.dta 中，变量 rate 将事故率（每百万车辆每英里的事故率）分为 3 类：小于 4mi/h、4～7mi/h、大于 7mi/h。

在命令窗口中输入：

. use D:\DingJB\Stata\hiway2, clear
(Minnesota highway data, 1973)
. tabulate spdcat rate   //制作一张限速类别和事故率类别的表格

输出结果如图 4-24 所示。图 4-24 显示，在限速为 40～50mi/h 的情况下，有 3 条高速公路的事故率低于 4。图 4-24 还显示了行和列的总和（称为边际），其中限速为 40～50mi/h 的高速公路数量为 11 条，这与之前的一维表格中得出的结果相同。

```
. tabulate spdcat rate

  Speed     Accident rate per million
  limit           vehicle miles
category    Below 4      4-7    Above 7       Total

40 to 50          3        5          3          11
55 to 50         19        6          1          26
Above 60          2        0          0           2

   Total         24       11          4          39
```

图 4-24 输出结果

在命令窗口中输入：

. tabulate spdcat rate, row   //计算行百分比，更容易了解表

输出结果如图 4-25 所示。其中，每个频数下面的数字是每个单元格在其行中表示的案例百分比。由图 4-25 可以发现，在数据集中，61.54%的高速公路属于最低事故率类别，28.21%的高速公路属于中等事故率类别，10.26%的高速公路属于最高事故率类别。在 11 条最低限速等级的高速公路中，有 3 条也属于最低事故率类别，3 个元素总和约为 27.27%。

在命令窗口中输入：

. tabulate spdcat rate, row column cell   //计算列百分比和单元格百分比

输出结果如图 4-26 所示。每个单元格顶部的数字是频率计数；第二个数字是表格中的行百分比，它们的总和为 100%；第三个数字是列百分比，它们的总和为 100%；底部数字是所有列和所有行的单元格百分比之和。例如，限速超过 60mi/h 且事故率最低的高速公路占限速超过 60mi/h 的高速公路的 100%；8.33%的高速公路属于最低事故率类别，占总数的 5.13%。

图 4-25 输出结果

图 4-26 输出结果

在命令窗口中输入：

. tabulate spdcat rate, row nofreq   //构造仅由行百分比组成的表，nofreq 选项表示不输出频数

输出结果如图 4-27 所示。

```
. tabulate spdcat rate, row nofreq
```

Speed limit category	Accident rate per million vehicle miles			
	Below 4	4-7	Above 7	Total
40 to 50	27.27	45.45	27.27	100.00
55 to 50	73.08	23.08	3.85	100.00
Above 60	100.00	0.00	0.00	100.00
Total	61.54	28.21	10.26	100.00

图 4-27　输出结果

【例 4-10】数据集 citytemp2.dta 中为 1980 年美国 956 个城市的人口普查数据，试比较全地区的年龄分布。其中，agecat 变量表示每个城市人口的平均年龄，region 变量表示该城市所在的地区。

在命令窗口中输入：

```
. use D:\DingJB\Stata\citytemp2, clear
(City temperature data)
. tabulate region agecat, chi2
. tabulate region agecat, row nofreq chi2     //抑制频数仅输出行百分比
```

输出结果如图 4-28 所示。由图 4-28 可知，二维表格底部是卡方检验结果，与该二维表格相关的卡方具有 6 个自由度，为 61.2877，差异是显著的。也就是说，城市人口的平均年龄与该城市所在的地区有关。

在命令窗口中输入：

```
. tabulate region agecat,all                  //输出所有统计量和相关系数
```

输出结果如图 4-29 所示。

```
. tabulate region agecat, chi2
```

Census region	Age category			Total
	19-29	30-34	35+	
NE	46	83	37	166
N Cntrl	162	92	30	284
South	139	68	43	250
West	160	73	23	256
Total	507	316	133	956

　　Pearson chi2(6) =　61.2877　　Pr = 0.000

```
. tabulate region agecat, row nofreq chi2
```

Census region	Age category			Total
	19-29	30-34	35+	
NE	27.71	50.00	22.29	100.00
N Cntrl	57.04	32.39	10.56	100.00
South	55.60	27.20	17.20	100.00
West	62.50	28.52	8.98	100.00
Total	53.03	33.05	13.91	100.00

　　Pearson chi2(6) =　61.2877　　Pr = 0.000

图 4-28　输出结果

```
. tabulate region agecat,all
```

Census region	Age category			Total
	19-29	30-34	35+	
NE	46	83	37	166
N Cntrl	162	92	30	284
South	139	68	43	250
West	160	73	23	256
Total	507	316	133	956

　　Pearson chi2(6)　　=　61.2877　　Pr = 0.000
　　Likelihood-ratio chi2(6) =　62.9905　　Pr = 0.000
　　Cramér's V　　=　0.1790
　　gamma　　= -0.2359　ASE = 0.040
　　Kendall's tau-b = -0.1586　ASE = 0.027

图 4-29　输出结果

【例 4-11】数据集 birthcat.dta 中为 956 个城市的数据，试按出生率类别和国家地区制作一个年龄类别表。将出生率类别变量在数据集中命名为 birthcat，用 pop 变量表示每个城市的人口。

在命令窗口中输入：

```
. use D:\DingJB\Stata\birthcat, clear
. by agecat, sort: tabulate birthcat region        //通过与前缀 by 组合生成多维表格
```

输出结果如图 4-30 所示。

上述命令语句通过使用 tabulate 命令生成一系列二维表格，它们共同构成了一个三维表格。使用 table 命令可以生成更漂亮的表格。在命令窗口中输入：

```
. table (agecat birthcat) (region), nototals
```

输出结果如图 4-31 所示。由输出结果可知，最好使用 table 命令生成多维表格，而不是使用 tabulate 命令。

```
. by agecat, sort: tabulate birthcat region

-> agecat = 19-29

Birth-rate |                 Census region
  category |        NE    N Cntrl      South       West |     Total
-----------+--------------------------------------------+----------
    29-136 |        11         23         11         11 |        56
   137-195 |        31         97         65         46 |       239
   196-529 |         4         38         59         91 |       192
-----------+--------------------------------------------+----------
     Total |        46        158        135        148 |       487

-> agecat = 30-34

Birth-rate |                 Census region
  category |        NE    N Cntrl      South       West |     Total
-----------+--------------------------------------------+----------
    29-136 |        34         27         10          8 |        79
   137-195 |        48         58         45         42 |       193
   196-529 |         1          3         12         21 |        37
-----------+--------------------------------------------+----------
     Total |        83         88         67         71 |       309

-> agecat = 35+

Birth-rate |                 Census region
  category |        NE    N Cntrl      South       West |     Total
-----------+--------------------------------------------+----------
    29-136 |        34         26         27         18 |       105
   137-195 |         3          4          7          4 |        18
   196-529 |         0          0          4          0 |         4
-----------+--------------------------------------------+----------
     Total |        37         30         38         22 |       127
```

图 4-30　输出结果

```
. table (agecat birthcat) (region), nototals

-----------------------------------------------------
                         |         Census region
                         |   NE   N Cntrl   South   West
-------------------------+---------------------------
Age category             |
  19-29                  |
    Birth-rate category  |
      29-136             |   11        23      11     11
      137-195            |   31        97      65     46
      196-529            |    4        38      59     91
  30-34                  |
    Birth-rate category  |
      29-136             |   34        27      10      8
      137-195            |   48        58      45     42
      196-529            |    1         3      12     21
  35+                    |
    Birth-rate category  |
      29-136             |   34        26      27     18
      137-195            |    3         4       7      4
      196-529            |                      4
-----------------------------------------------------
```

图 4-31　输出结果

在命令窗口中输入：

```
. tabulate region agecat [fweight=pop]                 //生成按年龄类别、人口加权的地区表格
. tabulate region agecat [fweight=pop], nofreq row     //抑制频数并替换为行百分比
```

输出结果如图 4-32 所示。

```
. tabulate region agecat [fweight=pop]

    Census |           Age category
    region |     19-29      30-34        35+ |     Total
-----------+---------------------------------+----------
        NE |   4721387   10421387    5323610 |  20466384
   N Cntrl |  16901550    8964756    4015593 |  29881899
     South |  13894254    7686531    4141863 |  25722648
      West |  16698276    7755255    2375118 |  26828649
-----------+---------------------------------+----------
     Total |  52215467   34827929   15856184 | 102899580

. tabulate region agecat [fweight=pop], nofreq row

    Census |           Age category
    region |     19-29      30-34        35+ |     Total
-----------+---------------------------------+----------
        NE |     23.07      50.92      26.01 |    100.00
   N Cntrl |     56.56      30.00      13.44 |    100.00
     South |     54.02      29.88      16.10 |    100.00
      West |     62.24      28.91       8.85 |    100.00
-----------+---------------------------------+----------
     Total |     50.74      33.85      15.41 |    100.00
```

图 4-32　输出结果

【例 4-12】利用 tabi 命令忽略内存中的数据集，直接利用在命令行上指定的值制表。

在命令窗口中输入：

```
. tabi 30 18 \ 38 14
. tabi 30 18 38 \ 13 7 22, chi2 exact      //指定表格选项
. tabi 30 13 \ 18 7 \ 38 22, all exact col
```

输出结果如图 4-33 所示。

```
. tabi 30 18 \ 38 14

              col
   row     1       2     Total

     1    30      18        48
     2    38      14        52

 Total    68      32       100

         Fisher's exact =            0.289
 1-sided Fisher's exact =            0.179

. tabi 30 18 38 \ 13 7 22, chi2 exact

Enumerating sample-space combinations:
stage 3:  enumerations = 1
stage 2:  enumerations = 3
stage 1:  enumerations = 0

              col
   row     1       2       3     Total

     1    30      18      38        86
     2    13       7      22        42

 Total    43      25      60       128

         Pearson chi2(2) =   0.7967   Pr = 0.671
         Fisher's exact =                  0.707
```

图 4-33　输出结果

> **注意**　tabi 命令和其他立即命令一样，不会干扰内存中的任何数据。但当使用 replace 选项时，内存中的数据将被表中的数据替换。

3．summarize()选项

在 tabulate 命令中使用 summarize()选项可以生成一维或二维的、包含均值和标准差的表格，其特点在于运行速度快，其调用格式为：

tabulate varnamel [varname2] [if] [in] [weight] summarize(varname3)

通常 table 命令比 tabulate 命令、summarize()选项更加灵活，它可以生成一维到多维的、包含更多统计量的表格，因此 table 命令更好用。

【例 4-13】数据集 auto.dta 中为 74 辆汽车的各种测试数据，包含标记国内汽车和国外汽车的变量 foreign，以及汽车的英里数等级变量 mpg。

在命令窗口中输入：

```
. sysuse auto, clear
(1978 automobile data)
. tabulate foreign
. tabulate foreign, summarize(mpg)      //生成 mpg 的汇总统计信息表格
```

输出结果如图 4-34 所示。通过第一个表格可以发现，数据集中有 52 辆国内汽车和 22 辆国外汽车。通过第二个表格可以发现，国内汽车的平均里程约为 20mpg，而国外汽车的平均里程约为 25mpg。总体而言，数据集中汽车平均里程的均值约为 21mpg。

```
. tabulate foreign

  Car origin │    Freq.    Percent      Cum.
─────────────┼─────────────────────────────────
    Domestic │       52      70.27     70.27
     Foreign │       22      29.73    100.00
─────────────┼─────────────────────────────────
       Total │       74     100.00

. tabulate foreign, summarize(mpg)

             │      Summary of Mileage (mpg)
  Car origin │       Mean   Std. dev.      Freq.
─────────────┼──────────────────────────────────
    Domestic │  19.826923   4.7432972         52
     Foreign │  24.772727   6.6111869         22
─────────────┼──────────────────────────────────
       Total │  21.297297   5.7855032         74
```

图 4-34　输出结果

在命令窗口中输入：

. oneway mpg foreign　　//查看国内汽车和国外汽车之间的里程差异是否具有统计学意义

输出结果如图 4-35 所示。由图 4-35 可知，F 统计量（F 值）为 13.18，国内汽车和国外汽车的里程评级之间的差异在 0.05% 的水平上非常显著。

```
. oneway mpg foreign

                         Analysis of variance
    Source         SS         df      MS          F       Prob > F
────────────────────────────────────────────────────────────────────
Between groups   378.153515    1   378.153515    13.18     0.0005
 Within groups   2065.30594   72   28.6848048
────────────────────────────────────────────────────────────────────
        Total    2443.45946   73   33.4720474

Bartlett's equal-variances test: chi2(1) =   3.4818   Prob>chi2 = 0.062
```

图 4-35　输出结果

在命令窗口中输入：

. generate wgtcat = autocode(weight,4,1760,4840)
. tabulate wgtcat foreign, summarize(mpg)

输出结果如图 4-36 所示。除每个质量-里程单元的均值、标准偏差和频率以外，还报告了质量等级、平均里程和总体的汇总统计数据。例如，在表的最后一行显示，国内汽车的平均里程数约为 19.83，国外汽车的平均里程数约为 24.77。但由输出结果可发现，在相同质量等级内，国内汽车的平均里程数较小。

在命令窗口中输入：

. tabulate wgtcat foreign, summarize(mpg) means　　//指定要查看的统计信息
. tabulate wgtcat foreign, summarize(mpg) nofreq　　//抑制频数

输出结果如图 4-37 所示。

```
. tabulate wgtcat foreign, summarize(mpg) means

                Means of Mileage (mpg)
            Car origin
wgtcat   Domestic    Foreign      Total

 2530   28.285714    27.0625   27.434783
 3300       21.75       19.6   21.238095
 4070    17.26087         14     17.125
 4840   14.666667          .   14.666667

 Total  19.826923  24.772727   21.297297

. tabulate wgtcat foreign, summarize(mpg) nofreq

          Means and Standard Deviations of Mileage (mpg)
            Car origin
wgtcat   Domestic    Foreign      Total

 2530   28.285714    27.0625   27.434783
        3.0937725  5.9829619   5.2295149

 3300       21.75       19.6   21.238095
        2.4083189  3.4351128   2.7550819

 4070    17.26087         14     17.125
        1.8639497          0   1.9406969

 4840   14.666667          .   14.666667
          3.32666          .     3.32666

 Total  19.826923  24.772727   21.297297
        4.7432972  6.6111869   5.7855032
```

```
. tabulate wgtcat foreign, summarize(mpg)

   Means, Standard Deviations and Frequencies of Mileage (mpg)
            Car origin
wgtcat   Domestic    Foreign      Total

 2530   28.285714    27.0625   27.434783
        3.0937725  5.9829619   5.2295149
                7         16          23

 3300       21.75       19.6   21.238095
        2.4083189  3.4351128   2.7550819
               16          5          21

 4070    17.26087         14     17.125
        1.8639497          0   1.9406969
               23          1          24

 4840   14.666667          .   14.666667
          3.32666          .     3.32666
                6          0           6

 Total  19.826923  24.772727   21.297297
        4.7432972  6.6111869   5.7855032
               52         22          74
```

图 4-36　输出结果　　　　　　　　图 4-37　输出结果

4.3.4　利用 tabstat 命令生成列联表

tabstat 命令可以在一个表格中显示多个变量的多种描述性统计量（包括均值、最大值、最小值、极差、方差、标准差、偏度、峰度及各种百分位数等）。通过添加 by()选项，tabstat 命令还可以对每类观测值报告各自的统计量。

tabstat 命令比 summarize 命令更加灵活，可以自由选择表格中包含的统计量种类。tabstat 命令的调用格式为：

tabstat varlist [if] [in] [weight] [, options]

其中，options 选项含义如表 4-18 所示。

表 4-18　options 选项含义

选　　项	含　　义
by(varname)	按括号中指定的变量分类进行描述性统计
statistics(statname [...])	报告指定的统计量，可报告的统计量如表 4-19 所示
labelwidth(#)	by()选项中变量标签的宽度，默认为 labelwidth(16)
varwidth(#)	设置变量宽度，默认为 varwidth(12)
columns(variables)	在表列中显示变量（默认）
columns(statistics)	在表列中显示统计信息
format [(%fmt)]	指定统计量的显示格式，默认为%9.0g
casewise	按样本删除观测值
nototal	不显示总体统计量，与 by()选项配合使用
missing	报告 by()选项中变量缺失值的统计信息
noseparator	输出结果时不在 by()选项类别之间使用分界线
longstub	使左侧的表格存根更宽
save	在 r()中存储摘要统计信息

表 4-19 可报告的统计量

统计量	含义	统计量	含义
mean	均值	cv	变异系数（sd/mean）
count	非缺失值总和	semean	标准误（sd/$\sqrt{n}$）
n	计数	skewness	偏度
sum	总和	kurtosis	峰度
max	最大值	median	中位数，同 P_{50}
min	最小值	iqr	四分位数间距（$P_{75}-P_{25}$）
range	极差（max-min）	q	四分位数，等同于指定 P_{25}、P_{50}、P_{75}
sd	标准差	P#	第#个百分位数，常用 P_1、P_5、P_{10}、P_{25}、P_{50}、P_{75}、P_{90}、P_{95}、P_{99} 等
variance	方差		

【例 4-14】 数据集 auto.dta 中为关于 1978 年 22 辆国外汽车和 52 辆国内汽车的价格、质量、里程等级、维修记录的数据，试描述数据集中的相关变量。

在命令窗口中输入：

```
. sysuse auto, clear
(1978 automobile data)
. tabstat price weight mpg rep78, by(foreign)
. tabstat price weight mpg rep78, by(foreign) stat(mean sd min max) nototal
            //获取更多变量的摘要统计信息，并抑制每组中的总统计量
```

输出结果如图 4-38 所示。在命令窗口中输入：

```
. tabstat price weight mpg rep78, by(foreign) stat(mean sd min max) long format
            //添加一列，描述单元格中的内容，并调整显示格式
. tabstat price weight mpg rep78, by(foreign) stat(min mean max)
> col(stat) long//通过 col(stat)选项指定表格的布局，其中统计量水平排列，变量垂直排列
```

输出结果如图 4-39 所示。

图 4-38 输出结果

图 4-39 输出结果

在命令窗口中输入：

```
. tabstat price weight mpg rep78, stat(n mean cv q) col(stat)
```
//指定要显示的统计量，如频数、均值、变异系数，以及25%、50%和75%分位数

输出结果如图 4-40 所示。

```
. tabstat price weight mpg rep78, stat(n mean cv q) col(stat)

    Variable |         N        Mean          CV         p25         p50         p75
-------------+------------------------------------------------------------------------
       price |        74    6165.257     .478406        4195      5006.5        6342
      weight |        74    3019.459    .2573949        2240        3190        3600
         mpg |        74    21.2973    .2716543          18          20          25
       rep78 |        69    3.405797     .290661           3           3           4
```

图 4-40 输出结果

4.4 本章小结

本章介绍了描述性统计的基本理论，并详细介绍了针对连续变量及分类变量如何在 Stata 中进行描述性统计分析。连续变量的描述性统计命令分析包括 summarize 命令、tabstat 命令、ci 命令，以及正态性检验与数据转换命令等；分类变量的描述性统计命令分析包括 table 命令、tabulate 命令、tabstat 命令等。读者一定要熟练掌握这些命令，在日后的学习和工作过程中会经常使用它们。

第5章 假设检验

假设检验也称显著性检验,是用来判断样本与样本、样本与总体的差异由抽样误差引起还是由本质差别造成的统计推断方法。其基本原理是先对总体的特征提出某种假设,然后通过抽样研究的统计推理,对此假设应该被拒绝还是接受做出推断。简而言之,假设检验就是先对总体参数提出一个假设值,然后利用样本参数判断这一假设是否成立的过程。从假设总体分布特征是否已知的角度来看,假设检验方法分为参数检验和非参数检验两大类。

5.1 假设检验基础理论

假设检验利用小概率反证法思想,从问题的对立面(H_0)出发间接判断要解决的问题(H_1)是否成立,即先在假设H_0成立的条件下计算检验统计量,然后根据获得的P值来进行判断。

5.1.1 假设检验基本步骤

根据统计学知识,假设检验可归纳为以下3个基本步骤。

1. 提出假设,确定显著性水平α

假设有以下两种。
(1)$\mu = \mu_0$:检验假设,常称为无效假设或零/原假设,用H_0表示。
(2)$\mu \neq \mu_0$:备择假设,常称为对立假设,用H_1或H_A表示。

> **注意** ①假设针对的是总体,而不是样本;②H_0和H_1是相互联系、对立的假设,后面的推断结论是根据H_0和H_1做出的,两者缺一不可;③H_0为无效假设,其通常假设某两个(或多个)总体参数相等,或者某两个总体参数之差等于0,或者某资料服从某一特定分布(如正态分布、泊松分布),或者无效,等等;④H_1的内容直接反映了检验的单双侧。

若H_1为$\mu > \mu_0$或$\mu < \mu_0$,则此检验为单侧检验,它不仅考虑是否有差异,还考虑差异的方向;若H_1为$\mu \neq \mu_0$,则此检验为双侧检验。

用单侧检验还是双侧检验,要根据专业知识并根据所要解决的问题来确定。若从专业角度看一种方法的结果不可能低于或高于另一种方法,尽管提问为两种方法的测定结果是否不同,则此时仍应该用单侧检验。一般认为,双侧检验较保守和稳妥,探索性研究多用双侧检验,而证实性研究多用单侧检验。

下面以单样本均值与总体均值比较和两样本均值比较的 t 检验为例,通过表 5-1 和表 5-2 说明单双侧检验的确定。

表 5-1 单样本均值(代表未知总体均值 μ)与总体均值 μ_0 比较的 t 检验

项 目	目 的	H_0	H_1
双侧检验	是否为 $\mu \neq \mu_0$	$\mu = \mu_0$	$\mu \neq \mu_0$
单侧检验	是否为 $\mu > \mu_0$	$\mu = \mu_0$	$\mu > \mu_0$
	是否为 $\mu < \mu_0$	$\mu = \mu_0$	$\mu < \mu_0$

表 5-2 两样本均值(分别代表未知总体均值 μ_1 与 μ_2)比较的 t 检验

项 目	目 的	H_0	H_1
双侧检验	是否为 $\mu_1 \neq \mu_2$	$\mu_1 = \mu_2$	$\mu_1 \neq \mu_2$
单侧检验	是否为 $\mu_1 > \mu_2$	$\mu_1 = \mu_2$	$\mu_1 > \mu_2$
	是否为 $\mu_1 < \mu_2$	$\mu_1 = \mu_2$	$\mu_1 < \mu_2$

α 为显著性水平,也称检验水准。α 是预先规定的概率值,它确定了小概率事件的标准。在实际工作中常取 $\alpha = 0.05$。但 α 的取值并非一成不变,可根据不同研究目的设置为不同的值。

2. 计算检验统计量

应根据变量或资料类型、设计方案、统计推断的目的、方法的适用条件等选择检验统计量。例如,成组设计两样本均值的比较可根据资料类型选用检验统计量 t、t'、u 等;成组设计两样本方差的比较一般选用检验统计量 F。

> **注意** 所有检验统计量都是在 H_0 成立的前提条件下计算出来的。有的检验方法无须计算检验统计量,可直接计算出相应的 P 值。

3. 确定P值,得出推断结论

由假设检验的整个逻辑推理过程可看出,P 的含义是从 H_0 规定的总体中随机抽样,抽得等于、大于或(和)等于及小于由现有样本获得的检验统计量(如 t、u 等)的概率。

将获得的事后概率 P 与事先规定的显著性水平 α 进行比较,看其是否为小概率事件,从而得出推断结论。一般来说,推断结论应包含统计结论和专业结论两部分。统计结论只能说明差异有统计学意义或无统计学意义,而不能说明专业上的差异大小。必须将统计结论与专业结论相结合,才能得出恰如其分、符合客观实际的最终推断结论。

若 $P \leqslant \alpha$,则推断结论为按所取的显著性水平 α 拒绝 H_0、接受 H_1,差异有统计学意义(统计结论),可以认为×××不相等或不同(专业结论)。

若 $P > \alpha$,则推断结论为按显著性水平 α 不拒绝 H_0,差异无统计学意义(统计结论),

尚不能认为×××不相等或不同（专业结论）。$P > \alpha$ 也被称为无显著性。

> **注意** ①不拒绝 H_0 不等于接受 H_0，虽然在逻辑上否定之否定为肯定，但在统计上是按显著性水平 α 不拒绝 H_0；②在下结论时，对 H_0 只能说拒绝 H_0 或不拒绝 H_0，而对 H_1 只能说接受 H_1，除此之外的其他说法均不妥。

另外，差异有无统计学意义是对样本统计量和总体参数（如 $\overline{X}$ 和 μ_0）或两个（或多个）样本统计量（如 $\overline{X_1}$ 和 $\overline{X_2}$）而言的，对推断的两个总体参数（如 μ_1 和 μ_0 或 μ_1 和 μ_2）而言，只能说是否不等或不同。

5.1.2 t 检验

t 检验是用于检验小样本（样本容量小于 30）的两个均值差异程度的方法。它利用 t 分布理论来推断差异发生的概率，从而判定两个均值的差异是否显著。t 检验包括单样本 t 检验、双样本 t 检验，其中双样本 t 检验包括配对样本 t 检验和两独立样本 t 检验。

1. 单样本 t 检验

单样本 t 检验的目的是比较样本均值所代表的未知总体均值 μ 和已知总体均值 μ_0 是否相等。其前提假设为：①已知一个总体均值；②可得到一个样本均值及该样本标准误；③样本来自正态或近似正态总体。

单样本 t 检验的步骤如下。

（1）提出假设，确定显著性水平 α。

H_0：未知总体与已知总体的均值相等（$\mu = \mu_0$）。

H_1：未知总体与已知总体的均值不相等（$\mu \neq \mu_0$）。

（2）计算检验统计量。

（3）确定 P 值，得出推断结论。查 t 界值表得到临界值，通过比较临界值与检验统计量的大小来判定原假设是否成立，或者根据 P 值与 α 值的关系来判断原假设是否成立。

2. 配对样本 t 检验

配对样本 t 检验又称非独立两样本均值 t 检验，适用于配对设计计量资料均值的比较，其比较目的是检验两相关样本均值所代表的未知总体均值是否有差别。

配对设计是指先将受试对象按某些重要特征相近的原则配对，然后按随机化方法为每对内的两个个体安排两种处理方法并观察结果。使用配对设计方法可以减小实验的误差、控制非处理因素、提高统计处理效率。

配对设计方法的使用条件：①假定样本来自同分布的总体，即具有相同质性；②不同对间的测量值要相互独立；③研究变量的差值应服从正态分布（或近似服从正态分布）。

配对样本 t 检验的统计量为

$$t = \frac{\overline{d}}{S_d / \sqrt{n}}$$

当两样本均值相等的原假设成立时，该统计量服从自由度为 $n-1$ 的 t 分布。

3. 两独立样本 t 检验

两独立样本 t 检验又称成组 t 检验，适用于完全随机设计的两样本均值的比较，其比较目的是检验两样本所在总体的均值是否相等。

完全随机设计是指将受试对象随机地分配到两组中，每组对象分别接受不同的处理，分析比较处理的效果，或者分别从不同总体中随机抽样进行研究。

两组完全随机设计的样本进行比较的条件：①两样本随机独立；②两样本所在总体服从正态分布（或近似服从正态分布）；③两样本所在总体的方差相等。当两总体的方差齐时可采用 t 检验方法，当两总体的方差不齐时可采用 t′ 检验或秩和检验方法。

因此，在进行 t 检验之前，需要先对两样本进行方差齐性检验，然后确定显著性水平 α。方差齐性检验的前提假设如下。

H_0：两总体的方差相等（$\sigma_1^2 = \sigma_2^2$）。

H_1：两总体的方差不相等（$\sigma_1^2 \neq \sigma_2^2$）。

方差齐性检验的计算公式为

$$F = \frac{\max\left(S_1^2, S_2^2\right)}{\min\left(S_1^2, S_2^2\right)}$$

当原假设 H_0 成立时，该统计量服从自由度为 (n_1-1, n_2-1) 的 F 分布。查出 F 临界值并将其与统计量进行比较，若统计量大于临界值，则拒绝原假设，说明两总体的方差不相等，反之则说明两总体的方差相等。

当两总体的方差齐，即两总体的方差相等时，t 检验的计算公式为

$$t = \frac{\overline{X_1} - \overline{X_2}}{\sqrt{S_c^2\left(\frac{1}{n_1} + \frac{1}{n_2}\right)}}$$

式中，

$$S_c^2 = \frac{(n_1-1)S_1^2 + (n_2-1)S_2^2}{n_1 + n_2 - 2}$$

当两总体均值相等的假设成立时，该统计量服从自由度为 $(n_1 + n_2 - 1)$ 的 t 分布。

当两总体的方差不齐时，可采用 t′ 检验方法，或者进行变量转换，或者采用秩和检验方法。其中，t′ 检验的计算公式为

$$t' = \frac{\overline{X_1} - \overline{X_2}}{\sqrt{\frac{S_1^2}{n_1} + \frac{S_2^2}{n_2}}}, \quad t'_\alpha = \frac{\frac{S_1^2}{n_1}(n_1-1)t_\alpha + \frac{S_2^2}{n_2}(n_2-1)t_\alpha}{\frac{S_1^2}{n_1} + \frac{S_2^2}{n_2}}$$

若计算得到的统计量大于临界值，即 $t' > t'_\alpha$，则两总体的均值不相等，反之则两总体的均值相等。

5.1.3 检验分类

从假设总体分布特征是否已知的角度来看，假设检验方法分为参数检验和非参数检验两大类，前文介绍的 t 检验要求服从正态分布（或近似服从正态分布），因此 t 检验为参数检验。

1．参数检验

参数检验的基本原理是先对总体参数提出假设，然后从总体中随机抽取样本构造检验统计量，根据小概率原理来检验所提出的假设是否成立。

当总体分布为正态分布或近似为正态分布时，参数检验可以检验总体的均值与某个值是否存在差异、两个总体的均值是否存在差异等问题。它不仅能够对总体特征参数进行推断，还能对两个或多个总体的参数进行比较。

常用的参数检验包括单样本 t 检验、配对样本 t 检验、两独立样本 t 检验、单样本标准差和双样本方差（标准差）的假设检验等。

2．非参数检验

非参数检验是在总体方差未知或知道甚少的情况下，利用样本数据对总体分布形态等进行推断的方法。非参数检验方法在推断过程中不涉及有关总体分布的参数，即不需要预先假设总体的分布特征，而直接由样本计算所需要的统计量，进而对原假设进行检验。非参数检验包括卡方检验、二项分布检验、游程检验等。

（1）卡方检验。

卡方检验的目的就是通过样本数据的分布检验总体分布与期望分布或某一理论分布是否一致，原假设是样本的总体分布与期望分布或某一理论分布无显著差异。

卡方检验的基本思想是，如果从一个随机变量 X 中随机抽取若干个观测样本，这些样本落在 X 的 k 个互不相关的子集中的观测频数服从多项分布，当 k 趋于无穷时，这个多项分布为卡方分布。根据这个思想，对变量 X 总体分布的检验可从各个观测频数的分析入手。

在原假设成立的前提下，如果变量值落在第 i 个子集中的概率为 p_i，相对应的期望频数为 np_i，期望频数的分布代表了原假设成立时的理论分布，则可以采用卡方统计量来检验实际分布与期望分布之间是否存在显著差异。典型的卡方统计量定义为

$$X^2 = \sum_{i=1}^{k} \frac{(观测频数 - 预测频数)^2}{预测频数}$$

X^2 服从自由度为 $k-1$ 的卡方分布。X^2 越大，说明观测频数分布与期望分布差距越大。SPSS 会自动计算 X^2，并依据卡方分布表计算对应的 P 值。

如果 P 值小于显著性水平，则拒绝原假设，认为总体分布与期望分布或某一理论分布有显著差异；如果 P 值大于显著性水平，则接受原假设，认为总体分布与期望分布或某一理论分布一致。

（2）二项分布检验。

在现实生活中，很多数据的取值都是二值的，如男性和女性、合格和不合格、已婚

和未婚等，通常用 0 和 1 来表示这类数据。如果进行 n 次相同的试验后结果只有两个类别（0 和 1），则这两个类别出现的次数可以用离散型随机变量 X 来描述。

将随机变量 X 为 1 的概率设为 p，随机变量 X 为 0 的概率设为 q，即 1-p，这样就形成了二项分布，二项分布检验的目的就是检验样本中这两个类别的观测频率是否等于给定的检验比例，原假设是样本所在总体的分布与指定的二项分布无显著差异。

二项分布检验在小样本中采用精确检验方法，在大样本中采用近似检验方法。精确检验方法计算 n 次检验中成功的次数小于或等于 x 的概率，即

$$P\{X \leqslant x\} = \sum_{i=0}^{x} C_n^i p^i q^{n-i}$$

在大样本下采用 Z 检验统计量，在原假设成立的条件下 Z 检验统计量近似服从正态分布，定义为

$$Z = \frac{x \pm 0.5 - np}{\sqrt{np(1-p)}}$$

上式进行了连续性校正，当 x 小于 n/2 时加 0.5，当 x 大于 n/2 时减 0.5。

（3）游程检验。

一个游程就是一个具有相同符号的连续串，在它前后相接的是不同的符号或完全无符号。例如，抛硬币，用数字 0 表示硬币的正面，用数字 1 表示硬币的反面，连续抛了 30 次，得到下列结果：001110000110100100111011100101。将连续出现 0 或连续出现 1 的一组数称为 0 的游程或 1 的游程，则上述这组数据，先是一个 0 的游程（两个 0），再是一个 1 的游程（3 个 1），接着是一个 0 的游程（4 个 0），依次类推，共有 8 个 0 的游程，8 个 1 的游程，共有 16 个游程。游程太多或太少的样本不是随机样本。

游程检验通过游程数来检验样本的随机性，原假设是序列具有随机性。单样本游程检验用来检验样本序列的随机性，两独立样本游程检验用来检验两独立样本所在总体的分布是否相同，原假设是两独立样本所在总体的分布无显著差异。

5.2 基于均值的参数检验

参数检验的全称为参数假设检验，是指对参数均值、方差（标准差）进行的统计检验。参数检验是推断统计的重要组成部分。当总体分布已知（如总体分布为正态分布）时，根据样本数据对总体分布的统计参数进行推断。下面先来介绍在 Stata 中如何实现基于均值的参数检验，即 t 检验。

5.2.1 Stata 中的 t 检验

在 Stata 中，t 检验有两种使用方法：一是检验样本均值是否显著不同于某个假设值；二是检验同一套观测值中的两个变量的统计指标是否显著相同，即检验两者差值的均值是否等于零。

1. ttest命令

在 Stata 中，ttest 命令用于通过样本进行 t 检验。ttest 命令的调用格式为：

ttest varname == # [if] [in] [, level(#)]   //单样本 t 检验

其中，varname ==#用于设置某个变量的单样本 t 检验假设值，检验其是否显著等于 #；level(#)用于设置置信水平，默认为 level(95)。

ttest varname   [if] [in] , by(groupvar) [options1]   //通过样本分组进行 t 检验

其中，by(groupvar)指定定义两个组的 groupvar，ttest 命令将使用这两个组来检验其均值相等的假设。指定 by(groupvar)表示未配对样本（两独立样本）t 检验。在使用时，不能将 by()选项与 by 前缀混淆，读者可以同时指定两者。

ttest varname1 == varname2 [if] [in] ,unpaired [unequal welch level(#)]   //两独立样本 t 检验

其中，varname1、varname2 为用于进行两独立样本 t 检验的两个变量；unpaired 表示为独立样本而非配对样本；unequal 表示非配对数据具有不同的方差；welch 表示使用 Welch 近似方法检验；level(#)用于设置置信水平。

ttest varname1 == varname2 [if] [in] [, level(#)]   //配对样本 t 检验

其中，varname1、varname2 为用于进行配对样本 t 检验的两个变量。

2. ttesti命令

在 Stata 中，ttesti 命令用于通过样本的统计指标进行 t 检验。ttesti 命令的调用格式为：

ttesti #obs #mean #sd #val [, level(#)]   //单样本 t 检验（统计指标的直接形式）

其中，#obs 为样本容量；#mean 为样本均值；#sd 为样本标准差；#val 为待检验数值；level(#)用于设置置信水平。

ttesti #obs1 #mean1 #sd1 #obs2 #mean2 #sd2 [, options2]   //双样本 t 检验（统计指标的直接形式）

其中，#obs 为样本容量；#mean 为样本均值；#sd 为样本标准差。

ttest 命令中的 options1 选项、ttesti 命令中的 options2 选项含义如表 5-3 所示。

表 5-3 ttest 命令中的 options1 选项、ttesti 命令中的 options2 选项含义

选 项	含 义	适 用 于
by(groupvar)	必选项，定义组的变量	options1
reverse	逆序计算平均差	options1
unequal	未配对数据的方差不相等	options1、options2
welch	使用 Welch 近似方法检验	options1、options2
level(#)	设置置信水平，默认为 level(95)	options1、options2

5.2.2 单样本 t 检验

单样本 t 检验利用来自某总体的样本数据，推断该总体的均值与指定的检验值之间是否存在显著差异，是对总体均值的假设检验。

单样本 t 检验研究的问题中仅涉及一个总体，并且采用 t 检验方法进行分析。单样本 t 检验的前提是样本总体服从或近似服从正态分布。

对于服从正态分布的样本数列 $X_1, X_2, \cdots, X_n$ 来说，设样本均值为 X，样本方差为 SD^2，此时可以利用单样本 t 检验方法来检验样本均值是否等于规定的常数。

【例 5-1】 单样本 t 检验示例。数据集 auto.dta 中包含 74 辆汽车的样本数据,给出了每辆汽车的平均里程等级,试检验样本的总体均值是否为 20mi/gallon。

在命令窗口中输入:

```
. sysuse auto, clear
(1978 automobile data)
. ttest mpg=20            //输出结果如图 5-1 所示
```

```
. ttest mpg==20

One-sample t test

Variable |    Obs    Mean    Std. err.   Std. dev.   [95% conf. interval]
     mpg |     74   21.2973   .6725511   5.785503    19.9569    22.63769

    mean = mean(mpg)                                     t =   1.9289
H0: mean = 20                            Degrees of freedom =      73

  Ha: mean < 20            Ha: mean != 20            Ha: mean > 20
 Pr(T < t) = 0.9712     Pr(|T| > |t|) = 0.0576     Pr(T > t) = 0.0288
```

图 5-1 输出结果

由输出结果可知,74 个样本参与了检验,样本均值约为 21.3,标准误约为 0.67,标准差约为 5.79,95% 的置信区间约为 [19.96, 22.64],样本的 t 值约为 1.93,自由度为 73,总体均值为 20。显著性水平为 $Pr(|T|>|t|) = 0.0576 > 0.05$,接受原假设。也就是说,对 mpg 变量样本数据执行单样本 t 检验的结果是显著等于 20。

在命令窗口中输入:

```
. ttest mpg==20, level(99)    //输出结果如图 5-2 所示
```

由输出结果可知,99% 的置信区间约为 [19.52, 23.08],与 95% 的置信水平相比,置信区间进一步扩大,这是为取得更高的置信水平所要付出的代价。

```
. ttest mpg==20, level(99)

One-sample t test

Variable |    Obs    Mean    Std. err.   Std. dev.   [99% conf. interval]
     mpg |     74   21.2973   .6725511   5.785503    19.51849   23.07611

    mean = mean(mpg)                                     t =   1.9289
H0: mean = 20                            Degrees of freedom =      73

  Ha: mean < 20            Ha: mean != 20            Ha: mean > 20
 Pr(T < t) = 0.9712     Pr(|T| > |t|) = 0.0576     Pr(T > t) = 0.0288
```

图 5-2 输出结果

5.2.3 双样本 t 检验

在实际工作中,常常会遇到比较两个样本参数的问题,如比较两个地区的人均收入水平、比较两种工艺的精度等。对于 X、Y 两个样本数列来说,如果它们相互独立,并且都服从方差为常数的正态分布,那么可以使用两独立样本 t 检验方法来检验两个数列的均值是否相等。

针对数据的组织方式不同,Stata 提供了两种检验方法。

1. 通过样本分组进行 t 检验

【例 5-2】 通过样本分组进行 t 检验示例。数据集 fuel3.dta 中记录了一种新燃料添加

剂有效性实验的测试结果数据。其中，12 辆汽车使用处理过的燃油，12 辆汽车使用未处理过的燃油。如果使用处理过的燃油，则 treated 变量编码为 1，否则 treated 变量编码为 0。

在命令窗口中输入：

```
. use D:\DingJB\Stata\fuel3, clear
. ttest mpg, by(treated)            //检验处理组与未处理组均值是否相等
. ttest mpg, by(treated) welch      //使用 Welch 近似方法检验
```

输出结果如图 5-3 所示。由输出结果可知，显著性水平为 Pr(|T|>|t|)≈0.167>0.05，接受原假设，即在统计上无显著差异。

```
. ttest mpg, by(treated)
Two-sample t test with equal variances

 Group │   Obs        Mean    Std. err.   Std. dev.   [95% conf. interval]
───────┼────────────────────────────────────────────────────────────────
     0 │    12          21    .7881701    2.730301    19.26525    22.73475
     1 │    12       22.75    .9384465    3.250874    20.68449    24.81551
───────┼────────────────────────────────────────────────────────────────
Combined│    24      21.875    .6264476    3.068954    20.57909    23.17091
───────┼────────────────────────────────────────────────────────────────
  diff │              -1.75    1.225518               -4.291568    .7915684

    diff = mean(0) - mean(1)                              t =  -1.4280
H0: diff = 0                            Degrees of freedom =      22

   Ha: diff < 0             Ha: diff != 0             Ha: diff > 0
Pr(T < t) = 0.0837    Pr(|T| > |t|) = 0.1673    Pr(T > t) = 0.9163

. ttest mpg, by(treated) welch
Two-sample t test with unequal variances

 Group │   Obs        Mean    Std. err.   Std. dev.   [95% conf. interval]
───────┼────────────────────────────────────────────────────────────────
     0 │    12          21    .7881701    2.730301    19.26525    22.73475
     1 │    12       22.75    .9384465    3.250874    20.68449    24.81551
───────┼────────────────────────────────────────────────────────────────
Combined│    24      21.875    .6264476    3.068954    20.57909    23.17091
───────┼────────────────────────────────────────────────────────────────
  diff │              -1.75    1.225518               -4.28369     .7836902

    diff = mean(0) - mean(1)                              t =  -1.4280
H0: diff = 0                    Welch's degrees of freedom =  23.2465

   Ha: diff < 0             Ha: diff != 0             Ha: diff > 0
Pr(T < t) = 0.0833    Pr(|T| > |t|) = 0.1666    Pr(T > t) = 0.9167
```

图 5-3　输出结果

2．两独立样本 t 检验

在两个样本随机设计中，受试者有时会拒绝指定的治疗，但仍会对结果进行测量。在这种情况下，需要正确地指定组。

例如，可能会让 varname 包含主题拒绝的缺失值，从而让 ttest 命令从分析中删除这些观察结果。Marvin Zelen 认为，最好指定受试者属于随机分的组，即使这样的分组会稀释测量的效果。

【例 5-3】两独立样本 t 检验示例。数据集 **fuel1.dta** 中记录了一种新燃料添加剂有效性实验的测试结果数据。其中，12 辆汽车进行了燃油处理（变量 mpg1），12 辆汽车没有进行燃油处理（变量 mpg2）。这是一种较差的数据组织方式，因为它暗示了一种实际不存在的关系。

在命令窗口中输入：

```
. use D:\DingJB\Stata\fuel, clear
. ttest mpg1==mpg2, unpaired
```

输出结果如图 5-4 所示。由输出结果可知，显著性水平为 Pr(|T|>|t|) = 0.1673>0.05，

接受原假设，即在统计上无显著差异。

```
. ttest mpg1==mpg2, unpaired

Two-sample t test with equal variances
Variable |   Obs        Mean    Std. err.   Std. dev.   [95% conf. interval]
   mpg1  |    12          21    .7881701    2.730301    19.26525    22.73475
   mpg2  |    12       22.75    .9384465    3.250874    20.68449    24.81551
Combined |    24      21.875    .6264476    3.068954    20.57909    23.17091
   diff  |             -1.75    1.225518                -4.291568    .7915684

 diff = mean(mpg1) - mean(mpg2)                            t =  -1.4280
H0: diff = 0                            Degrees of freedom =       22

 Ha: diff < 0              Ha: diff != 0              Ha: diff > 0
 Pr(T < t) = 0.0837    Pr(|T| > |t|) = 0.1673      Pr(T > t) = 0.9163
```

图 5-4　输出结果

5.2.4　配对样本 t 检验

对于均服从方差为常数的正态分布但彼此并不独立的 X、Y 两个样本数列，可以使用配对样本 t 检验方法来检验两个数列的均值是否相等。配对样本 t 检验的原理与双样本 t 检验基本相同。

【例 5-4】配对样本 t 检验示例。假设前面的数据实际上是通过对 12 辆汽车进行测试收集的。每辆汽车在使用燃油添加剂和不使用燃油添加剂的情况下运行一次。进行燃油处理的里程用变量 mpg1 表示，没有进行燃油处理的里程用变量 mpg2 表示。由于两次测试结果来自同一辆汽车，因此出现在同一行中的 mpg 值之间肯定存在联系。

在命令窗口中输入：

```
. use D:\DingJB\Stata\fuel, clear
. ttest mpg1==mpg2
```

输出结果如图 5-5 所示。由输出结果可知，显著性水平为 Pr(|T|>|t|) = 0.0463<0.05，拒绝原假设，即在统计上有显著差异。

```
. ttest mpg1==mpg2

Paired t test
Variable |   Obs        Mean    Std. err.   Std. dev.   [95% conf. interval]
   mpg1  |    12          21    .7881701    2.730301    19.26525    22.73475
   mpg2  |    12       22.75    .9384465    3.250874    20.68449    24.81551
   diff  |    12       -1.75    .7797144    2.70101     -3.46614    -.0338602

 mean(diff) = mean(mpg1 - mpg2)                            t =  -2.2444
H0: mean(diff) = 0                      Degrees of freedom =       11

 Ha: mean(diff) < 0       Ha: mean(diff) != 0      Ha: mean(diff) > 0
 Pr(T < t) = 0.0232    Pr(|T| > |t|) = 0.0463      Pr(T > t) = 0.9768
```

图 5-5　输出结果

5.2.5　直接检验法

ttesti 命令类似于 ttest 命令，只是指定将摘要统计信息作为参数，而不是变量。

【例 5-5】直接检验法示例 1。某文章报告每个月的平均太阳黑子数为 62.6，标准偏差为 15.8，共有 24 个月的数据。试检验其均值是否为 75。

在命令窗口中输入：

```
. ttesti 24 62.6 15.8 75
```

输出结果如图 5-6 所示。由输出结果可知，显著性水平为 Pr(|T|>|t|) = 0.0008<0.05，拒绝原假设，即在统计上有显著差异，均值不为 75。

```
. ttesti 24 62.6 15.8 75
One-sample t test

              Obs      Mean    Std. err.   Std. dev.   [95% conf. interval]
    x          24      62.6    3.225161        15.8      55.92825   69.27175

    mean = mean(x)                                          t =  -3.8448
H0: mean = 75                              Degrees of freedom =       23

     Ha: mean < 75            Ha: mean != 75            Ha: mean > 75
   Pr(T < t) = 0.0004      Pr(|T| > |t|) = 0.0008      Pr(T > t) = 0.9996
```

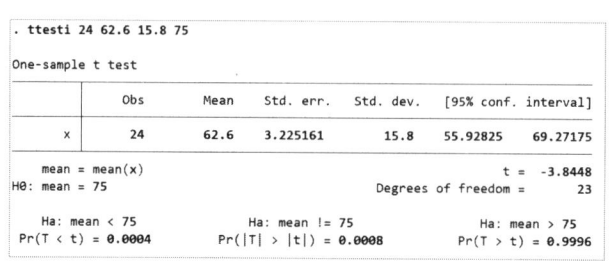

图 5-6　输出结果

【例 5-6】直接检验法示例 2。某体育老师评估两组学生的投篮成绩，20 名经过简单培训的学生的平均投中数为 20，标准差为 5；32 名未经培训的学生的平均投中数为 15，标准差为 4。试对培训效果进行检验。

在命令窗口中输入：

```
. ttesti 20 20 5 32 15 4
```

输出结果如图 5-7 所示。由输出结果可知，显著性水平为 Pr(|T|>|t|) = 0.0002<0.05，拒绝原假设，即在统计上有显著差异，经培训的学生投篮效果更佳。

```
. ttesti 20 20 5 32 15 4
Two-sample t test with equal variances

              Obs      Mean    Std. err.   Std. dev.   [95% conf. interval]
    x          20        20    1.118034           5      17.65993   22.34007
    y          32        15    .7071068           4      13.55785   16.44215
Combined       52  16.92308    .6943785    5.007235      15.52905    18.3171
    diff                  5    1.256135                   2.476979   7.523021

    diff = mean(x) - mean(y)                              t =   3.9805
H0: diff = 0                                Degrees of freedom =       50

     Ha: diff < 0            Ha: diff != 0             Ha: diff > 0
   Pr(T < t) = 0.9999      Pr(|T| > |t|) = 0.0002      Pr(T > t) = 0.0001
```

图 5-7　输出结果

5.3　基于标准差的参数检验

在统计学中，标准差用来反映波动情况，多用于质量控制与市场波动监测等。标准差的假设检验分为单样本标准差检验与双样本方差（标准差）检验。

5.3.1　Stata 中的标准差检验

在 Stata 中，标准差检验方法有三种：一是检验样本均值是否显著不同于某个假设值；二是检验同一套观测值中的两个变量的统计指标是否显著相等，即检验两者差值的均值是否等于零；三是标准差相等的鲁棒检验。

1. sdtest命令

在 Stata 中，sdtest 命令用于通过样本实现标准差的假设检验，其调用格式为：

sdtest varname == # [if] [in] [, level(#)]   //单样本标准差检验

其中，varname==#用于设置某个变量的单样本标准差数值，检验其是否显著等于#；level(#)用于设置置信水平，默认为 level(95)。

sdtest varname [if] [in] , by(groupvar) [level(#)]   //通过样本分组进行双样本方差（标准差）检验

其中，by(groupvar)指定定义两个组的 groupvar，sdtest 命令将使用这两个组来检验其标准差相等的假设。指定 by(groupvar)表示未配对样本（两独立样本）t 检验。在使用时，不能将 by()选项与 by 前缀混淆，读者可以同时指定两者。

sdtest varname1 == varname2 [if] [in] [, level(#)]   //双样本方差（标准差）检验

其中，varname1、varname2 为用来进行配对样本 t 检验的两个变量。

说明 sdtest 命令执行两种不同的统计测试：一种测试方差（标准差）是否相等，另一种测试标准差是否等于已知常数。执行哪种统计测试取决于等号右侧键入变量名还是数字。

2. sdtesti命令

在 Stata 中，sdtesti 命令用于通过样本的统计指标实现标准差的假设检验，其调用格式为：

sdtesti #obs {#mean |.} #sd #val [, level(#)]   //单样本标准差检验（统计指标的直接形式）

其中，#obs 为样本容量；#mean 为样本均值，未知时用"."表示；#sd 为样本标准差；#val 待检验标准差；level 为置信水平。

sdtesti #obs1 {#mean1 | .} #sd1 #obs2 {#mean;2 |.} #sd2 [, level(#)]
                                          //双样本方差（标准差）检验（统计指标的直接形式）

其中，#obs 为样本容量；#mean 为样本均值，未知时用"."表示；#sd 为样本标准差；level(#)用于设置置信水平。

3. robvar命令

在 Stata 中，robvar 命令用于实现方差（标准差）相等的鲁棒检验，其调用格式为：

robvar varname [if] [in] , by(groupvar)   //方差（标准差）相等的鲁棒检验

5.3.2 单样本标准差检验

单样本标准差检验的基本步骤：①提出原假设与备择假设，规定好检验的显著性水平；②确定检验统计量并计算该统计量的值；③由计算值与临界值的比较结果得出推断结论。

【例 5-7】单样本标准差检验示例。数据集 auto.dta 给出了 74 辆汽车（样本）的平均里程等级。试检验总体标准差是否为 5mpg。

在命令窗口中输入：

```
. sysuse auto, clear
```

(1978 automobile data)
. sdtest mpg == 5

输出结果如图 5-8 所示。由输出结果可知，2*Pr(C>c) = 0.0565>0.05，接受原假设（标准差相同的假设），即在统计上无显著差异。

```
. sdtest mpg == 5
One-sample test of variance
Variable |   Obs    Mean    Std. err.   Std. dev.   [95% conf. interval]
     mpg |    74   21.2973   .6725511   5.785503    19.9569    22.63769

    sd = sd(mpg)                              c = chi2 =   97.7384
H0: sd = 5                          Degrees of freedom =        73

    Ha: sd < 5                Ha: sd != 5                  Ha: sd > 5
Pr(C < c) = 0.9717        2*Pr(C > c) = 0.0565        Pr(C > c) = 0.0283
```

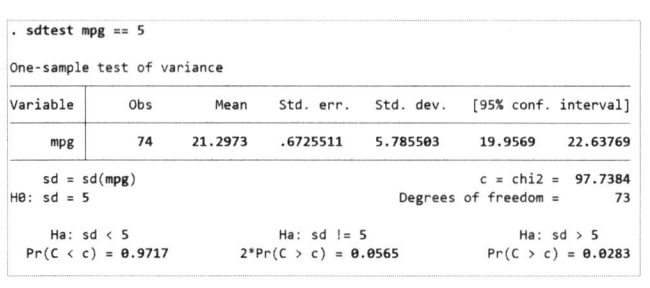

图 5-8　输出结果

5.3.3　双样本方差（标准差）检验

双样本方差（标准差）检验用于判断两个样本的波动情况是否相同。

【例 5-8】双样本标准差检验示例。数据集 fuel.dta 给出了一种新燃料添加剂有效性的测试结果数据。数据是在 12 辆汽车上进行测试得出的，每辆汽车分为不使用燃料添加剂（mpg1）和使用燃料添加剂（mpg2）两种情况。试对两种情况进行检验。

在命令窗口中输入：

```
. use D:\DingJB\Stata\fuel, clear
. sdtest mpg1==mpg2
```

输出结果如图 5-9 所示。由输出结果可知，2*Pr(F<f) = 0.5725>0.05，接受原假设（标准差相同的假设），即在统计上无显著差异。

```
. sdtest mpg1==mpg2
Variance ratio test
Variable |   Obs    Mean    Std. err.   Std. dev.   [95% conf. interval]
    mpg1 |    12      21    .7881701   2.730301    19.26525    22.73475
    mpg2 |    12   22.75    .9384465   3.250874    20.68449    24.81551
Combined |    24  21.875    .6264476   3.068954    20.57909    23.17091

    ratio = sd(mpg1) / sd(mpg2)                        f =   0.7054
H0: ratio = 1                          Degrees of freedom =   11, 11

   Ha: ratio < 1            Ha: ratio != 1              Ha: ratio > 1
Pr(F < f) = 0.2862      2*Pr(F < f) = 0.5725       Pr(F > f) = 0.7138
```

图 5-9　输出结果

5.3.4　直接检验法

sdtesti 命令类似于 sdtest 命令，只是指定将摘要统计信息作为参数，而不是变量。

【例 5-9】直接检验法示例。试检验一个有 75 个观测值且报告的标准差为 6.5 的变量是否来自潜在标准差为 6 的人群。

在命令窗口中输入：

```
. sdtesti 75 . 6.5 6        //均值在计算中不起作用，因此可以省略
```

输出结果如图 5-10 所示。由输出结果可知， 2*Pr(C>c) = 0.2916>0.05，接受原假设（标准差相同的假设），即在统计上无显著差异。

```
. sdtesti 75 . 6.5 6
One-sample test of variance

              Obs        Mean    Std. err.   Std. dev.   [95% conf. interval]

       x       75           .    .7505553         6.5           .           .

    sd = sd(x)                                         c = chi2 =   86.8472
H0: sd = 6                                     Degrees of freedom =       74

       Ha: sd < 6              Ha: sd != 6                  Ha: sd > 6
 Pr(C < c) = 0.8542        2*Pr(C > c) = 0.2916        Pr(C > c) = 0.1458
```

图 5-10　输出结果

为检验该变量是否来自另一个具有相同标准差的群体，在 65 次观察中计算出的标准差为 7.5。

在命令窗口中输入：

. sdtesti 75 . 6.5 65 . 7.5

输出结果如图 5-11 所示。由输出结果可知，2*Pr(F<f) = 0.2344>0.05，接受原假设（标准差相同的假设），即在统计上无显著差异。

```
. sdtesti 75 . 6.5 65 . 7.5
Variance ratio test

              Obs        Mean    Std. err.   Std. dev.   [95% conf. interval]

       x       75           .    .7505553         6.5           .           .
       y       65           .    .9302605         7.5           .           .

Combined      140           .           .           .           .           .

    ratio = sd(x) / sd(y)                                      f =   0.7511
H0: ratio = 1                                   Degrees of freedom =   74, 64

     Ha: ratio < 1            Ha: ratio != 1              Ha: ratio > 1
 Pr(F < f) = 0.1172        2*Pr(F < f) = 0.2344        Pr(F > f) = 0.8828
```

图 5-11　输出结果

5.3.5　鲁棒检验

在 Stata 中，robvar 命令可以给出 Levene 提出的鲁棒检验统计量（W0），该统计量表示由 groupvar 定义的组之间的方差相等；Brown 和 Forsyth 提出的两个备选方案，第一个备选方案（W50）用中值代替均值，第二个备选方案（W10）将均值替换为 10%修正均值。

【例 5-10】鲁棒检验示例。数据集 stay.dta 中包含 1778 名患者（男性有 884 名、女性有 894 名）的住院时间数据。试检验特定医疗程序住院患者住院时间的标准差是否因性别而异。

由于留观时间是高度偏斜的（偏斜系数 = 4.912591），违反 Bartlett 的正态性假设，因此使用 robvar 命令来检验方差。

在命令窗口中输入：

. use D:\DingJB\Stata\stay, clear
. robvar lengthstay, by(sex)

输出结果如图 5-12 所示。由输出结果可知，P 值（$P_r>F$）大于 0.05，接受原假设，即统计上无显著差异。

```
. robvar lengthstay, by(sex)

            Summary of Length of stay in days
   Gender        Mean    Std. dev.        Freq.

     Male    9.0874434   9.7884747          884
   Female    8.800671    9.1081478          894

    Total    8.9432508   9.4509466        1,778

W0  = 0.55505315    df(1, 1776)    Pr > F = 0.45635888
W50 = 0.42714734    df(1, 1776)    Pr > F = 0.51347664
W10 = 0.44577674    df(1, 1776)    Pr > F = 0.50443411
```

图 5-12　输出结果

5.4　非参数检验

通常，参数检验方法假设统计总体的具体分布已知，当无法合理假设总体分布形式时，需要采用非参数检验方法。常用的非参数检验包括单样本正态分布检验、两独立样本检验、两相关样本检验、多独立样本检验及游程检验等。

5.4.1　单样本正态分布检验

单样本正态分布检验用于通过检验样本特征来探索总体是否服从正态分布，其本质上属于一种拟合优度检验。

在 Stata 中，常用的单样本正态分布检验有偏度-峰度检验、Shapiro-Wilk 检验两种，分别由 sktest 命令与 swilk 命令实现。

单样本正态分布检验的两条命令语句在描述性统计中已经介绍过，这里不再赘述。

5.4.2　两独立样本检验

两独立样本检验的基本功能是判断两个相互独立的样本是否来自相同分布的总体。这种检验过程是通过分析两个样本的均值、中位数、离散趋势、偏度等描述性统计量之间的差异来实现的。

在 Stata 中，ranksum 命令可以实现两独立样本检验，其调用格式为：

ranksum varname [if] [in], by(groupvar) [options]　　　//Wilcoxon rank-sum 检验

其中，by(groupvar)为分组变量选项；options 选项含义如表 5-4 所示。

表 5-4　options 选项含义

选项	含义
exact	报告秩和检验的精确 P 值，当样本容量≤200 时计算精确 P 值（默认）
porder	第一组变量大于第二组变量的概率

另外，Stata 还提供了 median 命令用于实现两独立样本非参数中值相等检验。

median varname [if] [in] [weight], by(groupvar) [exact]　　//非参数中值相等检验

其中，by(groupvar)为分组变量选项；exact 选项报告 Fisher's 精确检验的精确 P 值。

【例 5-11】两独立样本检验示例。数据集 fuel2.dta 中包含一种新燃料添加剂的有效性测试结果数据。共采用 24 辆汽车进行测试，其中 12 辆汽车进行燃料处理，12 辆汽车不进行燃料处理。变量 mpg 记录平均里程等级，变量 treat 记录是否采用处理过的燃油。试判断两个 treat 的 mpg 值是否存在显著差异。

在命令窗口中输入：

```
. use D:\DingJB\Stata\fuel2, clear
. ranksum mpg, by(treat)
```

输出结果如图 5-13 所示。由输出结果可知，Prob>|z|=0.2010>0.05，接受原假设，即两个 treat 的 mpg 值在统计上无显著差异。

该例中总样本只有 24 辆汽车，所以默认计算精确 P 值。当样本容量>200 时，如果要计算精确 P 值，则必须指定 exact 选项。

在命令窗口中输入：

```
. median mpg, by(treat) exact
```

输出结果如图 5-14 所示。由输出结果可知，计算出的 P 值均大于 0.05，未能拒绝含添加剂的燃料和不含添加剂的燃料之间没有差异的原假设。

```
. ranksum mpg, by(treat)

Two-sample Wilcoxon rank-sum (Mann-Whitney) test

        treat |      Obs    Rank sum    Expected
--------------+---------------------------------
    Untreated |       12         128         150
      Treated |       12         172         150
--------------+---------------------------------
     Combined |       24         300         300

Unadjusted variance      300.00
Adjustment for ties       -4.04
                       --------
Adjusted variance        295.96

H0: mpg(treat==Untreated) = mpg(treat==Treated)
           z = -1.279
Prob > |z| = 0.2010
Exact prob = 0.2117
```

图 5-13　输出结果

```
. median mpg, by(treat) exact

Median test

   Greater |  Whether car received
  than the |     fuel additive
    median | Untreated    Treated |     Total
-----------+----------------------+----------
        no |         7          5 |        12
       yes |         5          7 |        12
-----------+----------------------+----------
     Total |        12         12 |        24

          Pearson chi2(1) =   0.6667   Pr = 0.414
           Fisher's exact =                 0.684
   1-sided Fisher's exact =                 0.342

   Continuity corrected:
          Pearson chi2(1) =   0.1667   Pr = 0.683
```

图 5-14　输出结果

5.4.3　两相关样本检验

两相关样本检验可以判断两个相关的样本是否来自相同分布的总体。

在 Stata 中，signrank 命令与 signtest 命令可以实现两相关样本检验，其调用格式为：

```
signrank varname = exp [if] [in], [exact]        //Wilcoxon 配对符号秩和检验
signtest varname = exp [if] [in]                 //配对符号检验
```

其中，exact 选项报告秩和检验的精确 P 值，当样本容量≤200 时计算精确 P 值（默认）。

【例 5-12】两相关样本检验示例。数据集 fuel.dta 中包含一种新燃料添加剂的有效性测试结果数据。共采用 12 辆汽车进行测试，分别对进行燃料处理与不进行燃料处理的里程进行测试。变量 mpg1 记录进行燃料处理的里程，变量 mpg2 记录不进行燃油处理的里程。试判断 mpg1 与 mpg2 是否存在显著差异。

在命令窗口中输入：

. use D:\DingJB\Stata\fuel, clear
. signrank mpg1 = mpg2

输出结果如图 5-15 所示。由输出结果可知，尽管样本容量较小，但使用正常近似值 0.0485 计算的 P 值与精确 P 值 0.0479 相似，Prob>|z|=0.0485<0.05，拒绝原假设，即在 0.05 的显著性水平上拒绝原假设，也就是说，不排除 mpg1 与 mpg2 存在显著差异的可能性。

在命令窗口中输入：

. signtest mpg1 = mpg2

输出结果如图 5-16 所示，检验结果包括符号检验、单侧检验及双侧检验 3 部分。由输出结果可知，有 3 项比较结果 mpg1 超过 mpg2，8 项比较结果 mpg2 超过 mpg1，1 项比较结果两者相同。

图 5-15　输出结果

图 5-16　输出结果

> 符号检验采用配对的两组数据相减，原假设是两组数据不存在显著差异，故两组数据相减得到的差中正数与负数的个数应大致相当。本例中期望值为 12 个正数与 12 个负数，实际观测值为 3 个正数，所以两组数据存在显著差异，即 mpg1 与 mpg2 不是来自相同分布的总体。

5.4.4　多独立样本检验

多独立样本检验用于判断多个相互独立的样本是否来自相同分布的总体。

在 Stata 中，kwallis 命令可以实现多独立样本检验，其调用格式为：

kwallis varname = exp [if] [in], by(groupvar)

其中，by(groupvar)为必选项，用于指定标识组的变量。

【例 5-13】多独立样本检验示例。数据集 census.dta 中为 50 个地区的人口数据，包含每个地区（region）的人口年龄中位数（medage）。试检验 4 个地区的人口平均年龄分布是否存在显著差异。

在命令窗口中输入：

```
. use D:\DingJB\Stata\census, clear
(1980 Census data by state)
. kwallis medage, by(region)
```

输出结果如图 5-17 所示。由输出结果可知，参与分析的样本有 4 组，Prob=0.0007<0.05，拒绝原假设，即 4 个地区的人口平均年龄分布存在显著差异。

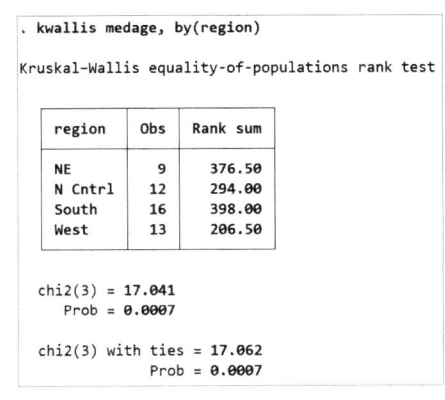

```
. kwallis medage, by(region)
Kruskal-Wallis equality-of-populations rank test

 region  | Obs | Rank sum
 NE      |  9  | 376.50
 N Cntrl | 12  | 294.00
 South   | 16  | 398.00
 West    | 13  | 206.50

chi2(3) = 17.041
   Prob = 0.0007

chi2(3) with ties = 17.062
             Prob = 0.0007
```

图 5-17　输出结果

5.4.5　游程检验

游程检验可以判断样本序列是否为随机序列，该检验过程是通过分析游程的总个数来实现的。

在 Stata 中，runtest 命令可以实现游程检验，其调用格式为：

runtest varname [in] [, options]

其中，options 选项含义如表 5-5 所示。

表 5-5　options 选项含义

选　　项	含　　义
continuity	连续校正
drop	忽略与阈值相等的值
split	将等于阈值的值随机分为高于阈值或低于阈值，默认低于阈值
mean	使用均值作为阈值，默认为中位数
threshold(#)	分配任意阈值，默认为中位数

【例 5-14】游程检验示例。使用 runtest 命令检验序列相关性的回归残差。

在命令窗口中输入：

```
. use D:\DingJB\Stata\run1, clear
. scatter resid year, connect(l) yline(0) title(Regression residuals)
```

输出结果如图 5-18（a）所示。图 5-18（a）中直观表现为回归残差是正相关的，其自然阈值高于或低于零的值均持续几个观测值。通过 runtest 命令可以评估该现象的统计意义。

在命令窗口中输入：

```
. runtest resid, thresh(0)
```

输出结果如图 5-18（b）所示。由输出结果可知，Prob>|z|=0.04<0.05，拒绝原假设，即数据的产生不是随机的，存在自相关现象。

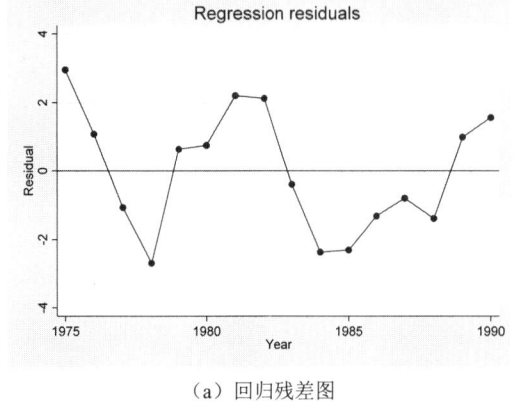

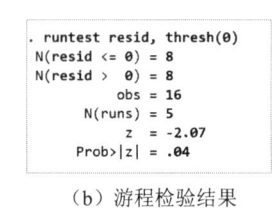

（a）回归残差图　　　　　　　　（b）游程检验结果

图 5-18　输出结果

5.5　本章小结

本章首先介绍了假设检验基础理论，其次详细介绍了基于均值与基于标准差的参数检验如何在 Stata 中实现，最后对非参数检验的 Stata 实现进行了介绍。其中，参数检验假设统计总体的具体分布已知，非参数检验适用于无法合理假设总体分布形式的情况。本章介绍的各种假设检验的实现方法，读者应着重掌握。

第6章 方差分析

方差分析是用来分析分类别自变量对数值型因变量的影响的一种统计分析方法，也可用于分析两个及以上样本均值差别的假设检验。自变量对因变量的影响也被称为自变量效应，而自变量效应的大小则体现为因变量的误差里有多少是由自变量造成的。方差分析是基于样本方差对总体均值进行统计推断的方法，通过试验观察一个或多个因素的变化对试验结果是否带来显著影响，鉴别各个因素的效应，从而选取一种最优方案。方差分析包括单因素方差分析、多因素方差分析和协方差分析。

6.1 单因素方差分析

单因素方差分析用于研究一个因素的变化对于试验结果的影响和作用，这个因素可以有不同的取值或分组。单因素方差分析所要检验的问题就是当因素选择不同的取值或分组时对试验结果有无显著的影响。

6.1.1 基本理论

1. 基本模型

设因素 A 有 s 个水平 $A_1, A_2, \cdots, A_s$，在水平 $A_j(j=1,2,\cdots,s)$ 下，进行 $n_j(n_j \geq 2)$ 次独立试验，得到如表 6-1 所示的结果。

表 6-1 独立试验结果

	水平			
	A_1	A_2	$\cdots$	A_s
观察结果	X_{11}	X_{12}	$\cdots$	X_{1s}
	X_{21}	X_{22}	$\cdots$	X_{2s}
	$\vdots$	$\vdots$		$\vdots$
	$X_{n_1 1}$	$X_{n_2 2}$	$\cdots$	$X_{n_s s}$
样本总和	$T_{\cdot 1}$	$T_{\cdot 2}$	$\cdots$	$T_{\cdot s}$
样本均值	$\bar{X}_{\cdot 1}$	$\bar{X}_{\cdot 2}$	$\cdots$	$\bar{X}_{\cdot s}$
总体均值	μ_1	μ_2	$\cdots$	μ_s

假定：因素的各个水平 $A_j(j=1,2,\cdots,s)$ 下的样本 $X_{1j}, X_{2j}, \cdots, X_{n_j j}$ 来自具有相同方差 σ^2、均值分别为 $\mu_j(j=1,2,\cdots,s)$ 的正态分布总体 $N(\mu_j, \sigma^2)$，μ_j 与 σ^2 未知，且设不同水平 A_j 下的样本之间相互独立。

由于 $X_{ij} \sim N(\mu_j, \sigma^2)$，即 $X_{ij} - \mu_j \sim N(0, \sigma^2)$，故 $X_{ij} - \mu_j$ 可看作随机误差。记 $X_{ij} - \mu_j = \varepsilon_{ij}$，则 X_{ij} 可写为

$$\begin{cases} X_{ij} = \mu_j + \varepsilon_{ij} \\ \varepsilon_{ij} \sim N(0, \sigma^2)，各 \varepsilon_{ij} 成立 \\ i = 1, 2, \cdots, n_j, \; j = 1, 2, \cdots, s \end{cases}$$

式中，μ_j 与 σ^2 均为未知参数。上式被称为单因素方差分析的数学模型。单因素方差分析的任务是对该模型完成以下内容。

（1）检验 s 个总体 $N(\mu_1, \sigma^2), N(\mu_2, \sigma^2), \cdots, N(\mu_s, \sigma^2)$ 的均值是否相等，即检验假设：

$$H_0: \mu_1 = \mu_2 = \cdots = \mu_s$$

$$H_1: \mu_1, \mu_2, \cdots, \mu_s \text{不全相等}$$

（2）给出未知参数 $\mu_1, \mu_2, \cdots, \mu_s$ 和 σ^2 的估计。

2．平方和的分解

引入总偏差平方和：

$$S_T = \sum_{j=1}^{s} \sum_{i=1}^{n_j} (X_{ij} - \bar{X})^2$$

式中，

$$\bar{X} = \frac{1}{n} \sum_{j=1}^{s} \sum_{i=1}^{n_j} X_{ij}$$

是数据的总平均。S_T 能反映全部试验数据之间的差异，因此 S_T 又被称为总变差。记水平 A_j 下的样本水平均值为 $\bar{X}_{\cdot j}$，即

$$\bar{X}_{\cdot j} = \frac{1}{n_j} \sum_{i=1}^{n_j} X_{ij}$$

将 S_T 写为

$$S_T = \sum_{j=1}^{s} \sum_{i=1}^{n_j} \left[(X_{ij} - \bar{X}_{\cdot j}) + (\bar{X}_{\cdot j} - \bar{X}) \right]^2$$

$$= \sum_{j=1}^{s} \sum_{i=1}^{n_j} (X_{ij} - \bar{X}_{\cdot j})^2 + \sum_{j=1}^{s} \sum_{i=1}^{n_j} (\bar{X}_{\cdot j} - \bar{X})^2 + 2 \sum_{j=1}^{s} \sum_{i=1}^{n_j} (X_{ij} - \bar{X}_{\cdot j})(\bar{X}_{\cdot j} - \bar{X})$$

注意到上式第三项（交叉项）为

$$2\sum_{j=1}^{s}\sum_{i=1}^{n_j}(X_{ij}-\overline{X}_{\cdot j})(\overline{X}_{\cdot j}-\overline{X}) = 2\sum_{j=1}^{s}(\overline{X}_{\cdot j}-\overline{X})\left[\sum_{i=1}^{n_j}(X_{ij}-\overline{X}_{\cdot j})\right]$$
$$= 2\sum_{j=1}^{s}(\overline{X}_{\cdot j}-\overline{X})\left(\sum_{i=1}^{n_j}X_{ij}-n_j\overline{X}_{\cdot j}\right)=0$$

于是可将 S_T 分解为

$$S_T = S_E + S_A$$

式中,

$$S_E = \sum_{j=1}^{s}\sum_{i=1}^{n_j}(X_{ij}-\overline{X}_{\cdot j})^2$$

$$S_A = \sum_{j=1}^{s}\sum_{i=1}^{n_j}(\overline{X}_{\cdot j}-\overline{X})^2 = \sum_{j=1}^{s}n_j(\overline{X}_{\cdot j}-\overline{X})^2 = \sum_{j=1}^{s}n_j\overline{X}_{\cdot j}^2 - n\overline{X}^2$$

S_E 衡量的是在水平 A_j 下,样本观测值与样本均值的差异,这是由随机误差引起的,叫作误差平方和。S_A 衡量的是在水平 A_j 下,样本均值与总体均值的差异,这是由水平 A_j 的效应的差异及随机误差引起的,叫作因素 A 的效应平方和。$S_T = S_E + S_A$ 就是平方和分解式。

3. 单因素方差分析表

平方和分解的各项统计特性如下:

$$\frac{S_E}{\sigma^2} \sim \chi^2(n-s)$$

当 H_0 为真时,有

$$\frac{S_A}{\sigma^2} \sim \chi^2(s-1)$$

由 S_A 与 S_E 的独立性可知,当 H_0 为真时,有

$$\frac{S_A/(s-1)}{S_E/(n-s)} = \frac{S_A/\sigma^2}{(s-1)} \Big/ \frac{S_E/\sigma^2}{(n-s)} \sim F(s-1, n-s)$$

由此可得,原假设的拒绝域为

$$F = \frac{S_A/(s-1)}{S_E/(n-s)} \geqslant F_\alpha(s-1, n-s)$$

上述分析的结果可以用表 6-2 来概括,表 6-2 被称为单因素方差分析表。

表 6-2 单因素方差分析表

方差来源	平方和	自由度	均方	F 统计量
因素 A	S_A	$s-1$	$\overline{S}_A = S_A/(s-1)$	$F = \overline{S}_A/\overline{S}_E$
误差	S_E	$n-s$	$\overline{S}_E = S_E/(n-s)$	
总和	S_T	$n-1$		

6.1.2 Stata 实现

在 Stata 中，oneway 命令、loneway 命令、anvoa 命令可以实现单因素方差分析。

1. oneway命令

oneway 命令的调用格式为：

oneway response_var factor_var [if] [in] [weight] [, options]

其中，response_var 为要进行单因素方差分析的响应变量，可以理解为被解释变量、因变量；factor_var 为要进行单因素方差分析的因子变量，可以理解为解释变量、自变量；options 选项含义如表 6-3 所示。

表 6-3 options 选项含义

选项	含义	选项	含义
bonferroni	Bonferroni 多重比较检验	[no] means	[不]显示均值，默认显示
scheffe	Scheffe 多重比较检验	[no] standard	[不]显示标准差，默认显示
sidak	Sidak 多重比较检验	[no] freq	[不]显示频数，默认显示
tabulate	生成汇总表	[no] obs	[不]显示观测样本数，默认显示
wrap	不分割宽表	noanova	不显示方差分析表
missing	将缺失值作为一个类别	nolabel	以数值形式显示，而非标签形式

2. loneway命令

loneway 命令放宽了 oneway 命令因子必须少于 376 个级别的限制。loneway 命令还报告组内相关性、标准误和置信区间，组平均值的估计可靠性，群体效应的标准差，以及组内效应的标准差等。loneway 命令的调用格式为：

loneway response_var group_var [if] [in] [weight] [, options]

其中，response_var 为要进行单因素方差分析的响应变量，可以理解为被解释变量、因变量；group_var 为要进行单因素方差分析的因子变量，可以理解为解释变量、自变量；options 选项含义如表 6-4 所示。

表 6-4 options 选项含义

选项	含义
mean	F 分布的期望值，默认值为 1
median	F 分布的中位数，默认值为 1
exact	精确置信区间（组个数必须相等，没有权重）
level(#)	设置置信水平，默认为 level(95)

oneway 命令与 loneway 命令的主要差异如表 6-5 所示。

表 6-5 oneway 命令与 loneway 命令的主要差异

特征	oneway 命令	loneway 命令
单因素方差模型	×	×
水平个数小于 376	×	×
水平个数大于 376		×
Bartlett 同方差检验	×	
多重比较检验	×	
组内相关系数和标准差		×

续表

特　征	oneway 命令	loneway 命令
组内相关系数的置信区间		×
组平均得分的可靠性估计		×
组间效应的标准差		×
组内效应的标准差		×

3. anova命令

当 anova 命令选项输入时，执行的是单因素方差分析，其调用格式为：

anova response_var factor_var [if] [in] [weight] [, options]

anova 命令会在后文中进行详细介绍，这里不再赘述。

6.1.3　分析示例

【例 6-1】数据集 apple.dta 中包含某改变苹果树种植所用肥料浓度的实验结果数据。实验中测试了 4 种肥料浓度，每种浓度的肥料施加在果树林中的 12 棵树中。中间不可控因素导致部分果树被误伐。秋收时分别对 4 种肥料浓度下苹果的质量进行 3 次测量。试分析 4 种肥料浓度（treatment）下苹果的质量（weight）是否存在显著差异。

在命令窗口中输入：

```
. use D:\DingJB\Stata\apple, clear
(Apple trees)
. oneway weight treatment      //分析 treatment 是否对 weight 造成显著影响
```

输出结果如图 6-1 所示。由输出结果可知，P 值为 0.0013，即在 1.3%的显著性水平下认为 4 种肥料浓度下苹果的质量存在显著差异。

```
. oneway weight treatment

                        Analysis of variance
    Source              SS         df      MS            F       Prob > F
Between groups     5295.54433       3   1765.18144     21.46     0.0013
Within groups       493.591667      6    82.2652778

    Total           5789.136        9    643.237333

Bartlett's equal-variances test: chi2(3) =   1.3900  Prob>chi2 = 0.708
```

图 6-1　输出结果

在分析结果的下方给出了 Bartlett 同方差检验结果，较低的 Bartlett 概率意味着方差分析中的同方差假设不太可能成立。此处 P 值为 0.708>0.05，验证了不能拒绝同方差假设，即结果是可信的。

在命令窗口中输入：

```
. oneway weight treatment, tabulate    //创建汇总表
```

输出结果如图 6-2 所示。汇总表中给出了数据的整体情况，包括均值、标准差、频数等基本统计量。由输出结果可知，当使用肥料浓度 1 时，苹果的平均质量最大。

```
. oneway weight treatment, tabulate
                Summary of Average weight in grams
  Fertilizer        Mean    Std. dev.      Freq.
           1       111.9    6.7535176          3
           2   52.733333    5.3928966          3
           3       78.65   11.667262           2
           4        77.5   14.424978           2

       Total       80.62   25.362124          10

                        Analysis of variance
    Source             SS         df       MS              F       Prob > F

Between groups    5295.54433      3    1765.18144        21.46      0.0013
 Within groups     493.591667     6      82.2652778

       Total        5789.136     9     643.237333

Bartlett's equal-variances test:  chi2(3) =    1.3900    Prob>chi2 = 0.708
```

图 6-2　输出结果

在命令窗口中输入：

. oneway weight treatment, bonferroni   //Bonferroni 多重比较检验

输出结果如图 6-3 所示。Bonferroni 多重比较检验结果以矩阵形式显示。

其中，−59.1667 代表肥料浓度 2 和肥料浓度 1 之间的差异。前面的分析中肥料浓度 1 和肥料浓度 2 的均值分别为 111.9 和 52.733333，因此 52.733333−111.9≈−59.1667。该数字下面的 0.001 是使用 Bonferroni 调整后的差异显著性水平，即在 0.1%的显著性水平下差异显著。同样可以看到肥料浓度 3 也比肥料浓度 1（4.2%的显著性水平）差，肥料浓度 4（3.6%的显著性水平）也是如此。据此，如果种植苹果树，应使用肥料浓度 1。

```
. oneway weight treatment, bonferroni
                        Analysis of variance
    Source             SS         df       MS              F       Prob > F

Between groups    5295.54433      3    1765.18144        21.46      0.0013
 Within groups     493.591667     6      82.2652778

       Total        5789.136     9     643.237333

Bartlett's equal-variances test:  chi2(3) =    1.3900    Prob>chi2 = 0.708

          Comparison of Average weight in grams by Fertilizer
                              (Bonferroni)
Row Mean-
Col Mean  |        1          2          3

       2  |  -59.1667
          |    0.001

       3  |   -33.25    25.9167
          |    0.042     0.122

       4  |    -34.4    24.7667      -1.15
          |    0.036     0.146      1.000
```

图 6-3　输出结果

在命令窗口中输入：

. oneway weight treatment, noanova scheffe   //Scheffe 多重比较检验

输出结果如图 6-4 所示。该输出结果与 Bonferroni 多重比较检验结果中的差异相同，但显著性水平不同。例如，使用 Bonferroni 调整后肥料浓度 1 和肥料浓度 3 之间的差异显著性水平为 4.2%，使用 Scheff 调整后肥料浓度 1 和肥料浓度 3 之间的差异显著性水平为 3.9%。

```
. oneway weight treatment, noanova scheffe
                Comparison of Average weight in grams by Fertilizer
                                     (Scheffe)
  Row Mean-
   Col Mean         1          2          3

         2     -59.1667
                 0.001

         3      -33.25    25.9167
                 0.039      0.101

         4       -34.4    24.7667      -1.15
                 0.034      0.118      0.999
```

图 6-4　输出结果

在命令窗口中输入：

. anova weight treatment

输出结果如图 6-5 所示。anova 命令没有 tabulate 选项的执行结果，也没有在后续结果中自动进行同方差检验，但方差分析的结果是一致的。

```
. anova weight treatment
                  Number of obs =      10    R-squared     = 0.9147
                  Root MSE      = 9.07002    Adj R-squared = 0.8721

     Source |  Partial SS     df       MS           F     Prob>F
     Model  |   5295.5443      3    1765.1814     21.46   0.0013
  treatment |   5295.5443      3    1765.1814     21.46   0.0013
   Residual |   493.59167      6    82.265278
      Total |    5789.136      9    643.23733
```

图 6-5　输出结果

在使用 anova 命令进行方差分析之后，还可以使用 predict 命令计算预测值、标准误、残差等各种统计量。

在命令窗口中输入：

```
. predict weightmeam                        //预测 weight 的均值
. predict SEweightmeam , stdp               //计算预测 weight 均值的标准误
. serrbar weightmeam SEweightmeam treatment,plot( line weightmeam    treatment)
> legend(off)                               //绘制标准误条形图
```

输出结果如图 6-6 所示。此处绘制的单因素方差分析标准误条形图是基于预测数据的。

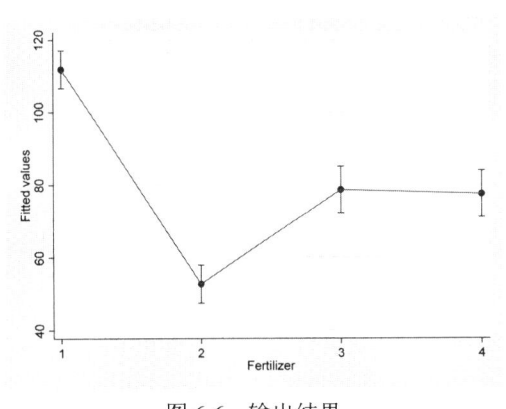

图 6-6　输出结果

【例6-2】数据集 auto7.dta 中的变量 manufacturer_grp 用于识别每辆汽车的制造商，对每个制造商最多保留了 4 种车型（选择 mpg 最低的车型）。试计算至少有 4 种车型的所有制造商的 mpg 类内相关性。

在命令窗口中输入：

. use D:\DingJB\Stata\auto7, clear
(1978 automobile data)
. loneway mpg manufacturer_grp if nummake == 4

输出结果如图 6-7 所示。由输出结果可知，loneway 命令的输出比 oneway 命令的输出提供了更多的信息。除标准的单因素方差分析以外，loneway 命令还生成 R^2、组效应的估计标准差、组内估计标准差、组内相关性、组平均值的估计可靠性，以及未加权数据的组内相关性的渐近标准差和置信区间。

```
. loneway mpg manufacturer_grp if nummake == 4

            One-way analysis of variance for mpg: Mileage (mpg)

                                        Number of obs =        36
                                        R-squared     =    0.5228

    Source              SS         df       MS             F     Prob > F

Between manufactur~p  621.88889     8    77.736111        3.70    0.0049
Within manufactur~p   567.75       27    21.027778

Total                1189.6389    35    33.989683

         Intraclass      Asy.
         correlation     S.E.      [95% conf. interval]

            0.40270     0.18770     0.03481    0.77060

         Estimated SD of manufactur~p effect      3.765247
         Estimated SD within manufactur~p         4.585605
         Est. reliability of a manufactur~p mean  0.72950
            (evaluated at n=4.00)
```

图 6-7　输出结果

在命令窗口中输入：

. anova mpg manufacturer_grp if nummake == 4

输出结果如图 6-8 所示。

```
. anova mpg manufacturer_grp if nummake == 4

                      Number of obs =      36    R-squared     =  0.5228
                      Root MSE      = 4.58561    Adj R-squared =  0.3813

       Source    | Partial SS     df       MS          F      Prob>F

        Model   |   621.88889     8    77.736111      3.70    0.0049

   manufactu~p  |   621.88889     8    77.736111      3.70    0.0049

     Residual   |     567.75     27    21.027778

        Total  |   1189.6389    35    33.989683
```

图 6-8　输出结果

6.2　多因素方差分析

多因素方差分析用于研究两个及以上控制变量是否对观测变量产生显著影响。多因素方差分析不仅能够分析多个控制变量对观测变量的独立影响，还能够分析多个控制变量的交互作用能否对观测变量产生显著影响，最终找到有利于观测变量的最优组合。

下面基于双因素方差分析基本理论进行介绍，多因素方差分析是双因素方差分析的拓展。

6.2.1 基本理论

1. 双因素重复试验的方差分析

设有两个因素 A、B 作用于试验的指标。因素 A 有 r 个水平 $A_1, A_2, \cdots, A_r$，因素 B 有 s 个水平 $B_1, B_2, \cdots, B_s$。

现对因素 A、B 的水平的每对组合 (A_i, B_j)（$i=1,2,\cdots,r$，$j=1,2,\cdots,s$）都进行 $t(t \geq 2)$ 次试验（称为等重复试验），得到如表 6-6 所示的结果。

表 6-6 双因素重复试验结果

因素 A	因素 B			
	B_1	B_2	$\cdots$	B_s
A_1	$X_{111}, X_{112}, \cdots, X_{11t}$	$X_{121}, X_{122}, \cdots, X_{12t}$	$\cdots$	$X_{1s1}, X_{1s2}, \cdots, X_{1st}$
A_2	$X_{211}, X_{212}, \cdots, X_{21t}$	$X_{221}, X_{222}, \cdots, X_{22t}$	$\cdots$	$X_{2s1}, X_{2s2}, \cdots, X_{2st}$
$\vdots$	$\vdots$	$\vdots$		$\vdots$
A_r	$X_{r11}, X_{r12}, \cdots, X_{r1t}$	$X_{r21}, X_{r22}, \cdots, X_{r2t}$	$\cdots$	$X_{rs1}, X_{rs2}, \cdots, X_{rst}$

假设：$X_{ijk} \sim N(\mu_{ij}, \sigma^2)$，$i=1,2,\cdots,r$，$j=1,2,\cdots,s$，$k=1,2,\cdots,t$，并且各 X_{ijk} 独立。其中，μ_{ij} 和 σ^2 均为未知参数，X_{ijk} 可写为

$$\begin{cases} X_{ijk} = \mu_{ij} + \varepsilon_{ijk} \\ \varepsilon_{ijk} \sim N(0, \sigma^2)，各 \varepsilon_{ijk} 独立 \\ i=1,2,\cdots,r, \ j=1,2,\cdots,s, \ k=1,2,\cdots,t \end{cases} \quad (6\text{-}1)$$

引入以下记号：

$$\mu = \frac{1}{rs} \sum_{i=1}^{r} \sum_{j=1}^{s} \mu_{ij}$$

$$\mu_{i\cdot} = \frac{1}{s} \sum_{j=1}^{s} \mu_{ij}, \ i=1,2,\cdots,r$$

$$\mu_{\cdot j} = \frac{1}{r} \sum_{i=1}^{r} \mu_{ij}, \ j=1,2,\cdots,s$$

$$\alpha_i = \mu_{i\cdot} - \mu, \ i=1,2,\cdots,r$$

$$\beta_j = \mu_{\cdot j} - \mu, \ j=1,2,\cdots,s$$

易得

$$\sum_{i=1}^{r} \alpha_i = 0, \quad \sum_{j=1}^{s} \beta_j = 0$$

式中，μ 为总平均；α_i 为水平 A_i 的效应；β_j 为水平 B_j 的效应。这样便可将 μ_{ij} 表示为

$$\mu_{ij} = \mu + \alpha_i + \beta_j + (\mu_{ij} - \mu_{i.} - \mu_{.j} + \mu), \ i=1,2,\cdots,r, \ j=1,2,\cdots,s$$

记

$$\gamma_{ij} = \mu_{ij} - \mu_{i.} - \mu_{.j} + \mu, \ i=1,2,\cdots,r, \ j=1,2,\cdots,s$$

则有

$$\mu_{ij} = \mu + \alpha_i + \beta_j + \gamma_{ij}, \ i=1,2,\cdots,r, \ j=1,2,\cdots,s$$

式中，γ_{ij} 为水平 A_i 和水平 B_j 的交互效应，是由 A_i、B_j 搭配联合起作用而引起的。易得

$$\sum_{i=1}^{r} \gamma_{ij} = 0, \ j=1,2,\cdots,s$$

$$\sum_{j=1}^{s} \gamma_{ij} = 0, \ i=1,2,\cdots,r$$

这样式（6-1）便可写为

$$\begin{cases} X_{ijk} = \mu_{ij} + \varepsilon_{ijk} \\ \varepsilon_{ijk} \sim N(0, \sigma^2), \ \text{各} \varepsilon_{ijk} \text{独立} \\ i=1,2,\cdots,r, \ j=1,2,\cdots,s, \ k=1,2,\cdots,t, \\ \sum_{i=1}^{r} \alpha_i = 0, \ \sum_{j=1}^{s} \beta_j = 0, \ \sum_{i=1}^{r} \gamma_{ij} = 0, \ \sum_{j=1}^{s} \gamma_{ij} = 0 \end{cases} \quad (6\text{-}2)$$

式中，μ、α_i、β_j、γ_{ij} 及 σ^2 都是未知参数。

式（6-2）就是即要研究的双因素方差分析的数学模型，对于这个模型，要检验以下 3 个假设。

$$\begin{cases} H_{01}: \ \alpha_1 = \alpha_2 = \cdots = \alpha_r = 0 \\ H_{11}: \ \alpha_1, \alpha_2, \cdots, \alpha_r \text{不全为零} \end{cases}$$

$$\begin{cases} H_{02}: \ \beta_1 = \beta_2 = \cdots = \beta_s = 0 \\ H_{12}: \ \beta_1, \beta_2, \cdots, \beta_s \text{不全为零} \end{cases}$$

$$\begin{cases} H_{03}: \ \gamma_{11} = \gamma_{12} = \cdots = \gamma_{rs} = 0 \\ H_{13}: \ \gamma_{11}, \gamma_{12}, \cdots, \gamma_{rs} \text{不全为零} \end{cases}$$

与单因素方差分析的情况类似，对这些假设的检验也是建立在平方和分解基础上的。先引入以下记号：

$$\bar{X} = \frac{1}{rst} \sum_{i=1}^{r} \sum_{j=1}^{s} \sum_{k=1}^{t} X_{ijk}$$

$$\bar{X}_{ij.} = \frac{1}{t} \sum_{k=1}^{t} X_{ijk}, \ i=1,2,\cdots,r, \ j=1,2,\cdots,s$$

$$\bar{X}_{i..} = \frac{1}{st} \sum_{j=1}^{s} \sum_{k=1}^{t} X_{ijk}, \ i=1,2,\cdots,r$$

$$\bar{X}_{.j.} = \frac{1}{rt} \sum_{i=1}^{r} \sum_{k=1}^{t} X_{ijk}, \ j=1,2,\cdots,s$$

再引入总偏差平方和（称为总变差）：

$$S_T = \sum_{i=1}^{r}\sum_{j=1}^{s}\sum_{k=1}^{t}\left(X_{ijk} - \overline{X}\right)^2$$

可将其写为

$$\begin{aligned}S_T &= \sum_{i=1}^{r}\sum_{j=1}^{s}\sum_{k=1}^{t}\left(X_{ijk} - \overline{X}\right)^2 \\ &= \sum_{i=1}^{r}\sum_{j=1}^{s}\sum_{k=1}^{t}\left(X_{ijk} - \overline{X}_{ij\cdot}\right)^2 + st\sum_{i=1}^{r}\left(\overline{X}_{i\cdot\cdot} - \overline{X}\right)^2 + rt\sum_{j=1}^{s}\left(\overline{X}_{\cdot j\cdot} - \overline{X}\right)^2 \\ &\quad + t\sum_{i=1}^{r}\sum_{j=1}^{s}\left(\overline{X}_{ij\cdot} - \overline{X}_{i\cdot\cdot} - \overline{X}_{\cdot j\cdot} + \overline{X}\right)^2\end{aligned}$$

这样便可得到平方和分解式：

$$S_T = S_E + S_A + S_B + S_{A\times B}$$

$$S_E = \sum_{i=1}^{r}\sum_{j=1}^{s}\sum_{k=1}^{t}\left(X_{ijk} - \overline{X}_{ij\cdot}\right)^2$$

$$S_A = st\sum_{i=1}^{r}\left(\overline{X}_{i\cdot\cdot} - \overline{X}\right)^2$$

$$S_B = rt\sum_{j=1}^{s}\left(\overline{X}_{\cdot j\cdot} - \overline{X}\right)^2$$

$$S_{A\times B} = t\sum_{i=1}^{r}\sum_{j=1}^{s}\left(\overline{X}_{ij\cdot} - \overline{X}_{i\cdot\cdot} - \overline{X}_{\cdot j\cdot} + \overline{X}\right)^2$$

式中，S_E 为误差平方和；S_A、S_B 分别为因素 A、因素 B 的效应平方和；$S_{A\times B}$ 为因素 A、因素 B 的交互效应平方和。

可以证明 S_T、S_E、S_A、S_B、$S_{A\times B}$ 的自由度依次为 $rst-1$、$rs(t-1)$、$r-1$、$s-1$、$(r-1)(s-1)$。

当假设 H_{01} 成立时，可以证明：

$$F_A = \frac{S_A/(r-1)}{S_E/(rs(t-1))} \sim F(r-1, rs(t-1))$$

在显著性水平为 α 的情况下，可得假设 H_{01} 的拒绝域为

$$F_A = \frac{S_A/(r-1)}{S_E/(rs(t-1))} \geqslant F_\alpha(r-1, rs(t-1))$$

在显著性水平为 α 的情况下，可得假设 H_{02} 的拒绝域为

$$F_B = \frac{S_B/(s-1)}{S_E/(rs(t-1))} \geqslant F_\alpha(s-1, rs(t-1))$$

在显著性水平为 α 的情况下，可得假设 H_{03} 的拒绝域为

$$F_{A\times B} = \frac{S_{A\times B}/((r-1)(s-1))}{S_E/(rs(t-1))} \geqslant F_\alpha((r-1)(s-1), rs(t-1))$$

上述分析的结果可汇总成表 6-7。

表 6-7 双因素重复试验的方差分析表

方差来源	平方和	自由度	均方	F 统计量
因素 A	S_A	$r-1$	$\bar{S}_A = \dfrac{S_A}{r-1}$	$F_A = \dfrac{\bar{S}_A}{\bar{S}_E}$
因素 B	S_B	$s-1$	$\bar{S}_B = \dfrac{S_B}{s-1}$	$F_B = \dfrac{\bar{S}_B}{\bar{S}_E}$
交互作用	$S_{A\times B}$	$(r-1)(s-1)$	$\bar{S}_{A\times B} = \dfrac{S_{A\times B}}{(r-1)(s-1)}$	$F_{A\times B} = \dfrac{\bar{S}_{A\times B}}{\bar{S}_E}$
误差	S_E	$rs(t-1)$	$\bar{S}_E = \dfrac{S_E}{rs(t-1)}$	
总和	S_T	$rst-1$		

2. 双因素无重复试验的方差分析

在以上分析中，考虑了双因素重复试验中两个因素的交互作用。为了检验交互作用的效应是否显著，对两个因素的每个组合 (A_i, A_j) 至少要做 2 次试验。这是因为在模型中若 $k=1$，则 $\gamma_{ij} + \varepsilon_{ij}$ 总以结合在一起的形式出现，这样就不能将交互作用与误差分离开来。

如果在处理现实问题时我们已经知道不存在交互作用，或者已知交互作用很小，则可以不考虑交互作用，此时即使 $k=1$，也能对因素 A、因素 B 的效应进行分析。下面对两个因素的每个组合 (A_i, B_j) 只做一次试验，结果如表 6-8 所示。

表 6-8 双因素无重复试验结果

因素 A	因素 B			
	B_1	B_2	…	B_s
A_1	X_{11}	X_{12}	…	X_{1s}
A_2	X_{21}	X_{22}	…	X_{2s}
⋮	⋮	⋮		⋮
A_r	X_{r1}	X_{r2}	…	X_{rs}

假设条件与双因素重复试验的假设条件一样，只是现在不存在交互作用。因此，$\gamma_{ij}=0$，$i=1,2,\cdots,r$，$j=1,2,\cdots,s$，对该模型要检验的假设有以下两个。

$$\begin{cases} H_{01}: \alpha_1 = \alpha_2 = \cdots = \alpha_r = 0 \\ H_{11}: \alpha_1, \alpha_2, \cdots, \alpha_r \text{不全为零} \end{cases}$$

$$\begin{cases} H_{02}: \beta_1 = \beta_2 \cdots = \beta_s = 0 \\ H_{12}: \beta_1, \beta_2, \cdots, \beta_s \text{不全为零} \end{cases}$$

双因素无重复试验的方差分析表如表 6-9 所示。

表 6-9 双因素无重复试验的方差分析表

方差来源	平方和	自由度	均方	F 统计量
因素 A	S_A	$r-1$	$\bar{S}_A = \dfrac{S_A}{r-1}$	$F_A = \dfrac{\bar{S}_A}{\bar{S}_E}$
因素 B	S_B	$s-1$	$\bar{S}_B = \dfrac{S_B}{s-1}$	$F_B = \dfrac{\bar{S}_B}{\bar{S}_E}$

续表

方差来源	平方和	自由度	均方	F 统计量
误差	S_E	$(r-1)(s-1)$	$\overline{S}_E = \dfrac{S_E}{rs(t-1)}$	
总和	S_T	$rs-1$		

取显著性水平为 α，得到假设 H_{01} 的拒绝域为

$$F_A = \frac{\overline{S}_A}{\overline{S}_E} \geqslant F_\alpha(r-1,(r-1)(s-1))$$

假设 H_{02} 的拒绝域为

$$F_B = \frac{\overline{S}_B}{\overline{S}_E} \geqslant F_\alpha(s-1,(r-1)(s-1))$$

6.2.2 Stata 实现

在 Stata 中，anova 命令可以实现多因素方差分析，其调用格式为：

anova varname [termlist] [if] [in] [weight] [, options]

其中，termlist 是一个因子变量列表（后文介绍）；options 选项含义如表 6-10 所示。

表 6-10 options 选项含义

选 项	含 义
repeated(varlist)	重复测量变量，即进行重复试验方差分析
partial	使用部分（或边缘）平方和
sequential	使用序列平方和
noconstant	抑制常数项
dropemptycells	从设计矩阵中删除空单元格
bse(term)	重复试验中的受试者间误差项方差分析
bseunit(varname)	表示受试者之间误差项中最低单元的变量
grouping(varname)	用于计算汇总协方差矩阵的分组变量

termlist 是一个因子变量列表（可以为分类变量、分类变量之间的交互作用、分类变量与连续变量之间的交互作用、连续变量之间的交互作用等），具有以下特征。

（1）假定变量是分类变量，使用 c.factor 变量运算符覆盖此选项。

（2）可以使用"|"符号（表示嵌套）代替"#"符号（表示交互）。

（3）"/"符号允许放在一个术语之后，并表示后续术语是前面术语的错误术语。

因子变量列表是现有变量列表的拓展。当使用因子变量时，除可以从数据中键入变量名称之外，还可以键入因子变量，格式如下：

i.varname
i.varname#i.varname
i.varname#i.varname#i.varname
i.varname##i.varname
i.varname##i.varname##i.varname

i.varname 被称为因子变量，更准确的说法应该是，varname 为一个分类变量，i.为因子变量运算符。在 Stata 中有 5 个因子变量运算符，其含义如表 6-11 所示。表 6-12 所示

为因子变量运算符应用示例。

表 6-11 因子变量运算符含义

因子变量运算符	含 义
i.	指定指示符的一元运算符。当输入 i.group 时，它形成组的不同值的指示符
c.	将一元运算符视为连续运算符
o.	一元运算符，以省略变量或指示符。一元运算符指定应省略连续变量或分类变量级别的指示符
#	指定交互的二进制运算符
##	指定全因子交互的二进制运算符，含各个变量本身及相互之间的交互项

表 6-12 因子变量运算符应用示例

因子操作	含 义
i.group	group 的不同水平
i.group#i.sex	group 和 sex 两个因子的二维交互项，包括两个因子各种不同水平的组合
group#sex	等同于 i.group#i.sex
group#sex#arm	group、sex 及 arm 三个因子的三维交互项，包括三个因子各种不同水平的组合
group##sex	等同于 i.group i.sex group#sex
group##sex##arm	等同于 i.group i.sex i.arm group#sex group#arm sex#arm group#sex#arm
sex#c.age	产生两个虚拟变量：age 与 males 的交互项（其他为 0），age 与 females 的交互项（其他为 0）。若年龄也在模型中，则两个虚拟变量中的一个将被视为基础组
sex##c.age	等同于 i.sex age sex#c.age
c.age	等同于 age
c.age#c.age	age 的平方
c.age#c.age#c.age	age 的三次方

因子变量运算符可以与括号组合用于变量组。表 6-13 所示为因子变量运算符与括号组合使用示例，其中 group、sex、arm 与 cat 为分类变量，age、wt 与 bp 为连续变量。

表 6-13 因子变量运算符与括号组合使用示例

因子操作	等 同 于
i.(group sex arm)	i.group i.sex i.arm
group#(sex arm cat)	group#sex group#arm group#cat
group##(sex arm cat)	i.group i.sex i.arm i.cat group#sex group#arm group#cat
group#(c.age c.wt c.bp)	group#c.age group#c.wt group#c.bp
group#c.(age wt bp)	group#(c.age c.wt c.bp)

通过使用括号可以缩短语句，更加方便阅读理解。例如：

. regress y sex##(group c.age c.age#c.age)

等同于以下更容易理解的语句：

. regress y i.sex i.group sex#group age sex#c.age c.age#c.age sex#c.age#c.age

6.2.3 分析示例

1．双因素方差分析示例

【例 6-3】基于数据集 systolic.dta，针对 58 名患者（其中每名患者患有 3 种不同疾病中的某一种，并被随机分配到 4 种不同药物治疗组中的一组内），记录他们的血压变化情况。

第 6 章 方差分析

在命令窗口中输入：

```
. use D:\DingJB\Stata\systolic, clear
(Systolic blood pressure data)
. summarize                        //查看变量
. tabulate drug disease            //查看变量的频数表
```

输出结果如图 6-9 所示。数据中的每个观察结果对应一名患者，记录了每名患者的药物（drug）、疾病（disease）和血压变化（systolic）情况。频数表显示，数据并不平衡，每个 drug-disease 组合中的患者数量并不相等。

```
. summarize

    Variable |        Obs        Mean    Std. dev.        Min         Max
-------------+---------------------------------------------------------------
        drug |         58         2.5    1.158493          1           4
     disease |         58    2.017241    .8269873          1           3
    systolic |         58    18.87931    12.80087         -6          44

. tabulate drug disease

            |       Patient's disease
  Drug used |         1          2          3  |     Total
------------+---------------------------------+----------
          1 |         6          4          5  |        15
          2 |         5          4          6  |        15
          3 |         3          5          4  |        12
          4 |         5          6          5  |        16
------------+---------------------------------+----------
      Total |        19         19         20  |        58
```

图 6-9　输出结果

在命令窗口中输入：

```
. anova systolic drug disease drug#disease
```

输出结果如图 6-10 所示。由输出结果可知，参与方差分析的有效样本为 58 个，决定系数 R^2=0.4560<0.5，修正的 R^2=0.3259<0.5，说明模型的拟合程度比较弱，即模型的解释能力较弱。

```
. anova systolic drug disease drug#disease

                      Number of obs =         58    R-squared     =  0.4560
                      Root MSE      =    10.5096    Adj R-squared =  0.3259

           Source |  Partial SS       df         MS         F      Prob>F
   ---------------+----------------------------------------------------------
            Model |  4259.3385        11    387.21259      3.51     0.0013
                  |
             drug |  2997.4719         3    999.15729      9.05     0.0001
          disease |   415.87305        2    207.93652      1.88     0.1637
     drug#disease |   707.26626        6    117.87771      1.07     0.3958
                  |
         Residual |  5080.8167        46    110.45254
   ---------------+----------------------------------------------------------
            Total |  9340.1552        57    163.86237
```

图 6-10　输出结果

Model、drug 的 P 值（Prob>F）均小于 0.05，说明模型整体、变量 drug 的主效应是显著的；disease 的 P 值（Prob>F）大于 0.05，说明变量 disease 的主效应不显著；drug#disease 的 P 值（Prob>F）大于 0.05，说明变量 drug 与变量 disease 的交互效应不显著。

Stata 可以对不平衡甚至整体缺失的群体进行方差分析。例如，使用血压数据，通过重新调整模型，剔除 drug 为 1 与 disease 为 1 的数据，通过使用 if 限定符可以指定要使用的数据。

在命令窗口中输入：

```
. anova systolic drug##disease if !(drug==1 & disease==1)
```

输出结果如图 6-11 所示。

```
. anova systolic drug##disease if !(drug==1 & disease==1)

                    Number of obs =      52     R-squared     =  0.4545
                    Root MSE      = 10.1615     Adj R-squared =  0.3215

         Source    Partial SS     df        MS        F    Prob>F

          Model     3527.959     10    352.7959    3.42   0.0025

           drug    2686.5783      3    895.52611   8.67   0.0001
        disease     327.7926      2    163.8963    1.59   0.2168
   drug#disease     703.0076      5    140.60152   1.36   0.2586

       Residual    4233.4833     41    103.25569

          Total    7761.4423     51    152.18514
```

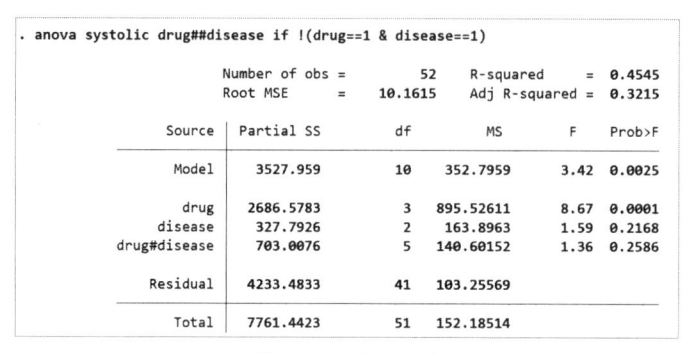

图 6-11　输出结果

在命令窗口中输入：

```
. anova systolic disease drug disease#drug, sequential
                                    //使用连续平方和来估计药物和疾病对血压的影响
```

输出结果如图 6-12 所示。由输出结果可知，disease 的 F 值为 2.21。在使用部分平方和拟合同一模型后，disease 的 F 值为 1.88。

```
. anova systolic disease drug disease#drug, sequential

                    Number of obs =      58     R-squared     =  0.4560
                    Root MSE      = 10.5096     Adj R-squared =  0.3259

         Source      Seq. SS      df        MS        F    Prob>F

          Model    4259.3385     11    387.21259   3.51   0.0013

        disease     488.63938     2    244.31969   2.21   0.1210
           drug    3063.4329      3   1021.1443    9.25   0.0001
   disease#drug     707.26626     6    117.87771   1.07   0.3958

       Residual    5080.8167     46    110.45254

          Total    9340.1552     57    163.86237
```

图 6-12　输出结果

2. 多因素方差分析示例

【例 6-4】通过三因素方差分析探究使制造过程产量最大化的操作条件。基于数据集 manuf.dta，设置三个温度、两个化学品供应公司和两种混合方法三个因素，对于这三个因素的每种组合，可以获得三个观察结果。

在命令窗口中输入：

```
. use D:\DingJB\Stata\manuf, clear
(Manufacturing process data)
. describe                              //查看数据集的简明汇总表，图略
. anova yield temp chem temp#chem meth temp#meth chem#meth temp#chem#meth
                                        //执行三因素方差分析
. anova yield temp##chem##meth          //功能相同，输入更简洁
```

输出结果如图 6-13 所示。由输出结果可知，温度和混合方法之间的相互作用可能是数据中的重要内容。

```
. anova yield temp##chem##meth

                    Number of obs =      36     R-squared     =  0.5474
                    Root MSE      = 2.62996     Adj R-squared =  0.3399

         Source |   Partial SS    df      MS          F     Prob>F
----------------+----------------------------------------------------
          Model |     200.75      11    18.25       2.64    0.0227
                |
    temperature |       30.5       2    15.25       2.20    0.1321
       chemical |      12.25       1    12.25       1.77    0.1958
temperature#chemical |  24.5       2    12.25       1.77    0.1917
         method |      42.25       1    42.25       6.11    0.0209
temperature#method |   87.5        2    43.75       6.33    0.0062
chemical#method |        .25       1      .25       0.04    0.8508
temperature#chemical#|
         method |        3.5       2     1.75       0.25    0.7785
                |
       Residual |        166      24  6.9166667
----------------+----------------------------------------------------
          Total |     366.75      35  10.478571
```

图 6-13 输出结果

在命令窗口中输入：

. table method temp, statistic(mean yield) nformat(%8.2f)   //给出相互作用的方法表

输出结果如图 6-14 所示。

```
. table method temp, statistic(mean yield) nformat(%8.2f)

               |    Machine temperature setting
               |  Low    Medium    High    Total
---------------+---------------------------------
Mixing method  |
         Stir  | 7.50     6.00     6.00     6.50
         Fold  | 5.50     9.00    11.50     8.67
        Total  | 6.50     7.50     8.75     7.58
```

图 6-14 输出结果

在命令窗口中输入：

. margins temperature#method method   //使用 margins 命令校正预测、预测边际和边际效应

输出结果如图 6-15 所示。使用 margin 命令可以获得相同的值（额外给出了其他信息，如置信区间）。

```
. margins temperature#method method

Predictive margins                               Number of obs = 36

Expression: Linear prediction, predict()

                 |            Delta-method
                 |   Margin   std. err.      t    P>|t|   [95% conf. interval]
-----------------+----------------------------------------------------------
temperature#method|
       Low#Stir  |      7.5   1.073675    6.99    0.000    5.284044   9.715956
       Low#Fold  |      5.5   1.073675    5.12    0.000    3.284044   7.715956
    Medium#Stir  |        6   1.073675    5.59    0.000    3.784044   8.215956
    Medium#Fold  |        9   1.073675    8.38    0.000    6.784044  11.21596
      High#Stir  |        6   1.073675    5.59    0.000    3.784044   8.215956
      High#Fold  |     11.5   1.073675   10.71    0.000    9.284044  13.71596
                 |
         method  |
           Stir  |      6.5   .6198865   10.49    0.000    5.220617   7.779383
           Fold  | 8.666667   .6198865   13.98    0.000    7.387284   9.946049
```

图 6-15 输出结果

说明 此处方差分析是平衡的（每个单元格具有相同数量的观测值），所以 margin 命令使用 asbalanced 选项不会产生不同的结果。

【例 6-5】 分组数据的三因素方差分析。根据一家有 5419 名工人的大型棉纺厂调查得到的接触棉尘工人尘肺病（Byssinosis）的患病率数据集 byssin.dta，试拟合一个方差分析模型，根据吸烟、种族和工作场所的全因子模型来解释 Byssinosis 的患病率。已知每个工人是否吸烟、种族及工作区域的含尘量。

在命令窗口中输入：

```
. use D:\DingJB\Stata\byssin, clear
(Byssinosis incidence)
. anova prob workplace smokes race workplace#smokes workplace#race smokes#race
> workplace#smokes#race [aweight=pop]
```

输出结果如图 6-16 所示。由输出结果可知，workplace、smokes 及它们的交互项对患病率有显著影响。

```
. anova prob workplace smokes race workplace#smokes workplace#race smokes#race
> workplace#smokes#race [aweight=pop]
(sum of wgt is 5,419)

                   Number of obs =       65     R-squared     =  0.8300
                   Root MSE      =  .025902     Adj R-squared =  0.7948

         Source | Partial SS      df        MS         F    Prob>F
----------------+------------------------------------------------------
          Model | .17364654       11   .01578605    23.53   0.0000
                |
      workplace | .09762518        2   .04881259    72.76   0.0000
         smokes | .01303081        1   .01303081    19.42   0.0001
           race | .00109472        1   .00109472     1.63   0.2070
workplace#smokes| .01969034        2   .00984517    14.67   0.0000
 workplace#race | .00135252        2   .00067626     1.01   0.3718
    smokes#race | .00166287        1   .00166287     2.48   0.1214
workplace#smokes#race | .00095084  2   .00047542     0.71   0.4969
                |
       Residual | .03555777       53   .0006709
----------------+------------------------------------------------------
          Total | .2092043        64   .00326882
```

图 6-16　输出结果

在命令窗口中输入：

```
. margins workplace#smokes workplace smokes   //检查预测平均患病率
```

输出结果如图 6-17 所示。由输出结果可知，吸烟加上灰尘最多的工作场所对应的患病率最高。

```
. margins workplace#smokes workplace smokes

Predictive margins                                Number of obs = 65
Expression: Linear prediction, predict()

                              Delta-method
                    Margin    std. err.      t    P>|t|   [95% conf. interval]
-----------------+-------------------------------------------------------------
workplace#smokes |
       Least#No  | .0090672   .0062319    1.45   0.152   -.0034323   .0215667
      Least#Yes  | .0141264   .0053231    2.65   0.010    .0034497   .0248032
        Less#No  | .0158872   .009941     1.60   0.116   -.0040518   .0358263
       Less#Yes  | .0121546   .0087353    1.39   0.170   -.0053662   .0296755
        Most#No  | .0828966   .0182151    4.55   0.000    .0463617   .1194314
       Most#Yes  | .2078768   .012426    16.73   0.000    .1829533   .2328003
                 |
       workplace |
           Least | .0120701   .0040471    2.98   0.004    .0039526   .0201875
            Less | .0137273   .0065685    2.09   0.041    .0005526   .0269019
            Most | .1566225   .0104602   14.97   0.000    .1356419   .177603
                 |
          smokes |
              No | .0196915   .0050298    3.91   0.000    .0096029   .02978
             Yes | .0358626   .0041949    8.55   0.000    .0274488   .0442765
```

图 6-17　输出结果

6.3 协方差分析

协方差分析是带有协变量的方差分析，是将线性回归与方差分析综合运用的一种统计分析方法。它将与响应变量成线性关系的协变量进行等效化处理后，对响应变量进行方差分析，以检验因素的影响是否显著。

6.3.1 基本理论

无论是单因素方差分析还是多因素方差分析，控制因素都是可控的，各个因素的水平都可以通过人为地努力得到控制和确定。但在许多实际问题中，有些控制因素很难人为控制，但它们的不同水平确实对观测变量产生了较为显著的影响。

协方差分析将那些人为难以控制的控制因素作为协变量，在排除协变量对观测变量影响的条件下，分析控制变量（可控）对观测变量的作用，从而更加准确地对控制因素进行评价。

简而言之，协方差分析是将回归分析与方差分析结合起来，以消除混杂因素的影响，进而对实验数据进行分析的一种统计分析方法。其中的回归分析分析的是一个或几个变量（连续变量）对变量（连续变量）的影响；方差分析分析的是一个或几个因子（分类变量）对变量（连续变量）的影响。

当实验指标的变异既受一个或几个分类变量的影响，也受一个或几个连续变量的影响时，可采用协方差分析方法，以消除连续变量的影响，使方差分析的检验效率更高、结果更可靠，同时也可消除分类变量的影响，使回归分析结果更可靠。

一般形式下的协方差分析模型如下：

$$Y = X_1\alpha + X_2\beta + \varepsilon$$

式中，$Y = (y_1, y_2, \cdots, y_n)^T$ 为 $n \times 1$ 的可观测随机变量；$X_1\alpha$ 为模型的方差分析部分，其中 $X_1 = (x_{11}, x_{12}, \cdots, x_{1n})^T$ 为 $n \times p$ 的已知矩阵，且 $R(X_1) = p' < p$，α 为因子效应向量（$p \times 1$）；$X_2\beta$ 为模型的回归分析部分，其中 $X_2 = (x_{21}, x_{22}, \cdots, x_{2n})^T$ 为 $n \times q$ 的已知矩阵，β 为回归系数（$q \times 1$）；$\varepsilon \sim N(0, \sigma^2 I_n)$。

特别地，当回归系数 $\beta = 0$ 时，可得到相应的纯方差分析模型：

$$Y = X\alpha + \varepsilon, \quad \varepsilon \sim N(0, \sigma^2 I_n)$$

在一般情况下，协方差分析旨在比较一个或几个因素在不同显著性水平下的差异，但观测变量同时还受到另一个难以控制的协变量的影响，在分析时应先剔除其影响，再分析各因素对观测变量的影响。

协方差分析基于方差分析的基本思想，在分析观测变量方差时，考虑了协变量的影响，人为观测变量的变动受 4 个方面的影响，即控制变量的独立作用、控制变量的交互作用、协变量的作用和随机因素的作用，在剔除协变量的影响后再分析控制变量的影响。

协方差分析中的原假设：协变量对观测变量的线性影响是不显著的；在协变量的影

响被剔除的条件下，在控制变量各显著性水平下观测变量的总体均值无显著差异，控制变量各显著性水平对观测变量的效应同时为零。检验统计量仍采用 F 统计量，该统计量是各均方与随机因素引起的均方比。

6.3.2 Stata 实现

协方差分析的命令与多因素方差分析的命令相同，为 anova 命令，区别在于 termlist 中的协方差会用到连续变量，即以 c.开头的变量（anova 命令具有处理连续变量和分类变量的能力）。anova 命令的调用格式为：

anova varname [termlist] [if] [in] [weight] [, options]

协方差分析拓展了多因素方差分析，可以包含分类变量和连续变量的情况。当出现连续变量时，定义此变量，便可进行方差分析。

> **说明** 使用 anova 命令包含多个解释变量，除非使用 c.factor 变量运算符明确声明变量，否则所有变量都被视为分类变量。在 anova 命令中，使用 c.因子变量运算符可以将变量指定为连续变量，从而执行协方差分析。

6.3.3 分析示例

【例 6-6】 数据集 census2.dta 中记录了美国各州死亡率（drate）和年龄中位数（age）的人口普查数据，并给出了各州所在区域（region）。数据显示各区域的死亡率存在巨大差异，分析这些差异是否不能用人口年龄中位数的差异来解释。

在命令窗口中输入：

```
. use D:\DingJB\Stata\census2, clear
(1980 Census data by state)
. anova drate region age          //age 被视为一个分类变量
```

输出结果如图 6-18 所示。由输出结果可知，年龄中位数的差异并不能消除 4 个区域的死亡率差异。方差分析表总结了模型中的两个因素，即 region 和 age。region 包含 3 个自由度，age 包含 8 个自由度，这两项指标均显著高于 1% 的显著性水平。

> **说明** 因为没有明确指出将 age 视为一个连续变量，所以它被视为分类变量，这意味着对每个年龄级别的唯一系数进行估计。

```
. anova drate region age

                      Number of obs =      50    R-squared     = 0.7927
                      Root MSE      = 6.7583    Adj R-squared = 0.7328

      Source | Partial SS        df         MS         F     Prob>F
      -------+-----------------------------------------------------
       Model | 6638.8653         11    603.53321     13.21   0.0000
             |
      region | 1320.0097          3    440.00324      9.63   0.0001
         age | 2237.2494          8    279.65617      6.12   0.0000
             |
    Residual | 1735.6347         38    45.674598
      -------+-----------------------------------------------------
       Total | 8374.5            49    170.90816
```

图 6-18　输出结果

第 6 章
方差分析

在命令窗口中输入：

`. regress, baselevels`   //对结果进行回归分析，后文介绍

输出结果如图 6-19 所示。

```
. regress, baselevels

      Source |       SS           df       MS      Number of obs   =        50
-------------+----------------------------------   F(11, 38)       =     13.21
       Model |  6638.86529        11   603.533208  Prob > F        =    0.0000
    Residual |  1735.63471        38   45.6745977  R-squared       =    0.7927
-------------+----------------------------------   Adj R-squared   =    0.7328
       Total |       8374.5       49   170.908163  Root MSE        =    6.7583

       drate | Coefficient  Std. err.      t    P>|t|     [95% conf. interval]
-------------+----------------------------------------------------------------
      region |
          NE |          0  (base)
      N Cntrl|   .4428387   3.983664     0.11   0.912    -7.621668    8.507345
       South |  -.2964637   3.934766    -0.08   0.940    -8.261981    7.669054
        West |  -13.37147   4.195344    -3.19   0.003    -21.8645    -4.878439

         age |
          24 |          0  (base)
          26 |        -15   9.557677    -1.57   0.125    -34.34851    4.348506
          27 |   14.30833   7.857378     1.82   0.076    -1.598099    30.21476
          28 |   12.66011   7.495513     1.69   0.099     -2.51376    27.83399
          29 |     18.861   7.28918      2.59   0.014     4.104825    33.61717
          30 |   20.87003   7.210148     2.89   0.006     6.273847    35.46621
          31 |   29.91307   8.242741     3.63   0.001     13.22652    46.59963
          32 |   27.02853   8.509432     3.18   0.003     9.802089    44.25498
          35 |     38.925   9.944825     3.91   0.000     18.79275    59.05724

       _cons |   68.37147   7.95459      8.60   0.000     52.26824    84.47469
```

图 6-19　输出结果

在命令窗口中输入：

`. anova drate region c.age`   //通过因子变量运算符 c.将 age 视为一个连续变量

输出结果如图 6-20 所示。此时 age 有 1 个自由度。

```
. anova drate region c.age

                  Number of obs =     50    R-squared     =  0.7203
                  Root MSE      = 7.21483   Adj R-squared =  0.6954

      Source |  Partial SS        df       MS           F      Prob>F
-------------+----------------------------------------------------------
       Model |   6032.0825         4    1508.0206      28.97    0.0000
             |
      region |   1645.6623         3    548.55409      10.54    0.0000
         age |   1630.4666         1    1630.4666      31.32    0.0000
             |
    Residual |   2342.4175        45    52.053721
-------------+----------------------------------------------------------
       Total |       8374.5       49    170.90816
```

图 6-20　输出结果

在命令窗口中输入：

`. regress, baselevels`   //对结果进行回归分析

输出结果如图 6-21 所示。

```
. regress, baselevels

      Source |       SS           df       MS      Number of obs   =        50
-------------+----------------------------------   F(4, 45)        =     28.97
       Model |  6032.08254         4   1508.02064  Prob > F        =    0.0000
    Residual |  2342.41746        45   52.0537213  R-squared       =    0.7203
-------------+----------------------------------   Adj R-squared   =    0.6954
       Total |       8374.5       49   170.908163  Root MSE        =    7.2148

       drate | Coefficient  Std. err.      t    P>|t|     [95% conf. interval]
-------------+----------------------------------------------------------------
      region |
          NE |          0  (base)
     N Cntrl |   1.792526   3.375925     0.53   0.598    -5.006935    8.591988
       South |   .6979912   3.18154      0.22   0.827    -5.70996     7.105942
        West |  -13.37578   3.723447    -3.59   0.001    -20.87519   -5.876377

         age |   3.922947   .7009425     5.60   0.000     2.511177    5.334718
       _cons |  -28.60281   21.93931    -1.30   0.199    -72.79085    15.58524
```

图 6-21　输出结果

6.4 本章小结

本章结合方差分析的基本理论,详细介绍了单因素方差分析、多因素方差分析、协方差分析在 Stata 中的实现方法。顾名思义,单因素方差分析用于分析一个因素对于试验结果的影响和作用;多因素方差分析用于分析两个及以上控制变量是否对观测变量产生显著影响;协方差分析是带有协变量的方差分析。这些方法都是统计分析中的重要内容,读者应着重掌握。

第 7 章 相关分析

相关分析是研究两个或两个以上处于同等地位的随机变量之间的相关关系的统计分析方法。相关分析是描述客观事物间相关关系的密切程度并用适当的统计指标表示出来的过程。相关分析不考虑变量之间的因果关系，只分析变量之间的相关关系。

相关分析与回归分析的区别在于，回归分析侧重于研究随机变量之间的依存关系，以便用一个变量去预测另一个变量；相关分析侧重于发现随机变量之间的种种相关特性。相关分析在工农业、水文、气象、社会经济和生物学等方面都有广泛的应用。常用的相关分析包括简单相关分析、偏相关分析等。

7.1 简单相关分析

在自然界和社会中，由于受各种因素的影响，变量之间的关系有时表现为一种确定性的关系，即自变量发生变化，因变量就会有一个确定的值与之相对应，如函数关系；有时表现为一种非确定性的关系，即虽然变量之间存在着某种程度的依存关系，但却不能由一个变量的变化精确地推断出另一个变量发生多大变化。分析这种不确定的相互依存关系就是简单相关分析。

7.1.1 简单相关分析基础

简单相关分析是对两个变量（自变量和因变量）之间的相关关系进行分析的方法。相关关系是变量数值之间的一种不确定的相互依存关系。

根据数据的不同特点，通常采用不同的相关系数，下面着重介绍 3 种相关系数，分别是 Pearson 相关系数、Spearman 秩相关系数和 Kendall 秩相关系数。

1. Pearson相关系数

线性相关用来度量具有线性关系的两个变量之间相关关系的密切程度及相关方向，适用于满足正态分布的数据。线性相关系数又被称为 Pearson（皮尔逊）相关系数，有时也被称为积差相关系数。

Pearson 相关系数的计算公式为

$$r = \frac{\sum_{i=1}^{n}(x_i - \bar{x})(y_i - \bar{y})}{\sqrt{\sum_{i=1}^{n}(x_i - \bar{x})^2}\sqrt{\sum_{i=1}^{n}(y_i - \bar{y})^2}}$$

式中，n 为样本容量；x_i 和 y_i 为两个变量对应的样本值；$-1 \leqslant r \leqslant 1$，$r$ 的绝对值越大，两个变量之间的相关性越强。

（1）$r = -1$：两个变量之间存在完全负相关关系。
（2）$-1 < r < 0$：两个变量之间存在负相关关系。
（3）$r = 0$：两个变量之间不存在线性关系。
（4）$0 < r < 1$：两个变量之间存在正相关关系。
（5）$r = 1$：两个变量之间存在完全正相关关系。

Pearson 相关系数的 t 统计量定义为

$$t = \frac{\sqrt{n-2}}{\sqrt{1-r^2}} \sim t(n-2)$$

式中，t 统计量服从自由度为 $n-2$ 的 t 分布。

Pearson 相关系数反映的并不是任何一种确定的关系，仅是一种线性关系，而且不是因果关系，即随机变量 x、y 的地位是相互的、相同的。

2．Spearman秩相关系数

Spearman（斯皮尔曼）秩相关系数相当于 Pearson 相关系数的非参数形式，它根据数据的秩而不是数据的实际值计算，适用于有序数据和不满足正态分布假设的等间隔数据。Spearman 秩相关系数的取值范围也为 $-1 \sim 1$，其绝对值越大，两个变量之间的相关性越强，取值符号表示相关方向。

Spearman 秩相关系数的计算公式为

$$r = 1 - \frac{6\sum_{i=1}^{n} d_i^2}{n(n^2-1)}$$

式中，d_i 表示每对观测值（x、y）的秩之差；n 为观察值的对数。

Spearman 秩相关系数检验的原假设（亦称零假设）是相关系数为 0。
（1）在小样本的情况下，对应的检验统计量为

$$t = \frac{r\sqrt{n-2}}{1-r^2} \sim t(n-2)$$

（2）在大样本的情况下，采用正态性检验统计量，即

$$Z = r\sqrt{n-1} \sim N(0,1)$$

当原假设成立时，小样本检验统计量服从自由度为 $n-2$ 的 t 分布，大样本检验统计量近似服从标准正态分布。

3．Kendall秩相关系数

Kendall（肯德尔）秩相关系数是对两个有序变量或两个秩变量之间相关程度的测度，

属于非参数统计，统计时考虑了秩相同点的影响。利用秩变量计算一致对数（U）和不一致对数（V）来构造检验统计量。

Kendall 秩相关系数计算公式为

$$r = \frac{2(U-V)}{n(n-1)}$$

Kendall 秩相关系数检验的原假设是相关系数为 0。在小样本的情况下，Kendall 秩相关系数就是检验统计量；在大样本的情况下，采用正态性检验统计量，即

$$Z = r\sqrt{\frac{9n(n-1)}{2n(2n+5)}} \sim N(0,1)$$

当原假设成立时，小样本检验统计量服从 Kendall 分布，大样本检验统计量近似服从标准正态分布。

7.1.2 Stata 实现

在 Stata 中，简单相关分析命令包括 correlate 命令、pwcorr 命令、spearman 命令、ktau 命令，其中 correlate 命令、pwcorr 命令可以显示 Pearson 相关系数，spearman 命令可以显示 Spearman 秩相关系数，ktau 命令可以显示 Kendall 秩相关系数。

1. correlate命令

correlate 命令可以显示相关系数矩阵或协方差矩阵，其调用格式为：

correlate [varlist] [if] [in] [weight] [, options]

其中，varlist 为参与相关分析的变量列表（包括时间序列变量列表）；options 选项含义如表 7-1 所示。通过 by 选项可以设置分组变量。

表 7-1　options 选项含义

选　项	含　义
means	进行简单相关分析，同时给出用矩阵形式显示的均值、标准差、最小值和最大值
noformat	忽略与变量关联的显示格式
covariance	显示参与相关分析变量的方差-协方差矩阵
wrap	允许宽矩阵换行

时间序列变量列表中包含时间序列算子，如 L.、F.、D.等。例如，L.gnp 是指变量 gnp 的滞后值。时间序列算子如表 7-2 所示。

表 7-2　时间序列算子

算　子	含　义	算　子	含　义
L.	一阶滞后值 x_{t-1}	D.	一阶差分值 $x_t - x_{t-1}$
L2.	二阶滞后值 x_{t-2}	D2.	二阶差分值 $x_t - x_{t-1} - (x_{t-1} - x_{t-2}) = x_t - 2x_{t-1} + x_{t-2}$
…	…	…	…
F.	一阶提前值 x_{t+1}	S.	一阶季节差分值 $x_t - x_{t-1}$
F2.	二阶提前值 x_{t+2}	S2.	二阶季节差分值 $x_t - x_{t-2}$
…	…	…	…

2. pwcorr命令

pwcorr 命令可以显示所有成对相关系数，其调用格式为：

correlate [varlist] [if] [in] [weight] [, options]

其中，options 选项含义如表 7-3 所示。通过 by 选项可以设置分组变量。

表 7-3 options 选项含义

选 项	含 义
obs	在表格的每个单元格中显示样本的观测数
sig	在表格的每个单元格中显示相关分析的显著性水平
listwise	删除缺失值
casewise	同 listwise
print(#)	显示系数的有效性级别
star(#)	用星号标记显著性水平
bonferroni	使用 Bonferroni 调整显著性水平
sidak	使用 Sidak 调整显著性水平

3. spearman命令

spearman 命令可以显示 Spearman 秩相关系数，其调用格式为：

spearman [varlist] [if] [in] [, options]

其中，options 选项含义如表 7-4 所示。通过 by 选项可以设置分组变量。

表 7-4 options 选项含义

选 项	含 义
stats(list)	统计清单，最多可以选择 3 个统计信息，即 rho（相关系数）、obs（观测数）、p（显著性水平），默认为 stats(rho)
print(#)	显示系数的显著性水平
star(#)	用星号标记显著性水平
bonferroni	使用 Bonferroni 调整显著性水平
sidak	使用 Sidak 调整显著性水平
pw	使用所有可用数据计算所有成对相关系数
matrix	以矩阵形式显示分析结果

Spearman 秩相关系数的一个重要特征是，与 Pearson 相关系数相比，其对极值的敏感性降低。

3. ktau命令

ktau 命令可以显示 Kendall 秩相关系数，其调用格式为：

ktau [varlist] [if] [in] [, options]

其中，options 选项含义如表 7-5 所示。通过 by 选项可以设置分组变量。

表 7-5 options 选项含义

选 项	含 义
stats(list)	统计清单，最多可以选择 6 个统计信息，即 taua（相关系数 τ_a）、taub（τ_b）、score（评分）、se（评分标准误）、obs（观测数）、p（显著性水平），默认为 stats(taua)
print(#)	显示系数的显著性水平
star(#)	用星号标记显著性水平

续表

选项	含义
bonferroni	使用 Bonferroni 调整显著性水平
sidak	使用 Sidak 调整显著性水平
pw	使用所有可用数据计算所有成对相关系数
matrix	以矩阵形式显示分析结果

7.1.3 分析示例

【例 7-1】通过人口统计数据集 census13.dta 获得相关系数矩阵，其中变量 pop 表示该地区的总人口数。

在命令窗口中输入：

```
. use D:\DingJB\Stata\census13, clear
(1980 Census data by state)
. correlate        //未指定选项
```

输出结果 1 如图 7-1（a）所示。

```
. correlate mrgrate dvcrate medage
```

输出结果 2 如图 7-1（b）所示。

```
. correlate mrgrate dvcrate medage [w=pop]   //获取变量人口加权后的相关性
```

输出结果 3 如图 7-1（c）所示。

```
. correlate mrgrate dvcrate medage, covariance   //获取方差-协方差矩阵
```

输出结果 4 如图 7-1（d）所示。

```
. correlate mrgrate dvcrate medage [w=pop], covariance   //获取变量人口加权后的方差-协方差矩阵
```

输出结果 5 如图 7-1（e）所示。

（a）输出结果 1

（b）输出结果 2

（c）输出结果 3

图 7-1　输出结果

```
. correlate mrgrate dvcrate medage, covariance
(obs=50)

              mrgrate    dvcrate    medage

 mrgrate     .000662
 dvcrate     .000063    1.0e-05
  medage    -.000769   -.001191   2.86775
```

（d）输出结果 4

```
. correlate mrgrate dvcrate medage [w=pop], covariance
(analytic weights assumed)
(sum of wgt is 225,907,472)
(obs=50)

              mrgrate    dvcrate    medage

 mrgrate     .000127
 dvcrate     .000015    5.0e-06
  medage    -.002481   -.001054   2.78666
```

（e）输出结果 5

图 7-1　输出结果（续）

【例 7-2】使用数据集 auto1.dta 研究几个变量之间的相关性。

在命令窗口中输入：

. use D:\DingJB\Stata\auto1, clear
(Automobile models)
. pwcorr mpg price rep78 foreign, obs sig

输出结果 1 如图 7-2（a）所示。

. pwcorr mpg price headroom rear_seat trunk rep78 foreign, print(.05) star(.01)

输出结果 2 如图 7-2（b）所示。

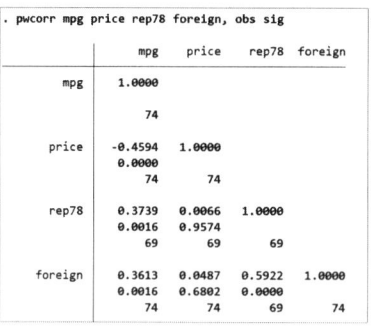

```
. pwcorr mpg price rep78 foreign, obs sig

                mpg      price     rep78    foreign

    mpg      1.0000
                 74

  price     -0.4594    1.0000
             0.0000
                 74         74

  rep78      0.3739    0.0066    1.0000
             0.0016    0.9574
                 69         69        69

 foreign     0.3613    0.0487    0.5922    1.0000
             0.0016    0.6802    0.0000
                 74         74        69        74
```

（a）输出结果 1

```
. pwcorr mpg price headroom rear_seat trunk rep78 foreign, print(.05) star(.01)

                mpg      price   headroom  rear_s~t    trunk     rep78    foreign

     mpg     1.0000
   price    -0.4594*   1.0000
headroom    -0.4220*             1.0000
rear_seat   -0.5213*   0.4194*   0.5238*   1.0000
   trunk    -0.5703*   0.3143*   0.6620*   0.6480*   1.0000
   rep78     0.3739*                                           1.0000
 foreign     0.3613*            -0.2939   -0.2409   -0.3594*   0.5922*   1.0000
```

（b）输出结果 2

图 7-2　输出结果

【例 7-3】根据数据集 states2.dta 计算地区数据中结婚率（mrgrate）、离婚率（divorce_rate）和年龄中位数（medage）之间的相关系数。

在命令窗口中输入：

. use D:\DingJB\Stata\states2, clear
(State data)
. pwcorr mrgrate divorce_rate medage, sig

输出结果 1 如图 7-3（a）所示。

```
. spearman mrgrate divorce_rate medage, stats(rho p)        //计算Spearman秩相关系数
```

输出结果2如图7-3（b）所示。输出结果的差异是由一次观察造成的，内华达州的结婚率几乎是结婚率第二高的州的10倍。

```
. ktau mrgrate divorce_rate medage, stats(taua taub p)      //计算Kendall秩相关系数
```

输出结果3如图7-3（c）所示。

（a）输出结果1

（b）输出结果2

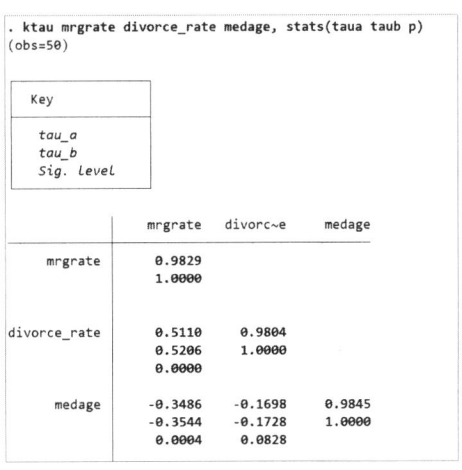

（c）输出结果3

图7-3 输出结果

【例7-4】使用包含缺失值的汽车数据集auto.dta说明spearman命令和ktau命令的应用方法。

在命令窗口中输入：

```
. sysuse auto, clear
(1978 automobile data)
. spearman mpg rep78
```

输出结果1如图7-4（a）所示。当指定两个变量时，spearman命令会显示样本大小、相关性和P值。

```
. spearman mpg rep78, stats(rho) matrix        //仅获得以矩阵形式显示的相关系数
```

输出结果 2 如图 7-4（b）所示。

. spearman mpg price rep78, pw stats(rho obs p) star(0.01)
　　　　　　　　//指定 pw 选项，在计算相关系数时使用一对变量之间的所有非缺失值

输出结果 3 如图 7-4（c）所示。由此可以发现，一些相关性基于 74 个观测值，另外的相关性基于 69 个观测值，这是因为 5 个观测值包含 rep78 的缺失值。

. ktau mpg price rep78, stats(taua taub score se p) bonferroni　　//调整后的显著性水平

输出结果 4 如图 7-4（d）所示。

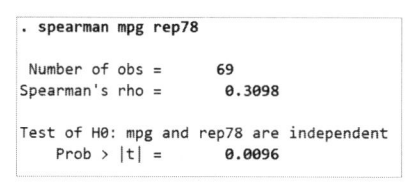

```
. spearman mpg rep78

 Number of obs   =       69
 Spearman's rho  =   0.3098

Test of H0: mpg and rep78 are independent
    Prob > |t| =       0.0096
```

（a）输出结果 1

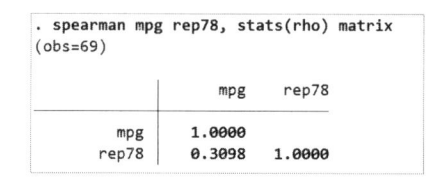

```
. spearman mpg rep78, stats(rho) matrix
(obs=69)

              mpg     rep78
       mpg   1.0000
     rep78   0.3098   1.0000
```

（b）输出结果 2

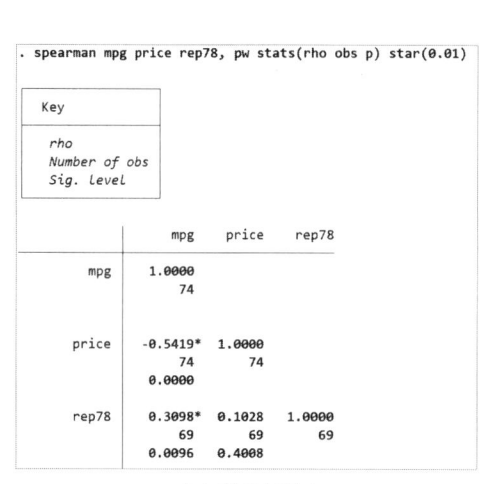

```
. spearman mpg price rep78, pw stats(rho obs p) star(0.01)

   Key
   rho
   Number of obs
   Sig. Level

              mpg      price    rep78
       mpg   1.0000
                74

     price  -0.5419*   1.0000
                74        74
             0.0000

     rep78   0.3098*   0.1028   1.0000
                69        69       69
             0.0096    0.4008
```

（c）输出结果 3

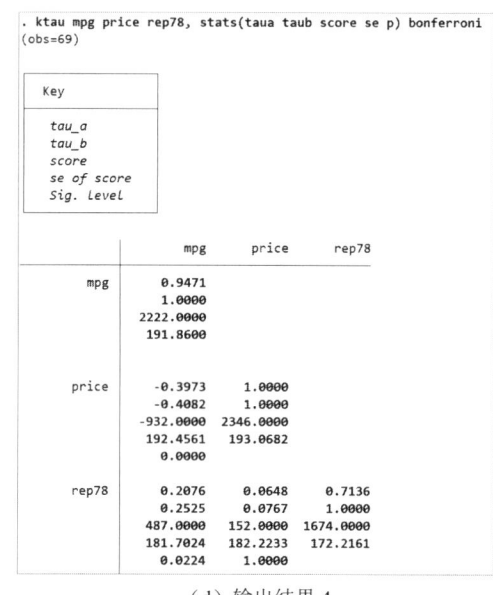

```
. ktau mpg price rep78, stats(taua taub score se p) bonferroni
(obs=69)

   Key
   tau_a
   tau_b
   score
   se of score
   Sig. Level

              mpg        price      rep78
       mpg    0.9471
              1.0000
           2222.0000
            191.8600

     price   -0.3973     1.0000
             -0.4082     1.0000
           -932.0000  2346.0000
            192.4561   193.0682
              0.0000

     rep78    0.2076     0.0648    0.7136
              0.2525     0.0767    1.0000
            487.0000   152.0000 1674.0000
            181.7024   182.2233  172.2161
              0.0224
```

（d）输出结果 4

图 7-4　输出结果

7.2　偏相关分析

双变量相关分析是指分析两个变量之间的相关关系。在分析两个变量之间的相关关系时，往往还存在其他变量的影响，此时计算出来的相关系数可能并不能真正反映两个变量之间的相关关系。偏相关分析是当两个变量同时与第三个变量相关时，将第三个变量的影响剔除，只分析这两个变量之间相关程度的方法。

7.2.1　偏相关分析基础

设有 3 个随机变量 x、y 和 z，若以变量 z 为控制变量，则变量 x 和 y 之间的偏相

系数计算公式为

$$r_{xy,z} = \frac{r_{xy} - r_{xz}r_{yz}}{\sqrt{1-r_{xz}^2}\sqrt{1-r_{yz}^2}}$$

式中，$r_{xy,z}$ 为一阶相关系数；r_{xy} 为变量 x 和 y 之间的零阶相关系数；r_{xz} 为变量 x 和 z 之间的零阶相关系数；r_{yz} 为变量 y 和 z 之间的零阶相关系数。

为了检验偏相关系数 $r_{xy,z}$ 是否显著地不等于 0，提出以下假设：

$$\begin{cases} H_0: r_{xy,z} = 0 \\ H_1: r_{xy,z} \neq 0 \end{cases}$$

对于大样本数据，在原假设成立的条件下，使用下式进行检验：

$$t = \frac{r\sqrt{n-k-2}}{\sqrt{1-r^2}}$$

式中，k 为控制变量的个数。如果 t 统计量对应的伴随概率 $p < \alpha$（或显著性水平 Sig.$< \alpha$），则拒绝原假设，两随机变量之间的偏相关关系显著。

若变量 x 和 y 之间的控制变量有两个（如 z_1、z_2），则变量 x 和 y 之间的偏相关系数计算公式为

$$r_{xy,z_1z_2} = \frac{r_{xy,z_1} - r_{xz_2,z_1}r_{yz_2,z_1}}{\sqrt{1-r_{xz_2,z_1}^2}\sqrt{1-r_{yz_2,z_1}^2}}$$

式中，r_{xy,z_1z_2} 为二阶相关系数；r_{xy,z_1} 是以 z_1 为控制变量，变量 x 和 y 的偏相关系数；r_{xz_2,z_1} 是以 z_1 为控制变量，变量 x 和 z_2 的偏相关系数；r_{yz_2,z_1} 是以 z_1 为控制变量，变量 y 和 z_2 的偏相关系数。

多于两个控制变量的偏相关系数可以采用与上面的公式类似的公式进行计算。

7.2.2 Stata 实现

pcorr 命令可以进行偏相关分析，其调用格式为：

pcorr varname varlist [if] [in] [weight]

其中，varname 为指定变量；varlist 为参与相关分析的变量列表。

若 varlist 中有 n 个变量，则偏相关分析将输出指定变量 varname 与变量列表 varlist 中所有变量的相关系数（共 n 个）。

当输出指定变量 varname 与变量列表 varlist 中某个变量的偏相关系数时，会将其他 $n-1$ 个变量同时作为控制变量。

7.2.3 分析示例

【例 7-5】使用汽车数据集 auto.dta，试通过偏相关分析获得变量 price、mpg、weight 及 foreign 之间的相关性。

在命令窗口中输入：

```
. sysuse auto, clear
(1978 automobile data)
. correlate price mpg weight foreign        //获取相关系数矩阵
```

输出结果 1 如图 7-5（a）所示。在简单的相关性中发现变量 price 和 foreign 几乎不相关。

在命令窗口中输入：

```
. pcorr price mpg weight foreign
```

输出结果 2 如图 7-5（b）所示。由输出结果可知，变量 price 与 mpg 的 Partial 和 Semipartial 相关性接近 0。在偏相关分析和半偏相关分析中发现变量 price 和 foreign 正相关。

由 mpg 的非显著性可知，从模型中剔除 mpg 后 R^2 减小的量并不显著，剔除 weight 或 foreign 会导致模型的 R^2 显著减小。

```
. correlate price mpg weight foreign
(obs=74)

                price      mpg    weight   foreign
       price   1.0000
         mpg  -0.4686   1.0000
      weight   0.5386  -0.8072   1.0000
     foreign   0.0487   0.3934  -0.5928   1.0000
```

（a）输出结果 1

```
Partial and semipartial correlations of price with

              Partial   Semipartial    Partial    Semipartial   Significance
 Variable      corr.       corr.       corr.^2     corr.^2         value

      mpg     0.0352      0.0249       0.0012      0.0006        0.7693
   weight     0.5488      0.4644       0.3012      0.2157        0.0000
  foreign     0.5402      0.4541       0.2918      0.2062        0.0000
```

（b）输出结果 2

图 7-5　输出结果

7.3　本章小结

本章结合相关分析的基本理论，详细介绍了简单相关分析、偏相关分析在 Stata 中的实现方法。其中，简单相关分析是对两个变量（自变量和因变量）之间的相关关系进行分析的方法；偏相关分析是将同时与两个变量相关的第三个变量的影响剔除，只分析这两个变量之间相关程度的方法。相关分析是计量经济分析中的重要基础内容，读者应着重掌握。

第8章 经典线性回归分析

回归分析是指确定两种或两种以上变量之间相互依赖的定量关系的一种统计分析方法。回归分析按照涉及的变量的多少，可分为一元回归分析和多元回归分析；按照因变量的多少，可分为简单回归分析和多重回归分析；按照自变量和因变量之间的关系类型，可分为线性回归分析和非线性回归分析。线性回归分析是根据一个或一组自变量的变动情况预测与其相关的某随机变量未来值的一种统计分析方法，应用十分广泛。

8.1 线性回归模型

观察被解释变量（因变量）y 与一个或多个解释变量（自变量）x_i 的散点图，当发现 y 与 x_i 之间呈显著线性关系时，应采用线性回归分析方法建立 y 关于 x_i 的线性回归模型。

在线性回归分析中，根据模型中解释变量的个数，可将线性回归模型分为一元线性回归模型和多元线性回归模型，相应的分析称为一元线性回归分析和多元线性回归分析。

8.1.1 一元线性回归模型

一元线性回归模型是指只有一个解释变量的线性回归模型，用于揭示被解释变量与另一个解释变量之间的线性关系。一元线性回归模型为

$$y = \beta_0 + \beta_1 x + \varepsilon$$

被解释变量 y 的变化由两部分组成：①由解释变量 x 的变化引起的 y 的线性变化部分 $\beta_0 + \beta_1 x$；②由其他随机因素引起的 y 的变化部分 ε。

由此可知，一元线性回归模型是被解释变量和解释变量之间非一一对应的统计关系，即当 x 给定后 y 的值并不唯一，但它们之间又通过 β_0 和 β_1 保持着密切的线性关系。

β_0 和 β_1 是模型中的未知参数，分别称为回归常数和回归系数。

ε 为随机误差，是一个随机变量，应当满足两个前提条件：随机误差的期望为 0 和随机误差的方差为一个特定的值，即

$$\begin{cases} E(\varepsilon) = 0 \\ \mathrm{Var}(\varepsilon) = \sigma^2 \end{cases}$$

在给定 x 的条件下对模型两边求条件期望，有

$$E(y) = \beta_0 + \beta_1 x$$

该式称为一元线性回归方程，它表明 x 和 y 之间的统计关系是在平均意义下表述的，即当 x 的值给定后利用一元线性回归模型计算得到的 y 值是一个均值。

对一元线性回归方程中的未知参数 β_0 和 β_1 进行估计是一元线性回归分析的核心任务之一。由于参数估计的工作是基于样本数据的，所以由此得到的参数只是参数真值 β_0 和 β_1 的估计值，记为 $\hat{\beta}_0$ 和 $\hat{\beta}_1$，于是有

$$\hat{y} = \hat{\beta}_0 + \hat{\beta}_1 x$$

该式称为估计的一元线性回归方程。从几何意义上讲，估计的一元线性回归方程是二维平面上的一条直线，即回归直线。其中，$\hat{\beta}_0$ 是回归直线在纵轴上的截距，$\hat{\beta}_1$ 是回归直线的斜率，它表示解释变量 x 每变动一个单位所引起的被解释变量 y 的平均变动值。

实际上，某一事物（被解释变量）总会受到多方面因素（多个解释变量）的影响。一元线性回归分析在不考虑其他影响因素或认为其他影响因素确定的条件下，分析一个解释变量是如何线性影响被解释变量的，因而是比较理想化的分析方法。

8.1.2 多元线性回归模型

多元线性回归模型是指含有多个解释变量的线性回归模型，用于揭示被解释变量与其他多个解释变量之间的线性关系。多元线性回归模型为

$$y = \beta_0 + \beta_1 x_1 + \beta_2 x_2 + \cdots + \beta_p x_p + \varepsilon$$

该式是一个 p 元线性回归模型，其中有 p 个解释变量。它表明被解释变量 y 的变化由两个部分组成：①由 p 个解释变量 x 的变化引起的 y 的线性变化部分 $\beta_0 + \beta_1 x_1 + \beta_2 x_2 + \cdots + \beta_p x_p$；②由其他随机因素引起的 y 的变化部分 ε。

β_0 和 $\beta_1, \beta_2, \cdots, \beta_p$ 是模型中的未知参数，分别称为回归常数和偏回归系数。

ε 为随机误差，是一个随机变量，应当满足两个前提条件：随机误差的期望为 0 和随机误差的方差为一个特定的值，即

$$\begin{cases} E(\varepsilon) = 0 \\ \text{Var}(\varepsilon) = \sigma^2 \end{cases}$$

在给定 x 的条件下对模型两边求条件期望，有

$$E(y) = \beta_0 + \beta_1 x_1 + \beta_2 x_2 + \cdots + \beta_p x_p$$

该式称为多元线性回归方程。对多元线性回归方程中的未知参数 $\beta_0, \beta_1, \beta_2, \cdots, \beta_p$ 进行估计是多元线性回归分析的核心任务之一。由于参数估计的工作是基于样本数据的，所以由此得到的参数只是参数真值 $\beta_0, \beta_1, \beta_2, \cdots, \beta_p$ 的估计值，记为 $\hat{\beta}_0, \hat{\beta}_1, \hat{\beta}_2, \cdots, \hat{\beta}_p$，于是有

$$\hat{y} = \hat{\beta}_0 + \hat{\beta}_1 x_1 + \hat{\beta}_2 x_2 + \cdots + \hat{\beta}_p x_p$$

该式称为估计的多元线性回归方程。从几何意义上讲，估计的多元线性回归方程是 $p+1$ 维空间中的一个超平面，即回归平面。其中，$\hat{\beta}_i$ 表示当其他解释变量保持不变时，

x_i 每变动一个单位所引起的被解释变量 y 的平均变动值。

8.1.3 回归参数的普通最小二乘估计

线性回归模型确定后要利用已经收集到的样本数据，根据一定的统计拟合准则，对模型中的各个参数进行估计。普通最小二乘（Ordinary Least Squares，OLS）是一种最为常见的统计拟合准则，在该准则下得到的回归参数的估计称为回归参数的普通最小二乘估计（Ordinary Least Squares Estimation，OLSE）。

普通最小二乘估计的基本出发点是，使每个观测点 (x_i, y_i)（$i=1,2,\cdots,n$）与回归直线上的对应点 $(x_i, E(y_i))$ 在垂直方向上偏差距离的总和最小。普通最小二乘法将这个偏差距离定义为离差的二次方，即 $[y_i - E(y_i)]^2$，于是在垂直方向上偏差距离的总和就转化为离差平方和。

（1）对一元线性回归方程，有

$$Q(\beta_0, \beta_1) = \sum_{i=1}^{n}[y_i - E(y_i)]^2 = \sum_{i=1}^{n}(y_i - \beta_0 - \beta_1 x_i)^2$$

普通最小二乘估计就是寻找参数 β_0, β_1 的估计值 $\hat{\beta}_0, \hat{\beta}_1$，使上式达到极小值，即

$$Q(\hat{\beta}_0, \hat{\beta}_1) = \sum_{i=1}^{n}(y_i - \hat{\beta}_0 - \hat{\beta}_1 x_i)^2 = \min_{\beta_0, \beta_1}\sum_{i=1}^{n}(y_i - \beta_0 - \beta_1 x_i)^2$$

（2）对于多元线性回归方程，有

$$Q(\beta_0, \beta_1, \beta_2, \cdots, \beta_p) = \sum_{i=1}^{n}[y_i - E(y_i)]^2 = \sum_{i=1}^{n}(y_i - \beta_0 - \beta_1 x_{i1} - \beta_2 x_{i2} - \cdots - \beta_p x_{ip})^2$$

普通最小二乘估计就是寻找参数 $\beta_0, \beta_1, \beta_2, \cdots, \beta_p$ 的估计值 $\hat{\beta}_0, \hat{\beta}_1, \hat{\beta}_2, \cdots, \hat{\beta}_p$，使上式达到极小值，即

$$Q(\hat{\beta}_0, \hat{\beta}_1, \hat{\beta}_2, \cdots, \hat{\beta}_p) = \sum_{i=1}^{n}(y_i - \hat{\beta}_0 - \hat{\beta}_1 x_{i1} - \hat{\beta}_2 x_{i2} - \cdots - \hat{\beta}_p x_{ip})^2$$

$$= \min_{\beta_0, \beta_1, \beta_2, \cdots, \beta_p}\sum_{i=1}^{n}(y_i - \beta_0 - \beta_1 x_{i1} - \beta_2 x_{i2} - \cdots - \beta_p x_{ip})^2$$

根据上述原则，通过求极值的原理和解方程组，可以得到回归参数的估计值。在使用 Stata 进行分析时，Stata 会自动完成参数估计并给出最终的估计值。

8.1.4 回归方程的统计检验

通过样本数据建立的回归方程一般不能立即用于对实际问题进行分析和预测，通常还需要进行各种统计检验，主要包括回归方程的拟合优度检验、回归方程的显著性检验、回归系数的显著性检验、残差分析（后文介绍）等。

1．回归方程的拟合优度检验

回归方程的拟合优度检验是指检验样本数据点聚集在回归直线周围的密集程度，从而评价回归方程对样本数据的代表程度。

回归方程的拟合优度检验从对被解释变量 y 取值变化的成因分析入手。正如回归模型表明的那样，y 的各观测值之间的差异（与其均值的差异）主要由两个方面的原因造成：①解释变量 x 的取值不同；②其他随机因素的影响。

由于回归方程反映的是解释变量 x 的取值变化对被解释变量 y 的线性影响规律，因此其本质上揭示的是第一个方面的原因，由此引起的 y 的变差平方和称为回归平方和（Sum of Squares for Regression，SSR），即 $\sum_{i=1}^{n}(\hat{y}_i - \bar{y})^2$。由随机因素引起的 y 的变差平方和通常称为残差平方和（Sum of Squares for Error，SSE），即 $\sum_{i=1}^{n}(y_i - \hat{y}_i)^2$，并且有

$$\sum_{i=1}^{n}(y_i - \bar{y})^2 = \sum_{i=1}^{n}(\hat{y}_i - \bar{y})^2 + \sum_{i=1}^{n}(y_i - \hat{y}_i)^2$$

式中，$\sum_{i=1}^{n}(y_i - \bar{y})^2$ 为 y 的总离差平方和（Sum of Squares for Total，SST）。

当所有观测点都落在回归直线上时，回归方程的拟合优度一定是最高的。此时 y 的 SST 中其实只包含 SSR，而不包含 SSE。

因此，在 y 的 SST 中，如果 SSR 所占的比例远大于 SSE 所占的比例，也就是说，回归方程能够解释的变差所占比例较大，那么回归方程的拟合优度较高。拟合优度的统计量正是基于该思想构造的。

（1）对于一元线性回归方程，其拟合优度检验采用 R^2 统计量。该统计量称为判定系数或决定系数，定义为

$$R^2 = \frac{\sum_{i=1}^{n}(\hat{y}_i - \bar{y})^2}{\sum_{i=1}^{n}(y_i - \bar{y})^2} = 1 - \frac{\sum_{i=1}^{n}(y_i - \hat{y}_i)^2}{\sum_{i=1}^{n}(y_i - \bar{y})^2}$$

$$= \frac{\text{SSR}}{\text{SST}} = 1 - \frac{\text{SSE}}{\text{SST}}$$

该式正是上述基本思想的具体体现，反映了一元线性回归方程所能解释的变差的比例。$1 - R^2$ 则体现了被解释变量总变差中一元线性回归方程所无法解释的比例。由该式可知，R^2 的取值范围为 0～1。R^2 越接近 1，说明一元线性回归方程对样本数据点的拟合优度越高；R^2 越接近 0，说明一元线性回归方程对样本数据点的拟合优度越低。

在一元线性回归分析中，R^2 也是被解释变量 y 和解释变量 x 的简单相关系数 r 的平方。由此可见，如果 y 和 x 的线性关系较强，那么用一个线性回归方程拟合样本数据点，必然能够得到一个较高的拟合优度；如果 y 和 x 的线性关系较弱，那么用一个线性回归方程拟合样本数据点，无法得到一个较高的拟合优度。

（2）对于多元线性回归方程，其拟合优度检验采用 $\bar{R}^2$ 统计量。该统计量称为调整的判定系数或调整的决定系数，定义为

$$\bar{R}^2 = 1 - \frac{\text{SSE}/(n-p-1)}{\text{SST}/(n-1)}$$

式中，$n-p-1$、$n-1$ 分别是 SSE 和 SST 的自由度。由此可知，调整的判定系数是"1-平均的 SSE/平均的 SST"，其本质上也是拟合优度检验基本思想的体现。调整的判定系数的取值范围和数值大小的意义与 R^2 是完全相同的。

在多元线性回归分析中，仍然可以计算 R^2。此时，它是被解释变量 y 与诸多解释变量 x 的复相关系数的平方，实质上测度了 y 与 x 全体之间的线性相关程度，也测度了样本数据与拟合数据（预测数据）之间的相关程度。

多元线性回归分析中采用 $\bar{R}^2$ 而非 R^2 作为拟合优度检验指标的主要原因是，在多元线性回归分析中，有两个方面的原因会导致 R^2 的增大。

① R^2 的数学特性决定了当多元线性回归方程中的解释变量个数增多时，SSE 必然会随之减小，进而导致 R^2 的增大。

② 多元线性回归方程中引入了对被解释变量有重要贡献的解释变量，会导致 R^2 的增大。

线性回归分析的根本目的是找到那些对 y 有重要贡献的 x，进而分析它们之间线性变化的数量关系。背离这个根本目的去追求大 R^2 是没有意义的。因此，当 R^2 增大时，应能对其原因加以区分。R^2 本身显然是无能为力的，应采用 $\bar{R}^2$。由上述分析可知，在某个 x_i 被引入多元线性回归方程后，如果其对 y 的线性解释有重要贡献，那么必然会使 SSE 显著减小，并使平均的 SSE 也减小，使 $\bar{R}^2$ 增大；如果某个 x_i 对 y 的线性解释作用不明显，那么将其引入多元线性回归方程后虽然能使 SSE 减小，但不会使平均的 SSE 减小，也不会使 $\bar{R}^2$ 增大。由此可见，在多元线性回归分析中，$\bar{R}^2$ 能够比 R^2 更准确地反映多元线性回归方程对样本数据点的拟合程度。

2. 回归方程的显著性检验

回归方程能够较好地反映被解释变量和解释变量之间的统计关系的前提是，被解释变量和解释变量之间确实存在显著的线性关系。回归方程的显著性检验的目的正是检验被解释变量和所有解释变量之间的线性关系是否显著，以及用线性回归模型来描述它们之间的关系是否恰当。

回归方程的显著性检验的基本出发点与拟合优度检验非常相似。通过前文的介绍已知 SST=SSR+SSE。在回归方程的显著性检验中，采用方差分析的方法，分析在 SST 中 SSR 相对于 SSE 来说是否占较大的比例。

如果占较大的比例，则表示 y 与 x 全体之间的线性关系显著，利用线性回归模型反映 y 与所有 x 的关系是恰当的；如果占较小的比例，则表示 y 与 x 全体的线性关系不显著，利用线性回归模型反映 y 与所有 x 的关系是不恰当的。回归方程的显著性检验采用的检验统计量正是基于这种思想构造的。

（1）对于一元线性回归方程，其显著性检验的原假设 H_0 是 $\beta_1=0$，即回归系数与 0 无显著差异。这意味着：当回归系数为 0 时，无论 x 的取值如何变化都不会引起 y 的线性变化，x 无法解释 y 的线性变化，它们之间不存在线性关系。其检验统计量采用 F 统计量，定义为

$$F = \frac{\sum_{i=1}^{n}(\hat{y}_i - \overline{y})^2}{\sum_{i=1}^{n}(y_i - \overline{y})^2 / (n-2)}$$

F 统计量很好地体现了上述基本思想，它是"平均的 SSR/平均的 SSE"，反映了一元线性回归方程所能解释的变差与不能解释的变差的比例。F 统计量服从 $(1, n-2)$ 个自由度的 F 分布。

Stata 会自动计算检验统计量的观测值和对应的 P 值。如果 P 值小于给定的显著性水平 α，则应拒绝原假设，认为回归系数与 0 存在显著差异，被解释变量 y 与解释变量 x 的线性关系显著，可以用一元线性回归模型描述和反映它们之间的关系；如果 P 值大于给定的显著性水平 α，则不应拒绝原假设，认为回归系数与 0 不存在显著差异，被解释变量 y 与解释变量 x 的线性关系不显著，用一元线性回归模型描述和反映它们之间的关系是不恰当的。

（2）对于多元线性回归方程，其显著性检验的原假设 H_0 是 $\beta_1 = \beta_2 = \cdots = \beta_p = 0$，即各个偏回归系数同时与 0 无显著差异。这意味着：当偏回归系数同时为 0 时，无论 x_i 的取值如何变化都不会引起 y 的线性变化，所有 x 无法解释 y 的线性变化，y 与 x 全体不存在线性关系。其检验统计量采用 F 统计量，定义为

$$F = \frac{\sum_{i=1}^{n}(\hat{y}_i - \overline{y})^2}{\sum_{i=1}^{n}(y_i - \hat{y}_i)^2 / (n-p-1)}$$

式中，p 为多元线性回归方程中解释变量的个数。F 统计量服从 $(p, n-p-1)$ 个自由度的 F 分布。

Stata 会自动计算检验统计量的观测值和对应的 P 值。如果 P 值小于给定的显著性水平 α，则应拒绝原假设，认为偏回归系数不同时为 0，被解释变量 y 与解释变量 x 全体的线性关系显著，可以用多元线性回归模型描述和反映它们之间的关系；如果 P 值大于给定的显著性水平 α，则不应拒绝原假设，认为偏回归系数同时为 0，被解释变量 y 与解释变量 x 全体的线性关系不显著，用多元线性回归模型描述和反映它们之间的关系是不恰当的。

由上述分析可知，回归方程的显著性检验和回归方程的拟合优度检验有相似之处。F 统计量与 R^2 有如下对应关系：

$$F = \frac{R^2 / p}{(1-R^2)/(n-p-1)}$$

由此可见，回归方程的拟合优度越高，其显著性检验就越显著；回归方程的显著性检验越显著，其拟合优度就越高。

注意 回归方程的拟合优度检验实质上并非统计学中的假设检验，它并不涉及假设检验中提出原假设、选择检验统计量、计算检验统计量的观测值，以及根据

抽样分布计算其 P 值、决定拒绝或不拒绝原假设等一系列步骤。因此，回归方程的拟合优度检验本质上仅是一种描述性的刻画，不涉及对解释变量和被解释变量总体线性关系的推断，而这恰恰是回归方程的显著性检验所要实现的目标。

3. 回归系数的显著性检验

回归系数的显著性检验的主要目的是研究回归方程中的每个解释变量与被解释变量之间是否存在显著的线性关系，也就是研究每个解释变量能否有效地解释被解释变量的线性变化，以及它们能否保留在回归方程中。

回归系数的显著性检验是围绕回归系数（或偏回归系数）估计值的抽样分布展开的，由此构造服从某种理论分布的检验统计量，并进行检验。

（1）对于一元线性回归方程的回归系数，其显著性检验的原假设 H_0 是 $\beta_1 = 0$，即回归系数与 0 无显著差异。这意味着：当回归系数为 0 时，无论 x 的取值如何变化都不会引起 y 的线性变化，x 无法解释 y 的线性变化，它们之间不存在线性关系。

在一元线性回归模型中，回归系数估计值的抽样分布为

$$\hat{\beta}_1 \sim N\left(\beta_1, \frac{\sigma^2}{\sum_{i=1}^{n}(x_i - \bar{x})^2}\right)$$

当 σ^2 未知时，可用 $\hat{\sigma}^2$ 替代，即

$$\hat{\sigma}^2 = \frac{1}{n-1}\sum_{i=1}^{n}(y_i - \hat{y}_i)^2$$

于是在原假设成立的条件下，可构造 t 统计量，即

$$t = \frac{\hat{\beta}_1}{\dfrac{\hat{\sigma}}{\sqrt{\sum_{i=1}^{n}(x_i - \bar{x})^2}}}$$

式中，$\hat{\sigma}$ 为回归方程的标准误，它是平均的 SSE 的平方根，反映了回归方程无法解释 y 变化的程度。t 统计量服从 $n-2$ 个自由度的 t 分布。

Stata 会自动计算 t 统计量的观测值和对应的 P 值。如果 P 值小于给定的显著性水平 α，则应拒绝原假设，认为回归系数与 0 有显著差异，被解释变量 y 与解释变量 x 的线性关系显著，x 应该保留在回归方程中；如果 P 值大于给定的显著性水平 α，则不应拒绝原假设，认为回归系数与 0 无显著差异，被解释变量 y 与解释变量 x 的线性关系不显著，x 不应保留在回归方程中。

在一元线性回归分析中，回归方程的显著性检验和回归系数的显著性检验的作用是相同的，两者可以相互替代。同时，回归方程的显著性检验中的 F 统计量等于回归系数的显著性检验中的 t 统计量的平方，即

$$F = t^2$$

（2）对于多元线性回归方程的回归系数，其显著性检验的原假设 H_0 是 $\beta_i = 0$，即第 i 个偏回归系数与 0 无显著差异。这意味着：当偏回归系数 β_i 为 0 时，无论 x_i 的取值如何变化都不会引起 y 的线性变化，x_i 无法解释 y 的线性变化，它们之间不存在线性关系。

在多元线性回归模型中，若解释变量之间相互独立，则偏回归系数估计值的抽样分布为

$$\hat{\beta}_i \sim N\left(\beta_i, \frac{\sigma^2}{\sum_{j=1}^{n}(x_{ji} - \bar{x}_i)^2}\right)$$

当 σ^2 未知时，可用 $\hat{\sigma}^2$ 替代，即

$$\hat{\sigma}^2 = \frac{1}{n - p - 1} \sum_{i=1}^{n}(y_i - \hat{y}_i)^2$$

于是在原假设成立的条件下，可构造 t_i 统计量，即

$$t_i = \frac{\hat{\beta}_i}{\dfrac{\hat{\sigma}}{\sqrt{\sum_{j=1}^{n}(x_{ji} - \bar{x}_i)^2}}}$$

式中，t_i 统计量服从 $n - p - 1$ 个自由度的 t 分布。

Stata 会自动计算 t_i 统计量的观测值和对应的 P 值。如果 P 值小于给定的显著性水平 α，则应拒绝原假设，认为偏回归系数 β_i 与 0 有显著差异，被解释变量 y 与解释变量 x_i 的线性关系显著，x_i 应该保留在回归方程中；如果 P 值大于给定的显著性水平 α，则不应拒绝原假设，认为偏回归系数 β_i 与 0 无显著差异，被解释变量 y 与解释变量 x_i 的线性关系不显著，x_i 不应该保留在回归方程中。

在多元线性回归分析中，回归方程的显著性检验与回归系数的显著性检验的作用不尽相同。回归方程的显著性检验只能检验所有偏回归系数是否同时为 0。

如果偏回归系数不同时为 0，则并不能保证回归方程中不存在某些偏回归系数为 0 的解释变量。也就是说，回归方程的显著性检验不能保证回归方程中不存在不能较好地解释 y 的 x_i。

回归系数的显著性检验则对每个偏回归系数是否为 0 进行逐一考察。因此，在多元线性回归分析中，这两种检验通常不能互相替代。

但上述的 F 统计量并非与 t 统计量无任何关系。如果某个解释变量 x_i 被引入回归方程且通过了回归系数的显著性检验，则它会使均方误差减小、R^2 增大，并且使 F 统计量的观测值得到改善，即

$$F_{\text{ch}} = \frac{R_{\text{ch}}^2 (n - p - 1)}{1 - R^2}$$

式中，F_{ch} 为偏 F 统计量；R_{ch}^2 为 R^2 的改进量，$R_{\text{ch}}^2 = R^2 - R_i^2$（$R_i^2$ 是解释变量 x_i 被引入回归方程前的判定系数）。由此可以发现，当某个解释变量 x_i 被引入回归方程后，对应的偏

F 统计量的观测值与该解释变量的 t_i 统计量之间存在如下数量关系：

$$F_{ch} = t_i^2$$

同时，从偏 F 统计量角度讲，如果某个解释变量 x_i 的引入使得 R_{ch}^2 发生显著变化，即偏 F 统计量检验显著，就可认为该 x_i 对 y 的线性贡献是显著的，应将它保留在回归方程中。偏 F 统计量检验与回归系数的显著性检验的实质是相同的。

8.1.5 残差分析

残差是指由回归方程计算所得的预测值与实际样本值之间的差距，定义为

$$e_i = y_i - \hat{y}_i = y_i - \left(\hat{\beta}_0 + \hat{\beta}_1 x_1 + \hat{\beta}_2 x_2 + \cdots + \hat{\beta}_p x_p\right)$$

它是回归模型中 ε_i 的估计值，由多个 e_i 形成的序列称为残差序列。

残差分析是回归方程的统计检验中的重要组成部分，其出发点是如果回归方程能够较好地反映被解释变量的特征和变化规律，那么残差序列中应不包含明显的规律性和趋势性。同时，需要检验是否满足以下条件：

$$\begin{cases} E(\varepsilon) = 0 \\ \mathrm{Var}(\varepsilon) = \sigma^2 \end{cases}$$

残差分析正是基于这种考虑并围绕对上式的检验展开的，主要任务可大致归纳为残差均值为 0 的正态性分析、残差序列的独立性分析、异方差分析、探测样本中的异常值等。图形分析和数值分析是残差分析的有效工具。

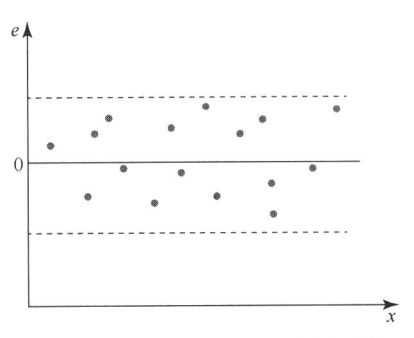

1. 残差均值为0的正态性分析

由前面的分析可知，当解释变量 x 取某个特定的值 x_0 时，对应的残差必然有正有负，但总体上应服从均值为 0 的正态分布。通过绘制残差图可以对该问题进行分析。

残差图也是一种散点图，图中一般横坐标为解释变量，纵坐标为残差。如果残差的均值为 0，则残差图中的点应在纵坐标为 0 的横线上下随机散落，如图 8-1 所示。

通过绘制标准化（或学生化）残差的累计概率图也可以进行残差均值为 0 的正态性分析。

图 8-1 残差均值为 0 的正态性分析

2. 残差序列的独立性分析

残差序列的独立性也是回归模型所要求的。残差序列应满足下式，以保证残差序列

的前期和后期之间不存在相关关系，即不存在自相关。

$$\text{Cov}(\varepsilon_i, \varepsilon_j) = 0, \quad i \neq j$$

残差序列存在自相关会带来许多问题，如回归参数的普通最小二乘估计不再是最优的，不再是最小方差无偏估计；容易导致回归系数的显著性检验的 t 统计量偏高，进而容易拒绝原假设，使那些本不应保留在回归方程中的变量被保留下来，最终使回归模型的预测偏差较大。残差序列的独立性分析可以通过以下3种方式实现。

（1）绘制残差序列图。

残差序列图以样本期（或时间）为横坐标，以残差为纵坐标。对残差序列图直接进行观察便可以发现是否存在自相关。在如图 8-2 所示的残差序列图中，残差序列存在较强的自相关。残差随着时间的推移呈有规律的变化，表明残差序列存在一定的正或负自相关。

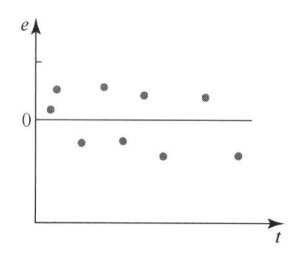

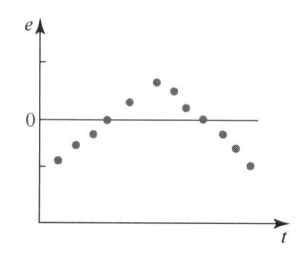

图 8-2 残差序列的独立性分析

（2）计算残差的自相关系数。

残差的自相关系数是一种测度残差序列自相关强弱的工具，定义为

$$\hat{\rho} = \frac{\sum_{i=2}^{n} e_i e_{i-1}}{\sqrt{\sum_{i=2}^{n} e_i^2} \sqrt{\sum_{i=2}^{n} e_{i-1}^2}}$$

残差的自相关系数的取值范围为 -1～1，接近 1 表明残差序列存在正自相关；接近 -1 表明残差序列存在负自相关。

（3）DW（Durbin-Watson）检验。

DW 检验是推断小样本残差序列是否存在自相关的统计检验方法，其原假设 H_0 是总体的自相关系数 ρ 与 0 无显著差异，采用的检验统计量为

$$\text{DW} = \frac{\sum_{i=2}^{n}(e_i - e_{i-1})^2}{\sqrt{\sum_{i=2}^{n} e_i^2}}$$

当残差序列不存在自相关时，$\text{DW} \approx 2(1-\hat{\rho})$。DW 的取值范围为 0～4，对 DW 观测值的直观判断标准如下。

当 $\text{DW} \approx 4$（$\hat{\rho} = -1$）时，残差序列存在完全的负自相关；当 $\text{DW} \in (2,4)$（$\hat{\rho} \in (-1,0)$）时，残差序列存在负自相关；当 $\text{DW} = 2$（$\hat{\rho} = 0$）时，残差序列无自相关；当 $\text{DW} \in (0,2)$

（$\hat{\rho} \in (0, +1)$）时，残差序列存在正自相关；当 DW = 0（$\hat{\rho} = 1$）时，残差序列存在完全的正自相关。

如果残差序列存在自相关，则说明回归方程没能充分说明被解释变量的变化规律，还留有一些规律性没有解释，即认为回归方程中遗漏了一些较为重要的解释变量，或者解释变量存在取值滞后性，或者回归模型的选择不合适，不应选用线性回归模型等。

3. 异方差分析

由前面的分析已知，无论解释变量取怎样的值，对应残差的方差都应相等，而不应随解释变量或被解释变量预测值的变化而变化，否则认为出现了异方差现象。当存在异方差时，回归参数的普通最小二乘估计不再是最小方差无偏估计。异方差分析可以通过以下 2 种方式实现。

（1）绘制残差图。

通过绘制残差图可以分析是否存在异方差。在如图 8-3 所示的残差图中，残差的方差随着解释变量值的增大呈增大（或减小）的趋势，表明出现了异方差现象。

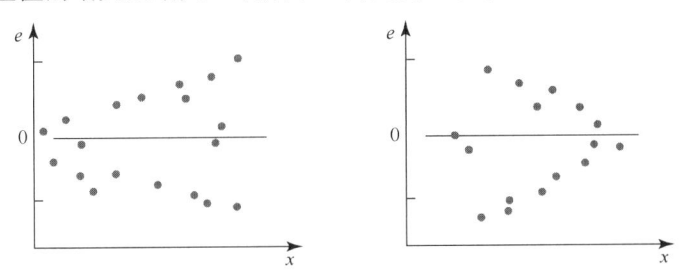

图 8-3 残差的异方差分析

（2）等级相关分析。

得到残差序列后首先对其取绝对值，其次分别计算出残差和解释变量的秩，最后计算 Spearman 秩相关系数，并进行等级相关分析（见第 7 章相关分析）。如果等级相关分析中检验统计量的 P 值小于给定的显著性水平 α，则应拒绝等级相关分析的原假设，认为解释变量与残差之间存在显著的相关关系，即出现了异方差现象。

如果存在异方差，则可先对解释变量实施方差稳定变换，再进行回归参数的估计。通常，如果残差与预测值的平方根成比例变化，则可对解释变量进行开方处理；如果残差与预测值成比例变化，则可对解释变量取对数；如果残差与预测值的平方成比例变化，则可对解释变量求倒数。

另外，利用加权最小二乘估计法也可以进行回归参数的估计。以一元线性回归分析为例，在普通最小二乘估计中，当离差平方和 $Q(\hat{\beta}_0, \hat{\beta}_1) = \sum_{i=1}^{n} \left(y_i - \hat{\beta}_0 - \hat{\beta}_1 x_i \right)^2$ 中的解释变量取不同值时，各成分对离差平方和的贡献是相同的。

在存在异方差的情况下，解释变量不同取值下残差的方差不同，造成它们对离差平方和的贡献不同，方差偏大的贡献偏大，方差偏小的贡献偏小，最终使回归直线偏向于方差大的项。加权最小二乘估计法就是在离差平方和中加入一个恰当的权重 ω_i，以调整各项在离差平方和中的作用。对方差较小的项赋予较大的权重，对方差较大的项赋予较

小的权重，即

$$Q(\hat{\beta}_0, \hat{\beta}_1) = \sum_{i=1}^{n} \omega_i \left(y_i - \hat{\beta}_0 - \hat{\beta}_1 x_i \right)^2$$

并在最小原则下进行参数估计。加权最小二乘估计法中权重的确定是非常重要的。

4．探测样本中的异常值

利用残差可以探测样本中的异常值。通常，异常值是指那些远离均值的数据点，它们对回归参数估计有较大影响，应尽量找出它们并加以排除。被解释变量 y 和解释变量 x 中都有可能出现异常值。被解释变量中异常值的探测方法一般有以下 3 种。

（1）标准化残差。

由于残差服从均值为 0 的正态分布，因此可以根据 3σ 准则进行判断，即先对残差进行标准化（$ZRE_i = \dfrac{e_i}{\hat{\sigma}}$），然后观察 ZRE_i，绝对值大于 3 的 ZRE_i 对应的观测值为异常值。

（2）学生化残差。

当出现异方差现象时可通过学生化残差对异常值进行判断，即先计算学生化残差（$SRE_i = \dfrac{e_i}{\hat{\sigma}\sqrt{1-h_{ii}}}$，其中 h_{ii} 为第 i 个观测值的杠杆值），然后观察 SRE_i，绝对值大于 3 的 SRE_i 对应的观测值为异常值。

（3）剔除残差。

剔除残差的构造思想：在计算第 i 个观测值的残差时，用剔除该观测值后剩余的 $n-1$ 个观测值拟合回归方程，并计算第 i 个观测值的预测值和相应的残差。这个残差与第 i 个观测值无关，不受第 i 个观测值的 y 值是不是异常值的影响，称为剔除残差。剔除残差比上述残差更能如实反映第 i 个观测值的 y 值的异常性。绝对值大于 3 的剔除残差对应的观测值为异常值。

解释变量中异常值的探测方法一般有以下 3 种。

（1）杠杆值。

以一元线性回归分析为例，第 i 个观测值的杠杆值 h_{ii} 的定义为

$$h_{ii} = \frac{1}{n} + \frac{(x_i - \bar{x})^2}{\sum_{i=1}^{n}(x_i - \bar{x})^2}$$

由该式可知，杠杆值实质上反映了解释变量 x 的第 i 个观测值与 x 的均值之间的差异。当 x_i 接近 $\bar{x}$ 时，h_{ii} 的第 2 项接近 0；当 x_i 远离 $\bar{x}$ 时，h_{ii} 的第 2 项接近 1。因此，某个杠杆值 h_{ii} 较大意味着对应的 x_i 远离 $\bar{x}$，它会强烈地影响回归方程的拟合，是一个异常值。杠杆值的均值为

$$\bar{h} = \frac{1}{n}\sum_{i=1}^{n} h_{ii} = \frac{p+1}{n}$$

通常，如果 h_{ii} 大于 2 倍或 3 倍的 $\bar{h}$，就可认为该杠杆值较大，对应的观测值为异常值。在实际中多用中心化（回归直线过原点，常数项为 0）的杠杆值 ch_{ii}。中心化的杠杆

值为
$$\mathrm{ch}_{ii} = h_{ii} - \frac{1}{n}$$

其均值为
$$\frac{1}{n}\sum_{i=1}^{n}\mathrm{ch}_{ii} = \frac{p}{n}$$

(2) 库克距离。

库克距离也是一种探测强影响点的有效方法，其定义为
$$D_i = \frac{e_i^2}{(p+1)\hat{\sigma}^2} \times \frac{h_{ii}}{(1-h_{ii})^2}$$

式中，p 为解释变量的个数。库克距离是杠杆值 h_{ii} 与残差 e_i 的综合效应。一般库克距离大于 1 就可认为对应的观测值为异常值。

(3) 标准化回归系数的变化和标准化预测值的变化。

观察剔除第 i 个观测值前后回归方程的标准化回归系数的变化。通常，如果标准化回归系数变化的绝对值大于 $2/\sqrt{n}$，则可认为第 i 个观测值可能是异常值。另外，还可以观察标准化预测值的变化。通常，如果标准化预测值变化的绝对值大于 $2/\sqrt{p/n}$，则可认为第 i 个观测值可能是异常值。

8.1.6 经典线性回归分析假设

本章介绍的经典线性回归分析是基于以下假设的。

(1) 模型是线性回归模型，即
$$y = \beta_0 + \beta_1 x_1 + \beta_2 x_2 + \cdots + \beta_p x_p + \varepsilon$$

式中，1 和 $x_1, x_2, \cdots, x_p$ 是解释 y 的变量；ε 表示误差项（y 中不能由 1 和 $x_1, x_2, \cdots, x_p$ 解释的部分）。

(2) 随机抽样假设，样本是独立同分布的，即样本是随机抽样得到的，也即样本个体 i 的所有变量组成的向量
$$(x_i, y_i, \varepsilon_i) = (x_{i1}, x_{i2} \cdots x_{ip}, y_i, \varepsilon_i)$$

是随机向量且相互独立，并且具有相同的联合分布。

(3) 严格外生性。

因为 ε 和 x 是随机变量，所以能在任何给定的 x 值下定义 ε 的条件期望，即
$$E(\varepsilon | x) = 0$$

从直观上说，知道 x 的信息并不能带来对 ε 的更好预测。它表明对任意给定的 x 值，无法观测因素的均值都相等。

(4) 球形误差。与"严格外生性"假设相似，球形误差是对给定 x 值条件下 ε 的方差的假设，其统计符号表示为

$$\text{ASSUMPTION:} \quad E[\varepsilon \mid X] = \begin{bmatrix} [\varepsilon_1 \mid X] \\ [\varepsilon_2 \mid X] \\ \vdots \\ [\varepsilon_n \mid X] \end{bmatrix} = 0$$

式中，$X = \begin{pmatrix} x_1 \\ x_2 \\ \vdots \\ x_n \end{pmatrix}$ 为由所有个体的变量组成的矩阵。上式说明在给定所有的自变量观测值的条件下，误差项 ε_i 与 ε_j 不相关，ε_i 与 ε_j 同方差。

符合假设（3）、（4）的自变量与因变量的线性回归模型可以形象地用图 8-4 表示。

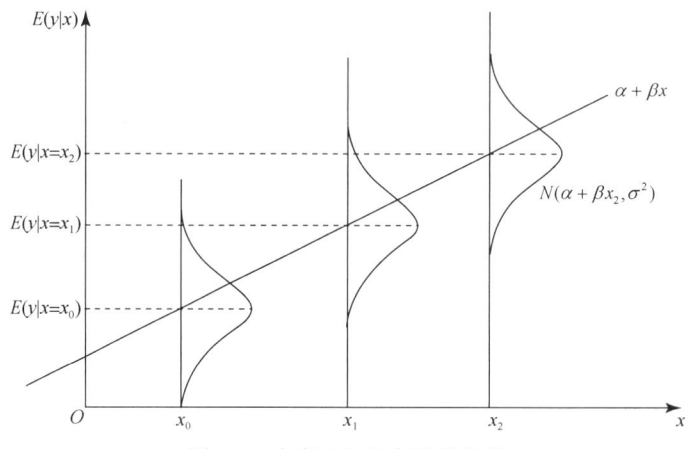

图 8-4 自变量与因变量的关系

（5）无完全共线性。要求数据没有线性相关性，即不能有一个变量可以写成其他变量的线性组合。该假设比较容易满足，其存在的目的是保证在估计参数时，普通最小二乘估计可以计算。

8.2 线性回归的 Stata 实现

在 Stata 中，通过 regress 命令可以实现各种简单和多元的普通最小二乘法回归分析。回归分析完成后，还可以通过 vce 命令获得回归系数的相关矩阵，通过 test 命令对模型进行假设检验，即对拟合模型参数的简单线性假设和复合线性假设进行 Wald 检验。

实际上，回归分析结果中提供了针对模型整体的 F 检验，以及针对各自变量及常数项回归系数的 t 检验。

8.2.1 回归分析命令

在 Stata 中，regress 命令可以用于实现线性回归分析（普通最小二乘法回归分析），即完成因变量对自变量的回归，输出结果除系数的估计值以外，还包括系数的标准差、

t 值、P 值和 95% 的置信区间。其语法格式如下：

regress depvar [indepvars] [if] [in] [weight] [, options]

其中，depvar 为被解释变量（因变量），只能有一个；indepvars 为解释变量（自变量），可以有一个或多个，当只有一个时为一元回归分析，当有多个时为多元回归分析；options 选项含义如表 8-1 所示。

表 8-1 options 选项含义

选项	含义
noconstant	抑制常数项，即模型不包含常数项
hascons	自定义常数项
tsscons	通过常数计算平方和，很少使用
vce(vcetype)	计算估计值的标准差，可以为 ols、robust、cluster、bootstrap、jackknife、hc2 或 hc3 等
level(#)	设置置信水平，默认为 level(95)
beta	给出标准化后的 beta 系数
eform(string)	给出指数系数，标签为 string
depname(varname)	替代因变量名，编程用
display_options	控制列和列格式、行间距、线宽、省略变量的显示、基础和空单元格、因子变量标签
noheader	不输出表头
notable	不显示系数表
plus	表格可扩展
mse1	强制均方差为 1
coeflegend	显示图例，而不是统计信息

【例 8-1】根据数据集 auto.dta 中的变量 mpg、weight 和 foreign 拟合模型：

$$y_{\text{mpg}} = \beta_0 + \beta_1 x_{\text{weight}} + \beta_2 x_{\text{foreign}} + \varepsilon$$

其中，foreign 假设国外汽车的值为 1、国内汽车的值为 0。

在命令窗口中输入：

. sysuse auto, clear
(1978 automobile data)
. regress mpg weight foreign   //生成汇总统计数据及回归系数表

输出结果如图 8-5 所示。

```
. regress mpg weight foreign

      Source |       SS           df       MS      Number of obs   =        74
-------------+----------------------------------   F(2, 71)        =     69.75
       Model |  1619.2877          2  809.643849   Prob > F        =    0.0000
    Residual |  824.171761         71  11.608053   R-squared       =    0.6627
-------------+----------------------------------   Adj R-squared   =    0.6532
       Total |  2443.45946         73  33.4720474  Root MSE        =    3.4071

------------------------------------------------------------------------------
         mpg | Coefficient  Std. err.      t    P>|t|     [95% conf. interval]
-------------+----------------------------------------------------------------
      weight |  -.0065879   .0006371   -10.34   0.000    -.0078583   -.0053175
     foreign |  -1.650029   1.075994    -1.53   0.130    -3.7955     .4954422
       _cons |   41.6797    2.165547    19.25   0.000     37.36172    45.99768
------------------------------------------------------------------------------
```

图 8-5 输出结果

输出结果给出了各种汇总统计数据及回归系数表。输出结果左上方为回归方差分析表，列 SS、df、MS 分别代表平方和、自由度和均方。本例中，总平方和为 2443.45946，其中 1619.2877 由模型计算，824.171761 无法解释。因为回归模型中包含一个常数，所以总平方和反映了去除均值后的和，因为模型的平方和也是如此。该表还显示，共有 73 个自由度（74 个观测值减去 1 个缺失值），其中 2 个自由度被模型消耗，剩余 71 个自由度。

回归方差分析表右侧显示了其他汇总统计数据，如回归方差分析表相关的 F 统计量为 69.75。该统计量具有 2 个分子和 71 个分母自由度。

F 统计量检验了除常数以外的所有系数均为 0 的原假设。观察到模型的 F 统计量为 69.75，P 值为 0.0000，说明模型整体上是非常显著的。回归的 R^2 为 0.6627，根据自由度修正的 R^2 为 0.6532。标记为均方根误差的 Root MSE 为 3.4071，它是回归方差分析表中残差报告的均方误差的平方根。

输出结果下方为估计系数表。该表的第一行表示左侧变量为 mpg。此后，遵循估计的系数。最终拟合模型为

$$y_{mpg} = 41.6797 - 0.0065879 x_{weight} - 1.650029 x_{foreign}$$

系数右侧报告的是标准误，如 weight 系数的标准误为 0.0006371，相应的 t 统计量为 -10.34，具有 0.000（该数字表示显著性水平小于 0.0005）的双侧显著性水平，系数 95% 的置信区间为[-0.0078583,-0.0053175]。

通过比较 mpg 和 weight 的参数可发现，其关系是明显非线性的。这与实际相符，因为单位距离的能源使用量应随质量线性增加，但 mpg 是测量单位距离的能量使用量的变量。通过生成一个测量每 100mi 使用加仑数的新变量（gp100m），可以在模型中使用该新变量来获得更好的模型：

$$y_{gp100m} = \beta_0 + \beta_1 x_{weight} + \beta_2 x_{foreign} + \varepsilon$$

在命令窗口中输入：

```
. generate gp100m=100/mpg
. regress gp100m weight foreign
```

输出结果如图 8-6 所示。

```
. regress gp100m weight foreign

      Source |       SS           df       MS      Number of obs   =        74
-------------+----------------------------------   F(2, 71)        =    113.97
       Model |  91.1761694         2  45.5880847   Prob > F        =    0.0000
    Residual |  28.4000913        71   .400001287   R-squared       =    0.7625
-------------+----------------------------------   Adj R-squared   =    0.7558
       Total |  119.576261        73  1.63803097   Root MSE        =    .63246

      gp100m | Coefficient  Std. err.      t    P>|t|     [95% conf. interval]
-------------+----------------------------------------------------------------
      weight |   .0016254   .0001183    13.74   0.000     .0013896    .0018612
     foreign |   .6220535   .1997381     3.11   0.003     .2237871    1.02032
       _cons |  -.0734839   .4019932    -0.18   0.855    -.8750354    .7280677
```

图 8-6　输出结果

由此可以发现，最终拟合了一个合理的物理模型，可以将 R^2 增大到 0.7625。

8.2.2　回归系数的协方差矩阵

在回归分析完成后，有时还需要使用 vce 命令获得回归系数的相关矩阵。vce 命令的语法格式如下：

```
vce                              //协方差矩阵
estat vce [, options]
```

其中，options 选项含义如表 8-2 所示。

表 8-2 options 选项含义

选项	含义
covariance	显示为方差-协方差矩阵（默认）
correlation	显示为相关矩阵
equation(spec)	仅显示指定的公式
block	按公式显示子矩阵
diag	通过方程显示子矩阵，仅适用于对角块
format(%fmt)	协方差和相关性的显示格式
nolines	抑制方程之间的直线
display_options	控制省略变量、基单元格、空单元格的显示

【例 8-2】获取回归系数的相关矩阵。

在命令窗口中输入：

```
. sysuse auto, clear
(1978 automobile data)
. regress mpg weight foreign     //回归分析，输出结果略
. vce                            //协方差矩阵
. vce [,correlation]             //相关矩阵
```

输出结果如图 8-7 所示，给出了 weight、foreign 及常数项回归系数的相关矩阵。

```
. vce
Covariance matrix of coefficients of regress model

        e(V) |    weight     foreign       _cons
-------------+------------------------------------
      weight |  4.059e-07
     foreign |  .0004064    1.1577633
       _cons | -.00134646   -1.5713159   4.6895946

. vce ,correlation
Correlation matrix of coefficients of regress model

        e(V) |    weight     foreign       _cons
-------------+------------------------------------
      weight |    1.0000
     foreign |    0.5928    1.0000
       _cons |   -0.9759   -0.6744    1.0000
```

图 8-7 输出结果

8.2.3 计算拟合值和残差

在回归分析完成后，通过 predict 命令可以获得拟合值和残差，即利用回归模型进行预测。拟合值等于通过 regress 命令估计的系数 β 乘以自变量 x，即 $\hat{y}=\beta x$；残差等于实际的因变量减去拟合值，即 $\varepsilon=y-\hat{y}$。predict 命令的语法格式如下：

```
predict [type] newvar [if] [in] [,single_options]      //用于单方程（SE）模型
predict [type] newvar [if] [in] [,multiple_options]    //用于多方程（ME）模型
predict [type] stub* [if] [in], scores                 //用于多方程模型
```

其中，type 用于指定要存放拟合值或残差的格式；newvar 为拟合值或残差的变量名；

options 选项含义如表 8-3 所示。

表 8-3 options 选项含义

选 项	含 义
xb	线性预测拟合值（适用于单方程、多方程模型）
stdp	预测的标准差（适用于单方程、多方程模型）
stddp	计算线性预测的差异（适用于多方程模型）
score	关于 βx_j 的对数似然的一阶导数（适用于单方程模型）
nooffset	忽略任何 offset() 或 exposure() 变量（适用于单方程、多方程模型）
equation(eqno [,eqno])	指定公式（适用于 ME 模型）

【例 8-3】数据集 auto.dta 中为 74 辆汽车的各种测试数据，包括英里数（mpg）、汽车质量（weight）及汽车是否为国外汽车（foreign），试进行回归分析。

在命令窗口中输入：

```
. sysuse auto, clear
(1978 automobile data)
. regress mpg weight if foreign
```

输出结果如图 8-8 所示。

```
. regress mpg weight if foreign

      Source |       SS           df       MS      Number of obs   =        22
-------------+----------------------------------   F(1, 20)        =     17.47
       Model |  427.990298         1  427.990298   Prob > F        =    0.0005
    Residual |  489.873338        20  24.4936669   R-squared       =    0.4663
-------------+----------------------------------   Adj R-squared   =    0.4396
       Total |  917.863636        21  43.7077922   Root MSE        =    4.9491

------------------------------------------------------------------------------
         mpg | Coefficient  Std. err.      t    P>|t|     [95% conf. interval]
-------------+----------------------------------------------------------------
      weight |   -.010426   .0024942    -4.18   0.000    -.0156287   -.0052232
       _cons |    48.9183   5.871851     8.33   0.000     36.66983    61.16676
------------------------------------------------------------------------------
```

图 8-8 输出结果

在命令窗口中输入：

```
. predict pmpg if e(sample)              //新建一个名为 pmpg 的变量，用于存放拟合值
(option xb assumed; fitted values)
(52 missing values generated)
. label variable pmpg "predicted mean mpg"    //为变量 pmpg 添加标签
```

说明 e(sample) 仅适用于 foreign，因为在拟合模型时键入了 if foreign，并且相关变量中没有缺失值。如果有缺失值，那么 e(sample) 会说明这些值。

在命令窗口中输入：

```
. predict e, resid                      //新建一个名为 e 的变量，用于存放残差
. label variable e "residual"           //为变量 e 添加标签
. des                                   //通过 describe 命令查看变量，图略
```

说明 由输出结果的最后两行可以看出，Stata 已经保存了预测值和残差，它们在回归诊断中很有用。给它们加上标签，有利于后续工作的进行。

在命令窗口中输入：

```
. generate lnweight = ln(weight)
. regress mpg weight lnweight foreign      //分析结果略
. predict double resid, residuals          //获得残差
. summarize resid                          //输出结果如图 8-9 所示
```

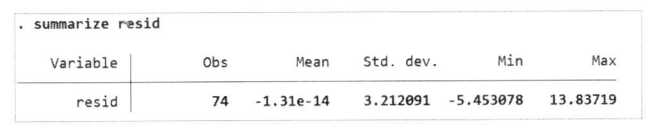

```
. summarize resid

Variable |    Obs      Mean    Std. dev.       Min        Max
   resid |     74  -1.31e-14   3.212091  -5.453078   13.83719
```

图 8-9　输出结果

> **注意**　Stata 始终记得的是最后一组估计。

8.2.4　对回归系数进行假设检验

在回归分析完成后，有时还需要使用 test 命令对模型进行必要的假设检验。实际上在回归分析结果中已经给出了针对模型整体的 F 统计量，以及针对各自变量和常数项回归系数的 t 统计量。

在该基础上，还可以继续通过 test 命令进行关于最近拟合模型参数的简单和复合线性假设的 Wald 检验。test 命令的语法格式如下：

```
test coeflist                              //检验所设定的系数均为 0 的假设
test exp=exp[=...]                         //检验所设定的系数表达式均为 0 的假设
test [eqno] [:coeflist]                    //检验所设定的系数均为 0 的假设
test [eqno=eqno[=...]] [:coeflist]         //检验方程 eqno 中的变量列表的系数均为 0 的假设
testparm varlist [,testparm_options]       //检验方程 eqno 中的变量列表的系数相同的假设
test (spec) [(spec)...] [,test_options]    //完整语法格式
```

其中，常用的是前面三种格式，因此对 options 选项含义不进行过多介绍。

> **注意**　test 命令针对的线性检验，当执行非线性检验时需要使用 testnl 命令，其语法格式如下：
> ```
> testnl exp=exp[=exp...] [, options]
> testnl exp=exp[=exp...] [(exp=exp[=exp...])...] [, options]
> ```
> 其中，exp=exp[=exp...]为系数之间的非线性关系表达式。

【例 8-4】数据集 census3.dta 中包含 1980 年美国 50 个州的人口普查数据，记录了每个州的出生率（brate）、年龄中位数（medage）及每个州所在的地区（region）。对于变量 region 的取值，位于东北部地区为 1，位于中北部地区为 2，位于南部地区为 3，位于西部地区为 4。

在命令窗口中输入：

```
. use D:\DingJB\Stata\census3, clear
(1980 Census data by state)
. regress brate medage c.medage#c.medage i.region
```

输出结果如图 8-10 所示。

```
. regress brate medage c.medage#c.medage i.region

      Source |       SS           df       MS      Number of obs   =        50
-------------+----------------------------------   F(5, 44)        =    100.63
       Model |  38803.4208         5   7760.68416  Prob > F        =    0.0000
    Residual |  3393.39921        44   77.1227094  R-squared       =    0.9196
-------------+----------------------------------   Adj R-squared   =    0.9104
       Total |    42196.82        49   861.159592  Root MSE        =     8.782

-------------------------------------------------------------------------------
        brate | Coefficient  Std. err.      t    P>|t|     [95% conf. interval]
--------------+----------------------------------------------------------------
       medage |  -109.0958   13.52452    -8.07   0.000    -136.3527   -81.83892
              |
c.medage#c.medage|  1.635209  .2290536    7.14   0.000     1.173582    2.096836
              |
       region |
     NCentral |  15.00283   4.252067     3.53   0.001     6.433353    23.57231
        South |  7.366445   3.953335     1.86   0.069    -.6009775    15.33387
         West |  21.39679   4.650601     4.60   0.000     12.02412    30.76946
              |
        _cons |  1947.611   199.8405     9.75   0.000     1544.859    2350.363
-------------------------------------------------------------------------------
```

图 8-10　输出结果

在命令窗口中输入：

```
. test 3.region=0              //执行统计检验，检验 3.region 的系数为 0 的假设
 ( 1)  3.region = 0
       F(  1,    44) =    3.47
            Prob > F =    0.0691
```

由此可知，F 统计量为 3.47，具有 1 个分子和 44 个分母自由度。检验的显著性水平为 6.91%，因此可以在 10% 的显著性水平上拒绝原假设，但在 5% 的显著性水平上不能拒绝原假设。

在命令窗口中输入：

```
. test 2.region=21             //执行统计检验，检验 3.region 的系数为 21 的假设
 ( 1)  2.region = 21
       F(  1,    44) =    1.99
            Prob > F =    0.1654
```

由此可知，不能拒绝原假设，或者说至少不能在任何低于 16.5% 显著性水平上拒绝原假设。

8.3　约束回归分析

在进行回归分析时，有时会希望某些变量的系数相同或满足某种特定关系。约束回归通常可以通过对变量进行变换来实现。例如，对于回归模型：

$$y = \beta_0 + \beta_1 x_1 + \beta_2 x_2$$

（1）要求约束 x_1 和 x_2 的系数相等，此时相当于合并同类项，即先设定一个新的变量 $x_3 = x_1 + x_2$，然后对模型 $y = \beta_0 + \beta_1 x_3$ 进行回归。

（2）要求系数 $\beta_0 = 0.5\beta_1$，此时相当于对变量进行变换，即先将 β_0 变为 $0.5\beta_1$，然后提取 β_1，等式变为 $y = \beta_1(0.5 + x_1) + \beta_2 x_2$。此时，先生成一个新变量 $x_3 = 0.5 + x_1$，然后对模

型 $y = \beta_1 x_3 + \beta_2 x_2$ 进行回归，并设定 noconstant 选项。

对于有简单约束回归条件的回归分析，可以很方便地书写命令。但当约束回归条件比较多时会比较复杂，Stata 提供了一种更便捷的方法，即约束回归。

8.3.1 约束回归条件设置

在 Stata 中开展约束回归分析之前，首先需要设置约束回归条件。设置约束回归条件的命令为 constraint，其语法格式如下：

```
constraint [define] # [exp=exp | coeflist]    //设置约束回归条件
```

其中，coeflist 可以包含因子变量和时间序列算子，其格式有以下几种：

```
coef [coef ...]
[eqno]coef [[eqno] coef ...]
[eqno] _b[coef] [[eqno] _b[coef] ...]
```

其中，coef 标识模型中的系数，通常为变量名、级别指示符、交互指示符或涉及交互连续变量等。

显示或删除已设置的约束回归条件的命令如下：

```
constraint dir [numlist | _all]      //显示已设置的约束回归条件
constraint list [numlist | _all]     //显示已设置的约束回归条件
constraint drop [numlist | _all]     //删除约束回归条件
```

其中，numlist 为要显示或删除的约束回归条件；_all 表示所有约束回归条件，默认显示或删除所有约束回归条件。

例如，待拟合模型

$$y = \beta_0 + \beta_1 x_1 + \beta_2 x_2 + \beta_3 x_3 + \beta_4 x_4$$

具有的约束回归条件为 $\beta_0 = 3\beta_1 = 2\beta_4$、$\beta_2 = \beta_3$，可以通过下面的命令语句定义约束回归条件：

```
constraint 1 _cons=3*x1
constraint 2 _cons=2*x4
constraint 3 x2=x3
```

8.3.2 约束回归命令

待约束回归条件设置完成后，即可进行约束回归。在 Stata 中，使用 cnsreg 命令实现约束回归，其语法格式如下：

```
cnsreg depvar indepvars [if] [in] [weight] ,constraints(const) [options]
```

其中，depvar 为被解释变量（因变量）；indepvars 为解释变量（自变量）；options 为其他可选项，这里不对其含义进行介绍；const 为约束回归条件，有多种表达式表示方法，如：

```
constraints(1/3,6)       //表示在第1~3、6个约束回归条件下进行约束回归分析
constraints(1-3,6,8)     //表示在第1~3、6、8个约束回归条件下进行约束回归分析
```

8.3.3 约束回归分析示例

【例 8-5】约束回归分析示例。根据数据集 auto.dta 进行约束回归分析，回归模型为

$$y_{\text{mpg}} = \beta_0 + \beta_1 x_{\text{price}} + \beta_2 x_{\text{weight}} + u$$

约束回归条件为 $\beta_1 = \beta_2$，此时回归模型可以改写为

$$y_{\text{mpg}} = \beta_0 + \beta_1(x_{\text{price}} + x_{\text{weight}}) + u$$

在命令窗口中输入：

```
. sysuse auto, clear
(1978 automobile data)
. constraint 1 price = weight
. cnsreg mpg price weight, constraint(1)
```

输出结果如图 8-11 所示。

```
. cnsreg mpg price weight, constraint(1)

Constrained linear regression                Number of obs =      74
                                             F(1, 72)      =   37.59
                                             Prob > F      =  0.0000
                                             Root MSE      =  4.7220

 ( 1)  price - weight = 0

         mpg | Coefficient  Std. err.      t    P>|t|    [95% conf. interval]
-------------+----------------------------------------------------------------
       price |  -.0009875   .0001611    -6.13   0.000    -.0013086   -.0006664
      weight |  -.0009875   .0001611    -6.13   0.000    -.0013086   -.0006664
       _cons |   30.36718   1.577958    19.24   0.000     27.22158    33.51278
```

图 8-11　输出结果

上述操作也可以采用 regress 命令实现：

```
. generate x = price + weight
. regress mpg x
```

输出结果如图 8-12 所示，可以发现输出结果是一致的。

```
. regress mpg x

      Source |       SS           df       MS      Number of obs   =        74
-------------+----------------------------------   F(1, 72)        =     37.59
       Model |  838.065767         1   838.065767  Prob > F        =    0.0000
    Residual |  1605.39369        72   22.2971346  R-squared       =    0.3430
-------------+----------------------------------   Adj R-squared   =    0.3339
       Total |  2443.45946        73   33.4720474  Root MSE        =     4.722

         mpg | Coefficient  Std. err.      t    P>|t|    [95% conf. interval]
-------------+----------------------------------------------------------------
           x |  -.0009875   .0001611    -6.13   0.000    -.0013086   -.0006664
       _cons |   30.36718   1.577958    19.24   0.000     27.22158    33.51278
```

图 8-12　输出结果

回归模型也可以同时在多个约束回归条件下进行拟合。此时只需定义约束回归条件，并在 constraints() 选项中包含约束回归条件编号即可。例如，建立模型：

$$y_{\text{mpg}} = \beta_0 + \beta_1 x_{\text{price}} + \beta_2 x_{\text{weight}} + \beta_3 x_{\text{displ}} + \beta_4 x_{\text{gear\_ratio}} + \beta_5 x_{\text{foreign}} + \beta_6 x_{\text{length}} + u$$

约束回归条件为 $\beta_1 = \beta_2 = \beta_3 = \beta_6$、$\beta_4 = -\beta_5 = \beta_0/20$。定义约束回归条件的命令如下：

```
. constraint 1 price=weight
. constraint 2 displ=weight
. constraint 3 length=weight
. constraint 5 gear_ratio=-foreign
```

```
. constraint 6 gear_ratio=_cons/20
. cnsreg mpg price weight displ gear_ratio foreign length, c(1-3,5-6)
```

输出结果如图 8-13 所示。

```
. cnsreg mpg price weight displ gear_ratio foreign length, c(1-3,5-6)

Constrained linear regression                    Number of obs  =       74
                                                 F(2, 72)       =   785.20
                                                 Prob > F       =   0.0000
                                                 Root MSE       =   4.6823

 ( 1)  price - weight = 0
 ( 2)  - weight + displacement = 0
 ( 3)  - weight + length = 0
 ( 4)  gear_ratio + foreign = 0
 ( 5)  gear_ratio - .05*_cons = 0

         mpg | Coefficient  Std. err.      t    P>|t|   [95% conf. interval]
-------------+----------------------------------------------------------------
       price |   -.000923   .0001534    -6.02   0.000   -.0012288   -.0006172
      weight |   -.000923   .0001534    -6.02   0.000   -.0012288   -.0006172
displacement |   -.000923   .0001534    -6.02   0.000   -.0012288   -.0006172
   gear_ratio|   1.326114   .0687589    19.29   0.000    1.189046    1.463183
     foreign |  -1.326114   .0687589   -19.29   0.000   -1.463183   -1.189046
      length |   -.000923   .0001534    -6.02   0.000   -.0012288   -.0006172
       _cons |   26.52229   1.375178    19.29   0.000    23.78092    29.26365
```

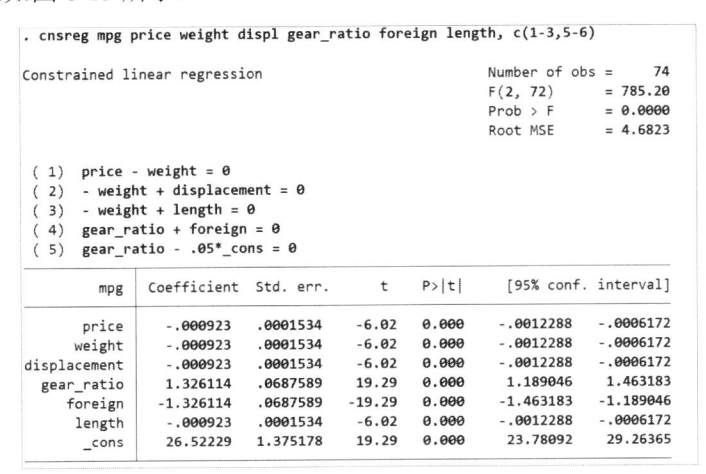

图 8-13　输出结果

> **说明**：此处约束回归条件编号没有使用数字 4，是为了强调约束回归条件不必采用连续编号。此处 constraints(const)采用缩写形式 c()。其中，c(1-3,5-6)等同于 c(1,2,3,5,6)或 c(1-3,5,6)或 c(1-2,3,5,6)。如果没有定义约束回归条件 4，那么 c(1-3,5-6)也等同于 c(1-6)；如果之前定义了约束回归条件 4，那么 c(1-6)将包含之前定义的约束回归条件 4。

8.4　本章小结

　　线性回归分析是利用数理统计中的回归分析来确定两种或两种以上变量之间相互依赖的定量关系的一种统计分析方法。本章结合经典线性回归分析的基本理论，详细介绍了线性回归在 Stata 中的实现方法，同时对约束回归的实现方法也进行了介绍。经典线性回归分析方法是最基础的一种统计分析方法，已经渗透到经济、生活中的各个领域，是数据分析不可或缺的一种手段，读者需要认真掌握。

第 9 章
非经典线性回归分析

第 8 章介绍的经典线性回归分析方法可以满足大部分的研究需要，但是经典线性回归分析方法的有效性建立在多种假设的基础之上，包括变量无异方差、无自相关、无多重共线性等，而实际中很多数据（尤其是小样本数据）往往不满足这些条件，如存在以下问题：①数据存在内生性；②数据存在异方差；③数据存在多重共线性；④要估计的是方程组而非单个方程；⑤数据是面板数据而非横截面数据。本章就来介绍如何解决非经典线性回归问题。

9.1 多重共线性

多重共线性是相对于完全共线性的概念。如果样本具有完全共线性，那么估计值将不能被识别。多重共线性是指变量之间高度相关，虽然并不是完全线性相关，但是比完全共线性要好得多，参数可以被识别。在这种情况下系数方差会很大，估计会很不准确。

9.1.1 多重共线性的检验

多重共线性的检验本质上是对自变量之间线性关系程度的检验。在 Stata 中，提供了专用命令 vif 来检验实际数据是否存在多重共线性。vif 命令的语法格式如下：

> estat vif [, uncentered]

其中，uncentered 为可选项，多在没有常数项的回归模型中使用。

vif 命令通过计算线性回归模型中自变量之间的依赖程度——方差膨胀因子（Variance Inflation Factor，VIF），对各自变量进行多重共线性检验。通常，最大 VIF 大于 10 且平均 VIF 大于 1 即可认定存在多重共线性。

【例 9-1】使用数据集 auto.dta 进行多重共线性的检验演示操作。

在命令窗口中输入：

> . sysuse auto, clear
> (1978 automobile data)
> . regress price mpg rep78 trunk length turn displ

输出结果如图 9-1 所示。

```
. regress price mpg rep78 trunk length turn displ

      Source |       SS           df       MS      Number of obs   =        69
-------------+----------------------------------   F(6, 62)        =      7.22
       Model |  237303942         6   39550657     Prob > F        =    0.0000
    Residual |  339493017        62  5475693.82    R-squared       =    0.4114
-------------+----------------------------------   Adj R-squared   =    0.3545
       Total |  576796959        68  8482308.22    Root MSE        =      2340

       price | Coefficient  Std. err.      t    P>|t|     [95% conf. interval]
-------------+----------------------------------------------------------------
         mpg |  -143.6453   83.79627    -1.71   0.091    -311.1517    23.86106
       rep78 |   791.9615   344.2583     2.30   0.025     103.7989    1480.124
       trunk |  -48.38755   97.48444    -0.50   0.621    -243.2562    146.4811
      length |  -8.925276   35.73914    -0.25   0.804    -80.36679    62.51624
        turn |  -176.7968   140.7114    -1.26   0.214    -458.0749    104.4814
displacement |   24.01907   6.334035     3.79   0.000     11.35751    36.68062
       _cons |    11141.65   6557.934     1.70   0.094     -1967.47    24250.78
```

图 9-1　输出结果

在命令窗口中输入：

. estat vif

输出结果如图 9-2 所示。由输出结果可以看出，第 3 列 1/VIF 给出的是一个自变量对其他自变量进行回归后得到的 $1-R^2$，如输出结果第 2 行第 3 列的 0.121837 是 length 对 turn、displacement 等进行回归后得到的 $1-R^2$。若该数值比较小，则说明该变量与其他变量存在比较严重的多重共线性。

从图 9-2 中可以看出，数据并没有多重共线性（所有自变量的 VIF 都小于 10）。

> **说明** 数据的多重共线性往往是由于同时使用同一个变量的一次项和二次项作为自变量产生的，如同时在自变量中使用经验和经验的平方等。

在命令窗口中输入：

```
. generate length2=length^2
. regress price mpg rep78 trunk length length2 turn displ    //输出结果略
. estat vif
```

输出结果如图 9-3 所示。加入 length 的二次项后数据产生了严重的多重共线性。length 和 length 的二次项的 VIF 都大于 10，自变量的平均 VIF 大于 1。

```
. estat vif

    Variable |       VIF       1/VIF
-------------+----------------------
      length |      8.21    0.121837
        turn |      4.85    0.206205
displacement |      4.32    0.231325
         mpg |      3.00    0.333224
       trunk |      2.23    0.449226
       rep78 |      1.44    0.693347
-------------+----------------------
    Mean VIF |      4.01
```

图 9-2　输出结果

```
. estat vif

    Variable |       VIF       1/VIF
-------------+----------------------
     length2 |    400.17    0.002499
      length |    362.36    0.002760
        turn |      5.11    0.195551
displacement |      4.88    0.204755
         mpg |      3.08    0.324532
       trunk |      2.54    0.393117
       rep78 |      1.56    0.639994
-------------+----------------------
    Mean VIF |    111.39
```

图 9-3　输出结果

9.1.2　多重共线性的处理

处理多重共线性通常采用剔除自变量法，其他方法还包括岭回归、加权最小二乘估计法，以及将拟合模型的使用限制在遵循相同多重共线性模式的数据上。在经济研究中，有时可以使用横截面和时间序列来估计不同数据子集的回归系数。

Note

1. 剔除自变量法

剔除自变量法是指当发现某个自变量的 VIF 大于 10 后，剔除 VIF 最大的自变量后再次进行回归，并再次使用 estat vif 命令进行多重共线性的检验，直至所有自变量的 VIF 小于 10。该方法的命令就是前面介绍的最小二乘回归分析与多重共线性的检验命令的组合，此处不再赘述。

【例 9-2】多重共线性的处理示例（剔除自变量法）。数据集 bodyfat.dta 通过测量肱三头肌、手臂中部和大腿的皮质皱襞的厚度来检查身体脂肪程度。

在命令窗口中输入：

```
. use D:\DingJB\Stata\bodyfat, clear
(Body fat)
. regress bodyfat tricep thigh midarm          //输出结果略
. estat vif                                    //输出结果如图 9-4（a）所示
. correlate triceps thigh midarm               //输出结果如图 9-4（b）所示
```

由此可以看出模型中存在多重共线性。这是因为大腿和肱三头肌的测量结果高度相关。从模型中剔除预测因子 triceps（它具有最大的 VIF）后进行回归分析：

```
. regress bodyfat thigh midarm                 //输出结果略
. estat vif
```

输出结果如图 9-4（c）所示。注意观察回归系数的变化及每个回归系数的估计标准误如何变小。当剔除相关预测因子后，子集模型的总体回归 R^2 的计算值不会明显减小。

. estat vif

Variable	VIF	1/VIF
triceps	708.84	0.001411
thigh	564.34	0.001772
midarm	104.61	0.009560
Mean VIF	459.26	

（a）多重共线性检验 1

. correlate triceps thigh midarm
(obs=20)

	triceps	thigh	midarm
triceps	1.0000		
thigh	0.9238	1.0000	
midarm	0.4578	0.0847	1.0000

（b）相关性检验

. estat vif

Variable	VIF	1/VIF
midarm	1.01	0.992831
thigh	1.01	0.992831
Mean VIF	1.01	

（c）多重共线性检验 2

图 9-4　输出结果

2. 因子分析法

因子分析法是指先针对参与回归分析的自变量进行因子分析，通过因子分析提取出相关性较弱的几个主因子，再进行回归分析，此处使用的是因子分析（后文介绍）命令。其中，主成分因子分析法的命令及其语法格式如下：

```
factor varlist [if] [in] [weight] ,pcf
```

其中，factor 是命令；pcf 表示使用主成分因子分析法，当然还有其他分析方法，这里不再给出。

【例 9-3】 多重共线性的处理示例（因子分析法）。继续使用数据集 bodyfat.dta 进行因子分析、回归分析，并对数据进行多重共线性的检验。

在命令窗口中输入：

```
. use D:\DingJB\Stata\bodyfat, clear
(Body fat)
. factor tricep thigh midarm, pcf
```

输出结果如图 9-5 所示。其中，上半部分为因子模型的基本情况，共有 20 个样本参与了分析，提取的因子共有 1 个，模型 LR 检验的卡方值为 119.37，P 值为 0.0000，模型非常显著。上面的表格中给出了模型因子（Factor）的情况，模型共有 3 个因子；Eigenvalue 为提取因子的特征值，第一个因子的特征值大于 1，第二个因子的特征值接近 1，pcf 默认只有特征值大于 1 的因子才会被保留，因此只保留了第一个因子；Proportion 为提取因子的方差贡献率，第一个因子的方差贡献率达到 68.88%；Cumulative 为提取因子的累计方差贡献率，前两个因子的累计方差贡献率达到 99.98%。

下半部分为模型的因子载荷矩阵及变量的未被解释部分，其中 Variable 为变量；Factor1 为提取的第一个主因子对各个变量的解释程度；Uniqueness 为变量未被提取的主因子解释的部分，可以发现舍弃其他主因子信息的损失量比较大。因此，此处不建议采用主成分因子分析法。

```
. factor tricep thigh midarm, pcf
(obs=20)
Factor analysis/correlation              Number of obs    =     20
    Method: principal-component factors  Retained factors =      1
    Rotation: (unrotated)                Number of params =      3

    Factor    Eigenvalue   Difference    Proportion   Cumulative

    Factor1      2.06647      1.13367        0.6888       0.6888
    Factor2      0.93280      0.93207        0.3109       0.9998
    Factor3      0.00073            .        0.0002       1.0000

LR test: independent vs. saturated:  chi2(3) =  119.37 Prob>chi2 = 0.0000

Factor loadings (pattern matrix) and unique variances

    Variable     Factor1     Uniqueness

     triceps      0.9986         0.0027
       thigh      0.9048         0.1813
      midarm      0.5005         0.7495
```

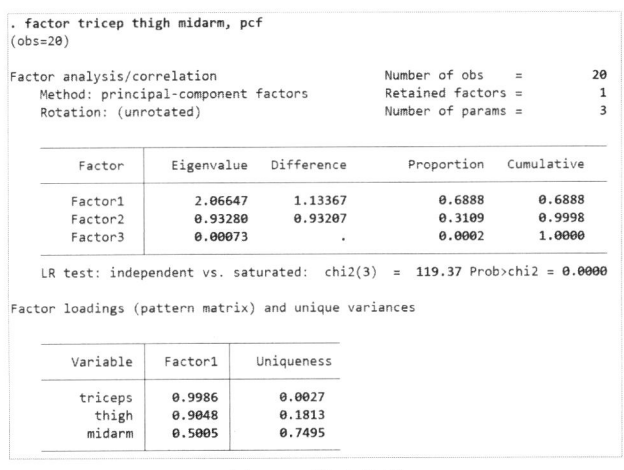

图 9-5　输出结果

在命令窗口中输入：

```
. factor tricep thigh midarm              //主成分因子分析
```

输出结果如图 9-6 所示。由输出结果可知，提取的因子共有 2 个，第一个因子的方差贡献率达到 69.09%；Cumulative 为提取因子的累计方差贡献率，前两个因子的累计方差贡献率达到 100.05%。Factor1、Factor2 分别为提取的第一个、第二个主因子对各个变量的解释程度；Uniqueness 为变量未被提取的主因子解释的部分，可以发现舍弃其他主因子信息的损失量很小。

```
. factor tricep thigh midarm
(obs=20)

Factor analysis/correlation              Number of obs    =      20
    Method: principal factors            Retained factors =       2
    Rotation: (unrotated)                Number of params =       3

    Factor    |  Eigenvalue   Difference    Proportion   Cumulative
    Factor1   |    2.06394      1.13917        0.6909       0.6909
    Factor2   |    0.92477      0.92622        0.3096       1.0005
    Factor3   |   -0.00145         .          -0.0005       1.0000

LR test: independent vs. saturated:  chi2(3) = 119.37  Prob>chi2 = 0.0000

Factor loadings (pattern matrix) and unique variances

    Variable  |  Factor1    Factor2  |  Uniqueness
    triceps   |  0.9986    -0.0453   |    0.0007
    thigh     |  0.9052    -0.4236   |    0.0012
    midarm    |  0.4972     0.8621   |    0.0094
```

图 9-6　主因子分析输出结果

在命令窗口中输入：

. predict fa fb　　　　　　　　//提取公因子变量

输出结果如图 9-7 所示。由此可知，模型的回归方程为

$$f_a = 1.11522 x_{\text{tricep}} - 0.12486 x_{\text{thigh}} - 0.00270 x_{\text{midarm}}$$
$$f_b = 1.90225 x_{\text{tricep}} - 2.19597 x_{\text{thigh}} + 0.17726 x_{\text{midarm}}$$

```
. predict fa fb
(option regression assumed; regression scoring)
(excess variables dropped)

Scoring coefficients (method = regression)

    Variable  |  Factor1    Factor2
    triceps   |  1.11522    1.90225
    thigh     | -0.12486   -2.19597
    midarm    | -0.00270    0.17726
```

图 9-7　输出结果

在命令窗口中输入：

. regress bodyfat fa fb　　　　　　　　//以 fa、fb 为自变量进行最小二乘回归分析

输出结果如图 9-8 所示。模型的 F 统计量为 30.08，P 值为 0.0000，说明模型整体上是非常显著的。由此可知，模型的回归方程为

$$y_{\text{bodyfat}} = 4.24302 f_a - 1.531222 f_b + 20.195$$

```
. regress bodyfat fa fb

    Source  |     SS         df      MS          Number of obs  =      20
    --------+------------------------------      F(2, 17)       =   30.08
    Model   |  386.240329     2   193.120164     Prob > F       =  0.0000
    Residual|  109.149185    17     6.42054027   R-squared      =  0.7797
    --------+------------------------------      Adj R-squared  =  0.7537
    Total   |  495.389513    19    26.0731323    Root MSE       =  2.5339

    bodyfat |  Coefficient  Std. err.     t     P>|t|   [95% conf. interval]
    --------+-------------------------------------------------------------
    fa      |   4.24302     .5815029    7.30   0.000    3.016156    5.469884
    fb      |  -1.531222    .5822529   -2.63   0.018   -2.759668   -.3027755
    _cons   |  20.195       .5665925   35.64   0.000   18.99959    21.39041
```

图 9-8　输出结果

在命令窗口中输入：

```
. estat vif                //多重共线性的检验
```

输出结果如图9-9所示。由此可以看出，平均 VIF 为 1.00，远小于 10，所以模型的多重共线性得到了很大的改善。

```
. estat vif

    Variable |       VIF       1/VIF
-------------+----------------------
          fa |      1.00    1.000000
          fb |      1.00    1.000000
-------------+----------------------
    Mean VIF |      1.00
```

图 9-9　输出结果

9.2 内生性

内生性是指自变量与误差项之间有关系。在经典线性回归分析中，要求数据具有严格的外生性，即要求 $E(\varepsilon|x)=0$。只有这样才能保证估计系数的一致性。反过来，如果数据有内生性，则对系数的估计值将会不一致。

9.2.1 内生性的检验

违反严格外生性假设常常会使估计值不一致，这是经验研究中最不能容忍的。遗漏变量、反向因果、测量误差等都可能导致内生性问题。

使用工具变量可以有效地解决内生性问题，即利用两阶段最小二乘法可以解决内生性问题。工具变量与可能内生的变量高度相关，而与误差项无关。例如，在教育的回报中，女性的受教育程度往往与父母的受教育程度相关，而与女性个人能力的关联不大，因此父母的受教育程度可以作为工具变量。使用工具变量后，得到的估计值将是一致的。

使用工具变量的关键在于找到恰当的工具变量。使用的工具变量必须满足两个条件：①与内生变量相关；②与随机扰动项不相关。

> **说明**　使用面板数据（Panel Data）可以解决内生性问题，面板数据又称平行数据，指的是对某个变量在一定时间段内持续跟踪观测的结果。面板数据兼具横截面数据和时间序列数据的特点，既有横截面维度（在同一个时间段内有多个观测样本），又有时间序列维度（同一个观测样本在多个时间段内被观测到）。

从数学角度看，假设模型 $y=\beta_1 x_1+\beta_2 x_2+\varepsilon$ 中只有 x_2 是内生变量，设法找到工具变量 z_2，并利用两阶段最小二乘法解决内生性问题。

两阶段最小二乘法会将回归过程分为两个阶段：第一个阶段的回归是内生变量对所有解释变量进行回归，得到内生解释变量的估计值 $\hat{x}_2$；第二个阶段的回归是执行被解释变量与外生解释变量、内生解释变量第一个阶段回归拟合值的回归。

如果模型同时还存在随机扰动项的异方差，则可以使用加权的两阶段最小二乘估计模型，即先将所有变量（包括工具变量）都乘以权重序列矩阵 W，然后对加权后的模型

进行两阶段最小二乘估计。如果模型同时还存在随机扰动项序列自相关，则可以使用带有序列自相关修正的两阶段最小二乘模型，即在方程设定中加入自相关项。

针对模型是否存在内生性的检验，可以采用豪斯曼（Hausman）检验法，其基本思想是计算工具变量两阶段最小二乘估计值和普通最小二乘估计值之间的差异，原假设 H_0 为所有解释变量都是外生的。在大样本情况下，若 $\hat{\beta}_{IV} - \hat{\beta}_{OLS}$ 依概率收敛到 0，则原假设成立，否则说明模型存在内生性。

在 Stata 中，通过 Hausman 检验法诊断模型是否存在内生性的命令是 hausman，其语法格式如下：

hausman name-consistent [name-efficient][, options]

其中，name-consistent 为一致估计值的变量，name-efficient 为有效估计值的变量，这两个选项的顺序不能颠倒；options 选项含义如表 9-1 所示。

表 9-1 options 选项含义

选 项	含 义
constant	计算检验统计量时加入常数项，默认排除常数项
alleqs	使用所有方程进行检验，默认只检验第一个方程
skipeqs(eqlist)	检验时不包括 eqlist，方程只能是方程名称，不能是序号
equations(matchlist)	比较设定的方程
force	仍进行检验，即使假设条件不满足
df(#)	使用#自由度，默认使用一致估计值与有效估计值的协方差矩阵的秩
sigmamore	协方差矩阵采用有效估计值的协方差矩阵
sigmaless	协方差矩阵采用一致估计值的协方差矩阵
tconsistent(string)	设置一致估计值栏的标题
tefficient(string)	设置有效估计值栏的标题

Hausman 检验法不能单独使用，需要配合回归分析结果使用。检验一个模型是否存在内生性的基本操作步骤如下。

（1）对模型进行普通最小二乘回归分析，并将结果作为估计的有效估计值。

  . regress yvar xvar1 xvar2   //普通最小二乘回归分析
  . estimates store olsfixed   //保存回归分析结果为 olsfixed

（2）设 xvar2 为内生解释变量，并找到其工具变量 z。以 yvar 为因变量，以 xvar1、xvar2 为自变量，以 z 为 xvar2 内生解释变量的工具变量，进行两阶段最小二乘回归分析。

  . ivregress 2sls d yvar xvar1 (xvar2=z)   //两阶段最小二乘回归分析
  . estimates store ivfixed   //保存回归分析结果为 ivfixed

（3）对比普通最小二乘回归分析结果 olsfixed 和两阶段最小二乘回归分析结果 ivfixed，进行 Hausman 检验。

  . hausman ivfixed olsfixed, constant sigmamore

其中，constant 表示 $\hat{\beta}_{IV}$ 与 $\hat{\beta}_{OLS}$ 都包括常数项，默认不包括常数项；sigmamore 表示统一使用更有效的估计值所对应的残差来计算 $\hat{\sigma}^2$，这样有助于保证根据样本数据计算的 $\text{Var}(\hat{\beta}_{IV}) - \text{Var}(\hat{\beta}_{OLS})$ 为正定矩阵。

【例 9-4】数据集 nlswork4.dta 给出了 1968—1988 年女性个体的面板数据。模型中的个体水平具有随机效应。试通过拟合一个捕捉所有时间上恒定的个体水平的固定效应模型来研究影响美国年轻女性工资的因素。

在命令窗口中输入：

```
. use D:\DingJB\Stata\nlswork4, clear
. xtreg ln_wage age msp ttl_exp, fe    //具有随机效应的基本线性回归
. estimates store fixed                //假设该模型与真实参数一致，保存回归分析结果为 fixed
```

输出结果如图 9-10 所示。

```
. xtreg ln_wage age msp ttl_exp, fe

Fixed-effects (within) regression              Number of obs     =     28,494
Group variable: idcode                         Number of groups  =      4,710

R-squared:                                     Obs per group:
     Within  = 0.1373                                        min =          1
     Between = 0.2571                                        avg =        6.0
     Overall = 0.1800                                        max =         15

                                               F(3,23781)        =    1262.01
corr(u_i, Xb) = 0.1476                         Prob > F          =     0.0000

─────────────────────────────────────────────────────────────────────────────
    ln_wage │ Coefficient  Std. err.      t    P>|t|     [95% conf. interval]
────────────┼────────────────────────────────────────────────────────────────
        age │  -.005485    .000837     -6.55   0.000    -.0071256   -.0038443
        msp │  .0033427   .0054868      0.61   0.542    -.0074118    .0140971
    ttl_exp │  .0383604   .0012416     30.90   0.000     .0359268    .0407941
      _cons │  1.593953   .0177538     89.78   0.000     1.559154    1.628752
────────────┼────────────────────────────────────────────────────────────────
    sigma_u │ .37674223
    sigma_e │ .29751014
        rho │ .61591044   (fraction of variance due to u_i)
─────────────────────────────────────────────────────────────────────────────
F test that all u_i=0: F(4709, 23781) = 7.76                 Prob > F = 0.0000
```

图 9-10　输出结果

下面拟合一个随机效应模型，作为个体水平效应的完全有效规范，假设它们是随机的且服从正态分布，并使用 hausman 命令将这些估计值与之前存储的回归分析结果进行比较。

在命令窗口中输入：

```
. xtreg ln_wage age msp ttl_exp, re
```

输出结果如图 9-11 所示。

```
. xtreg ln_wage age msp ttl_exp, re

Random-effects GLS regression                  Number of obs     =     28,494
Group variable: idcode                         Number of groups  =      4,710

R-squared:                                     Obs per group:
     Within  = 0.1373                                        min =          1
     Between = 0.2552                                        avg =        6.0
     Overall = 0.1797                                        max =         15

                                               Wald chi2(3)      =    5100.33
corr(u_i, X) = 0 (assumed)                     Prob > chi2       =     0.0000

─────────────────────────────────────────────────────────────────────────────
    ln_wage │ Coefficient  Std. err.      z    P>|z|     [95% conf. interval]
────────────┼────────────────────────────────────────────────────────────────
        age │ -.0069749   .0006882    -10.13   0.000    -.0083238   -.0056259
        msp │  .0046594   .0051012      0.91   0.361    -.0053387    .0146575
    ttl_exp │  .0429635   .0010169     42.25   0.000     .0409704    .0449567
      _cons │  1.609916   .0159176    101.14   0.000     1.578718    1.641114
────────────┼────────────────────────────────────────────────────────────────
    sigma_u │ .32648519
    sigma_e │ .29751014
        rho │ .54633481   (fraction of variance due to u_i)
─────────────────────────────────────────────────────────────────────────────
```

图 9-11　输出结果

在命令窗口中输入：

. hausman fixed ., sigmamore

输出结果如图 9-12 所示。由输出结果可知，最初的假设（个体水平的效应由随机效应模型确定）被彻底否定。这一结果是基于模型规范的其余部分，随机效应可能适用于一些替代的工资模型。

```
. hausman fixed ., sigmamore

                  ―― Coefficients ――
                 (b)          (B)          (b-B)        sqrt(diag(V_b-V_B))
                fixed          .          Difference        Std. err.

         age   -.005485     -.0069749      .0014899         .0004803
         msp    .0033427     .0046594     -.0013167         .0020596
     ttl_exp    .0383604     .0429635     -.0046031         .0007181

                        b = Consistent under H0 and Ha; obtained from xtreg.
           B = Inconsistent under Ha, efficient under H0; obtained from xtreg.

Test of H0: Difference in coefficients not systematic

    chi2(3) = (b-B)'[(V_b-V_B)^(-1)](b-B)
            = 260.40
Prob > chi2 = 0.0000
```

图 9-12　输出结果

9.2.2　内生性的处理

当经过检验发现模型存在内生性时，可通过以下方法进行处理。

（1）如果采用 ovtest 命令检验出内生性，则加入变量的高次项可以解决内生性问题。

（2）如果采用 if 选项检验出内生性，则只需要加入缺失的变量即可。

（3）最好的办法是使用工具变量，工具变量是与可能内生的变量高度相关，而与误差项无关的变量。

> **说明** ovtest 命令用于执行遗漏变量（导致内生性的因素之一）的 Ramsey 回归设定错误检验。

在 Stata 中，使用 ivregress 命令可以实现工具变量的回归，其语法格式如下：

ivregress estimator depvar [varlist1] (varlist2 = varlistiv) [if] [in] [weight] [, options]

其中，estimator 指明内生性的处理方法，如表 9-2 所示；varlist1 为模型不存在内生性的解释变量（外生变量）；varlist2 为模型存在内生性的变量（内生变量）；varlistiv 为存在内生性的变量的工具变量；options 选项含义如表 9-3 所示。

表 9-2　depvar 选项含义

选　项	含　义
2sls	两阶段最小二乘法
liml	有限信息最大似然估计法
gmm	广义矩估计法

表 9-3　options 选项含义

选　项	含　义
noconstant	抑制常数项，即模型不包含常数项

续表

选　　项	含　　义
hascons	自定义常数项
wmatrix(wmtype)	wmtype 可以为 robust、cluster clustvar、hac kernel 或 unadjusted
center	权重矩阵采用中心距
igmm	使用迭代法而不是两步广义矩估计法
eps(#)	指定参数的收敛标准，默认为 eps(le-6)
weps(#)	指定权重矩阵的收敛标准，默认为 wps(le-6)
optimization options	控制优化过程，很少使用
vce(vcetype)	计算估计值的标准差，可以为 unadjusted、robust、cluster clustvar、bootstrap、jackknife 或 hac kernel 等
level(#)	设置置信水平，默认为 level(95)
first	输出第一个阶段的回归结果
small	小样本下的自由度调整
noheader	仅显示估计系数表
depname(depname)	显示替代变量的名称
eform(string)	输出系数的指数形式并用 string 作为其标签
perfect	不检验内生性和排除工具变量之间的共线性
coeflegend	显示图例，而不是统计信息

例如，xvar1 为外生解释变量，xvar2 为内生解释变量，并且找到的工具变量为 zvar，则

ivregress 2sls yvar xvar1 (xvar2=zvar), robust first

表示以 yvar 为因变量，以 xvar1、xvar2 为自变量，以 zvar 为 xvar2 内生解释变量的工具变量，进行两阶段最小二乘估计。该命令语句设置了使用稳健标准差选项 robust，在输出结果中显示第一个阶段的回归结果选项 first。

9.2.3　扩展回归模型

在 Stata 中，扩展回归模型（ERMs）包括以下命令语句：

eregress depvar [indepvars], endogenous(depvars_en=varlist_en) [options]
　　　　　　　　　//具有内生变量的基本线性回归
eregress depvar [indepvars], entreat(depvar_tr [=varlist_tr]) [options]
　　　　　　　　　//视作内生变量处理的基本线性回归
eregress depvar [indepvars], extreat(tvar) [options]
　　　　　　　　　//视作外生变量处理的基本线性回归
eregress depvar [indepvars], select(depvar_s=varlist_s) [options]
　　　　　　　　　//具有样本选择特征的基本线性回归
eregress depvar [indepvars], tobitselect(depvar_s=varlist_s) [options]
　　　　　　　　　//具有 tobit 样本选择特征的基本线性回归
xteregress depvar [indepvars] [, options]
　　　　　　　　　//具有随机效应的基本线性回归
eregress depvar [indepvars] [if] [in] [weight] [,extensions options]
　　　　　　　　　//内生变量、处理和选择相结合的线性回归
xteregress depvar [indepvars] [if] [in] [,extensions options]
　　　　　　　　　//随机效应、内生变量、处理和选择相结合的线性回归

> 针对存在内生变量的模型，可以选择第一条命令语句。

【例 9-5】 数据集 mroz.dta 是一个用于进行劳动经济学研究的标准横截面数据集，收集了美国 1975 年有关女性工作的各种数据，共有 753 条观测记录，代表 753 名女性，每条观测记录包括 22 个变量。以该数据集为基础进行回归分析，并检验数据的内生性。模型的回归方程为

$$y_{wage} = \beta_0 + \beta_1 x_{educ} + \beta_2 x_{age} + \beta_3 x_{kidslt6} + \beta_4 x_{kidsge6} + \beta_5 x_{expersq} + \beta_6 x_{exper} + \varepsilon$$

在命令窗口中输入：

```
. use D:\DingJB\Stata\mroz, clear
. regress wage educ age kidslt6 kidsge6 expersq exper    //常规回归分析，不使用工具变量
. ovtest                                                  //执行遗漏变量的 Ramsey 回归设定错误检验
. estimates store reols                                   //保存回归分析结果为 reols
```

输出结果如图 9-13 所示。是否存在内生性是通过 P 值来考量的，由输出结果可知，P 值为 0.0173<0.05，因此需要拒绝原假设，即认为数据存在内生性。

```
. regress wage educ age kidslt6 kidsge6 expersq exper

      Source |       SS           df       MS      Number of obs   =       428
-------------+----------------------------------   F(6, 421)       =      9.72
       Model |  569.252601         6  94.8754335   Prob > F        =    0.0000
    Residual |  4109.80033       421  9.76199604   R-squared       =    0.1217
-------------+----------------------------------   Adj R-squared   =    0.1091
       Total |  4679.05293       427  10.9579694   Root MSE        =    3.1244

        wage | Coefficient  Std. err.      t    P>|t|     [95% conf. interval]
-------------+----------------------------------------------------------------
        educ |   .4926086   .0673397     7.32   0.000     .3602447    .6249724
         age |   .0097349    .024746     0.39   0.694    -.0389062     .058376
     kidslt6 |   .0432498   .4150264     0.10   0.917    -.7725323    .8590319
     kidsge6 |  -.0581228    .130443    -0.45   0.656    -.3145234    .1982778
     expersq |   -.000514   .0018806    -0.27   0.785    -.0042106    .0031826
       exper |   .0333341   .0626213     0.53   0.595    -.0897554    .1564235
       _cons |  -2.708294    1.48175    -1.83   0.068    -5.620843    .2042543

. ovtest

Ramsey RESET test for omitted variables
Omitted: Powers of fitted values of wage

H0: Model has no omitted variables

F(3, 418) =   3.42
 Prob > F = 0.0173
```

图 9-13　输出结果

使用工具变量来处理内生性问题。在命令窗口中输入：

```
. ivregress 2sls wage age kidslt6 kidsge6 expersq exper (educ=motheduc)
                                   //使用工具变量后的回归分析
. estimates store iv2sls            //保存回归分析结果为 iv2sls
```

输出结果如图 9-14 所示。由输出结果可以看出，加入工具变量进行回归后，educ 的回报由 0.4926086 下降到 0.2387016，下降了很多，说明 educ 很可能是内生变量。同时，由 educ 的 P 值可以看出 educ 变得不再显著（使用工具变量后经常出现的现象），其原因多是工具变量与内生变量的相关性不够强。

```
. ivregress 2sls wage age kidslt6 kidsge6 expersq exper (educ=motheduc)

Instrumental variables 2SLS regression          Number of obs   =        428
                                                Wald chi2(6)    =       6.57
                                                Prob > chi2     =     0.3623
                                                R-squared       =     0.0920
                                                Root MSE        =     3.1507

        wage | Coefficient  Std. err.      z    P>|z|     [95% conf. interval]
        educ |   .2387016   .1754241     1.36   0.174    -.1051233    .5825265
         age |   .0066842   .0250293     0.27   0.789    -.0423723    .0557408
     kidslt6 |   .2274447   .4346491     0.52   0.601    -.6244519    1.079341
     kidsge6 |  -.1144761   .1363489    -0.84   0.401    -.3817151    .1527629
     expersq |  -.0009623   .0019178    -0.50   0.616    -.0047212    .0027965
       exper |   .0460653   .0636658     0.72   0.469    -.0787174     .170848
       _cons |   .6234574   2.595651     0.24   0.810    -4.463926    5.710841

Instrumented: educ
Instruments:  age kidslt6 kidsge6 expersq exper motheduc
```

图 9-14 输出结果

当使用不同的工具变量时，输出结果会存在差别。下面使用 huseduc 作为工具变量。在命令窗口中输入：

. ivregress 2sls wage age kidslt6 kidsge6 expersq exper (educ=huseduc)
//使用 huseduc 作为工具变量后的回归分析

输出结果如图 9-15 所示。由输出结果可以看出，当使用 huseduc 作为工具变量后，educ 的回报相对使用 motheduc 作为工具变量变得显著（educ 的回报从 0.2387016 上升到 0.4093152）。这是因为丈夫与妻子的教育相关性比母亲与女儿的教育相关性要强得多。

```
. ivregress 2sls wage age kidslt6 kidsge6 expersq exper (educ=huseduc)

Instrumental variables 2SLS regression          Number of obs   =        428
                                                Wald chi2(6)    =      17.73
                                                Prob > chi2     =     0.0069
                                                R-squared       =     0.1185
                                                Root MSE        =     3.1044

        wage | Coefficient  Std. err.      z    P>|z|     [95% conf. interval]
        educ |   .4093152   .1141094     3.59   0.000     .1856648    .6329655
         age |   .0087341   .0246124     0.35   0.723    -.0395053    .0569736
     kidslt6 |   .1036744   .4177824     0.25   0.804    -.7151641    .9225128
     kidsge6 |  -.0766093   .1312204    -0.58   0.559    -.3337965    .1805779
     expersq |  -.0006611   .0018757    -0.35   0.725    -.0043374    .0030152
       exper |   .0375105   .0623923     0.60   0.548    -.0847761    .1597971
       _cons |  -1.615324   1.907543    -0.85   0.397     -5.35404    2.123392

Instrumented: educ
Instruments:  age kidslt6 kidsge6 expersq exper huseduc
```

图 9-15 输出结果

由上面的分析可知，使用不同的工具变量会使得到的回归系数的显著性水平有很大不同。使用有些工具变量得到的回归系数显著性水平很低，说明估计不准确。因此，如果有多个工具变量可供选择，那么一般选择使用显著性水平比较高的。如果工具变量与内生变量的相关性较强，则得到的结果一般比较好。

本例中，使用 huseduc 作为工具变量就解决了显著性问题，但在多数情况下往往很难找到工具变量，当多于一个工具变量可供选择时会难上加难。

如果只有 motheduc，那么可以加入 hours 作为解释变量以解决显著性问题。hours 是 educ 内生的一个可能变量，将它明确写出来有利于克服内生性，而且由于它与 educ 没有

太强的相关性，所以不会产生多重共线性问题。

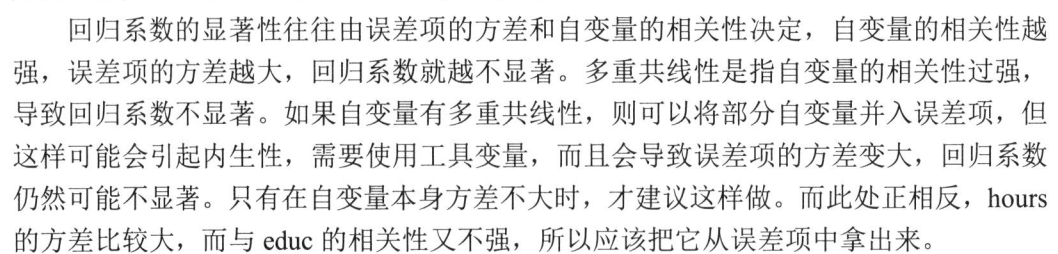

回归系数的显著性往往由误差项的方差和自变量的相关性决定，自变量的相关性越强，误差项的方差越大，回归系数就越不显著。多重共线性是指自变量的相关性过强，导致回归系数不显著。如果自变量有多重共线性，则可以将部分自变量并入误差项，但这样可能会引起内生性，需要使用工具变量，而且会导致误差项的方差变大，回归系数仍然可能不显著。只有在自变量本身方差不大时，才建议这样做。而此处正相反，hours 的方差比较大，而与 educ 的相关性又不强，所以应该把它从误差项中拿出来。

查看 educ 与 hours 的相关系数（度量它们之间的相关性）。在命令窗口中输入：

. corr hours educ   //查看 educ 与 hours 的线性系数

输出结果如图 9-16 所示。由输出结果可以看出，educ 与 hours 的相关性不强（相关系数仅为 0.1060）。

```
. corr hours educ
(obs=753)

             hours    educ
   hours    1.0000
    educ    0.1060   1.0000
```

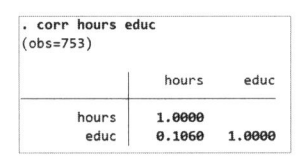

图 9-16　相关系数矩阵

在回归分析中加入 hours 并用 fatheduc 作为工具变量。在命令窗口输入：

. ivregress 2sls wage age kidslt6 kidsge6 expersq exper hours (educ=fatheduc)
                                      //使用 fatheduc 作为工具变量后的回归分析

输出结果如图 9-17 所示。由输出结果可以看出，虽然 educ 的系数没有使用 fatheduc 作为工具变量那么显著，但 educ 的显著性水平也上升了很多，而且 educ 的回报也从 0.2387016 上升到 0.3712055。

```
. ivregress 2sls wage age kidslt6 kidsge6 expersq exper hours (educ= fatheduc)

Instrumental variables 2SLS regression      Number of obs  =      428
                                            Wald chi2(7)   =    17.40
                                            Prob > chi2    =   0.0150
                                            R-squared      =   0.1262
                                            Root MSE       =   3.0908

        wage | Coefficient  Std. err.      z    P>|z|     [95% conf. interval]
        educ |   .3712055    .165747     2.24   0.025     .0463473    .6960636
         age |  -.001096    .0249337    -0.04   0.965    -.0499653    .0477732
     kidslt6 |  -.0256455   .4272242    -0.06   0.952    -.8629896    .8116986
     kidsge6 |  -.1178114   .1347662    -0.87   0.382    -.3819482    .1463254
     expersq |  -.0009608   .0018849    -0.51   0.610    -.0046552    .0027336
       exper |   .0617469   .0633679     0.97   0.330    -.0624518    .1859456
       hours |  -.0004872   .0002103    -2.32   0.021    -.0008995   -.0000749
       _cons |  -.2573689   2.554325    -0.10   0.920    -5.263754    4.749016

Instrumented: educ
Instruments:  age kidslt6 kidsge6 expersq exper hours fatheduc
```

图 9-17　输出结果

通过对比普通最小二乘回归分析结果 reols 和两阶段最小二乘回归分析结果 iv2sls 进行 Hausman 检验。在命令窗口中输入：

. hausman reols iv2sls, constant sigmamore

输出结果如图 9-18 所示。

```
. hausman reols iv2sls, constant sigmamore
Note: the rank of the differenced variance matrix (1) does not equal the number of
      coefficients being tested (7); be sure this is what you expect, or there
      may be problems computing the test.  Examine the output of your estimators
      for anything unexpected and possibly consider scaling your variables so
      that the coefficients are on a similar scale.
              ── Coefficients ──
                (b)           (B)            (b-B)        sqrt(diag(V_b-V_B))
              reols         iv2sls         Difference       Std. err.

        educ  .4926086      .2387016       .2539069             .
         age  .0097349      .0066842       .0030507             .
      kidslt6 .0432498      .2274447      -.1841949             .
      kidsge6 -.0581228    -.1144761       .0563533             .
     expersq  -.000514      -.0009623      .0004483             .
        exper .0333341      .0460653      -.0127312             .
        _cons -2.708294     .6234574      -3.331752             .

                       b = Consistent under H0 and Ha; obtained from regress.
        B = Inconsistent under Ha, efficient under H0; obtained from ivregress.
Test of H0: Difference in coefficients not systematic
    chi2(1) = (b-B)'[(V_b-V_B)^(-1)](b-B)
            = -2.46
Warning: chi2 < 0 ==> model fitted on these data
         fails to meet the asymptotic assumptions
         of the Hausman test; see suest for a
         generalized test.
```

图 9-18　输出结果

在图 9-18 中，b 为两阶段最小二乘回归分析结果 iv2sls 的系数，B 为普通最小二乘回归分析结果 reols 的系数，b-B 为两个系数之间的差异。

9.3 异方差

在标准线性回归模型中，一个基本假设为整个总体同方差，也就是因变量的变异不随自身预测值及其他自变量值的变化而变化。在实际问题中，该假设往往不成立，因而会出现异方差现象。

9.3.1 异方差的检验

对于如下线性回归模型：

$$y_i = \beta_0 + \beta_1 x_1 + \beta_2 x_2 + \cdots + \beta_p x_p + \varepsilon_i$$

若出现 $\mathrm{Var}(\varepsilon_i) = \delta_i^2$ 的情况，即对于不同的样本点，随机误差项的方差不再是常数，而是互不相同的数，则说明出现了异方差现象。

此时如果继续采用标准线性回归模型，就会使结果偏向于变异较大的数据，进而发生较大偏差，因此在进行回归分析时往往需要检验变量的异方差，进而提出针对性的解决方案。

常用的用于判断数据是否存在异方差的检验方法有绘制残差序列图、怀特检验、BP 检验等。

1．绘制残差序列图

绘制残差序列图是一种直观观察法，先通过回归分析方法进行回归，然后绘制残差与拟合值或残差与自变量的散点图，如果残差随拟合值或自变量的变化而变化，而不是紧密地在 0 附近，则说明可能存在异方差。

在 Stata 中，绘制残差与拟合值或残差与自变量的散点图的命令为：

```
rvfplot                    //绘制残差与拟合值的散点图，是默认形式的残差序列图
rvpplot varname            //绘制残差与自变量的散点图
```

其中，varname 可以为合理的解释变量。

绘制残差序列图只是一种直观观察法，不够精确，只能作为异方差检验的一种辅助性参考方法，还需要结合几种检验方法综合判断。

2. 怀特检验

怀特检验的基本思想是比较满足经典假设条件的普通标准差和存在异方差情况下的稳健标准差的大小，如果二者差距过大，则说明存在异方差。

怀特检验是一种常用的异方差检验方法，其基本思路是先将最小二乘估计残差的平方对模型的解释变量、解释变量的平方及解释变量的交叉乘积进行回归，然后根据回归方程显著性判断是否存在异方差。

考虑如下只有两个自变量的线性回归方程：

$$y = \beta_0 + \beta_1 x_1 + \beta_2 x_2 + \varepsilon$$

进行怀特检验的步骤如下。

（1）使用普通最小二乘法估计线性回归方程，并得到残差序列 $\hat{u}_t$。

（2）将 $\hat{u}_t^2$ 作为因变量，原线性回归方程中的自变量和自变量的平方项作为新的自变量，也可以加上任意两个自变量的交互项，建立怀特检验的辅助回归方程：

$$\hat{u}_t^2 = \gamma_0 + \gamma_1 x_1 + \gamma_2 x_2 + \gamma_3 x_1^2 + \gamma_4 x_2^2 + \gamma_5 x_1 x_2 + \eta$$

（3）计算辅助回归方程的拟合优度 R^2。怀特检验的原假设是原回归模型的残差不存在异方差。在原假设成立的条件下，怀特检验的统计量及其渐近分布为

$$W = nR^2 \sim x^2(k)$$

式中，n 是样本容量；k 是辅助回归方程中除常数项以外解释变量的个数。如果 $x^2(k)$ 大于给定检验水平对应的临界值或 $x^2(k)$ 对应的 P 值小于显著性水平，则拒绝原假设 H_0，即认为存在异方差。

在 Stata 中，怀特检验的命令为：

```
estat imtest, white
```

3. BP检验

BP 检验的基本思想是将残差平方和作为被解释变量，原有的解释变量仍作为解释变量进行回归，如果该回归系数都不显著，则说明残差平方和不能被参与回归分析的解释变量解释，也就间接说明不存在异方差。

BP 检验也是一种常用的异方差检验方法，在对模型的基本回归结束后，需要在命令窗口中执行 estat hettest 命令：

```
estat hettest,iid          //使用由回归方程得到的拟合值来检验数据是否存在异方差
estat hettest,rhs          //使用回归方程右边的解释变量来检验数据是否存在异方差，不含 ŷ
estat hettest [varlist]    //使用指定的解释变量列表 varlist 检验数据是否存在异方差
                           //不能加入被解释变量 y
```

9.3.2 异方差的处理

存在异方差会使估计值的检验不再正确,如果没有处理异方差,那么在用 test 命令进行检验时会得出错误的结果。

在 Stata 中,处理异方差的方法有很多:一是使用稳健标准差进行最小二乘回归,二是进行加权最小二乘回归,三是 Heteroskedastic(异方差)线性回归。

1. 使用稳健标准差进行最小二乘回归

使用稳健标准差进行最小二乘回归通常适用于大样本,其具体命令为:

regress yvar xvar1 xvar2..., robust

在 regress 命令的 options 选项中选择 robust 选项,表示在模型估计中使用稳健标准差。使用了该选项后再用 test 命令进行检验就不会存在问题。

2. 进行加权最小二乘回归

进行加权最小二乘回归的具体命令为:

regress yvar xvar1 xvar2..., aweight=...

其中,aweight 为权重。

3. Heteroskedastic线性回归

使用 hetregress 命令可以让用户处理异质性回归,允许对异方差进行建模,其方差是协变量的指数函数。如果正确地指定了方差模型,将方差建模为指数函数,那么还可以产生更有效的参数估计。

hetregress 命令对方差进行了两种估计:最大似然估计和两步 GLS 估计。如果正确地指定均值和方差函数,并且误差是呈正态分布的,则最大似然估计比两步 GLS 估计更有效;如果方差函数正确或误差不正常,则两步 GLS 估计更可靠。

(1) 最大似然估计的具体命令为:

hetregress depvar [indepvars] [if] [in] [weight] [,ml_options]

其中,ml_options 为可选项。

(2) 两步 GLS 估计的具体命令为:

hetregress depvar [indepvars] [if] [in], twostep het(varlist) [ts_options]

其中,[if]为条件表达式;[in]用于设置样本范围;[ts_options]为可选项。

【例 9-6】继续通过数据集 mroz.dta 演示如何在 Stata 中进行异方差处理。

在命令窗口中输入:

```
. use D:\DingJB\Stata\mroz, clear
. regress wage educ age kidslt6 kidsge6 expersq exper      //输出结果略
. estat imtest, white
```

输出结果如图 9-19 所示。怀特检验的原假设是模型同方差(H0: Homoskedasticity),备择假设是无约束异方差(Ha: Unrestricted heteroskedasticity)。输出结果显示,P 值为 0.0621>0.05,接受原假设。

```
. estat imtest, white

White's test
H0: Homoskedasticity
Ha: Unrestricted heteroskedasticity

    chi2(26) =   37.88
  Prob > chi2 = 0.0621

Cameron & Trivedi's decomposition of IM-test
```

Source	chi2	df	p
Heteroskedasticity	37.88	26	0.0621
Skewness	18.43	6	0.0053
Kurtosis	5.42	1	0.0199
Total	61.72	33	0.0018

图 9-19　输出结果

在命令窗口中输入：

```
. estat hettest,iid      //使用得到的拟合值来检验数据是否存在异方差
. estat hettest,rhs      //使用回归方程右边的解释变量来检验数据是否存在异方差
. estat hettest educ age kidslt6 kidsge6 expersq exper,rhs iid
                         //使用指定的解释变量检验数据是否存在异方差
```

输出结果如图 9-20 所示。3 种 BP 检验的原假设都是常数方差（H0: Constant variance）即不存在异方差。其中，检验方法 1（P 值为 0.2984>0.05）及检验方法 3（P 值为 0.0555>0.05）表明数据不存在异方差；检验方法 2（P 值为 0.0000<0.05）表明数据存在异方差。由于不同检验方法对应的结果存在差别，因此需要综合各种检验方法，从整体上判断数据是否存在异方差。

```
. estat hettest,iid

Breusch-Pagan/Cook-Weisberg test for heteroskedasticity
Assumption: i.i.d. error terms
Variable: Fitted values of wage

H0: Constant variance

    chi2(1) =    1.08
  Prob > chi2 = 0.2984

. estat hettest,rhs

Breusch-Pagan/Cook-Weisberg test for heteroskedasticity
Assumption: Normal error terms
Variables: All independent variables

H0: Constant variance

    chi2(6) =  122.88
  Prob > chi2 = 0.0000

. estat hettest educ age kidslt6 kidsge6 expersq exper,rhs iid

Breusch-Pagan/Cook-Weisberg test for heteroskedasticity
Assumption: i.i.d. error terms
Variables: All independent variables

H0: Constant variance

    chi2(6) =   12.30
  Prob > chi2 = 0.0555
```

图 9-20　输出结果

在命令窗口中输入：

```
. regress wage educ age kidslt6 kidsge6 expersq exper, robust
                                //得到稳健的方差，修正方差使其可以用于假设检验
```

输出结果如图 9-21 所示。

```
. regress wage educ age kidslt6 kidsge6 expersq exper, robust

Linear regression                               Number of obs   =        428
                                                F(6, 421)       =       9.97
                                                Prob > F        =     0.0000
                                                R-squared       =     0.1217
                                                Root MSE        =     3.1244

                            Robust
        wage | Coefficient  std. err.      t    P>|t|     [95% conf. interval]
        educ |   .4926086   .0657827      7.49   0.000     .3633051    .621912
         age |   .0097349   .0312679      0.31   0.756    -.0517257   .0711955
     kidslt6 |   .0432498   .5016283      0.09   0.931    -.9427581   1.029258
     kidsge6 |  -.0581228   .1258872     -0.46   0.645    -.3055686    .189323
     expersq |   -.000514   .0017732     -0.29   0.772    -.0039994   .0029714
       exper |   .0333341   .0694806      0.48   0.632    -.103238    .1699602
       _cons |  -2.708294   1.339166     -2.02   0.044    -5.340578  -.0760108
```

图 9-21　输出结果

通过与前面的输出结果对比可以看出，加不加 robust 选项，Stata 对参数的估计是一样的，不一样的是它们的方差、P 值、置信区间。结果窗口的第三列输出的是 robust 的系数标准差。robust 选项的实际作用是修正在普通方法中得到的方差，使其可以用于假设检验。

```
. regress wage educ age kidslt6 kidsge6 expersq exper              //输出结果略
. test exper
. regress wage educ age kidslt6 kidsge6 expersq exper, robust
. test exper
```

输出结果如图 9-22 所示。

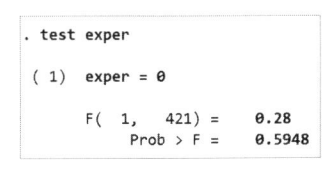

```
. test exper                              . test exper

 ( 1)  exper = 0                           ( 1)  exper = 0

        F(  1,   421) =    0.28                   F(  1,   421) =    0.23
             Prob > F =    0.5948                      Prob > F =    0.6316
```

（a）不加 robust 选项　　　　　　　　　（b）添加 robust 选项

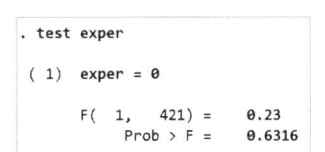

图 9-22　输出结果

由输出结果可知，添加 robust 选项后，经验系数变得更不显著。由此可以看出，检验值可能因异方差而产生偏误。

9.4　本章小结

经典线性回归分析方法的有效性是建立在多种假设（如变量无异方差、无自相关、无多重共线性等）的基础之上的。本章对变量存在异方差、自相关、多重共线性时的非经典线性回归在 Stata 中的检验（诊断）及处理方法进行了介绍，读者通过对这些内容的学习，可以解决实际学习及工作中遇到的各种非经典线性回归问题。

第 10 章 高级回归分析

本章将非线性回归分析、非参数回归分析、分位数回归分析、断尾回归分析、截取回归分析及样本选择模型分析等归为高级回归分析。下面就来介绍如何在 Stata 中实现高级回归分析，以帮助读者解决在学习及工作中可能会遇到的各类回归问题。

10.1 非线性回归分析

线性回归分析是因变量和自变量之间存在线性关系的回归分析，而非线性回归分析是因变量和自变量之间存在非线性关系的回归分析，无法通过构建线性回归模型来拟合自变量对因变量的影响。常见的非线性回归分析方法分为以下两类。

（1）针对可线性化问题，先通过变量变换将非线性回归转化为线性回归，然后用线性回归方法处理。

（2）针对不可线性化问题，可以直接通过构建非线性函数的方式来拟合。

10.1.1 Stata 实现

在 Stata 中，实现非线性回归分析的命令是 nl，该命令执行的是最小二乘非线性回归分析，而且只能用于进行单个自变量的非线性回归分析，其语法格式为：

```
nl (depvar = <sexp>) [if] [in] [weight] [, options]              //常用交互式版本
nl sexp_prog : depvar [varlist] [if] [in] [weight] [, options]   //可编程替换表达式版本
nl func_prog @ depvar [varlist] [if] [in] [weight], {parameters(namelist) | nparameters(#)} [options]
                                                                 //函数求值程序版本
```

其中，depvar 为因变量；<sexp>为可替换表达式（非线性）；sexp_prog 为可替换的表达式程序；func_prog 为函数求值程序；options 选项含义如表 10-1 所示。

表 10-1 options 选项含义

选 项	含 义
variables(varlist)	模型中的变量
initial(initial values)	参数的初始值
parameters(namelist)	模型中的参数（限函数求值程序版本）
nparameters(#)	模型中的参数数量（限函数求值程序版本）
lnlsq(#)	使用对数最小二乘法，其中假设 ln(depvar-#)为正态分布
noconstant	模型没有常数项，很少使用

续表

选 项	含 义
hasconstant(name)	使用名称作为常数项，很少使用
vce(vcetype)	设置估计值的标准差，包括 gnr、robust、cluster clustvar、bootstrap、jacknife、hac kernel、hc2、hc3 等
level(#)	设定置信水平，默认为 level(95)
leave	创建包含 E(y)导数的变量
title(string)	将字符串显示为参数估计表上方的标题
title2(string)	将字符串显示为子标题
eps(#)	指定收敛精度#，默认为 eps(1e-5)
delta(#)	为计算导数指定#，默认为 delta(4e-7)
coeflegend	显示图例，而不是统计信息

针对非线性回归，Stata 内置了很多非线性函数，如表 10-2 所示，用于指定因变量与自变量之间关系的各种可能形式，通过 initial()选项调用。

表 10-2 Stata 内置的非线性函数

函数缩写	含 义
exp2	参数的指数函数，即 $y_i = \beta_1 \beta_2^{x_i} + \varepsilon_i$
exp2a	参数的负指数函数，即 $y_i = \beta_1(1-\beta_2^{x_i}) + \varepsilon_i$
exp3	参数的指数函数，即 $y_i = \beta_0 + \beta_1 \beta_2^{x_i} + \varepsilon_i$
log3	参数的 Logistic 函数，0 为初始水平，β_1 为渐进上限，即 $y_i = \dfrac{\beta_1}{1+e^{-\beta_2(x_i-\beta_3)}} + \varepsilon_i$
log4	参数的 Logistic 函数，β_0 为初始水平，$\beta_0 + \beta_1$ 为渐进上限，即 $y_i = \beta_0 + \dfrac{\beta_1}{1+e^{-\beta_2(x_i-\beta_3)}} + \varepsilon_i$
gom3	参数的 Gompertz 函数，0 为初始水平，β_1 为渐进上限，即 $y_i = \beta_1 e^{-e^{-\beta_2(x_i-\beta_3)}} + \varepsilon_i$
gom4	参数的 Gompertz 函数，β_0 为初始水平，$\beta_0 + \beta_1$ 为渐进上限，即 $y_i = \beta_0 + \beta_1 e^{-e^{-\beta_2(x_i-\beta_3)}} + \varepsilon_i$

10.1.2 应用示例

【例 10-1】根据数据集 production.dta 进行 CES 生产函数拟合。其中，$\ln Q_i$ 为企业 i 的产出的对数；K_i、L_i 分别为企业 i 的资本和劳动力使用情况；ε_i 为回归误差项。

$$\ln Q_i = \beta_0 - \frac{1}{\rho}\ln\left[\delta K_i^{-\rho} + (1-\rho)L_i^{-\rho}\right] + \varepsilon_i$$

因为 ρ 出现在分母中，所以 0 不能作为初始值。对于 CES 生产函数，一个合理的选择是 $\rho=1$。设置 $\rho=0.5$ 意味着资本和劳动力对产出的影响相等，这也是初始值的一个合理选择。

在命令窗口中输入：

```
. use D:\DingJB\Stata\production, clear
. nl (lnoutput={b0}-1/{rho=1}*ln({delta=0.5}*capital^(-1*{rho})+ (1-{delta}) *labor^(-1*{rho})))
```

输出结果如图 10-1 所示。nl 命令将尝试在模型中找到一个常数项，如果该常数项存在，则在输出结果的底部进行提示。由输出结果可以发现，模型中的常数项 β_0（b0）因为偏导数 $\dfrac{\partial Q_i}{\partial \beta_0}$ 在估计样本中而具有小于 eps()的变化系数。

说明 当明确指定模型参数之间的关系时,也可以使用 nl 命令拟合具有约束回归条件的线性回归模型。

```
. nl (lnoutput={b0}-1/{rho=1}*ln({delta=0.5}*capital^(-1*{rho})+ (1-{delta}) *labor^(-1*{rho})))
Iteration 0:   residual SS =  29.38631
Iteration 1:   residual SS =  29.36637
Iteration 2:   residual SS =  29.36583
Iteration 3:   residual SS =  29.36581
Iteration 4:   residual SS =  29.36581
Iteration 5:   residual SS =  29.36581
Iteration 6:   residual SS =  29.36581
Iteration 7:   residual SS =  29.36581

      Source |       SS           df       MS      Number of obs   =       100
-------------+----------------------------------   R-squared       =    0.7563
       Model |   91.144992         2  45.5724962   Adj R-squared   =    0.7513
    Residual |   29.365806        97   .302740263   Root MSE        =   .5502184
-------------+----------------------------------   Res. dev.       =   161.2538
       Total |    120.5108        99  1.21728079

    lnoutput | Coefficient  Std. err.      t    P>|t|     [95% conf. interval]
-------------+----------------------------------------------------------------
         /b0 |   3.792158    .099682    38.04   0.000     3.594316    3.989999
        /rho |   1.386993    .472584     2.93   0.004     .4490443    2.324941
      /delta |   .4823616   .0519791     9.28   0.000     .3791975    .5855258
Note: Parameter b0 is used as a constant term during estimation.
```

图 10-1 输出结果

【例 10-2】根据数据集 auto.dta 使用 nl 命令拟合以下模型:

$$y_{\text{mpg}} = \beta_0 + \beta_1 x_{\text{price}} + \beta_2 x_{\text{weight}} + \beta_3 x_{\text{displ}} + \beta_4 x_{\text{gear\_ratio}} + \beta_5 x_{\text{foreign}} + \beta_6 x_{\text{length}} + \varepsilon$$

约束回归条件为

$$\beta_1 = \beta_2 = \beta_3 = \beta_6$$
$$\beta_4 = -\beta_5 = \beta_0 / 20$$

在命令窗口中输入:

```
. sysuse auto, clear
(1978 automobile data)
. nl (mpg={b0}+{b1}*price+{b1}*weight+{b1}*displ+{b0}/20
> *gear_ratio-{b0}/20 *foreign+{b1}*length)
```

输出结果如图 10-2 所示。β_0(b0)、β_1(b1)的点估计值和标准误与前面约束回归分析中由 cnsreg 命令得到的结果一致。

```
. nl (mpg={b0}+{b1}*price+{b1}*weight+{b1}*displ+{b0}/20*gear_ratio-{b0}/20 *foreign+{b1}*length)
Iteration 0:   residual SS =  1578.522
Iteration 1:   residual SS =  1578.522

      Source |       SS           df       MS      Number of obs   =        74
-------------+----------------------------------   R-squared       =    0.9562
       Model |   34429.478         2  17214.7389   Adj R-squared   =    0.9549
    Residual |   1578.5223        72  21.9239203   Root MSE        =   4.682299
-------------+----------------------------------   Res. dev.       =   436.4562
       Total |       36008        74  486.594595

         mpg | Coefficient  Std. err.      t    P>|t|     [95% conf. interval]
-------------+----------------------------------------------------------------
         /b0 |   26.52229   1.375178    19.29   0.000     23.78092    29.26365
         /b1 |   -.000923   .0001534    -6.02   0.000    -.0012288   -.0006172
```

图 10-2 输出结果

使用 nlcom 命令可以获得 β_4 的估计值。

在命令窗口中输入:

```
. nlcom _b[/b0]/20
```

输出结果如图 10-3 所示。

```
. nlcom _b[/b0]/20

    _nl_1:  _b[/b0]/20

         mpg | Coefficient  Std. err.      z    P>|z|     [95% conf. interval]
        _nl_1 |   1.326114   .0687589    19.29   0.000     1.191349    1.460879
```

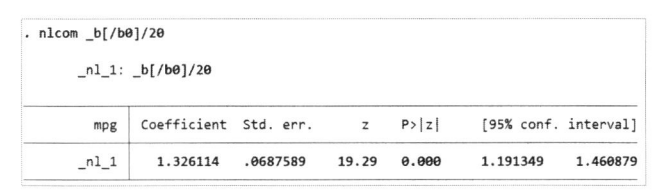

图 10-3　输出结果

10.2　非参数回归分析

非参数回归通常不会产生一个明确的回归方程，也无须事先设定变量之间的函数关系，是一种探索性的回归分析手段。非参数回归通过图形展示因变量和自变量之间关系，以帮助读者更为开放地探索数据规律。

10.2.1　Stata 实现

在 Stata 中，实现非参数回归分析的命令为 lowess，该命令在 xvar 上对 yvar 进行局部加权回归，显示图形，并有选择地保存平滑的变量，其语法格式为：

lowess yvar xvar　　[if] [in] [, options]

其中，yvar 为被解释变量；xvar 为解释变量；options 选项含义如表 10-3 所示。

表 10-3　options 选项含义

选　项	含　义
mean	执行均值平滑法，默认执行最小二乘法
noweight	不执行加权回归，默认为三次方加权函数
bwidth(#)	使用#作为带宽，默认为 bwidth(0.8)
logit	将因变量转换为对数
adjust	将平滑均值调整为因变量的相等均值
nograph	不绘制图形
generate(newvar)	创建包含平滑后 yvar 值的 newvar 变量
lineopts(cline options)	影响平滑线条的呈现
addplot(plot)	将其他图表添加到生成的图形中

> **提示**　lowess 命令是计算密集型的，因此在普通计算机上运行可能需要很长时间。例如，对 1000 个观测值进行 Lowess 计算，需要进行 1000 次回归。

10.2.2　应用示例

【例 10-3】通过数据集 lowess1.dta 演示非参数回归分析的 Stata 实现方法。

在命令窗口中输入：

```
. use D:\DingJB\Stata\lowess1, clear
(Example data for lowess)
. lowess h1 depth                        //使用默认带宽 0.8，即 80%的数据用于平滑每个点
. lowess h1 depth, bwidth(.4)            //使用 0.4 的带宽
```

输出结果如图 10-4 所示。由此可知，使用较小的带宽更接近原始数据。

（a）使用默认带宽 0.8　　　　　　　　　（b）使用 0.4 的带宽

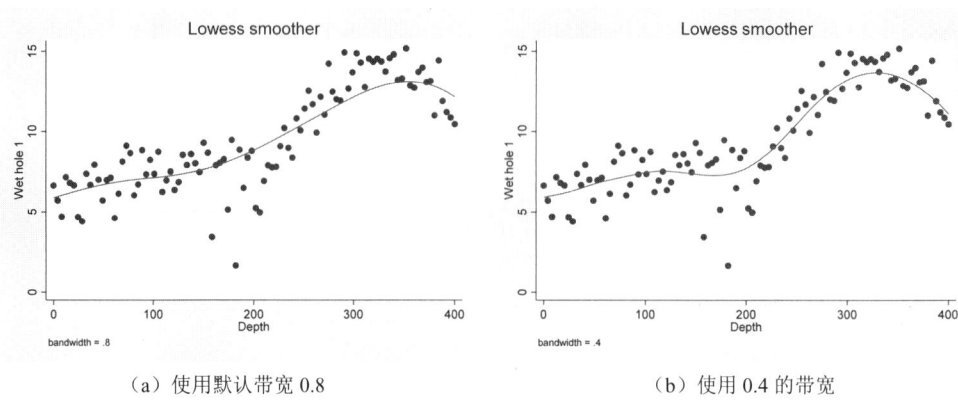

图 10-4　输出结果

在 lowess 命令中，adjust 选项和 logit 选项对二进制数（0/1）非常有用。由 adjust 选项调整（通过乘法）得到的曲线可以使平滑值的均值等于未平滑值的均值；logit 选项用于指定平滑曲线以 OR（比值比、优势比）的对数表示。

【例 10-4】通过数据集 auto.dta 演示非参数回归分析的 Stata 实现方法。

在命令窗口中输入：

```
. sysuse auto, clear
(1978 automobile data)
. lowess foreign mpg, ylabel(0 "Domestic" 1 "Foreign") jitter(5) adjust
. lowess foreign mpg, logit yline(0)      //指定 logit 选项，抑制显示原始数据
```

输出结果如图 10-5 所示。

（a）使用默认带宽 0.8　　　　　　　　　（b）指定 logit 选项

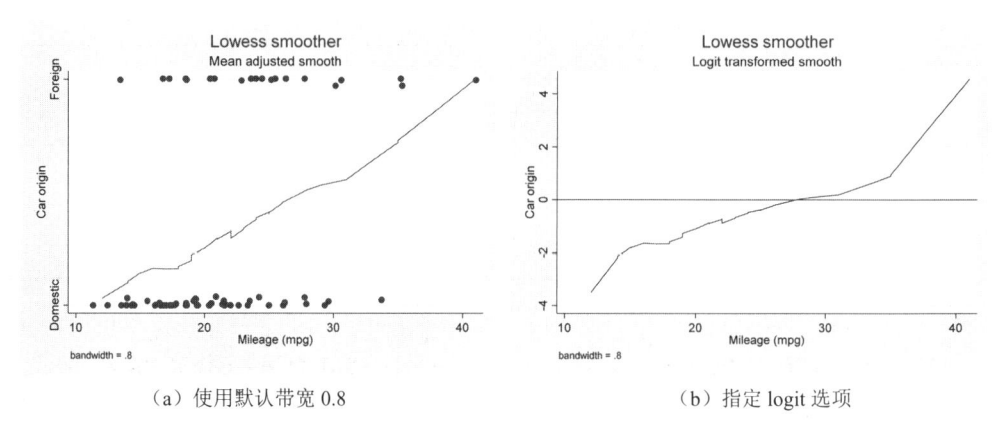

图 10-5　输出结果

> 说明：对于二进制数，如果不使用 logit 选项，那么最好指定图形的 jitter() 选项。这是因为基础数据（汽车是否在美国境外制造）只具有两个值，原始数据点更有可能相互叠加，所以无法判断有多少点。图形的 jitter() 选项会向数据中添加一些噪声，以错开点的位置。这种噪声只影响图形上点的位置，而不会影响下方的曲线。

10.3 分位数回归分析

传统回归分析研究自变量与因变量的条件期望之间的关系，根据得到的回归模型可由自变量估计因变量的条件期望；分位数回归分析研究自变量与因变量的条件分位数之间的关系，根据得到的回归模型可由自变量估计因变量的条件分位数。

相较于传统回归分析仅能得到因变量的中央趋势，分位数回归分析可以进一步推论因变量的条件概率分布。

当将一组数据由小到大排列后，q 分位数为 m 表示该组数据中有 $100q\%$ 的数据小于 m。分位数回归是指把线性回归与分位数的概念相结合。通俗来讲，所谓 q 分位数回归，是指希望回归线之下包含 $100q\%$ 的数据点，如 0.25 分位数回归线之下包含 25%的数据点。

因此，系列分位数回归并不像线性回归那样仅可以拟合一条曲线，而可以拟合一簇曲线。不同分位数的回归系数不同，说明解释变量对不同水平的响应变量影响不同，可以借此获得解释变量对响应变量分位数的变化趋势的影响。

10.3.1 Stata 实现

在 Stata 中，实现分位数回归分析的命令是 qreg，该命令拟合分位数（含中位数）回归模型，也称最小绝对值模型（LAV 或 MAD），该模型将条件分布的分位数表示为自变量的线性函数。qreg 命令语法格式为：

qreg depvar [indepvars] [if] [in] [weight] [, options]

其中，depvar 为被解释变量；indepvars 为解释变量；options 选项含义如表 10-4 所示。

表 10-4 options 选项含义

选 项	含 义
quantile(#)	估计#分位数，默认为 quantile(.5)
vce([vcetype], [vceopts])	设置估计值的标准差，包括 iid、robust 等
level(#)	设置置信水平，默认为 level(95)
display_options	控制列和列格式、行间距、线宽、忽略变量、基单元格和空单元格的显示，以及因子变量标签
optimization_options	控制优化过程，很少使用
wlsiter(#)	在进行线性规划迭代前尝试进行#加权最小二乘迭代

另外，以下命令可用于实现特殊情况下的分位数回归分析，限于篇幅这里不再详述。

```
ireg depvar [indepvars] [if] [in] [,iqreg_options]    //分位数间范围回归
sreg depvar [indepvars] [if] [in] [,sqreg_options]    //同步分位数回归
bsreg depvar [indepvars] [if] [in] [,bsqreg_options]  //自举分位数回归
```

10.3.2 应用示例

【例 10-5】基于数据集 auto.dta 中的汽车数据，试根据每辆汽车的质量（weight）和长度（length）及是否为国外制造（foreign），对其价格（price）进行分位数回归分析。

在命令窗口中输入：

```
. sysuse auto, clear
(1978 automobile data)
. qreg price weight length foreign    //分位数默认为中位数，即 0.5
```

输出结果如图 10-6 所示。由此可知，回归方程为

$$y_{\text{price(median)}} = 3.933588 x_{\text{weight}} - 41.25191 x_{\text{length}} + 3377.771 x_{\text{foreign}} + 344.6489$$

其中，变量 weight 和 foreign 是显著的，变量 length 不显著。这些数据中的汽车中间价格为 4934 美元，该值是中间数（两个中心观测值之一），而不是中位数。

```
. qreg price weight length foreign
Iteration  1:  WLS sum of weighted deviations =  56397.829

Iteration  1: sum of abs. weighted deviations =    55950.5
Iteration  2: sum of abs. weighted deviations =  55264.718
Iteration  3: sum of abs. weighted deviations =  54762.283
Iteration  4: sum of abs. weighted deviations =  54734.152
Iteration  5: sum of abs. weighted deviations =  54552.638
note: alternate solutions exist.
Iteration  6: sum of abs. weighted deviations =  54465.511
Iteration  7: sum of abs. weighted deviations =  54443.699
Iteration  8: sum of abs. weighted deviations =  54411.294

Median regression                              Number of obs =       74
  Raw sum of deviations    71102.5 (about 4934)
  Min sum of deviations   54411.29             Pseudo R2     =   0.2347

       price | Coefficient  Std. err.       t    P>|t|   [95% conf. interval]
      weight |   3.933588   1.328718     2.96   0.004    1.283543    6.583632
      length |  -41.25191   45.46469    -0.91   0.367   -131.9284    49.42456
     foreign |   3377.771   885.4198     3.81   0.000    1611.857    5143.685
       _cons |   344.6489   5182.394     0.07   0.947    -9991.31    10680.61
```

图 10-6　输出结果

下面估计中位数以外的分位数。

在命令窗口中输入：

```
. qreg price weight length foreign, quantile(.25)    //分位数为 0.25
```

输出结果如图 10-7 所示。与前面的中位数回归相比，length 的系数变为正数，foreign 的系数和 weight 的系数均减小。实际分位数为 4187，小于中位数 4934。

```
. qreg price weight length foreign, quantile(.25)
Iteration  1:  WLS sum of weighted deviations =  49469.235

Iteration  1: sum of abs. weighted deviations =  49728.883
Iteration  2: sum of abs. weighted deviations =   45669.89
Iteration  3: sum of abs. weighted deviations =  43416.646
Iteration  4: sum of abs. weighted deviations =  41947.221
Iteration  5: sum of abs. weighted deviations =  41093.025
Iteration  6: sum of abs. weighted deviations =  37623.424
Iteration  7: sum of abs. weighted deviations =  35721.453
Iteration  8: sum of abs. weighted deviations =  35226.308
Iteration  9: sum of abs. weighted deviations =  34823.319
Iteration 10: sum of abs. weighted deviations =  34801.777

.25 Quantile regression                        Number of obs =       74
  Raw sum of deviations   41912.75 (about 4187)
  Min sum of deviations   34801.78             Pseudo R2     =   0.1697

       price | Coefficient  Std. err.       t    P>|t|   [95% conf. interval]
      weight |   1.831789   .6328903     2.89   0.005    .5695289    3.094049
      length |    2.84556   21.65558     0.13   0.896   -40.34514    46.03626
     foreign |   2209.925   421.7401     5.24   0.000    1368.791    3051.059
       _cons |  -1879.775    2468.46    -0.76   0.449   -6802.963    3043.413
```

图 10-7　输出结果

10.4 断尾回归分析

断尾回归分析是针对因变量只有大于（或小于）一定数值时才能被观测到的情况的一种回归分析方法，即因变量的取值范围受到限制，不能取到范围之外的数值。例如，研究某单位的薪酬情况，如果把年薪作为因变量，那么因变量的取值范围是大于 0 的，小于 0 是没有意义的。

当因变量的取值范围受到限制时，通过一般的最小二乘回归分析得到的结果是不完美的，而通过极大似然估计可以得到一致的结果。

10.4.1 Stata 实现

在 Stata 中，实现断尾回归分析的命令是 truncreg，其语法格式为：

truncreg depvar [indepvars] [if] [in] [weight] [, options]

其中，depvar 为被解释变量；indepvars 为解释变量；options 选项含义如表 10-5 所示。

表 10-5 options 选项含义

选 项	含 义
noconstant	回归模型中不包含常数项
ll(varname | #)	设置回归模型中左端断尾的下限
ul(varname | #)	设置回归模型中右端断尾的上限
offset(varname)	约束变量 varname 的系数为 1
constraints(constraints)	在模型中应用指定的线性约束
vce(vcetype)	设置估计值的标准差形式，包括 oim、robust、cluster clustvar、opg、bootstrap 或 jackknife
level(#)	设置断尾回归模型的置信水平，默认为 level(95)
lrmodel	执行似然比模型测试，而不是默认的 Wald 测试
nocnsreport	不显示约束
collinear	保留多重共线性变量
coeflegend	显示图例，而不是统计信息

选择 robust 选项表示使用稳健标准差进行断尾回归分析。稳健标准差是指标准差对于模型中可能存在的异方差或自相关问题不敏感，基于稳健标准度计算的稳健 t 统计量仍然渐进服从 t 分布。因此，在 Stata 中使用 robust 选项可以得到异方差稳健估计值。

10.4.2 应用示例

【例 10-6】Berndt 于 1996 年发布的 mroz.dta 数据集中包含 753 个关于妇女劳动力供应的观察结果数据。其子样本数据集 laborsub.dta 中包含 250 个观察结果数据，其中 150 个对应市场劳动力，100 个对应非市场劳动力。试利用该子样本数据集演示断尾回归分析的 Stata 实现方法。

在命令窗口中输入：

. use D:\DingJB\Stata\laborsub, clear
. describe   //输出结果略

```
. regress whrs kl6 k618 wa we if whrs>0          //对市场劳动力进行普通最小二乘估计
```

输出结果如图 10-8 所示。

在该子样本数据集中,1975 年没有工作的妇女的劳动时间都被设定为 0,也就是其具体劳动时间数据没有被统计到,这样可以进行左端断尾回归。

在命令窗口中输入:

```
. truncreg whrs kl6 k618 wa we, ll(0)            //执行断尾回归,从 0 以下进行截断
```

输出结果如图 10-9 所示。其中,ll(0) 选项用于设置左端断尾的下限为 0。

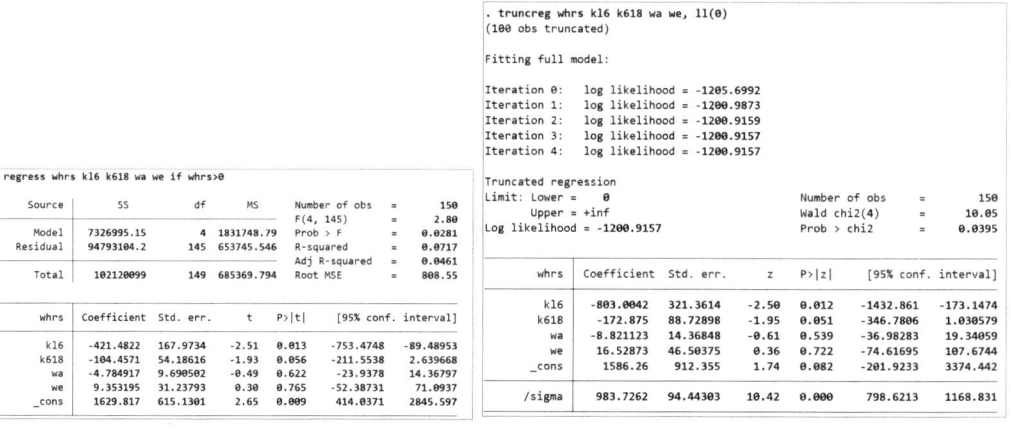

图 10-8 输出结果

图 10-9 输出结果

在命令窗口中输入:

```
. tobit whrs kl6 k618 wa we, ll(0)               //执行截取回归
```

输出结果如图 10-10 所示。关于截取回归分析的介绍见 10.5 节。

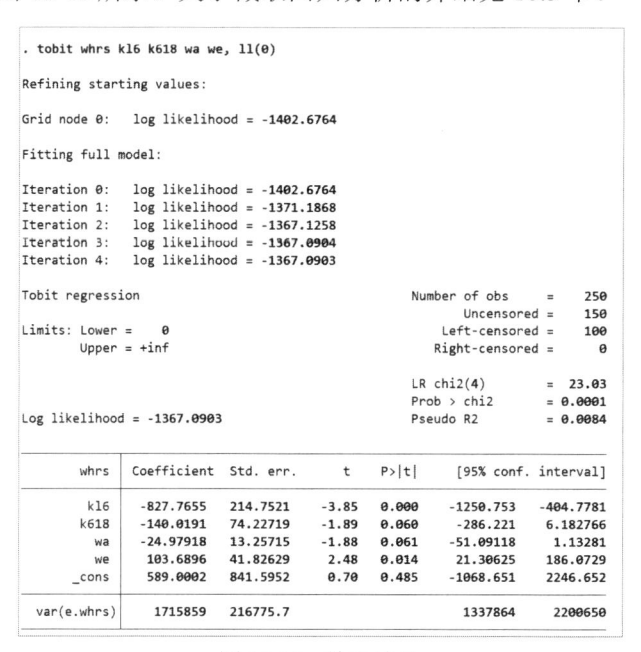

图 10-10 输出结果

10.5 截取回归分析

截取回归分析是针对当因变量大于（或小于）一定数值时仅能有一种取值情况的回归分析方法。或者说，因变量的取值范围受到限制，当因变量大于一定数值时，不管程度如何都被记录为某一特定值。例如，某单位采取封顶薪酬方式，如果把年薪作为因变量，那么该因变量的取值范围低于某个值。

此时，通过传统最小二乘回归分析得到的结果并不完美，需要采用截取回归模型。典型的应用于截取回归分析的模型是 Tobit 模型。

10.5.1 Stata 实现

在 Stata 中，实现截取回归分析的命令是 tobit，其语法格式为：

tobit depvar [indepvars] [if] [in] [weight] [, options]

其中，depvar 为被解释变量；indepvars 为解释变量；options 选项含义同 truncreg 命令的 options 选项含义，这里不再赘述。

在可选项中，ll(varname|#)选项和 ul(varname|#)选项至少需要选择一个或同时选择，当不设置上限或下限的具体值时，tobit 命令会自动以因变量的最小值为下限（选择 ll()选项时），以因变量的最大值为上限（选择 ul()选项时）。

选择 robust 选项表示使用稳健标准差进行截取回归分析。稳健标准差是指标准差对于模型中可能存在的异方差或自相关问题不敏感，基于稳健标准度计算的稳健 t 统计量仍然渐进服从 t 分布。因此，在 Stata 中使用 robust 选项可以得到异方差稳健估计值。

> **说明** 角点解模型可以看作截取回归模型的一种，角点解模型中因变量大致是连续的，但却在一点或多点上具有非零概率。

10.5.2 应用示例

【例 10-7】数据集 gpa.dta 中包含 4000 名大学生的成绩数据。大学平均成绩（gpa2）和高中平均成绩（hsgpa）是在 0～4 范围内的连续量表上评估获得的。出于保密的原因，低于 2.0 的 GPA（平均学分绩点）被设定为 2.0。试评估高中 GPA 与学生大学表现之间的关系。

在命令窗口中输入：

```
. use D:\DingJB\Stata\gpa, clear
(High school GPA and performance in college)
. tobit gpa2 hsgpa pincome program, ll
```

输出结果如图 10-11 所示。tobit 命令给出了截取回归模型的系数，我们可以像解释普通最小二乘中的系数一样解释这些系数。例如，参加学习技能项目（program）会使预期的未经审查的平均成绩约提高 0.56 分。

```
. tobit gpa2 hsgpa pincome program, ll

Refining starting values:

Grid node 0:    log likelihood = -2551.3989

Fitting full model:

Iteration 0:    log likelihood = -2551.3989
Iteration 1:    log likelihood = -2065.4023
Iteration 2:    log likelihood = -2015.8135
Iteration 3:    log likelihood = -2015.1281
Iteration 4:    log likelihood = -2015.1258
Iteration 5:    log likelihood = -2015.1258

Tobit regression                                Number of obs    =   4,000
                                                  Uncensored     =   2,794
Limits: Lower =    2                              Left-censored  =   1,206
        Upper = +inf                              Right-censored =       0

                                                LR chi2(3)       = 4712.61
                                                Prob > chi2      =  0.0000
Log likelihood = -2015.1258                     Pseudo R2        =  0.5390
```

gpa2	Coefficient	Std. err.	t	P>|t|	[95% conf. interval]	
hsgpa	.6586311	.0128699	51.18	0.000	.633399	.6838632
pincome	.3159297	.0074568	42.37	0.000	.3013103	.3305491
program	.5554416	.0147468	37.67	0.000	.5265297	.5843535
_cons	-.8902578	.0478484	-18.61	0.000	-.9840673	-.7964482
var(e.gpa2)	.161703	.0044004			.1533019	.1705645

图 10-11　输出结果

【例 10-8】 数据集 mroz87.dta 中包含从 1975 年的 PSID 中提取的 753 名已婚女性的劳动力供应数据。变量 whrs75 记录了受访女性每年的工作小时数，其中 43%的受访女性工作时间为 0，其余受访女性平均每年工作 1303h。试对受访女性工作时间进行回归分析，自变量为收入（nwinc）、受教育年限（wedyrs）、市场经验年限（wexper）及其平方（c.wexper#c.wexper）、年龄（wifeage）、6 岁以下儿童在家指标（kl6）和 6~18 岁儿童在家指标（k618）。

> 由于已婚女性并非都有工作，所以尽管受访女性的工作时间可以取任意正值，但有很大一部分受访女性的工作时间为 0，这就可以将该问题看作角点解模型并使用 tobit 命令进行分析。

在命令窗口中输入：

```
. use D:\DingJB\Stata\mroz87, clear
(1975 PSID data from Mroz, 1987)
. tobit whrs75 nwinc wedyrs wexper c.wexper#c.wexper wifeage kl6 k618, ll(0)
```

输出结果如图 10-12 所示。由输出结果可知，除受教育年限（wedyrs）、市场经验年限（wexper）以外，其他变量的系数都是负的，特别是 6 岁以下儿童在家指标（kl6）更是起到非常大的负向作用。这与实际生活一致，当有一个幼儿需要照顾时，女性工作时间一定会减少，而 k618 不显著也是与事实相一致的。

输出结果说明，当模型是角点解模型时，每多接受一年教育将使女性每年的工作时间约增加 81h，而每多一个 6 岁以下儿童在家将使女性每年的工作时间约减少 894h。由此可见，有一个幼儿需要照顾会使女性工作的可能性大大降低。

```
. tobit whrs75 nwinc wedyrs wexper c.wexper#c.wexper wifeage k16 k618, ll(0)
```

```
Refining starting values:

Grid node 0:     log likelihood = -3961.1577

Fitting full model:

Iteration 0:     log likelihood = -3961.1577
Iteration 1:     log likelihood = -3836.8928
Iteration 2:     log likelihood = -3819.2637
Iteration 3:     log likelihood = -3819.0948
Iteration 4:     log likelihood = -3819.0946

Tobit regression                                Number of obs    =      753
                                                   Uncensored    =      428
Limits: Lower =   0                             Left-censored    =      325
        Upper = +inf                            Right-censored   =        0

                                                LR chi2(7)       =   271.59
                                                Prob > chi2      =   0.0000
Log likelihood = -3819.0946                     Pseudo R2        =   0.0343
```

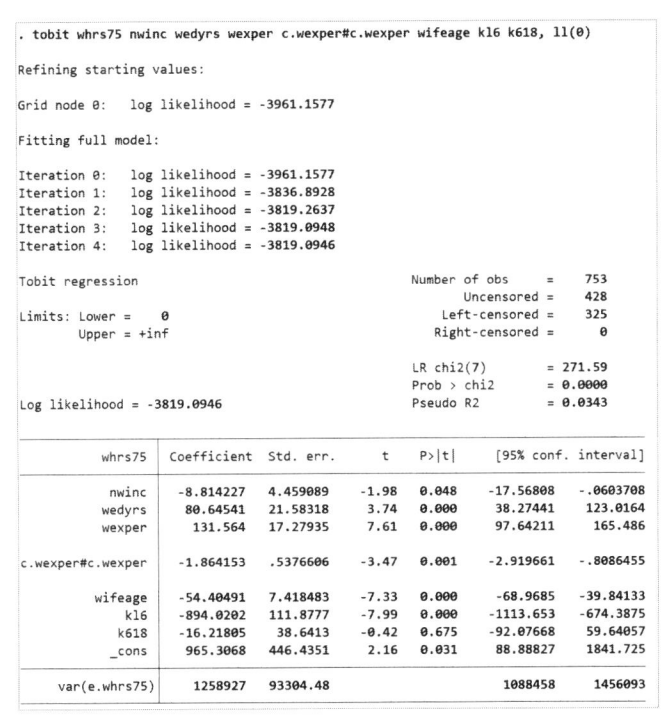

whrs75	Coefficient	Std. err.	t	P>|t|	[95% conf. interval]	
nwinc	-8.814227	4.459089	-1.98	0.048	-17.56808	-.0603708
wedyrs	80.64541	21.58318	3.74	0.000	38.27441	123.0164
wexper	131.564	17.27935	7.61	0.000	97.64211	165.486
c.wexper#c.wexper	-1.864153	.5376606	-3.47	0.001	-2.919661	-.8086455
wifeage	-54.40491	7.418483	-7.33	0.000	-68.9685	-39.84133
k16	-894.0202	111.8777	-7.99	0.000	-1113.653	-674.3875
k618	-16.21805	38.6413	-0.42	0.675	-92.07668	59.64057
_cons	965.3068	446.4351	2.16	0.031	88.88827	1841.725
var(e.whrs75)	1258927	93304.48			1088458	1456093

图 10-12　输出结果

下面考察协变量对观察结果的边际效应。例如，使用边际来估计受教育年限对实际工作时间预期值的平均边际效应。

在命令窗口中输入：

. margins, dydx(wedyrs) predict(ystar(0,.))　　//计算边际效应

输出结果如图 10-13 所示。由此可知，受教育年限对实际工作时间预期值的平均边际效应为 47.47306。

```
. margins, dydx(wedyrs) predict(ystar(0,.))

Average marginal effects                        Number of obs = 753
Model VCE: OIM

Expression: E(whrs75*|whrs75>0), predict(ystar(0,.))
dy/dx wrt:  wedyrs
```

	dy/dx	Delta-method std. err.	z	P>|z|	[95% conf. interval]	
wedyrs	47.47306	12.6214	3.76	0.000	22.73558	72.21054

图 10-13　输出结果

10.6　样本选择模型分析

样本选择模型是指被解释变量是否断尾不由自身决定，而取决于另一个变量的模型，也是因变量受限模型的一种。例如，要考察工资的影响因素，不能通过普通最小二乘法分析，因为只有有工作的人才有工资，没有工作的人无法观察到其工资，所以应分两步

进行估计，首先用 Probit 模型估计哪些人有工作，其次估计其工资方程，这就是 Heckman 两步法的基本思想。

10.6.1　Stata 实现

在 Stata 中，实现样本选择模型分析的命令是 heckman，其语法格式为：

heckman depvar [indepvars] select(varlist_s) [twostep]

或

heckman depvar [indepvars] select(depvar_s=varlist_s) [twostep]

其中，depvar 为被解释变量；indepvars 为解释变量；select()表示输入样本选择方程，用于确定样本选择方程的因变量与自变量，为必选项；twostep 为可选项，若不选则表示采用最大似然估计的 Heckman 回归；若选则表示采用两步法的 Heckman 回归。

> **说明**　针对第一种格式，如果不设置样本选择方程的因变量，则 Stata 默认原方程的被解释变量 depvar 在为非缺失值时表示被选择，在为缺失值时表示没有被选择。针对第二种格式，需要设置样本选择方程的因变量 depvar_s，要求其值必须为 0 或 1，为 0 表示原方程的被解释变量没有被选择，为 1 表示原方程的被解释变量被选择。

最大似然估计的 Heckman 回归的完整语法格式为：

heckman depvar [indepvars] [if] [in] [weight],
　　select([depvar_s=] varlist_s [,noconstant offset(varmame_o)])
　　[heckman_ml_options]

两步法的 Heckman 回归的完整语法格式为：

heckman depvar [indepvars] [if] [in], twostep
　　select([depvar_s=] varlist_s [,noconstant]) [heckman_ts_options]

当使用 Heckman 回归分析法时还可以选择 vce()选项，利用各种稳健标准差进行估计。例如，使用 vce(robust)选项获得稳健标准差，或者使用 vce(cluster varname)选项获得聚类稳健标准差。

使用 Heckman 回归分方法同样可以进行预测，相应命令的语法格式为：

predict [type] newvar [if] [in] [,statistic nooffset]

10.6.2　应用示例

【例 10-9】数据集 womenwk.dta 中包含 2000 名女性的工资数据，其中 1343 名女性有工作，家中孩子数量被列入第二个变量列表。假设工资（wage）是教育（educ）和年龄（age）的函数，而工作的可能性（观察到有工资）是婚姻状况（married）、家中孩子数量（children）和工资的函数（工资由年龄和教育决定）。

在命令窗口中输入：

. use D:\DingJB\Stata\womenwk, clear
. heckman wage educ age, select(married children educ age)

输出结果如图10-14所示。

```
. heckman wage educ age, select(married children educ age)
Iteration 0:   log likelihood = -5178.7009
Iteration 1:   log likelihood = -5178.3049
Iteration 2:   log likelihood = -5178.3045

Heckman selection model                         Number of obs   =      2,000
(regression model with sample selection)            Selected    =      1,343
                                                    Nonselected =        657

                                                Wald chi2(2)    =     508.44
Log likelihood = -5178.304                      Prob > chi2     =     0.0000

------------------------------------------------------------------------------
        wage | Coefficient  Std. err.      z    P>|z|     [95% conf. interval]
-------------+----------------------------------------------------------------
wage         |
   education |   .9899537   .0532565    18.59   0.000     .8855729    1.094334
         age |   .2131294   .0206031    10.34   0.000     .1727481    .2535108
       _cons |   .4857752   1.077037     0.45   0.652    -1.625179     2.59673
-------------+----------------------------------------------------------------
select       |
     married |   .4451721   .0673954     6.61   0.000     .3130794    .5772647
    children |   .4387068   .0277828    15.79   0.000     .3842534    .4931601
   education |   .0557318   .0107349     5.19   0.000     .0346917    .0767718
         age |   .0365098   .0041533     8.79   0.000     .0283694    .0446502
       _cons |  -2.491015   .1893402   -13.16   0.000    -2.862115   -2.119915
-------------+----------------------------------------------------------------
     /athrho |   .8742086   .1014225     8.62   0.000     .6754241    1.072993
    /lnsigma |   1.792559   .027598    64.95   0.000     1.738468     1.84665
-------------+----------------------------------------------------------------
         rho |   .7035061   .0512264                      .5885365    .7905862
       sigma |   6.004797   .1657202                      5.68862     6.338548
      lambda |   4.224412   .3992265                      3.441942    5.006881
------------------------------------------------------------------------------
LR test of indep. eqns. (rho = 0): chi2(1) =    61.20    Prob > chi2 = 0.0000
```

图10-14 输出结果

说明 此处假设wage是因变量，第一个变量列表（education和age）是工资的决定因素。select()选项中指定的变量（married、children、education和age）被假设用于确定是否观察到因变量（样本选择方程）。

拟合模型如下：

$$y_{\text{wage}} = \beta_0 + \beta_1 x_{\text{educ}} + \beta_2 x_{\text{age}} + \varepsilon_1$$

假设：

$$\gamma_0 + \gamma_1 x_{\text{married}} + \gamma_2 x_{\text{chidren}} + \gamma_3 x_{\text{educ}} + \gamma_4 x_{\text{age}} + \varepsilon_2 > 0$$

令ε_1与ε_2的系数为ρ。

工资方程的报告结果准确地解释为样本中所有女性的工资数据；age和educ的系数代表了回归方程中回归因子的估计边际效应。这两个辅助参数的结果需要进一步解释。

为了将其约束在有效范围内，并在优化过程中保持数值的稳定性，输出结果估计了ρ：

$$\text{atanh}\rho = \frac{1}{2}\ln\left(\frac{1+\rho}{1-\rho}\right)$$

这一估计以/athrho表示。在输出结果的底部，Heckman回归取消了此转换：ρ的估计值为0.7035061。ρ的标准误使用delta方法计算，其置信区间是/athrho的转换区间。

同样，工资方程中残差的标准误也不是直接估计的。为了保持数值的稳定性，Heckman回归估计的是$\ln\sigma$。未转换的σ在输出结果的末尾报告：6.004797。

此外，部分研究人员（特别是经济学家）习惯由 $\lambda = \rho\sigma$（而不是 ρ）总结选择性效应，Heckman 回归也报告了这一点及对标准误和置信区间的估计。

> **提示** 如果模型中的每个方程都包含许多回归方程，那么 heckman 命令可能会变得很长。例如，上面的工资模型也可以使用 Stata 的全局宏描述（等效方式）：
> . global wageeq "wage educ age"
> . global seleq "married children educ age"
> . heckman $wageeq, select($seleq)

10.7 本章小结

本章主要介绍了如何在 Stata 中实现高级回归分析，包括非线性回归分析、非参数回归分析、分位数回归分析、断尾回归分析、截取回归分析及样本选择模型分析等，读者在学习及工作中遇到类似问题时可通过本书介绍的 Stata 方法进行分析。

第11章 离散回归分析

前面介绍的回归分析中要求因变量是连续的,而实际中多存在因变量离散的情况。例如,预测年轻人结婚的概率,有结婚和单身两种情况;预测贷款业务的资产质量,有正常、可疑和损失等情况。通过因变量离散回归分析可以有效解决该类问题,离散回归模型包括二值响应模型、多值响应模型等。

11.1 二值响应模型

二值响应模型是指因变量只可能取两种值的模型。例如,预测下雪的概率,因变量就可以是一个关于下不下雪的二值变量,$y=1$ 表示下雪,$y=0$ 表示不下雪。本节讨论因变量只有两种取值的模型——二值响应模型。

对于二值响应模型,研究者通常关心的是自变量的变动对因变量取值的概率的影响。因变量只有两种取值,可以用二值变量(0 或 1)表示。因变量响应概率为

$$P(y_i=1|\boldsymbol{x}_i,\boldsymbol{\beta})=P(y_i=1|x_0,x_1,x_2,\cdots,x_k)$$

式中,$\boldsymbol{x}_i$ 为全部自变量在样本观测点 i 上的数据所构成的向量;$\boldsymbol{\beta}$ 为系数构成的向量。

考虑二值响应模型:

$$\begin{aligned}P(y_i=1|\boldsymbol{x}_i,\boldsymbol{\beta})&=1-F(-\beta_0-\beta_1x_1-\cdots-\beta_kx_k)\\&=1-F(-\boldsymbol{x}_i'\boldsymbol{\beta})\\&=p(x)\end{aligned}$$

式中,$\boldsymbol{x}_i'$ 为包括常数项在内的全部自变量所构成的向量;F 为取值范围严格介于[0,1]的概率分布函数,并且要求是连续的,即存在概率密度函数。

概率分布函数类型的选择决定了二值响应模型的类型,常用的二值响应模型有 Probit 模型、Logit 模型、Extreme Value 模型。

Stata 中有两种命令用于估计系数,分别是 probit 命令和 logit 命令。如果将 $p(x)$ 设定为标准正态分布函数,则使用 probit 命令估计系数;如果将 $p(x)$ 设定为 Logistic 函数,则使用 logit 命令估计系数。由此即可得到自变量的系数 $\boldsymbol{\beta}$。

11.1.1 二元 Logistic 回归分析

在 Stata 中,实现二元 Logistic 回归分析的命令为 logistic、logit,其语法格式如下。

（1）自变量的影响以优势比的形式输出时为：

logistic depvar indepvars [if] [in] [weight] [, options]

（2）自变量的影响以回归系数的形式输出时为：

logit depvar [indepvars] [if] [in] [weight] [, options]

其中，depvar 为被解释变量；indepvars 为解释变量；options 选项含义如表 11-1 所示。

表 11-1 options 选项含义

选 项	含 义
noconstant	抑制常数项
offset(varname)	约束变量 varname 的系数为 1
asis	保留完全预测变量
constraints(constraints)	应用指定的线性约束
vce(vcetype)	vcetype 可以是 oim、robust、cluster-clustvar、bootstrap 或 jacknife
level(#)	设置置信水平，默认为 level(95)
or	输出优势比
nocnsreport	不显示约束
nocoef	不显示系数表，很少使用
collinear	保持共线性变量
coeflegend	显示图例，而不是统计信息

【例 11-1】数据集 auto.dta 中包含 22 辆国外汽车和 52 辆国内汽车的品牌（make）、质量（weight）和里程（mpg）评级数据。通过拟合一个 Logit 模型，根据汽车的质量和里程来解释它是否为国外汽车。

在命令窗口中输入：

```
. sysuse auto, clear
(1978 automobile data)
. keep make mpg weight foreign        //保留需要的变量，删除不需要的变量
. describe                            //查看数据信息的简明汇总表，显示略
. inspect foreign                     //显示变量 foreign 的简单摘要
```

输出结果如图 11-1 所示。由此可知，变量 foreign 具有两个值 0 和 1，0 表示国内汽车，1 表示国外汽车。

```
. inspect foreign

foreign:  Car origin              Number of observations
                              Total     Integers   Nonintegers
     #          Negative         -          -           -
     #          Zero            52         52           -
     #          Positive        22         22           -
     #
     #    #     Total           74         74
     #    #     Missing          -
    0          1                                        74
    (2 unique values)
          foreign is labeled and all values are documented in the label.
```

图 11-1 输出结果

采用拟合模型：

$$P(y_{\text{foreign}}=1) = F(\beta_0 + \beta_1 x_{\text{weight}} + \beta_2 x_{\text{mpg}})$$

式中，$F(z) = \dfrac{e^z}{1+e^z}$，为逻辑分布函数。

在命令窗口中输入：

. logit foreign weight mpg

输出结果如图 11-2 所示。由此可知，weight 对 foreign=1（是否为国外汽车）的概率有很显著的影响（P 值为 0.0000<0.05），mpg 的影响不显著（P 值为 0.067>0.05）。得到的回归方程为

$$P(y_{\text{foreign}} = 1) = F(13.70837 - 0.0039067 x_{\text{weight}} - 0.1685869 x_{\text{mpg}}) + \varepsilon$$

也就是说，较重的汽车不太可能不是国外汽车，里程数较大的汽车也不太可能不是国外汽车，至少在保持汽车质量不变的情况下是这样的。

```
. logit foreign weight mpg

Iteration 0:   log likelihood = -45.03321
Iteration 1:   log likelihood = -29.238536
Iteration 2:   log likelihood = -27.244139
Iteration 3:   log likelihood = -27.175277
Iteration 4:   log likelihood = -27.175156
Iteration 5:   log likelihood = -27.175156

Logistic regression                             Number of obs =      74
                                                LR chi2(2)    =   35.72
                                                Prob > chi2   =  0.0000
Log likelihood = -27.175156                     Pseudo R2     =  0.3966

------------------------------------------------------------------------
   foreign | Coefficient  Std. err.      z    P>|z|   [95% conf. interval]
-----------+------------------------------------------------------------
    weight |  -.0039067   .0010116    -3.86   0.000   -.0058894   -.001924
       mpg |  -.1685869   .0919175    -1.83   0.067   -.3487418    .011568
     _cons |   13.70837   4.518709     3.03   0.002    4.851859    22.56487
------------------------------------------------------------------------
```

图 11-2　输出结果

11.1.2　二元 Probit 回归分析

在 Stata 中，实现二元 Probit 回归分析的命令为 probit，其语法格式为：

probit depvar [indepvars] [if] [in] [weight] [, options]

其中，depvar 为被解释变量；indepvars 为解释变量；options 选项含义与 logit 命令中的 options 选项含义基本一致，这里不再介绍。

【例 11-2】延续上例，采用拟合模型：

$$P(y_{\text{foreign}} = 1) = \Phi(\beta_0 + \beta_1 x_{\text{weight}} + \beta_2 x_{\text{mpg}})$$

式中，Φ 为标准正态分布函数。

在命令窗口中输入：

. probit foreign weight mpg

输出结果如图 11-3 所示。由此可知，weight 对 foreign=1（是否为国外汽车）的概率有很显著的影响（P 值为 0.001<0.05），weight 的影响比较为显著（P 值为 0.052>0.05）。得到的回归方程为

$$P(y_{\text{foreign}} = 1) = \Phi(8.275464 - 0.0023355 x_{\text{weight}} - 0.1039503 x_{\text{mpg}}) + \varepsilon$$

```
. probit foreign weight mpg
Iteration 0:   log likelihood =  -45.03321
Iteration 1:   log likelihood = -27.914626
Iteration 2:   log likelihood = -26.858074
Iteration 3:   log likelihood = -26.844197
Iteration 4:   log likelihood = -26.844189
Iteration 5:   log likelihood = -26.844189

Probit regression                                Number of obs =      74
                                                 LR chi2(2)    =   36.38
                                                 Prob > chi2   =  0.0000
Log likelihood = -26.844189                      Pseudo R2     =  0.4039

─────────────────────────────────────────────────────────────────────────
     foreign │ Coefficient  Std. err.      z    P>|z|   [95% conf. interval]
─────────────┼───────────────────────────────────────────────────────────
      weight │  -.0023355   .0005661    -4.13   0.000   -.003445   -.0012261
         mpg │  -.1039503   .0515689    -2.02   0.044   -.2050235  -.0028772
       _cons │   8.275464   2.554142     3.24   0.001    3.269437   13.28149
─────────────────────────────────────────────────────────────────────────
```

图 11-3　输出结果

11.2　多值响应模型

当面临多值选择问题时，需要使用多值响应模型。多值响应模型分为两类：①选择并没有好坏之分的模型，即无序响应模型；②选择本身有好坏、高低之分的模型，即有序响应模型。

多值响应模型回归分析是二值响应模型回归分析的拓展。多值响应模型中，Probit 模型需要对多元正态分布进行评价，应用受到限制，应用最多的是多元 Logit 模型。

11.2.1　无序响应模型

在 Stata 中，无序响应模型包括无序 Logit 模型及无序 Probit 模型。

（1）无序响应模型的 Logit 回归分析通过 mlogit 命令实现，其语法格式为：

mlogit depvar [indepvars] [if] [in] [weight] [, options]

该命令默认以回归系数的形式输出多元 Logit 回归分析结果，若选择 rrr 选项，则以相对风险比率的形式输出多元 Logit 回归分析结果。

（2）无序响应模型的 Probit 回归分析通过 mprobit 命令实现，其语法格式为：

mprobit depvar [indepvars] [if] [in] [weight] [, options]

其中，depvar 为被解释变量；indepvars 为解释变量；options 选项含义如表 11-2 所示。

表 11-2　options 选项含义

选项	含义
noconstant	抑制常数项
baseoutcome(#)	设置基础组或类别
constraints(constraints)	应用指定的线性约束
vce(vcetype)	vcetype 可以是 oim、robust、cluster-clustvar、bootstrap 或 jacknife
level(#)	设置置信水平，默认为 level(95)
rrr	报告相对风险比率（只适用于 mlogit 命令）
nocnsreport	不显示约束
collinear	保持共线性变量
coeflegend	显示图例，而不是统计信息

在无序响应模型中，无论是无序 Logit 模型，还是无序 Probit 模型，都可以预测每个观测值取到解释变量每个值的概率。相应的命令及其语法格式为：

predict [type] {stub*|newvars} [if] [in] [,statistic outcome(#,#,...) nooffset]

其中，type 为预测设置新变量的类型；stub*|newvars 为预测的新变量；outcome(#,#,...) 表示需要对括号内指定的类别进行概率预测；nooffset 表示预测约束；statistic 表示需要预测的统计量，包括 pr（默认选项，因变量取值概率）、xb（因变量拟合值）、stdq（标准差）3 种。

在 outcome 选项中，可以直接使用类别的取值，也可以使用#1、#2 等表示类别序号，还可以用数值标签来表示。如果不设置 outcome 选项，则需要设置 k 个新变量。如果是预测指数或预测指数的标准差，则需要设置 1 个新变量。

【例 11-3】数据集 sysdsn1.dta 中包含关于美国 616 名心理抑郁受试者的健康保险类型的数据。试探讨与每个受试者的健康保险类型选择相关的人口统计因素。数据中的人口统计因素之一是受试者的种族，编码为白人或非白人；保险中赔偿、预付、未保险分别采用 1、2、3 表示。

在命令窗口中输入：

```
. use D:\DingJB\Stata\sysdsn1, clear
(Health insurance data)
. mlogit insure nonwhite        //拟合非白人的保险模型
```

输出结果如图 11-4 所示，给出了赔偿结果，以及预付和未保险结果的系数。根据该模型，白人（nonwhite=0）预付的概率为

$$P(y_{\text{insure = Prepaid}}) = \frac{e^{-0.1879149}}{1+e^{-0.1879149}+e^{-1.941934}} \approx 0.420$$

同样，对于非白人来说，预付的概率为

$$P(y_{\text{insure = Prepaid}}) = \frac{e^{-0.1879149+0.6608212}}{1+e^{-0.1879149+0.6608212}+e^{-1.941934+0.3779586}} \approx 0.570$$

```
. mlogit insure nonwhite

Iteration 0:   log likelihood = -556.59502
Iteration 1:   log likelihood = -551.78935
Iteration 2:   log likelihood = -551.78348
Iteration 3:   log likelihood = -551.78348

Multinomial logistic regression                 Number of obs =     616
                                                LR chi2(2)    =    9.62
                                                Prob > chi2   =  0.0081
Log likelihood = -551.78348                     Pseudo R2     =  0.0086

      insure | Coefficient  Std. err.      z    P>|z|     [95% conf. interval]
   Indemnity | (base outcome)
     Prepaid |
    nonwhite |  .6608212    .2157321     3.06   0.002     .2379942    1.083648
       _cons | -.1879149    .0937644    -2.00   0.045    -.3716896   -.0041401
    Uninsure |
    nonwhite |  .3779586    .407589      0.93   0.354    -.4209011    1.176818
       _cons | -1.941934    .1782185   -10.90   0.000    -2.291236   -1.592632
```

图 11-4 输出结果

通过指定 baseoutcome()选项，可以控制因变量的某个结果作为基础组。默认 mlogit

命令选择将结果 1（Indemnity）作为基础组。

在命令窗口中输入：

. mlogit insure nonwhite, base(2)   //将结果 2（Prepaid）作为基础组

输出结果如图 11-5 所示。根据该参数化模型，白人预付的概率为

$$P(y_{\text{insure = Prepaid}}) = \frac{1}{1 + e^{-0.1879149} + e^{-1.75019}} \approx 0.420$$

这与之前得到的结果一致。

```
. mlogit insure nonwhite, base(2)

Iteration 0:   log likelihood = -556.59502
Iteration 1:   log likelihood = -551.78935
Iteration 2:   log likelihood = -551.78348
Iteration 3:   log likelihood = -551.78348

Multinomial logistic regression                 Number of obs   =        616
                                                LR chi2(2)      =       9.62
                                                Prob > chi2     =     0.0081
Log likelihood = -551.78348                     Pseudo R2       =     0.0086

------------------------------------------------------------------------------
      insure | Coefficient  Std. err.      z    P>|z|     [95% conf. interval]
-------------+----------------------------------------------------------------
Indemnity    |
    nonwhite |  -.6608212   .2157321    -3.06   0.002    -1.083648   -.2379942
       _cons |   .1879149   .0937644     2.00   0.045     .0041401    .3716896
-------------+----------------------------------------------------------------
Prepaid      | (base outcome)
-------------+----------------------------------------------------------------
Uninsure     |
    nonwhite |  -.2828627   .3977302    -0.71   0.477     -1.0624    .4966742
       _cons |  -1.754019   .1805145    -9.72   0.000    -2.107821   -1.400217
------------------------------------------------------------------------------
```

图 11-5　输出结果

通过指定 rrr，可以从相对风险比率的角度建立模型，并估计或重新显示结果。

在命令窗口中输入：

. mlogit, rrr   //指定 rrr，从相对风险比率的角度建立模型

输出结果如图 11-6 所示。从相对风险比率的角度来看，相对于白人，非白人选择赔偿而非预付的相对风险比率为 0.516427。

```
. mlogit, rrr

Multinomial logistic regression                 Number of obs   =        616
                                                LR chi2(2)      =       9.62
                                                Prob > chi2     =     0.0081
Log likelihood = -551.78348                     Pseudo R2       =     0.0086

------------------------------------------------------------------------------
      insure |        RRR   Std. err.      z    P>|z|     [95% conf. interval]
-------------+----------------------------------------------------------------
Indemnity    |
    nonwhite |   .516427   .1114099    -3.06   0.002     .3383588    .7882073
       _cons |  1.206731   .1131483     2.00   0.045     1.004149    1.450183
-------------+----------------------------------------------------------------
Prepaid      | (base outcome)
-------------+----------------------------------------------------------------
Uninsure     |
    nonwhite |  .7536233   .2997387    -0.71   0.477     .3456255    1.643247
       _cons |  .1730769   .0312429    -9.72   0.000     .1215024    .2465434
------------------------------------------------------------------------------
Note: _cons estimates baseline relative risk for each outcome.
```

图 11-6　输出结果

从前面的输出结果中可以发现：

$$P(y_{\text{insure = Indemnity}} | \text{white}) = \frac{1}{1 + e^{-0.1879149} + e^{-1.941934}} \approx 0.507$$

因此，选择赔偿而非预付（对于白人）的相对风险为

$$\frac{P(y_{\text{insure = Indemnity}} \mid \text{white})}{P(y_{\text{insure = Prepaid}} \mid \text{white})} = \frac{0.507}{0.420} \approx 1.207$$

对于非白人：

$$P(y_{\text{insure = Indemnity}} \mid \text{non white}) = \frac{1}{1 + e^{-0.1879149 + 0.6608212} + e^{-1.941934 + 0.3779586}} \approx 0.355$$

因此，选择赔偿而非预付（对于非白人）的相对风险为

$$\frac{P(y_{\text{insure = Indemnity}} \mid \text{non white})}{P(y_{\text{insure = Prepaid}} \mid \text{non white})} = \frac{0.355}{0.570} \approx 0.623$$

相对风险比率为

$$\text{RRR} = \frac{0.623}{1.207} \approx 0.516$$

11.2.2 有序响应模型

在 Stata 中，有序响应模型包括有序 Logit 模型及有序 Probit 模型。

（1）有序响应模型的 Logit 回归分析通过 ologit 命令实现，其语法格式为：

ologit depvar [indepvars] [if] [in] [weight] [, options]

该命令默认以回归系数的形式输出有序 Logit 回归分析结果，若选择 or 选项，则以相对优势比的形式输出有序 Logit 回归分析结果。

（2）有序响应模型的 Probit 回归分析通过 oprobit 命令实现，其语法格式为：

oprobit depvar [indepvars] [if] [in] [weight] [, options]

其中，depvar 为被解释变量；indepvars 为解释变量；options 选项含义如表 11-3 所示。

表 11-3　options 选项含义

选　　项	含　　义
offset(varname)	约束模型变量的系数为 1
constraints(constraints)	应用指定的线性约束
vce(vcetype)	vcetype 可以是 oim、robust、cluster-clustvar、bootstrap 或 jacknife
level(#)	设置置信水平，默认为 level(95)
or	输出优势比（只适用于 ologit 命令）
nocnsreport	不显示约束
maximize_options	控制最优化过程，很少使用
collinear	保持共线性变量
coeflegend	显示图例，而不是统计信息

在有序响应模型中，无论是有序 Logit 模型，还是有序 Probit 模型，都可以预测每个观测值取到解释变量每个值的概率。相应的命令及其语法格式为：

predict [type] newvar [if] [in] [,single_optionsl

其中，predict 为预测的命令；type 为预测设置新变量的类型；newvar 为预测的新变量；single_options 为可选项。

【例 11-4】根据数据集 fullauto.dta 分析 66 辆汽车的维修记录，车况取 Poor（差）、Fair（尚可）、Average（一般）、Good（良好）和 Excellent（优秀）。

假定 foreign 和 rep77 之间存在关系，汽车的维修频率由下式给出：
$$S_j = \beta x_{\text{foreign}_j} + u_j$$

如果 $S_j \leq k_0$，则汽车车况被归类为 Poor；如果 $k_0 < S_j \leq k_1$，则汽车车况被分类为 Average；依次类推。

在命令窗口中输入：

```
. use D:\DingJB\Stata\fullauto, clear
(Automobile models)
. tabulate rep77 foreign, chi2
```

输出结果如图 11-7 所示。其中，foreign 采用值标签 Domestic 和 Foreign，是一个数值型变量（取值为 0 和 1）。类似地，rep77 采用值 1、2、3、4 和 5，对应于 Poor、Fair、Average、Good 和 Excellent。

图 11-7 输出结果

在命令窗口中输入：

```
. ologit rep77 foreign
```

输出结果如图 11-8 所示。国外汽车的估计值约为 1.46，而国内汽车的估计值为 0，国外汽车有更好的维修记录。

图 11-8 输出结果

由此得到的回归模型为
$$S_j = 1.46 x_{\text{foreign}_j} + u_j$$

对于国外汽车，车况为 Poor 的概率是 $1.46 + u_j \leq -2.77$，即 $u_j \leq -4.23$，等效逻辑分

布概率为

$$\frac{1}{1+e^{4.23}} \approx 0.014$$

对于国内汽车，车况为 Poor 的概率是 $u_j \leqslant -2.77$，等效逻辑分布概率约为 0.059。

在命令窗口中输入：

. ologit rep77 foreign, or   //得到优势比

输出结果如图 11-9 所示。加入 or 选项后，输出的不再是各个自变量的系数，而是它们的优势比。

```
. ologit rep77 foreign, or

Iteration 0:   log likelihood = -89.895098
Iteration 1:   log likelihood = -85.951765
Iteration 2:   log likelihood = -85.908227
Iteration 3:   log likelihood = -85.908161
Iteration 4:   log likelihood = -85.908161

Ordered logistic regression                     Number of obs  =     66
                                                LR chi2(1)     =   7.97
                                                Prob > chi2    = 0.0047
Log likelihood = -85.908161                     Pseudo R2      = 0.0444

------------------------------------------------------------------------
     rep77 | Odds ratio  Std. err.     z    P>|z|  [95% conf. interval]
-----------+------------------------------------------------------------
   foreign |  4.288246   2.276609    2.74   0.006   1.51489    12.13888
-----------+------------------------------------------------------------
     /cut1 | -2.765562   .5988208           -3.939229  -1.591895
     /cut2 | -.9963603   .3217706           -1.627019  -.3657016
     /cut3 |  .9426153   .3136398            .3278925   1.557338
     /cut4 |  3.123351   .5423257            2.060412   4.18629
------------------------------------------------------------------------
Note: Estimates are transformed only in the first equation to odds ratios.
```

图 11-9　输出结果

使用有序响应模型的场景并不局限于只包括一个解释变量（或只包括一个分类变量）。下面探索 rep77 与数据中其他变量的关系。例如，从制造来源的角度来考虑 rep77 模型，还包括 length 和 mpg 变量。

在命令窗口中输入：

. ologit rep77 foreign length mpg

输出结果如图 11-10 所示。由此可知，foreign 仍然发挥作用，而且比以前作用更大。可以发现，较大的汽车往往有更好的维修记录，里程评级更好的汽车也是如此。

```
. ologit rep77 foreign length mpg

Iteration 0:   log likelihood = -89.895098
Iteration 1:   log likelihood = -78.775147
Iteration 2:   log likelihood = -78.254294
Iteration 3:   log likelihood = -78.250719
Iteration 4:   log likelihood = -78.250719

Ordered logistic regression                     Number of obs  =     66
                                                LR chi2(3)     =  23.29
                                                Prob > chi2    = 0.0000
Log likelihood = -78.250719                     Pseudo R2      = 0.1295

------------------------------------------------------------------------
     rep77 | Coefficient Std. err.    z    P>|z|  [95% conf. interval]
-----------+------------------------------------------------------------
   foreign |  2.896807   .7906411   3.66   0.000   1.347179   4.446435
    length |  .0828275    .02272    3.65   0.000   .0382972   .1273579
       mpg |  .2307677   .0704548   3.28   0.001   .0926788   .3688566
-----------+------------------------------------------------------------
     /cut1 | 17.92748    5.551191          7.047344   28.80761
     /cut2 | 19.86506    5.59648           8.896161   30.83396
     /cut3 | 22.10331    5.708936          10.914     33.29262
     /cut4 | 24.69213    5.890754          13.14647   36.2378
------------------------------------------------------------------------
```

图 11-10　输出结果

11.3 本章小结

本章介绍了二值响应模型回归分析及多值响应模型回归分析这两种离散回归分析在 Stata 中的实现方法。其中，二值响应模型回归分析的因变量只可能取两种值；多值响应模型回归分析是二值响应模型回归分析的拓展，因变量可能取多种值。离散回归分析也是经济生活中经常遇到的一种解决问题的回归分析方法，读者应认真掌握。

第 12 章 聚类分析

聚类分析也称群分析、点群分析，是将物理或抽象对象的集合分组为由类似的对象组成的多个类的分析过程。具体来讲，聚类分析是基于观测样本在许多变量上的相异性，将观测样本划分成不同组（Groups）或类（Clusters）的方法，是根据研究对象特征对研究问题进行分类的多元分析方法。聚类分析是一种探索性的分析，在分类的过程中，人们不必事先给出一个分类的标准，聚类分析能够从样本数据出发，自动进行分类。聚类分析所使用方法的不同，常常会得到不同的结论。本章在介绍聚类分析基本理论的基础上着重介绍其在 Stata 中的实现方法。

12.1 聚类分析基本理论

聚类分析的基本思想是在样本之间定义距离，在指标之间定义相似系数。样本之间的距离表明样本之间的相似度，指标之间的相似系数刻画指标之间的相似度。将样本（或指标）按相似度大小逐一归类，关系密切的聚集到较小的一类中，关系疏远的聚集到较大的一类中，直到所有的样本（或指标）都聚集完毕为止。

设有 n 个样本的 p 维观测数据组成一个观测矩阵 $\boldsymbol{X}$，即

$$\boldsymbol{X} = \begin{pmatrix} x_{11} & x_{12} & \cdots & x_{1p} \\ x_{21} & x_{22} & \cdots & x_{2p} \\ \vdots & \vdots & & \vdots \\ x_{n1} & x_{n2} & \cdots & x_{np} \end{pmatrix}$$

其中每一行表示一个样本，每一列表示一个指标，x_{ij} 表示第 i 个样本的第 j 个指标的观测值，要根据观测值对样本或指标进行分类。

12.1.1 距离的定义

设 n 个样本的 p 维观测数据为

$$\boldsymbol{x}_i = \left(x_{i1}, x_{i2}, \cdots, x_{ip}\right), \quad i = 1, 2, \cdots, n$$

显然，$\boldsymbol{x}_i$ 是观测矩阵 $\boldsymbol{X}$ 的第 i 行。这时，每个样本可看成 p 维空间中的一个点，即一个 p 维向量，任意两个向量 $\boldsymbol{x}_i$ 和 $\boldsymbol{x}_j$ 之间的距离记为 $d\left(\boldsymbol{x}_i, \boldsymbol{x}_j\right)$ 或 d_{ij}，其满足以下条件。

①非负性：任意两个向量之间的距离非负，即 $d(x_i, x_j) \geq 0$，且 $d(x_i, x_j) = 0$ 当且仅当 $x_i = x_j$。

②对称性：$d(x_i, x_j) = d(x_j, x_i)$。

③三角不等式：$d(x_i, x_j) = d(x_i, x_k) + d(x_k, x_j)$。

下面给出聚类分析中几种常用的距离的定义。

（1）欧氏距离：

$$d(x_i, x_j) = \left[\sum_{k=1}^{p}(x_{ik} - x_{jk})^2\right]^{\frac{1}{2}}$$

当 p 为 2 或 3 时，欧氏距离就是二维或三维空间中两点之间的距离。

（2）绝对距离：

$$d(x_i, x_j) = \sum_{k=1}^{p}|x_{ik} - x_{jk}|$$

（3）闵可夫斯基（Minkowski）距离：

$$d(x_i, x_j) = \left[\sum_{k=1}^{p}|x_{ik} - x_{jk}|^m\right]^{1/m}, \quad m > 0 \text{ 且 } m \text{ 为常数}$$

（4）切比雪夫（Chebyshev）距离：

$$d(x_i, x_j) = \max_{1 \leq k \leq p}|x_{ik} - x_{jk}|$$

（5）方差加权距离：

$$d(x_i, x_j) = \left[\sum_{k=1}^{p}(x_{ik} - x_{jk})^2 / s_k^2\right]^{1/2}$$

式中，$s_k^2 = \dfrac{1}{n-1}\sum_{j=1}^{n}(x_{jk} - \bar{x}_k)^2$，$\bar{x}_k = \dfrac{1}{n}\sum_{j=1}^{n}x_{jk}$。

（6）马氏（Mahalanobis）距离：

$$d(x_i, x_j) = (x_i - x_j)^T \Sigma^{-1}(x_i - x_j)$$

式中，Σ 为由样本 $x_1, x_2, \cdots, x_n$ 算得的协方差矩阵，

$$\Sigma = \frac{1}{n-1}\sum_{i=1}^{n}(x_i - \bar{x})(x_i - \bar{x})^T, \quad \bar{x} = \frac{1}{n}\sum_{i=1}^{n}x_i$$

由（1）～（4）定义的距离，当各个分量为不同性质的量时，距离的大小与指标的单位有关，选取不同的指标单位，距离大小可能不同，这对聚类的结果也会产生影响。由（5）、（6）定义的距离不受量纲的影响，与原始数据的测量单位无关。

根据以上 6 种距离的定义（不论哪一种），如果记 $d_{ij} = d(x_i, x_j)$，$D = (d_{ij})_{n \times n}$，则矩阵

$$\boldsymbol{D} = \left(d_{ij}\right)_{n\times n} = \begin{pmatrix} 0 & d_{12} & \cdots & d_{1n} \\ d_{21} & 0 & \cdots & d_{2n} \\ \vdots & \vdots & & \vdots \\ d_{n1} & d_{n2} & \cdots & 0 \end{pmatrix}$$

称为样本之间的距离矩阵。显然，$\boldsymbol{D}$ 为对称矩阵，且主对角线上的元素全为 0。

12.1.2 指标间的相似系数

聚类分析不仅可以对样本进行分类，而且可以对指标进行分类，在对指标进行分类时，常常采用相似系数来度量指标之间的相似度。

当对 p 个指标进行聚类时，用相似系数来衡量指标之间的相似度（关联强度），若用 $c_{\alpha\beta}$ 来衡量指标 $\boldsymbol{\alpha}$、$\boldsymbol{\beta}$ 间的相似系数，则应满足：

① $|c_{\alpha\beta}| \leqslant 1$ 且 $c_{\alpha\alpha} = 1$。
② $c_{\alpha\beta} = \pm 1$ 当且仅当 $\boldsymbol{\alpha} = a\boldsymbol{\beta}$（$a \neq 0$ 且 a 为常数）。
③ $c_{\alpha\beta} = c_{\beta\alpha}$。

相似系数中最常用的是相关系数与夹角余弦。

在观测矩阵 $\boldsymbol{X}$ 中，设第 k 个指标 $\boldsymbol{\alpha}$（矩阵的第 k 列）与第 l 个指标 $\boldsymbol{\beta}$（矩阵的第 l 列）的观测值分别为

$$\boldsymbol{\alpha} = (x_{1k}, x_{2k}, \cdots, x_{nk})^{\mathrm{T}}, \quad \boldsymbol{\beta} = (x_{1l}, x_{2l}, \cdots, x_{nl})^{\mathrm{T}}, \quad 1 \leqslant k \leqslant p, \ 1 \leqslant l \leqslant p$$

则 $\boldsymbol{\alpha}$ 与 $\boldsymbol{\beta}$ 的相关系数定义为

$$r_{kl} = \frac{\sum_{i=1}^{n}(x_{ik} - \bar{x}_{\alpha})(x_{il} - \bar{x}_{\beta})}{\sqrt{\sum_{i=1}^{n}(x_{ik} - \bar{x}_{\alpha})^2 \sum_{i=1}^{n}(x_{il} - \bar{x}_{\beta})^2}}$$

式中，$\bar{x}_{\alpha} = \frac{1}{n}\sum_{i=1}^{n} x_{ik}$；$\bar{x}_{\beta} = \frac{1}{n}\sum_{i=1}^{n} x_{il}$。

$\boldsymbol{\alpha}$ 与 $\boldsymbol{\beta}$ 的夹角余弦定义为

$$c_{\alpha\beta} = \frac{\sum_{i=1}^{n} x_{ik} x_{il}}{\sqrt{\sum_{i=1}^{n} x_{ik}^2 \sum_{i=1}^{n} x_{il}^2}} = \frac{[\boldsymbol{\alpha}, \boldsymbol{\beta}]}{\|\boldsymbol{\alpha}\| \cdot \|\boldsymbol{\beta}\|}$$

p 个指标间的相似系数矩阵为 p 阶矩阵，记为 $\boldsymbol{C}$，即

$$\boldsymbol{C} = \begin{pmatrix} 1 & c_{12} & \cdots & c_{1p} \\ c_{21} & 1 & \cdots & c_{2p} \\ \vdots & \vdots & & \vdots \\ c_{p1} & c_{p2} & \cdots & 1 \end{pmatrix}$$

显然，相似系数矩阵可以是相关系数矩阵，也可以是夹角余弦矩阵。对变量聚类通

常称为 R 型聚类。R 型聚类分析的起点是相似系数矩阵 C。

12.1.3 类间距离及其递推公式

如样本之间的距离可以有不同的定义方法一样，类与类之间的距离也有各种定义方法。用不同的方法定义类与类之间的距离，就产生了不同的系统聚类方法。常用的系统聚类方法有 5 种，即最短距离法、最长距离法、类平均距离法、重心距离法、离差平方和距离法。

1. 类间距离定义

以下用 d_{ij} 表示两个样本 x_i、x_j 之间的距离，用 D_{pq} 表示两个类 G_p、G_q 之间的距离，用 n_p、n_q 表示两个类中含的样本个数。

（1）最短距离：

$$D_{pq} = \min_{x_i \in G_p, x_j \in G_q} d_{ij}$$

即两类间距离定义为两类中最近样本的距离。

（2）最长距离：

$$D_{pq} = \max_{x_i \in G_p, x_j \in G_q} d_{ij}$$

即两类间距离定义为两类中最远样本的距离。

（3）类平均距离：

$$D_{pq}^2 = \frac{1}{n_p n_q} \sum_{x_i \in G_p} \sum_{x_j \in G_q} d_{ij}^2$$

即两类间距离平方为这两类中样本两两之间距离平方的平均。

（4）重心距离：

$$D_{pq} = d(\overline{x}_p, \overline{x}_q) = \sqrt{(\overline{x}_p - \overline{x}_q)^T (\overline{x}_p - \overline{x}_q)}$$

式中，$\overline{x}_p$、$\overline{x}_q$ 分别是 G_p、G_q 的重心，表示用两类重心之间的欧氏距离作为类间距离。

（5）离差平方和距离（Ward）：

$$D_{pq}^2 = \frac{n_p n_q}{n_p + n_q} (\overline{x}_p - \overline{x}_q)^T (\overline{x}_p - \overline{x}_q)$$

显然，离差平方和距离与重心距离的平方成正比。

2. 类间距离递推公式

设聚类的某一步将两个类 G_p、G_q 合并成一个新类 G_r，则 G_r 包含 $n_r = n_p + n_q$ 个样本，且任一类 G_k 与 G_r 的距离有如下的递推公式。

（1）最短距离：

$$D_{kr} = \min_{x_i \in G_k, x_j \in G_r} d_{ij} = \min\{D_{kp}, D_{kq}\}$$

（2）最长距离：

$$D_{kr} = \max_{x_i \in G_k, x_j \in G_r} d_{ij} = \max\{D_{kp}, D_{kq}\}$$

（3）类平均距离：

$$D_{rk} = \frac{n_p}{n_r} D_{pk} + \frac{n_q}{n_r} D_{qk}$$

显然，G_k 与 G_r 间类平均距离是 G_k 与 G_p 间类平均距离和 G_k 与 G_q 间类平均距离的加权平均。

（4）重心距离：

$$D_{rk}^2 = \frac{n_p}{n_r} D_{pk}^2 + \frac{n_q}{n_r} D_{qk}^2 - \frac{n_p}{n_r} \frac{n_q}{n_r} D_{pq}^2$$

（5）离差平方和距离：

$$D_{rk}^2 = \frac{n_p + n_k}{n_r + n_k} D_{pk}^2 + \frac{n_q + n_k}{n_r + n_k} D_{qk}^2 - \frac{n_k}{n_r + n_k} D_{pq}^2$$

在采用欧氏距离的情况下，1967 年兰斯（Lance）和威廉姆斯（Williams）将上述递推公式统一起来，得到：

$$D_{kr}^2 = \alpha_p D_{kp}^2 + \alpha_q D_{kq}^2 + \beta D_{pq}^2 + \gamma \left| D_{kp}^2 - D_{kq}^2 \right|$$

式中，参数 α_p、α_q、β、γ 在不同的方法下有不同的取值。表 12-1 所示为 5 种不同计算类间距离的方法的参数取值。

表 12-1　5 种不同计算类间距离的方法的参数取值

方　法	α_p	α_q	β	γ
最短距离法	$1/2$	$1/2$	0	$-1/2$
最长距离法	$1/2$	$1/2$	0	$1/2$
重心距离法	n_p/n_r	n_p/n_r	$-\alpha_p \alpha_q$	0
类平均距离法	n_p/n_r	n_p/n_r	0	0
离差平方和距离法	$(n_k + n_p)/(n_k + n_r)$	$(n_k + n_p)/(n_k + n_r)$	$-n_k/(n_k + n_r)$	0

12.1.4　K 均值聚类

K 均值聚类算法先随机选取 K 个对象作为初始的聚类中心，然后计算每个对象与各个种子聚类中心之间的距离，并把每个对象分配给距离它最近的聚类中心。聚类中心及分配给它们的对象就代表一个聚类。一旦全部对象都被分配了，每个聚类的聚类中心就会根据聚类中现有的对象被重新计算。这个过程将不断重复直到满足某个终止条件为止。

若将 n 个样本分成 k 类，则先选择所有样本之间距离最远的两个样本 $\boldsymbol{x}_{i_1}$、$\boldsymbol{x}_{i_2}$ 为聚点，即

$$d\left(\boldsymbol{x}_{i_1}, \boldsymbol{x}_{i_2}\right) = d_{i_1 i_2} = \max\{d_{ij}\}$$

然后确定聚点 $\boldsymbol{x}_{i_3}$，使得 $\boldsymbol{x}_{i_3}$ 与前两个聚点的距离中最小者等于所有其余样本与 $\boldsymbol{x}_{i_1}$、$\boldsymbol{x}_{i_2}$ 的较小距离中最大者，即

$$\min\{d(x_{i_3}, x_{i_r}), r=1,2\} = \max\{\min\{d(x_j, x_{i_r}), r=1,2\}, j \neq i_1, i_2\}$$

重复上述步骤，直至 k 个聚点 $x_{i_1}, x_{i_2}, \cdots, x_{i_k}$ 确定。

K 均值聚类的步骤如下。

（1）设第 k 个初始聚点的集合是

$$L^{(0)} = \{x_1^{(0)}, x_2^{(0)}, \cdots, x_k^{(0)}\}$$

记

$$G_i^{(0)} = \{x : d(x, x_i^{(0)}) \leq d(x, x_j^{(0)}), j=1,2,\cdots,k, j \neq i\}, i=1,2,\cdots,k$$

于是，将样本分成不相交的 k 类，可得到一个初始类：

$$G^{(0)} = \{G_1^{(0)}, G_2^{(0)}, \cdots, G_k^{(0)}\}$$

（2）从初始类 $G^{(0)}$ 开始计算新的聚点集合 $L^{(1)}$。计算：

$$x_i^{(1)} = \frac{1}{n_i} \sum_{x_l \in G_i^{(0)}} x_l, \ i=1,2\cdots,k$$

式中，n_i 是类 $G^{(0)}$ 中的样本数。得到一个新的集合：

$$L^{(1)} = \{x_1^{(1)}, x_2^{(1)}, \cdots, x_k^{(1)}\}$$

从 $L^{(1)}$ 开始再进行分类，记

$$G_i^{(1)} = \{x : d(x, x_i^{(1)}) \leq d(x, x_j^{(1)}), j=1,2,\cdots,k, j \neq i\}, i=1,2,\cdots,k$$

于是，得到一个新的类：

$$G^{(1)} = \{G_1^{(1)}, G_2^{(1)}, \cdots, G_k^{(1)}\}$$

（3）重复上述步骤 m 次，得

$$G^{(m)} = \{G_1^{(m)}, G_2^{(m)}, \cdots, G_k^{(m)}\}$$

$x_i^{(m)}$ 是类 $G_i^{(m-1)}$ 的重心，$x_i^{(m)}$ 不一定是样本。当 m 逐渐增大时，分类趋于稳定。若 $x_i^{(m)}$ 可以近似地看作 $G_i^{(m)}$ 的重心，即 $x_i^{(m+1)} \approx x_i^{(m)}$，$G_i^{(m+1)} \approx G_i^{(m)}$，则结束计算。实际在计算时，若对某一个 m，有

$$G^{(m+1)} = \{G_1^{(m+1)}, G_2^{(m+1)}, \cdots, G_k^{(m+1)}\}$$

与

$$G^{(m)} = \{G_1^{(m)}, G_2^{(m)}, \cdots, G_k^{(m)}\}$$

相同，则结束计算。

12.2 划分聚类分析

划分聚类分析的基本思想是将观测到的样本划分到一系列事先设定好的、不重合的组中。划分聚类分析方法在计算上较层次聚类分析方法相对简单，而且计算速度更快，

但它要求实现指定样本聚类的精确数目,这与聚类分析探索性的本质特点不相适应。划分聚类分析包括以下两种。

(1) K 个均值的聚类分析,其操作流程是通过迭代过程将观测样本分配到具有最接近的均值的组中,并找出这些聚类。

(2) K 个中位数的聚类分析,其操作流程是通过迭代过程将观测样本分配到具有最接近的中位数的组中,并找出这些聚类。

12.2.1 Stata 实现

在 Stata 中,实现划分聚类分析的命令是 cluster,其语法格式为:

cluster kmeans [varlist] [if] [in] ,k(#) [options]　　//K 个均值的聚类分析
cluster kmedians [varlist] [if] [in] ,k(#) [options]　　// K 个中位数的聚类分析

其中,varlist 为参与划分聚类分析的变量列表;k(#)表示划分的聚类数目,#为具体的数值,如 k(4)表示将所有的观测样本划分为 4 类;options 选项含义如表 12-2 所示。

表 12-2　options 选项含义

选　项	含　义
measure(measure)	相似性或相异性度量,默认为欧式距离,即 measure(L2)
name(clname)	将指定的聚类名称附加到生成的聚类分析结果中。如果不指定聚类名称,则 Stata 会自行找到一个可用的聚类名称,如_clus_1、 _clus_2 等,并将该聚类名称附加到聚类分析结果中
start(start_option)	使用 start 选项获得 k 个初始聚类中心
keepcenters	将 k 个最终组均值或中位数附加到数据中
generate(groupvar)	生成新的分组变量,groupvar 为分组变量名称。若不特别设置,则使用 name()选项中指定的名称
iterate(#)	设置模型的最大迭代次数,默认为 iterate(10000)

针对 measure(measure)选项,Stata 提供了多种常用的相似性或不相似性度量标准。针对连续变量数据的标准如表 12-3 所示,针对分类变量数据的标准如表 12-4 所示,针对混合变量数据的标准如表 12-5 所示。

表 12-3　measure 选项含义(针对连续变量数据)

选　项	含　义	选　项	含　义
L2	欧式距离,默认选项	Lpower(#)	Minkowski 距离
L2squared	欧式距离的平方	Canberra	Canberra 距离
L1	绝对值距离	correlation	相关系数相似度
Linfinity	最大值距离	angular	夹角余弦相似度
L(#)	Minkowski 距离,需要指定#值(P 值)		

表 12-4　measure 选项含义(针对分类变量数据)

选　项	含　义	选　项	含　义
matching	简单匹配相似系数	Rogers	Rogers 和 Tanimoto 相似系数
Jaccard	Jaccard 二进制相似系数	Ochiai	Ochiai 相似系数
Russell	Russell 和 Rao 相似系数	Yule	Yule 相似系数
Hamann	Hamann 相似系数	Anderberg	Anderberg 相似系数
Dice	Dice 相似系数	Kulczynski	Kulczynski 相似系数
antiDice	反 Dice 相似系数	Pearson	Pearson 相似系数
Sneath	Sneath 和 Sokal 相似系数	Gower2	与 Pearson 分母相同的相似系数

表 12-5　measure 选项含义（针对混合变量数据）

选　项	含　义
Gower	Gower 相异系数（不相似系数）

针对 start(start_option)选项，即初始聚类中心的生成方式，Stata 提供的选择如表 12-6 所示。

表 12-6　start(start_option)选项含义

选　项	含　义
krandom[(seed#)]	默认选项，指定从要聚集的观测值中随机选择 k 个唯一的观测值，作为 k 个组的初始中心。使用(seed#)选项可以指定一个随机数种子，以便在选择 k 个随机观测值之前应用
firstkl[,exclude]	指定将被聚类的观测值中的前 k 个作为 k 个组的初始中心。使用 exclude 选项，前 k 个观测值将不包含在待聚类的观测值中
lastk[,exclude]	指定将被聚类的观测值中的最后 k 个作为 k 个组的初始中心。使用 exclude 选项，最后 k 个观测值将不包含在待聚类的观测值中
random[(seed#)]	指定生成 k 个随机初始中心。这些值是从均匀分布的观测值中随机选择的。使用(seed#)选项可以指定一个随机数种子，以便在生成 k 个组的中心之前应用
prandom[(seed#)]	指定将要聚类的观测值随机形成 k 个组，每个组的均值或中位数将被用作初始组的中心。使用(seed#)选项可以指定一个随机数种子，以便在生成 k 个组的中心之前应用
everykth	分配观测值 1,1+k,1+2k,…为第一组，分配观测值 2,2+k,2+2k,…为第二组，以此类推，形成 k 个组。每个组的均值或中位数将被用作初始组的中心
segments	将数据分成 k 个几乎相等的区。大约第一个 N/k 观测值被分配给第一个组，第二个 N/k 观测值被分配给第二个组，以此类推。每个组的均值或中位数将被用作初始组的中心
group(varname)	提供一个初始的分组变量 varname，定义要聚集的观测值中的 k 个组。每个组的均值或中位数将被用作初始组的中心

12.2.2　应用示例

【例 12-1】数据集 physed.dta 给出了体育课上测量得到的 80 名学生的灵活性（flex）、速度（speed）和力量（strength）数据。试根据学生的身体素质将他们分成 4 个组，这样他们就可以接受有针对性的训练。

在命令窗口中输入：

```
. use D:\DingJB\Stata\physed, clear
. summarize flex speed strength                //输出结果略
. graph matrix flex speed strength
```

输出结果如图 12-1 所示。

在命令窗口中输入：

```
. cluster k flex speed strength, k(4) name(g4abs) s(kr(385617)) mea(abs) keepcen
                                //创建 4 个组的聚类分析
. cluster list g4abs
```

输出结果如图 12-2 所示。

这里使用 krandom()选项随机选择 k 个观测值作为初始组的中心，提供一个随机数种子以实现再现性。添加 keepcenters 选项，以便将 4 个组的均值添加到数据集的底部。

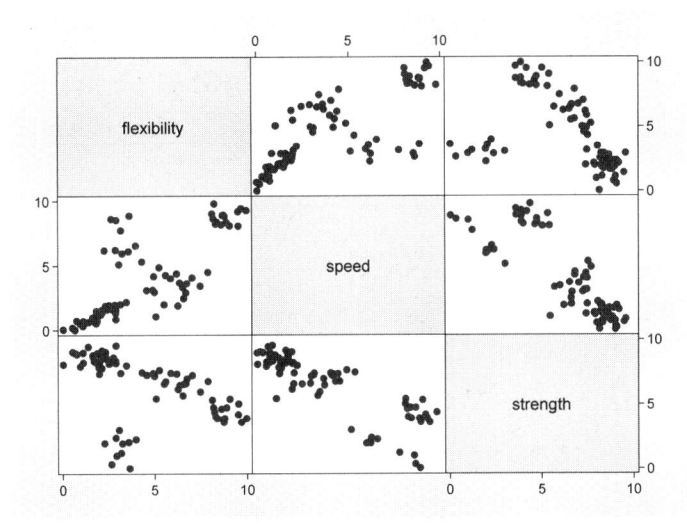

图 12-1　输出结果

```
. cluster k flex speed strength, k(4) name(g4abs) s(kr(385617)) mea(abs) keepcen

. cluster list g4abs
g4abs  (type: partition,  method: kmeans,  dissimilarity: L1)
       vars: g4abs (group variable)
      other: cmd: cluster kmeans flex speed strength, k(4) name(g4abs) s(kr(385617)) mea(abs)
             keepcen
             varlist: flexibility speed strength
             k: 4
             start: krandom(385617)
             range: 0 .
```

图 12-2　输出结果

在命令窗口中输入：

. list

输出结果如图 12-3 所示。由此可以看到新创建的分类变量 g4abs。

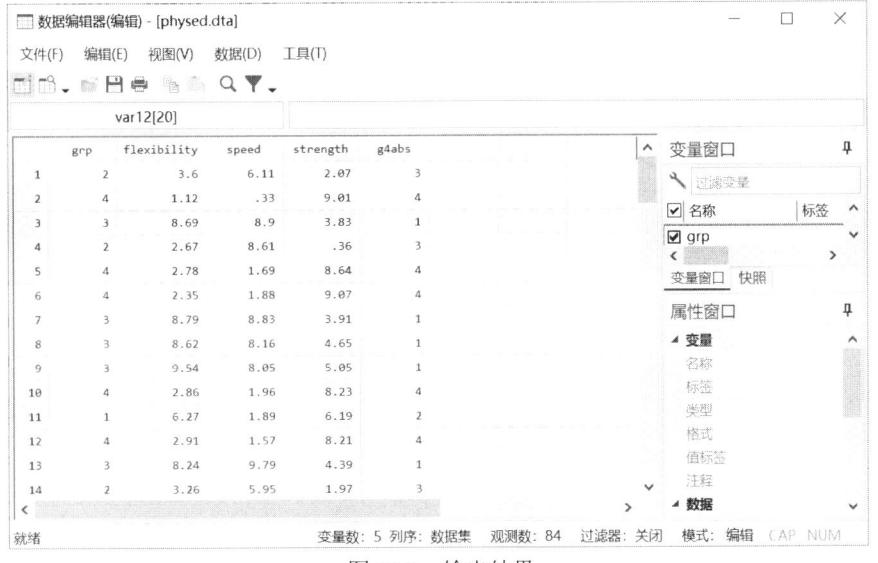

图 12-3　输出结果

在命令窗口中输入：

. graph matrix flex speed strength, m(i) mlabel(g4abs) mlabpos(0)

输出结果如图 12-4 所示。由此可以直观地查看聚类分析的分类情况。

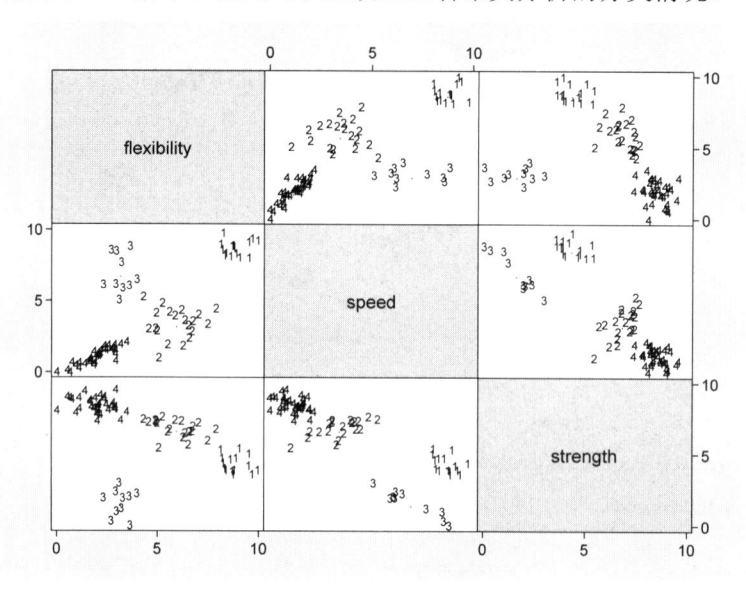

图 12-4　输出结果

【例 12-2】数据集 wclub.dta 中包含来自社区的 30 名妇女填写的一份问卷数据，其中有 35 个与体育、音乐、阅读和爱好有关的问题（回答是/否）。

在命令窗口中输入：

. use D:\DingJB\Stata\wclub, clear

采用均值聚类分析方法，如下：

. cluster kmeans bike-fish, k(5) measure(Jaccard) st(firstk) name(gr5)

采用中位数聚类分析方法，如下：

. cluster kmed bike-fish, k(5) measure(Jaccard) st(firstk) name(kmedian5)
. cluster list kmedian5

输出结果如图 12-5 所示。

```
. cluster list kmedian5
kmedian5 (type: partition, method: kmedians, similarity: Jaccard)
     vars: kmedian5 (group variable)
    other: cmd: cluster kmedians bike-fish, k(5) measure(Jaccard) st(firstk) name(kmedian5)
           varlist: bike bowl swim jog hock foot base bask arob fshg dart clas cntr jazz rock
                    west romc scif biog fict hist cook shop soap sew crft auto pokr brdg kids hors
                    cat dog bird fish
           k: 5
           start: firstk
           range: 1 0
```

图 12-5　输出结果

在命令窗口中输入：

. list

输出结果如图 12-6 所示。由此可以看到新创建的分类变量 gr5、kmedian5。

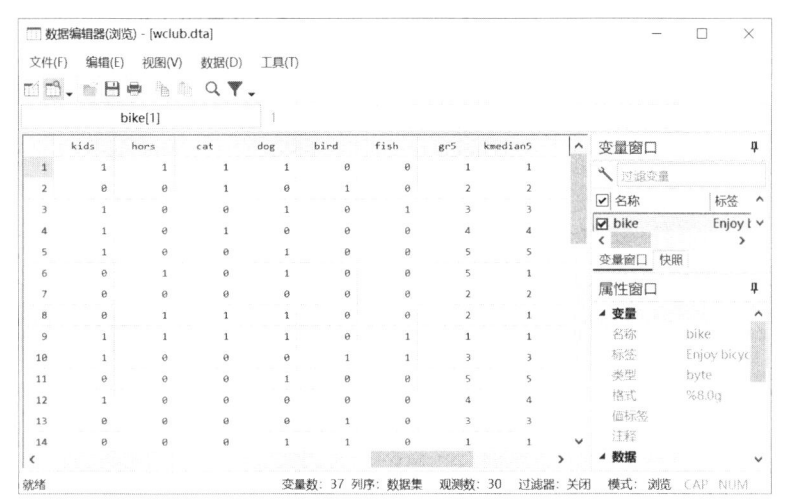

图 12-6 输出结果

12.3 层次聚类分析

层次聚类分析的基本思想是先根据一定的标准使得最相近的样本聚合到一起，然后逐步放松标准使得次相近的样本聚合到一起，最终实现完全聚类，即把所有的样本汇集到一个组中。

与划分聚类分析相比，层次聚类分析的计算过程更加复杂，计算速度相对较慢，但是它不要求事先指定需要分类的数量，这一点是符合聚类分析探索性的本质特点的，所以这种聚类分析方法应用非常广泛。

层次聚类分析方法有很多种，包括最短联结法聚类分析、最长联结法聚类分析、平均联结法聚类分析、加权平均联结法聚类分析、中位数联结法聚类分析、重心联结法聚类分析、Ward 联结法聚类分析等。

12.3.1 Stata 实现

在 Stata 中，实现层次聚类分析的方法包括针对数据的层次聚类分析和针对非相似性矩阵的层次聚类分析。另外，Stata 中还提供了为层次聚类分析结果生成聚类树（树状图）的方法和对样本进行有拟分类数的聚类分析的方法。

1. 针对数据的层次聚类分析

针对数据的层次聚类分析的命令是 cluster linkage，其语法格式为：

cluster linkage [varlist] [if] [in] [, options]

其中，varlist 为参与系统聚类分析的变量列表；linkage 表示使用的系统聚类分析方法，如表 12-7 所示；options 选项含义如表 12-8 所示。

表 12-7 linkage 系统聚类分析方法

方　　法	含　　义
singlelinkage	最短联结法聚类分析

续表

方法	含义
averagelinkage	最长联结法聚类分析
completelinkage	平均联结法聚类分析
waveragelinkage	加权平均联结法聚类分析
medianlinkage	中位数联结法聚类分析
centroidlinkage	重心联结法聚类分析
wardslinkage	Ward 联结法聚类分析

表 12-8　options 选项含义

选项	含义
measure(measure)	指定相似性或不相似性度量标准，默认为欧氏距离，即 measure(L2)
name(clname)	将指定的聚类名称附加到生成的聚类分析结果中。如果不指定聚类名称，则 Stata 会自行找到一个可用的聚类名称，如 _clus_1、_clus_2 等，并将该聚类名称附加到聚类分析结果中
generate(stub)	生成新的分组变量。若不特别设置，则使用 name()选项中指定的名称

针对 measure(measure)选项，Stata 提供了多种常用的相似性或不相似性度量标准，可用于连续变量数据、分类变量数据、混合变量数据，具体含义及适用的变量类型与划分聚类分析中的内容相同，此处不再赘述。

2．针对非相似性矩阵的层次聚类分析

针对非相似性矩阵的层次聚类分析的命令是 clustermat linkage，其语法格式为：

clustermat linkage matname [if] [in] [, options]

其中，linkage 表示使用的系统聚类分析方法（同上）；matname 为参与系统聚类分析的非相似性矩阵；options 选项含义如表 12-9 所示。

表 12-9　options 选项含义

选项	含义
shape(shape)	matname 的形状（存储方法），包括 full、lower、llower、upper 及 uupper
add	为当前内存中的数据添加群集信息
clear	用集群信息替换内存中的数据
labelvar(varname)	在 varname 中放置不相关矩阵行名称
name(clname)	聚类分析结果的名称
force	修复 matname 问题后执行聚类分析
generate(stub)	生成变量的前缀，默认为 clname

3．为层次聚类分析结果生成聚类树

为层次聚类分析结果生成聚类树的命令是 cluster dendrogram，其语法格式为：

cluster dendrogram [clname] [if] [in] [, options]

其中，dendrogram 为生成聚类树的命令；clname 表示拟生成聚类树的聚类变量；options 选项含义如表 12-10 所示。

表 12-10　options 选项含义

选项	含义
quick	在树状图层次结构中，垂直线从观测值处垂直向上，而不是默认的合并后延伸
labels(varname)	指定 varname 代替观测值编号标记树状图底部的观测值
cutnumber(#)	只显示位于树形图顶部的特定数值#的分支，多用于比较大的树状图

续表

选项	含义
cutvalue(#)	只显示位于树状图顶部的高于特定相似性或非相似性度量标准#的分支，多用于比较大的树状图
showcount	在分支下面显示与每个分支相关的观测值数，多配合 cutnumber(#)或 cutvalue(#)使用，否则每个分支的观测值数为1。当指定该选项时，将使用前缀字符串、分支计数和后缀字符串构造每个分支的标签
countprefix(string)	指定分支计数标签的前缀字符串，默认为 countprefix(n=)
countsuffix(string)	指定分支计数标签的后缀字符串，默认为一个空字符串
countinline	将分支计数与相应的分支标签对齐
vertical	生成垂直方向的树状图（默认）
horizontal	生成水平方向的树状图
addplot(plot)	将其他细节信息添加到树状图中

4．对样本进行有拟分类数的聚类分析

在各种实现层次聚类分析的方法中，如果样本比较多，则会导致树状图显得比较乱。此时可以使用产生聚类变量的方法对样本进行有拟分类数的聚类分析。

例如，分别把所有样本使用层次聚类分析方法分为3类和4类，命令如下：

```
cluster generate type_a=group(3)        //产生聚类变量 type_a，把样本分为3类
cluster generate type_b=group(4)        //产生聚类变量 type_b，把样本分为4类
```

12.3.2 应用示例

【例 12-3】 数据集 labtech.dta 中包括从雨林中采集的50个特定植物样本的4个化学实验室测量值。50种植物应该是同一类型的，试进行聚类分析，看看它们之间是否有亚群或异常。

在命令窗口中输入：

```
. use D:\DingJB\Stata\labtech, clear
. cluster singlelinkage x1 x2 x3 x4, name(sngeuc)        //创建聚类对象 sngeuc
. cluster list sngeuc
```

输出结果如图12-7所示。

```
. cluster singlelinkage x1 x2 x3 x4, name(sngeuc)

. cluster list sngeuc
sngeuc  (type: hierarchical,  method: single,  dissimilarity: L2)
     vars: sngeuc_id (id variable)
           sngeuc_ord (order variable)
           sngeuc_hgt (height variable)
    other: cmd: cluster singlelinkage x1 x2 x3 x4, name(sngeuc)
           varlist: x1 x2 x3 x4
           range: 0 .
```

图12-7 输出结果

查看聚类分析的树状图。在命令窗口中输入：

```
. cluster dendrogram sngeuc, xlabel(, angle(90) labsize(*.75))
```

输出结果如图12-8所示。从树状图来看，该聚类分析显示在树状图中间的观察结果彼此接近（短垂直条），远离任何其他观察结果（连接它们与树状图其余部分的长垂直条）。如果忽略这10个观察结果，那么树状图的其余部分就不会显示出强烈的聚类，正如树状

图上部相对较短的垂直条所示。

通过查看散点图矩阵寻找这 10 个观测结果如此奇特的原因。在命令窗口中输入：

```
. graph matrix x1 x2 x3 x4
```

输出结果如图 12-9 所示。通过散点图并不能找到可能产生这种现象的原因。

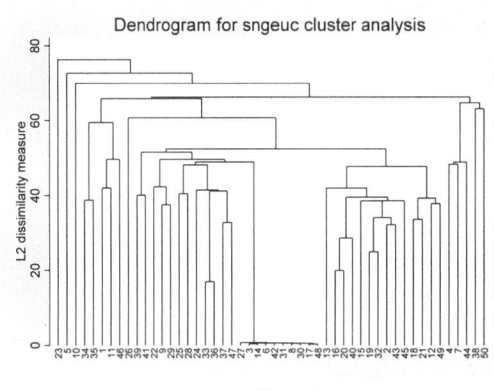

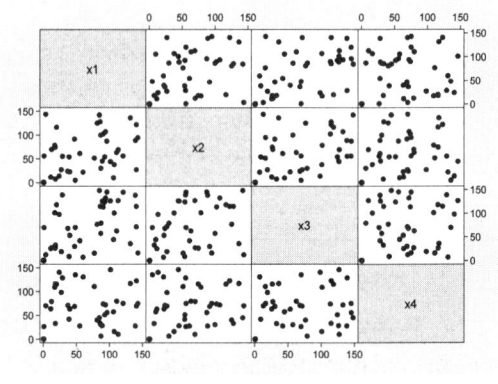

图 12-8　输出结果　　　　　　　　图 12-9　输出结果

在每个数据集中放置一个变量，给出测量的技术人员的姓名。下面使用技术人员的姓名作为标签查看树状图，而不使用默认的观测值编号。在命令窗口中输入：

```
. cluster dendrogram sngeuc, labels(labtech) xlabel(, angle(90) labsize(*.75))
```

输出结果如图 12-10 所示。由此可知，Sam 的所有观测值都在 0～1 范围内，而其他 4 名技术人员观测到的数据范围一致。由此基本可以确定 Sam 在分析样本前忘记了校准仪器，这组数据需要重新校验。

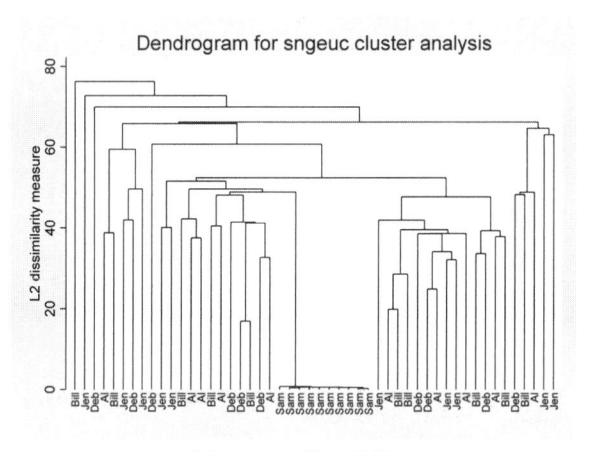

图 12-10　输出结果

【例 12-4】根据数据集 labtech.dta，以不同的格式显示树状图。

展示用于完整聚类分析的树状图。在命令窗口中输入：

```
. use D:\DingJB\Stata\labtech, clear
. cluster completelinkage x1 x2 x3 x4, name(L2clnk)
. cluster dendrogram L2clnk, labels(labtech) xlabel(, angle(90) labsize(*.75))
```

输出结果如图 12-11 所示。

通过使用 quick 选项，以略微不同的格式显示相同的树状图。在命令窗口中输入：
. cluster dendrogram L2clnk, quick labels(labtech) xlabel(, angle(90) labsize(*.75))

输出结果如图 12-12 所示。

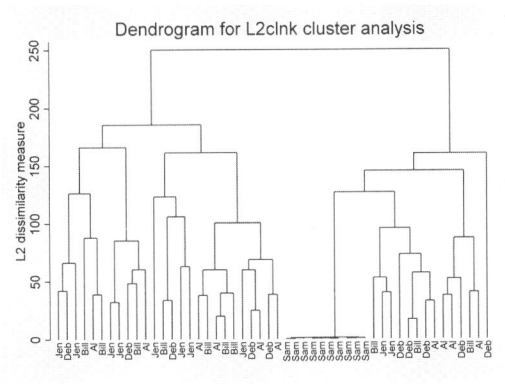

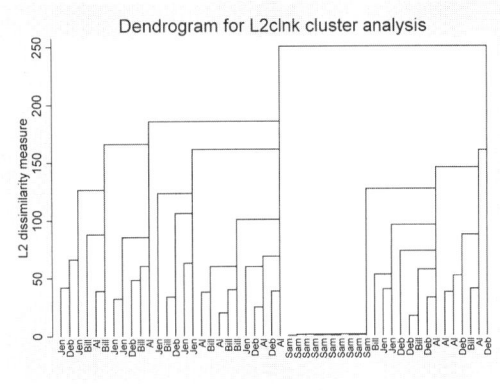

图 12-11　输出结果

图 12-12　输出结果

通过 cluster generate 命令使用 if 和 in 条件可以将树状图限制为一个子组的观测值。显示树状图 3 个组中的第 3 个组的方法是，首先为 3 个组生成分组变量，其次在聚类树状图的命令中使用 if 条件将其限制为这 3 个组的第 3 个组。在命令窗口中输入：

```
. cluster generate g3 = group(3)     //该命令将创建一个分组变量
. cluster tree if g3==3              //将树状图限制为一个子组的观测值
```

输出结果如图 12-13 所示。

通过 cutnumber() 选项和 cutvalue() 选项也可以限制树状图的显示格式。在命令窗口中输入：

```
. cluster tree, cutn(15) showcount
```

输出结果如图 12-14 所示。15 个分支被标记为 G1～G15，在这些分支标签下方提供了 15 个组中每个组的观察数。

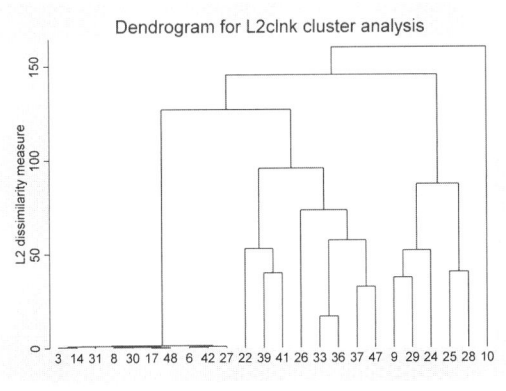

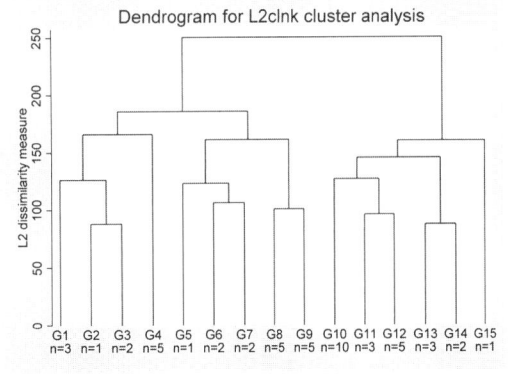

图 12-13　输出结果

图 12-14　输出结果

在命令窗口中输入：
. cluster tree, cutvalue(75.3) countprefix("(") countsuffix("obs)") countinline ylabel(, angle(0)) horizontal

输出结果如图 12-15 所示。通过使用 cutvalue(75.3) 选项将树状图限制为相异度大于

75.3 的分支，本例共有 16 个分支（组）符合该限制；使用 countprefix()选项和 countsuffix()选项将每个分支中的观测数显示为(#obs)，而不是 n=#；countinline 选项使分支计数与分支标签一致；指定 ylabel 的 horizontal 选项和 angle(0)子选项，获得带有水平分支标签的水平树状图。

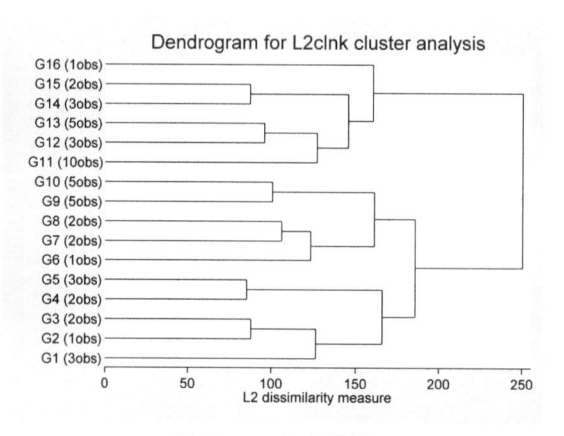

图 12-15 输出结果

12.4 本章小结

聚类分析就是根据"物以类聚"的思想对样本或指标进行分类的一种多元统计分析方法，可用于了解各变量之间、各变量组合之间的亲疏程度。本章首先介绍了聚类分析基本理论，其次对划分聚类分析及层次聚类分析在 Stata 中的实现方法进行了重点介绍。读者应熟练掌握聚类分析方法，以解决统计分析中的问题。

第 13 章 主成分分析与因子分析

主成分分析也称主分量分析，是从多个数值型变量（指标）之间的相互关系入手，利用降维的思想将多个数值型变量（指标）转化为少数几个互不相关的综合变量（指标）的统计分析方法。因子分析是一种从分析多个原始指标的相关关系入手，找到支配这种相关关系的有限个不可观测的潜在变量，并用这些潜在变量来解释原始指标之间的相关性或协方差关系的多元统计分析方法。本章在介绍主成分分析与因子分析基本理论的基础上重点介绍它们在 Stata 中的实现方法。

13.1 主成分分析

主成分分析实际上是指对研究的对象或变量进行降维，以尽量少地损失信息，将多个指标综合成少数几个指标。本节首先介绍主成分分析基本原理，其次介绍如何在 Stata 中实现主成分分析。

13.1.1 主成分分析基本理论

1. 主成分的数学模型

设有 m 个指标 $X_1, X_2, \cdots, X_m$，欲寻找可以概括这 m 个指标主要信息的综合指标 $Z_1, Z_2, \cdots, Z_m$。从数学上讲，就是寻找一组常数 $a_{i1}, a_{i2}, \cdots, a_{im} (i=1,2,\cdots,m)$，使这 m 个指标的线性组合，即

$$\begin{cases} Z_1 = a_{11}X_1 + a_{12}X_2 + \cdots + a_{1m}X_m \\ Z_2 = a_{21}X_1 + a_{22}X_2 + \cdots + a_{2m}X_m \\ \cdots\cdots \\ Z_m = a_{m1}X_1 + a_{m2}X_2 + \cdots + a_{mm}X_m \end{cases}$$

能够概括 m 个指标 $X_1, X_2, \cdots, X_m$ 的主要信息，且 $Z_i(i=1,2,\cdots,m)$ 互不相关。为叙述方便，我们引入如下的矩阵形式。

令

$$Z = \begin{pmatrix} Z_1 \\ Z_2 \\ \vdots \\ Z_m \end{pmatrix}, \quad A = \begin{pmatrix} a_{11} & a_{12} & \cdots & a_{1m} \\ a_{21} & a_{22} & \cdots & a_{2m} \\ \vdots & \vdots & & \vdots \\ a_{m1} & a_{m2} & \cdots & a_{mm} \end{pmatrix} \triangleq \begin{pmatrix} \alpha_1^T \\ \alpha_2^T \\ \vdots \\ \alpha_m^T \end{pmatrix}, \quad X = \begin{pmatrix} X_1 \\ X_2 \\ \vdots \\ X_m \end{pmatrix}$$

则线性组合可表示为

$$Z = AX$$

或

$$\begin{cases} Z_1 = \alpha_1^T X \\ Z_2 = \alpha_2^T X \\ \vdots \\ Z_m = \alpha_m^T X \end{cases}$$

如果 $Z_1 = \alpha_1^T X$ 满足 $\alpha_1^T \alpha_1 = 1$，且 $\operatorname{Var}(Z_1) = \underset{\alpha^T \alpha = 1}{\operatorname{Max}} \left\{ \operatorname{Var}(\alpha^T X) \right\}$，则称 Z_1 是原始指标 $X_1, X_2, \cdots, X_m$ 的第 1 个主成分。

一般地，如果 $Z_i = \alpha_i^T X$ 满足：

（1） $\alpha_i^T \alpha_i = 1$，当 $i > 1$ 时，$\alpha_i^T \alpha_j = 0$（$j = 1, 2, \cdots, i-1$）。

（2） $\operatorname{Var}(Z_i) = \underset{\alpha^T \alpha = 1, \alpha^T \alpha_j = 0 (j=1,2,\cdots,i-1)}{\operatorname{Max}} \left\{ \operatorname{Var}(\alpha^T X) \right\}$。

则称 Z_i 是原始指标的第 i 个主成分（$i = 2, 3, \cdots, m$）。

由上述分析可知，当 $i \neq j$ 时，主成分 Z_i 与 Z_j 是互不相关的，并且 Z_1 是原始指标 $X_1, X_2, \cdots, X_m$ 的一切线性组合中方差最大者，Z_2 是与 Z_1 不相关的、除 Z_1 以外的 $X_1, X_2, \cdots, X_m$ 的一切线性组合中方差最大者，Z_m 是与 $Z_1, Z_2, \cdots, Z_{m-1}$ 都不相关的、除 $Z_1, Z_2, \cdots, Z_{m-1}$ 以外的 $X_1, X_2, \cdots, X_m$ 的一切线性组合中方差最大者。

从理论上讲，求得的主成分最多可有 m 个，这时 m 个主成分就反映了全部原始指标所提供的信息。鉴于主成分分析的目的主要是用较少个数的综合指标来反映全部原始指标中的主要信息，因此在实际工作中所确定的主成分个数总是少于原始指标的个数。

2．主成分的几何意义

为讨论方便，以 $m = 2$ 为例来讨论主成分分析的几何意义。设样本具有两个观测指标 X_1 和 X_2，它们之间具有较强的相关性。测量 n 个这样的样本的值，将所得的 n 对数据在以 X_1 为横轴、X_2 为纵轴的二维坐标平面中描点，得到如图 13-1（a）所示的散点图。

由图 13-1（a）可以看出，由于 X_1 与 X_2 具有较强的相关性，因此这 n 个点的分布呈现出直线化的趋势。同时，它们沿 X_1 轴方向和 X_2 轴方向都具有较大的变异度。

样本在某个方向上的变异度可用该方向上相应观测值的方差来定量地表示。显然，如果只考虑 X_1 轴、X_2 轴中任何一个方向上的方差，那么将损失原始观测数据中很大一部分信息。

如果将坐标轴 X_1、X_2 同时按逆时针方向旋转，如图 13-1（b）所示，得到新的坐标

轴 Z_1、Z_2，使得在新的二维坐标平面上这 n 个点的分布基本上不再具有相关性，且它们的变异主要集中在 Z_1 轴方向上，在 Z_2 轴方向上变异度较小。这时，若取 Z_1 作为第 1 个主成分，则 Z_1 反映了原始指标 X_1、X_2 所包含的主要信息。

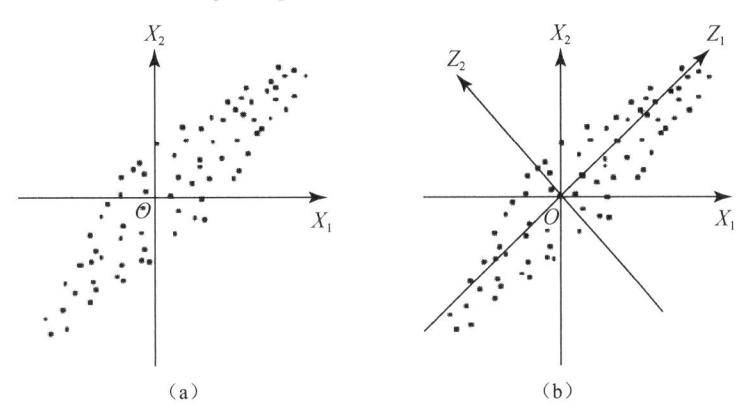

图 13-1　主成分分析示意图

3. 主成分的求法

由主成分的定义可知，各主成分互不相关，即任意两个主成分 Z_i、Z_j 的协方差满足：

$$\mathrm{Cov}(Z_i, Z_j) = 0, \ i \neq j$$

且各主成分的方差满足：

$$\mathrm{Var}(Z_1) \geqslant \mathrm{Var}(Z_2) \geqslant \cdots \geqslant \mathrm{Var}(Z_m)$$

于是由 $Z=AX$ 定义的随机向量 Z 的协方差矩阵为

$$\mathrm{Cov}(Z) = \mathrm{Cov}(AX) = A^\mathrm{T} \mathrm{Cov}(X) A = \begin{pmatrix} \mathrm{Var}(Z_1) & & & 0 \\ & \mathrm{Var}(Z_2) & & \\ & & \ddots & \\ 0 & & & \mathrm{Var}(Z_m) \end{pmatrix}$$

由主成分定义中的条件（1）可知，这里的方阵 A 是正交阵，即 $A^\mathrm{T}A = I$（I 为单位矩阵）。由此可解得

$$\mathrm{Cov}(X)A = A \begin{pmatrix} \mathrm{Var}(Z_1) & & & 0 \\ & \mathrm{Var}(Z_2) & & \\ & & \ddots & \\ 0 & & & \mathrm{Var}(Z_m) \end{pmatrix}$$

由此可知，求原始指标 $X_1, X_2, \cdots, X_m$ 的主成分，实际上就是求满足上述条件的正交阵 A，即随机向量 $X = (X_1, X_2, \cdots, X_m)$ 的协方差矩阵 $\mathrm{Cov}(X)$ 的特征值（Eigenvalue）和特征向量（Eigenvector）。

下面介绍如何由一组 $X_1, X_2, \cdots, X_m$ 的观测值求出主成分。假设收集到的原始数据共有 n 个，对每个数据测得 m 个指标的数值，记录成如表 13-1 所示的形式。

表 13-1 原始数据表

样 本 号	指 标			
	X_1	X_2	...	X_m
1	X_{11}	X_{12}	...	X_{1m}
2	X_{21}	X_{22}	...	X_{2m}
⋮	⋮	⋮	⋮	⋮
n	X_{n1}	X_{n2}	...	X_{nm}

（1）对各原始指标进行标准化。先按

$$X'_{ij} = \frac{X_{ij} - \bar{X}_j}{S_j}, \quad j = 1, 2, \cdots, m$$

将原始指标标准化，然后用标准化后的指标 X'_{ij} 来计算主成分。为方便计算，仍用 X_{ij} 表示标准化后的指标，$\boldsymbol{X}$ 为标准化后的数据矩阵，则

$$\boldsymbol{X} = \begin{pmatrix} X_{11} & X_{12} & \cdots & X_{1m} \\ X_{21} & X_{22} & \cdots & X_{2m} \\ \vdots & \vdots & & \vdots \\ X_{n1} & X_{n2} & \cdots & X_{nm} \end{pmatrix}$$

（2）求出 $\boldsymbol{X}$ 的相关矩阵 $\boldsymbol{R}$。标准化后，$\boldsymbol{X}$ 的相关矩阵即协方差矩阵 $\text{Cov}(\boldsymbol{X})$：

$$\boldsymbol{R} = \text{Cov}(\boldsymbol{X}) = \begin{pmatrix} r_{11} & r_{12} & \cdots & r_{1m} \\ r_{21} & r_{22} & \cdots & r_{2m} \\ \vdots & \vdots & & \vdots \\ r_{m1} & r_{m2} & \cdots & r_{mm} \end{pmatrix} = \begin{pmatrix} 1 & r_{12} & \cdots & r_{1m} \\ r_{21} & 1 & \cdots & r_{2m} \\ \vdots & \vdots & & \vdots \\ r_{m1} & r_{m2} & \cdots & 1 \end{pmatrix}$$

（3）求出相关矩阵的特征值和特征向量。由协方差矩阵公式可知，求主成分实际上就是求 $\boldsymbol{X}$ 的协方差矩阵 $\text{Cov}(\boldsymbol{X})$（这里为 $\boldsymbol{X}$ 的相关矩阵 $\boldsymbol{R}$）的特征值和特征向量。由于 $\boldsymbol{R}$ 为半正定矩阵，所以可由 $\boldsymbol{R}$ 的特征方程，即

$$|\boldsymbol{R} - \lambda \boldsymbol{I}| = 0$$

求得 m 个非负特征值。先将这些特征值按从大到小的顺序排列为

$$\lambda_1 \geq \lambda_2 \geq \cdots \geq \lambda_m \geq 0$$

再由

$$\begin{cases} (\boldsymbol{R} - \lambda_i \boldsymbol{I}) \boldsymbol{\alpha}_i = 0 \\ \boldsymbol{\alpha}_i^T \boldsymbol{\alpha}_i = 1 \end{cases}, \quad i = 1, 2, \cdots, m$$

解得每个特征值 λ_i 对应的单位特征向量 $\boldsymbol{\alpha}_i = (a_{i1}, a_{i2}, \cdots, a_{im})^T$，从而求得各主成分：

$$Z_i = \boldsymbol{\alpha}_i^T \boldsymbol{X} = a_{i1} X_1 + a_{i2} X_2 + \cdots + a_{im} X_m, \quad i = 1, 2, \cdots, m$$

4．主成分的性质

（1）各主成分互不相关。

Z_i 与 Z_j 的相关系数为

$$r_{Z_i,Z_j} = \frac{\text{Cov}(Z_i,Z_j)}{\sqrt{\text{Cov}(Z_i,Z_i)\text{Cov}(Z_j,Z_j)}} = 0, \quad i \neq j$$

因此，各主成分间的相关系数矩阵为单位矩阵。

（2）主成分的贡献率和累计贡献率。

可以证明，各原始指标 $X_1, X_2, \cdots, X_m$ 的方差和与各主成分 $Z_1, Z_2, \cdots, Z_m$ 的方差和相等，即

$$\sum_{i=1}^{m} \text{Var}(X_i) = \sum_{i=1}^{m} \text{Var}(Z_i)$$

将数据标准化后，原始指标的方差和为 m，各主成分的方差和为 $\sum_{i=1}^{m} \lambda_i$，即有 $m = \sum_{i=1}^{m} \lambda_i$。

各指标所提供的信息量是用其方差来衡量的。由此可知，主成分分析是指把 m 个原始指标 $X_1, X_2, \cdots, X_m$ 的总方差分解为 m 个互不相关的综合指标 $Z_1, Z_2, \cdots, Z_m$ 的方差之和，使第 1 个主成分的方差（变化最大的方向向量所对应的线性函数）达到最大，最大方差为 λ_1。

$\lambda_1 / \sum_{i=1}^{m} \lambda_i$ 表明了第 1 个主成分 Z_1 的方差在全部方差中所占的比值，称为第 1 个主成分的贡献率，这个值越大，表明 Z_1 这个指标综合原始指标 $X_1, X_2, \cdots, X_m$ 的能力越强。也可以说，由 Z_1 的差异来解释 $X_1, X_2, \cdots, X_m$ 的差异的能力越强。正是因为这一点，才把 Z_1 称为 $X_1, X_2, \cdots, X_m$ 的第 1 个主成分，也就是 $X_1, X_2, \cdots, X_m$ 的主要部分。了解到这一点，就可以明白为什么主成分是按特征值 $\lambda_1, \lambda_2, \cdots, \lambda_m$ 的大小顺序排列的。

一般地，称

$$\frac{\lambda_i}{\sum_{i=1}^{m} \lambda_i} = \frac{\lambda_i}{m}, \quad k = 1, 2, \cdots, m$$

为第 i 个主成分的贡献率，而称

$$\sum_{i=1}^{k} \frac{\lambda_i}{m}, \quad k \leqslant m$$

为前 k 个主成分的累计贡献率。

（3）主成分个数的确定。

通常并不需要用全部的主成分，只需要用其中的前几个。一般说来，主成分个数按以下原则来确定。

①以累计贡献率来确定：当前 k 个主成分的累计贡献率达到某个特定的值时（一般以大于 70% 为宜），保留前 k 个主成分。

②以特征值大小来确定：若主成分 Z_i 的特征值 $\lambda_i \geqslant 1$，则保留 Z_i，否则去掉该主成分。

当然，在实际工作中，究竟取前几个主成分，除考虑以上两个原则之外，还要结合各主成分的实际含义来定。一般说来，保留的主成分个数要小于原始指标的个数。

（4）因子载荷。

为了解各主成分与各原始指标之间的关系，在主成分的表达式中，第 i 个主成分 Z_i 特征值的平方根 $\sqrt{\lambda_i}$ 与第 j 个原始指标 X_j 的系数 a_{ij} 的乘积，即

$$q_{ij} = \sqrt{\lambda_i} a_{ij}$$

称为因子载荷。

由因子载荷所构成的矩阵，即

$$\boldsymbol{Q} = \left(q_{ij}\right)_{m \times m} = \begin{pmatrix} \sqrt{\lambda_1} a_{11} & \sqrt{\lambda_1} a_{12} & \cdots & \sqrt{\lambda_1} a_{1m} \\ \sqrt{\lambda_2} a_{21} & \sqrt{\lambda_2} a_{22} & \cdots & \sqrt{\lambda_2} a_{2m} \\ \vdots & \vdots & & \vdots \\ \sqrt{\lambda_m} a_{m1} & \sqrt{\lambda_m} a_{m2} & \cdots & \sqrt{\lambda_m} a_{mm} \end{pmatrix}$$

称为因子载荷矩阵。事实上，因子载荷 q_{ij} 就是第 i 个主成分 Z_i 与第 j 个原始指标 X_j 之间的相关系数，它反映了主成分 Z_i 与原始指标 X_i 之间联系的密切程度与作用的方向。

（5）样本的主成分得分。

对于具有原始指标测定值 $(X_{i1}, X_{i2}, \cdots, X_{im})$ 的任一样本，可先用标准化变换式，即

$$X'_{ij} = \frac{X_{ij} - \bar{X}_j}{S_j}, \quad j = 1, 2, \cdots, m$$

将原始指标标准化，然后将其代入各主成分的表达式，即

$$Z_i = a_{i1} X'_1 + a_{i2} X'_2 + \cdots + a_{im} X'_m, \quad i = 1, 2, \cdots, m$$

求出该样本的各主成分值。这样求得的主成分值称为该样本的主成分得分。利用样本的主成分得分，可以对样本的特性进行推断和评价。

13.1.2 Stata 实现

在 Stata 中，实现主成分分析的命令是 pca、pcamat，其语法格式为：

```
pca varlist [if] [in] [weight] [, options]           //数据的主成分分析
pcamat matname, n(#) [options pcamat_options]        //相关矩阵或协方差矩阵的主成分分析
```

其中，varlist 为参与主成分分析的变量列表；matname 为参与主成分分析的相关矩阵或协方差矩阵；options 选项含义如表 13-2 所示；pcamat_options 选项含义如表 13-3 所示。

表 13-2 options 选项含义

选项	含义
components(#)	设置需要保留主成分的最大数量（数字#），同 factors() 效果一样
mineigen(#)	设置临界特征值，系统仅保留特征值大于临界值#的主成分，默认为 1e-5
correlation	输出主成分分析的相关矩阵（默认）
covariance	输出主成分分析的方差-协方差矩阵
vce(none)	不计算特征值和特征向量的 VCE（默认值）
vce(normal)	计算特征值和特征向量的 VCE，假设服从多元正态分布

续表

选项	含义
level(#)	设置置信水平，默认为 level(95)
blanks(#)	当载荷值小于临界值#时，将因子载荷显示为空白
novce	不显示估计值的标准差（即使已经计算）
means	显示变量的汇总统计信息（pcamat 不允许使用）
norotated	显示未旋转的结果，即使旋转的结果是可用的（对话框中不显示 norotated）

表 13-3 pcamat_options 选项含义

选项	含义
shape(full)	matname 是一个正方形对称矩阵（默认）
shape(lower)	matname 是一个具有行下三角形（带对角线）的向量
shape(upper)	matname 是一个具有行上三角形（带对角线）的向量
names(namelist)	变量名称，当 matname 是三角形的向量时，为必选项
forcepsd	将 matname 修改为半正定矩阵
n(#)	观测次数，pcamat 的必选项
sds(matname2)	变量标准差向量
means(matname3)	变量均值向量

13.1.3 主成分分析的其他命令

1. 恰当性检验

在进行主成分分析之前，需要判断原始变量是否适合进行主成分分析，Stata 提供了主成分分析的恰当性检验方法，包括 KMO、SMC 等。在进行主成分分析之后，通过 estat 命令可以显示估计的数值与矩阵变量的统计量，如表 13-4 所示。

表 13-4 estat 命令

命令	含义
estat anti	显示反映像相关矩阵与反映像协方差矩阵
estat kmo	KMO 抽样精度
estat loadings	成分载荷矩阵
estat residuals	相关系数矩阵与协方差矩阵残差
estat rotatecompare	比较未旋转的主成分和旋转的主成分
estat smc	复相关系数平方
estat summarize	基本描述性统计指标

【例 13-1】使用 auto.dat 数据集说明 estat 命令的使用方法。

（1）以 trunk、weight、length 和 headroom 为原始变量，通过它们的相关系数矩阵进行主成分分析，并显示拟合相关系数矩阵、相关系数矩阵残差。

在命令窗口中输入：

```
. sysuse auto, clear
. pca trunk weight length headroom    //通过原始变量的相关系数矩阵进行主成分分析
```

输出结果如图 13-2 所示。

```
. pca trunk weight length headroom
Principal components/correlation              Number of obs    =     74
                                              Number of comp.  =      4
                                              Trace            =      4
    Rotation: (unrotated = principal)         Rho              = 1.0000

    Component |   Eigenvalue   Difference    Proportion   Cumulative
    ----------+-----------------------------------------------------
        Comp1 |    3.02027      2.36822        0.7551       0.7551
        Comp2 |     .652053      .37494        0.1630       0.9181
        Comp3 |     .277113     .226551        0.0693       0.9874
        Comp4 |     .0505616        .          0.0126       1.0000

Principal components (eigenvectors)

    Variable |   Comp1     Comp2     Comp3     Comp4 | Unexplained
    ---------+--------------------------------------+------------
       trunk |  0.5068    0.2327   -0.8249    0.0921 |      0
      weight |  0.5221   -0.4536    0.2677    0.6708 |      0
      length |  0.5361   -0.3903    0.1370   -0.7358 |      0
     headroom|  0.4280    0.7667    0.4786   -0.0057 |      0
```

图 13-2　输出结果

在命令窗口中输入：

. estat residuals , fitted　　　　//显示拟合相关系数矩阵、相关系数矩阵残差

输出结果如图 13-3 所示。其中，第一个表为拟合相关系数矩阵，第二个表为相关系数矩阵残差。

```
. estat residuals , fitted
Fitted correlation matrix

    Variable |   trunk      weight    length   headroom
    ---------+----------------------------------------
       trunk |     1
      weight | .6722057       1
      length | .7265956   .9460086       1
    headroom | .6620111   .4834558   .5162955       1

Residual correlation matrix

    Variable |   trunk      weight    length   headroom
    ---------+----------------------------------------
       trunk | 8.88e-16
      weight | 4.44e-16   1.22e-15
      length | 1.44e-15   1.11e-15   1.89e-15
    headroom | 4.44e-16   5.55e-16   4.44e-16  4.44e-16
```

图 13-3　输出结果

（2）在主成分载荷矩阵中输出归一化特征向量。

在命令窗口中输入：

. estat loadings , cnorm(eigen)　　　　//在主成分载荷矩阵中输出归一化特征向量

输出结果如图 13-4 所示。表中给出了未旋转的主成分载荷矩阵，主成分规一化条件为 ssq(column)= eigenvalue。

```
. estat loadings , cnorm(eigen)
Principal component loadings (unrotated)
    component normalization: sum of squares(column) = eigenvalue

             |   Comp1     Comp2     Comp3     Comp4
    ---------+----------------------------------------
       trunk |   .8807    .1879    -.4343    .02072
      weight |   .9073   -.3663     .1409    .1508
      length |   .9317   -.3152     .07215  -.1655
    headroom |   .7438    .6191     .2519   -.001283
```

图 13-4　输出结果

2. 碎石图

碎石图即特征值对主成分或因子数目的标绘图,是判断保留几个主成分的重要方法。在 Stata 中,通过 screeplot 命令绘制碎石图,其语法格式为:

screeplot [eigvals] [, options]

其中,eigvals 为保存的特征向量;options 选项含义如表 13-5 所示。

表 13-5　options 选项含义

选　项	含　义
neigen(#)	仅绘制最大的#个特征值,默认绘制所有特征值
mean	在特征值为均值的点处做水平线
meanlopts(cline_options)	影响均值线的再现
ci [(ci_options)]	图形置信区间(在主成分分析之后使用),ci 同 ci(asymptotic)
cline_options	连接点的线条的呈现形式
marker_options	更改标记的外观(颜色、大小等)
addplot(plot)	将其他图表添加到生成的图形中

其中,ci_options 选项含义如表 13-6 所示。

表 13-6　ci_options 选项含义

选　项	含　义
asymptotic	计算渐近置信区间(默认)
heteroskedastic	用异方差自举法计算置信区间
homoskedastic	用同方差自举法计算置信区间
table	制作置信区间表
level(#)	设置置信水平,默认为 level(95)
reps(#)	自举模拟次数,默认为 reps(200)
seed(str)	自举模拟的随机数种子

【例 13-2】 根据数据集 bg2.dta(关于不同背景的人就医成本的数据集)分析医生对成本的态度。该数据集中包含 568 名医生针对 6 个关于成本的问题的问卷调查结果数据。试对 bg2costl-bg2cost6 进行主成分分析,并绘制一般的碎石图和具有 95%的置信水平的渐进置信区间的碎石图。

在命令窗口中输入:

```
. use D:\DingJB\Stata\bg2, clear
. pca bg2cost1-bg2cost6        //对 bg2costl~bg2cost6 进行主成分分析
```

输出结果如图 13-5 所示。

在命令窗口中输入:

```
. screeplot                    //绘制碎石图
```

输出结果如图 13-6 所示。碎石图的纵坐标为特征值,横坐标为公因子。位于特征值等于 1 处的水平线标示了保留主成分常用的分界点。从图 13-6 中可以看出前两个公因子的特征值较大(皆大于 1)。

在命令窗口中输入:

```
. screeplot, ci(asymptotic)    //绘制具有 95%的置信水平的渐进置信区间的碎石图
```

输出结果如图 13-7 所示。图 13-7 给出了在原始特征值 95%的置信区间内的特征值

分布图，表明了特征值可能的取值范围。

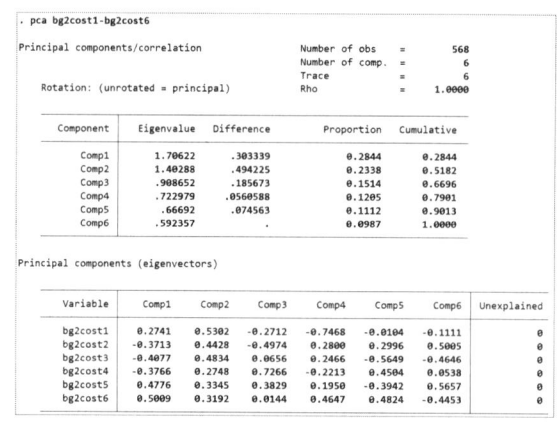

图 13-5　输出结果

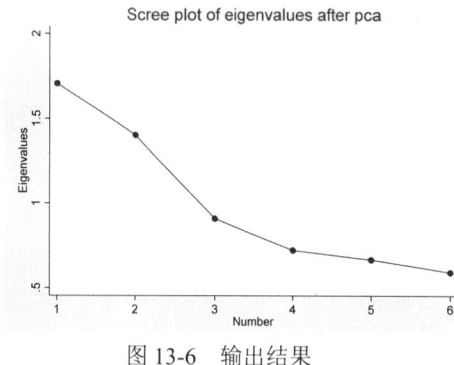

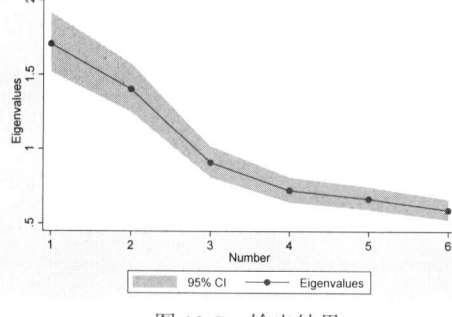

图 13-6　输出结果

图 13-7　输出结果

3. 得分图和载荷图

得分图是指不同主成分得分的散点图。在 Stata 中，绘制得分图的命令为 scoreplot，其语法格式为：

scoreplot [if] [in] [weight] [, options]　　　//数据的主成分分析

载荷图是指不同主成分载荷（因子、分量或判别函数）的散点图。在 Stata 中，绘制载荷图的命令为 loadingplot，其语法格式为：

loadingplot [, options]

其中，options 选项含义如表 13-7 所示。

表 13-7　options 选项含义

选项	含义
factors(#)	保留前#个主成分绘图，默认为 factors(2)
components(#)	等同于 factors(#)
norotated	使用未旋转的主成分
matrix	以矩阵形式显示多个图形，仅当 factors(#)中的#>2 时可用，默认为散点图
combined	将多个图形组合在一起，仅当 factors(#)中的#>2 时可用，默认为矩阵图
half	仅展示图形下半部分，仅适用于矩阵图
scoreopt(predict_opts)	预测得分的选项，仅适用于 scoreplot 命令
maxlength(#)	将变量名称简化为#个字符，默认为 maxlength(11)，仅适用于 loadingplot 命令

第 13 章
主成分分析与因子分析

【例 13-3】根据数据集 auto.dat，以 price、trunk、rep78、headroom、displacement 和 gear_ratio 为原始变量进行主成分分析，绘制得分图和载荷图，并在得分图中为每个成分添加标签。

在命令窗口中输入：

```
. sysuse auto, clear
. pca price trunk rep78 head disp gear, comp(3)      //主成分分析
. scoreplot , mlabel(make)                           //绘制得分图，并为每个成分加标签
```

输出结果如图 13-8 所示。得分图描述了主成分分析之后各得分向量的散点图。

在命令窗口中输入：

```
. loadingplot                                        //绘制载荷图
```

输出结果如图 13-9 所示。从载荷图中可以看出第 1 个主成分和第 2 个主成分。从 component 1 上看，gear_ratio、rep78 与其他 4 个变量是分开的；从 component 2 上看，rep78 的差异尤为突出。

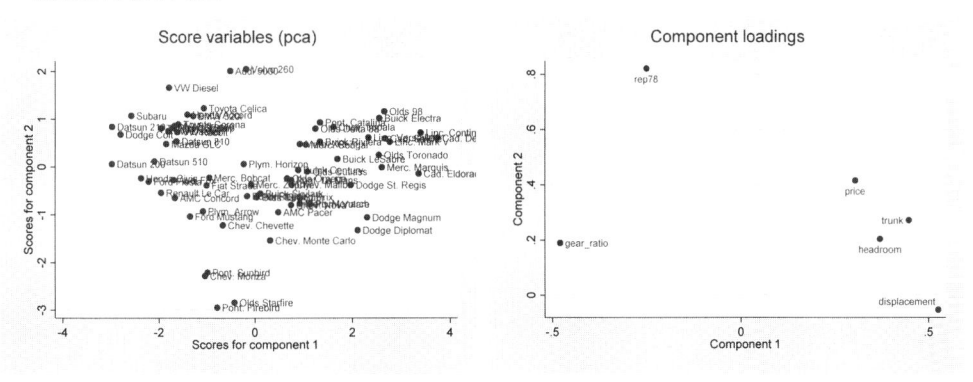

图 13-8　输出结果　　　　　　　图 13-9　输出结果

4．因子旋转

进行主成分分析，可以进行正交（因子相互独立）或斜交（因子不相互独立）旋转。在 Stata 中，实现因子旋转的命令为 rotate，其语法格式为：

rotate [, options]

其中，options 选项含义如表 13-8 所示。

表 13-8　options 选项含义

选项	含义
orthogonal	正交旋转，默认选项，promax()除外
oblique	允许斜交旋转
rotation	旋转准则，包括 varimax、vgpf、quartimax、equamax、parsimax、entropy、tandem1、tandem2 等
normalize	旋转 Kaiser 归一化矩阵
factors(#)	对#个成分进行旋转，默认旋转全部成分
components(#)	等同于 factors(#)
blanks(#)	当| loadings |<#时，显示空白，默认为 blanks(0)
detail	显示 rotatemat 命令运行结果，很少使用
format(%fmt)	矩阵的显示格式，默认为 format(%9.5f)

续表

选项	含义
noloading	抑制旋转载荷的显示
norotation	抑制旋转矩阵的显示

【例 13-4】 通过对 305 名女孩的 8 个身体变量（身高、臂展、前臂长度、小腿长度、体重、双转子直径、胸围和胸宽）的相关矩阵进行因子分析，说明 rotate 命令的使用方法。

在命令窗口中输入：

```
. matrix input R = (1000 846 805 859 473 398 301 382 \ 846 1000 881 826 376 326 277 415 \ 805 881 1000 801 380 319 237 345 \ 859 826 801 1000 436 329 327 365 \ 473 376 380 436 1000 762 730 629 \ 398 326 319 329 762 1000 583 577 \ 301 277 237 327 730 583 1000 539 \ 382 415 345 365 629 577 539 1000)
. matrix R = R/1000
. matrix colnames R = height arm_span fore_arm lower_leg weight bitrod ch_girth ch_width
. matrix rownames R = height arm_span fore_arm lower_leg weight bitrod ch_girth ch_width
. matlist R, border format(%7.3f)
```

输出结果如图 13-10 所示。

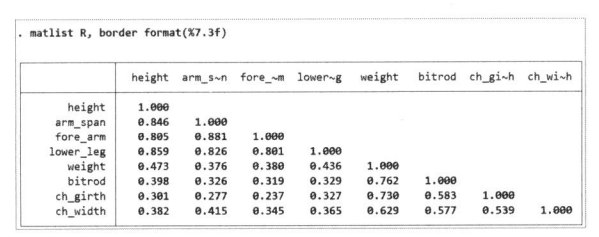

```
. matlist R, border format(%7.3f)

            height  arm_s~n  fore_~m  lower~g  weight  bitrod  ch_gi~h  ch_wi~h
   height    1.000
 arm_span    0.846    1.000
 fore_arm    0.805    0.881    1.000
lower_leg    0.859    0.826    0.801    1.000
   weight    0.473    0.376    0.380    0.436   1.000
   bitrod    0.398    0.326    0.319    0.329   0.762   1.000
 ch_girth    0.301    0.277    0.237    0.327   0.730   0.583   1.000
 ch_width    0.382    0.415    0.345    0.365   0.629   0.577   0.539    1.000
```

图 13-10　输出结果

在命令窗口中输入：

```
. factormat R, n(305) fac(2) ipf    //用迭代主因子法提取两个常见因子
```

输出结果如图 13-11 所示。由输出结果可知，默认因子的解决方案并不理想，即变量应在少数因子上具有高负载，在理想情况下因子应仅具有低值和高值。

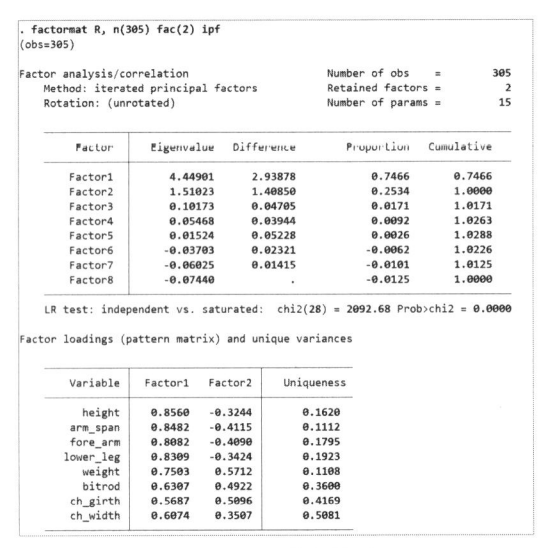

```
. factormat R, n(305) fac(2) ipf
(obs=305)

Factor analysis/correlation              Number of obs    =     305
    Method: iterated principal factors   Retained factors =       2
    Rotation: (unrotated)                Number of params =      15

      Factor    Eigenvalue   Difference    Proportion   Cumulative
     Factor1      4.44901      2.93878        0.7466       0.7466
     Factor2      1.51023      1.40850        0.2534       1.0000
     Factor3      0.10173      0.04705        0.0171       1.0171
     Factor4      0.05468      0.03944        0.0092       1.0263
     Factor5      0.01524      0.05228        0.0026       1.0288
     Factor6     -0.03703      0.02321       -0.0062       1.0226
     Factor7     -0.06025      0.01415       -0.0101       1.0125
     Factor8     -0.07440                    -0.0125       1.0000

LR test: independent vs. saturated:  chi2(28) = 2092.68 Prob>chi2 = 0.0000

Factor loadings (pattern matrix) and unique variances

    Variable    Factor1    Factor2    Uniqueness
      height    0.8560    -0.3244      0.1620
    arm_span    0.8482    -0.4115      0.1112
    fore_arm    0.8082    -0.4090      0.1795
   lower_leg   0.8309    -0.3424      0.1923
      weight   0.7503     0.5712      0.1108
      bitrod   0.6307     0.4922      0.3600
    ch_girth   0.5687     0.5096      0.4169
    ch_width   0.6074     0.3507      0.5081
```

图 13-11　输出结果

在命令窗口中输入：

. loadingplot, xlab(0(.2)1) ylab(-.4(.2).6) aspect(1) yline(0) xline(0)

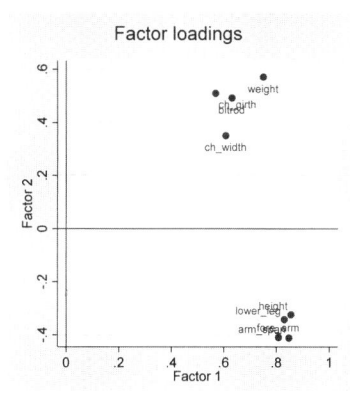

输出结果如图 13-12 所示。

图 13-12　输出结果

在命令窗口中输入：

. rotate

输出结果如图 13-13 所示。旋转因子载荷满足：

$$\text{Factor1}_{\text{rotated}} = 0.801 \times 8\text{Factor1}_{\text{unrotated}} - 0.5976 \times \text{Factor2}_{\text{unrotated}}$$

$$\text{Factor2}_{\text{rotated}} = 0.5976 \times \text{Factor1}_{\text{unrotated}} + 0.8018 \times \text{Factor2}_{\text{unrotated}}$$

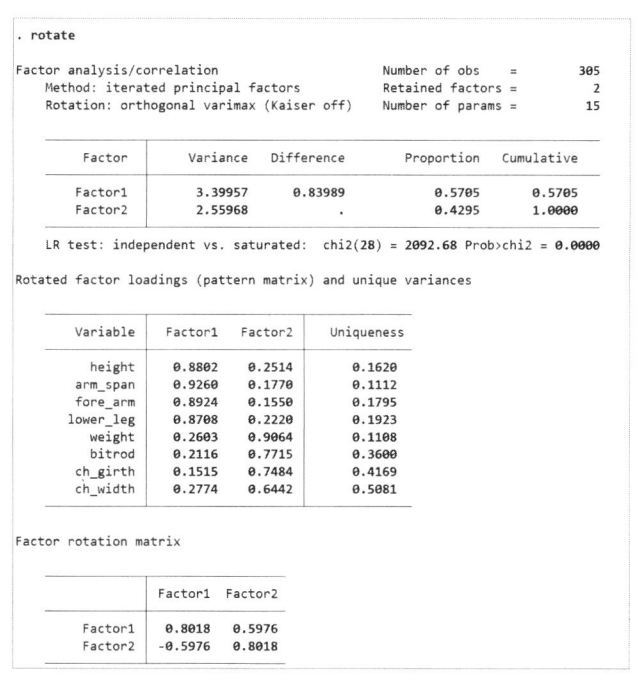

图 13-13　输出结果

在命令窗口中输入：

. loadingplot, xlab(0(.2)1) ylab(0(.2)1) aspect(1) yline(0) xline(0)

输出结果（载荷图）如图 13-14 所示。

图 13-14　输出结果（载荷图）

5. 因子得分

Stata 可以通过 predict 命令预测变量得分、拟合值和残差，其语法格式为：

predict [type] {stub* | newvarlist} [if] [in] [, statistic options]

其中，statistic 选项含义如表 13-9 所示；options 选项含义如表 13-10 所示。

表 13-9　statistic 选项含义

选　　项	含　　义
score	计算第 1,2,…,#个主成分得分，默认选项
fit	利用保留的主成分计算的拟合值（k 个新变量）
residual	利用保留的主成分计算的残差（k 个新变量）
q	残差平方和

表 13-10　options 选项含义

选　　项	含　　义
norotated	利用未旋转的结果进行估计
center	利用中心化变量进行估计
notable	不显示得分系数表
format(%fmt)	得分系数的显示格式

13.1.4　应用示例

【例 13-5】数据集 audiometric.dta 中包含 100 名 39 岁男性的听力测试数据，包括左耳和右耳在 4 个不同频率下的最小可辨别强度，如变量 lft1000 表示在 1000Hz 时左耳的听力。

在命令窗口中输入：

```
. use D:\DingJB\Stata\audiometric, clear
(Audiometric measures)
. correlate lft* rght*                //计算相关系数矩阵
```

输出结果如图 13-15 所示。由此可以发现，对同一只耳朵的测量结果比对不同耳朵的测量结果具有更高的相关性，在相同频率下对不同耳朵的测量结果比在不同频率下对不同耳朵的测量结果具有更高的相关性。

```
. correlate lft* rght*
(obs=100)

             lft500   lft1000  lft2000  lft4000  rght500  rght1000 rght2000 rght4000
     lft500  1.0000
    lft1000  0.7775   1.0000
    lft2000  0.4012   0.5366   1.0000
    lft4000  0.2554   0.2749   0.4250   1.0000
     rght500 0.6963   0.5515   0.2391   0.1790   1.0000
    rght1000 0.6416   0.7070   0.4460   0.2632   0.6634   1.0000
    rght2000 0.2372   0.3597   0.7011   0.3165   0.1589   0.4142   1.0000
    rght4000 0.2041   0.2169   0.3262   0.7097   0.1321   0.2201   0.3746   1.0000
```

图 13-15　输出结果

因为变量的单位相同，所以分析这些变量的协方差矩阵在理论上是有意义的。然而，衡量标准的差异很大。

在命令窗口中输入：

. summarize lft* rght*, sep(4)

输出结果如图 13-16 所示。

```
. summarize lft* rght*, sep(4)

    Variable      Obs       Mean    Std. dev.      Min       Max

      lft500      100       -2.8    6.408643       -10        15
     lft1000      100       -.5     7.571211       -10        20
     lft2000      100        2     10.94061        -10        45
     lft4000      100      21.35   19.61569        -10        70

     rght500      100       -2.6    7.123726       -10        25
    rght1000      100       -.7     6.396811       -10        20
    rght2000      100       1.6     9.289942       -10        35
    rght4000      100      21.35   19.33039        -10        75
```

图 13-16　输出结果

在对协变量的分析中，较高频率的测量对结果起主导作用。下面分析相关矩阵。

在命令窗口中输入：

. pca lft* rght*

输出结果如图 13-17 所示。主成分分析显示了两部分：第一部分列出了相关矩阵的特征值，从大到小依次排列；第二部分列出了相应的特征向量，这一部分是主要组成部分，具有单位长度，且荷载的逐列平方和为 1，如第一列平方和为

$$0.4011^2 + 0.4210^2 + \cdots + 0.2542^2 = 1$$

```
. pca lft* rght*

Principal components/correlation              Number of obs    =        100
                                              Number of comp.  =          8
                                              Trace            =          8
    Rotation: (unrotated = principal)         Rho              =     1.0000

    Component   Eigenvalue   Difference   Proportion   Cumulative
       Comp1      3.92901      2.31068       0.4911       0.4911
       Comp2      1.61832      .642997       0.2023       0.6934
       Comp3      .975325      .508543       0.1219       0.8153
       Comp4      .466782      .126692       0.0583       0.8737
       Comp5      .340009      .0241988      0.0425       0.9162
       Comp6      .315891      .11578        0.0395       0.9557
       Comp7      .200111      .0456375      0.0250       0.9807
       Comp8      .154474                    0.0193       1.0000

Principal components (eigenvectors)

   Variable    Comp1    Comp2    Comp3    Comp4    Comp5    Comp6    Comp7    Comp8   Unexplained

    lft500    0.4011  -0.3170   0.1582  -0.3278   0.0231   0.4459   0.3293  -0.5463       0
   lft1000    0.4210  -0.2255  -0.0520  -0.4816  -0.3792  -0.0675  -0.0331   0.6227       0
   lft2000    0.3664   0.2386  -0.4703  -0.2824   0.4392  -0.0638  -0.5255  -0.1863       0
   lft4000    0.2809   0.4742   0.4295  -0.1611   0.3503  -0.4169   0.4269   0.0839       0
   rght500    0.3433  -0.3860   0.4876   0.2593  -0.4975   0.1948  -0.1594   0.3425       0
  rght1000    0.4114  -0.2318  -0.0289   0.3723  -0.3513  -0.6136  -0.0837  -0.3614       0
  rght2000    0.3115   0.3171   0.3914  -0.1108   0.2650   0.4778   0.1466   0.0000       0
  rght4000    0.2542   0.5135   0.4262   0.1591  -0.3960   0.3660  -0.4139  -0.0508       0
```

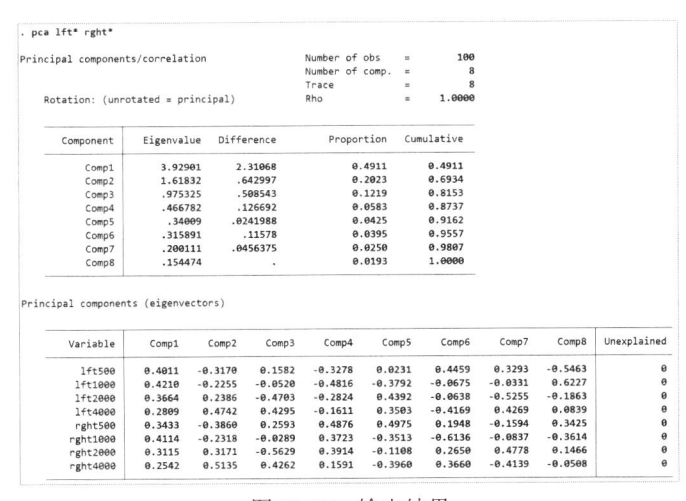

图 13-17　输出结果

> **说明** 将主成分分析与因子分析相结合的文献倾向于显示归一化为相关特征值的主成分，而不是1，这种标准化结果方便在后续的估计命令 estat loadings 中使用。

特征值的和就是分析中变量方差的总和，即变量的"总方差"。因为分析得到的是一个相关矩阵，变量被标准化为单位方差，所以总方差为8，特征值是主成分的方差。第1个主成分的方差约为3.93，约解释了总方差的49%（3.93/8）。第2个主成分的方差约为1.62，约解释了总方差的20%（1.62/8）。

可以说，前两个主成分解释了单个成分的方差之和，即总方差的69%（49%+20%）。如果这些成分是相关的，那么它们将部分代表相同的信息，因此组合中包含的信息将不等于成分信息的总和。8个主成分加在一起解释了所有变量的所有方差，因此第二个表中列出的无法解释的方差均为0，并且如第一个表上方所示，Rho=1.0000。

超过85%的方差包含在前4个主成分中，在命令窗口中输入：

```
. pca lft* rght*, components(4)
```

输出结果如图 13-18 所示。第一部分不发生变化，第二部分列出了前4个主成分。这4个主成分并不包含数据中的所有信息，因此变量中的一些方差是未解释或无法解释的。这些方差等于删除分量中的载荷的平方和（由相关的特征值加权）。所有变量中无法解释的方差顺序相似，平均未解释方差等于13%（1-87%）的总体未解释方差。

```
. pca lft* rght*, components(4)
Principal components/correlation           Number of obs    =      100
                                           Number of comp.  =        4
                                           Trace            =        8
        Rotation: (unrotated = principal)  Rho              =   0.8737

    Component │   Eigenvalue   Difference    Proportion   Cumulative
    ──────────┼──────────────────────────────────────────────────────
        Comp1 │     3.92901      2.31068        0.4911       0.4911
        Comp2 │     1.61832      .642997        0.2023       0.6934
        Comp3 │     .975325      .508543        0.1219       0.8153
        Comp4 │     .466782      .126692        0.0583       0.8737
        Comp5 │     .34009       .0241988       0.0425       0.9162
        Comp6 │     .315891      .11578         0.0395       0.9557
        Comp7 │     .200111      .0456375       0.0250       0.9807
        Comp8 │     .154474         .           0.0193       1.0000

Principal components (eigenvectors)

    Variable │    Comp1      Comp2      Comp3      Comp4   Unexplained
    ─────────┼─────────────────────────────────────────────────────────
      lft500 │   0.4011    -0.3170     0.1582    -0.3278       .1308
     lft1000 │   0.4210    -0.2255    -0.0520    -0.4816       .1105
     lft2000 │   0.3664     0.2386    -0.4703    -0.2824       .1275
     lft4000 │   0.2809     0.4742     0.4295    -0.1611       .1342
     rght500 │   0.3433    -0.3860     0.2593     0.4876       .1194
    rght1000 │   0.4114    -0.2318    -0.0289     0.3723       .1825
    rght2000 │   0.3115     0.3171    -0.5629     0.3914       .07537
    rght4000 │   0.2542     0.5135     0.4262     0.1591       .1303
```

图 13-18 输出结果

由此可以发现，第1个主成分在所有变量上具有大致相等的正载荷，它可以被解释为一个人耳朵的整体灵敏度。第2个主成分在双耳的较高频率上具有正载荷，而在较低频率上具有负载荷，因此可以区分较高频率与较低频率的灵敏度。第3个主成分类似地将中频的灵敏度与其他频率的灵敏度区分开来。第4个主成分在左耳上具有负载荷，在右耳上具有正载荷，因此可以区分左耳和右耳。

假设数据是呈多元正态分布的，主成分分析可以估计标准误和相关统计数据。下面只求前两个主成分的结果，并指定选项 vce(normal)。

在命令窗口中输入：

. pca l* r*, comp(2) vce(normal)

输出结果如图 13-19 所示。

```
. pca l* r*, comp(2) vce(normal)
(with PCA/correlation, SEs and tests are approximate)

Principal components/correlation          Number of obs    =      100
                                          Number of comp.  =        2
                                          Trace            =        8
                                          Rho              =   0.6934
SEs assume multivariate normality         SE(Rho)          =   0.0273

                 Coefficient  Std. err.     z    P>|z|    [95% conf. interval]
Eigenvalues
       Comp1     3.929005    .5556453    7.07   0.000    2.839961   5.01805
       Comp2     1.618322    .2288653    7.07   0.000    1.169754   2.066889
Comp1
       lft500    .4010948    .0429963    9.33   0.000    .3168236   .485366
      lft1000    .4209908    .0359372   11.71   0.000    .3505551   .4914264
      lft2000    .3663748    .0463297    7.91   0.000    .2755702   .4571794
      lft4000    .2808559    .0626577    4.48   0.000    .1580491   .4036628
      rght500    .343251     .0528285    6.50   0.000    .2397091   .446793
     rght1000    .4114209    .0374312   10.99   0.000    .3380571   .4847846
     rght2000    .3115483    .0551475    5.65   0.000    .2034612   .4196354
     rght4000    .2542212    .066068     3.85   0.000    .1247303   .3837121
Comp2
       lft500   -.3169638    .067871    -4.67   0.000   -.4499885  -.1839391
      lft1000   -.225464     .0669887   -3.37   0.001   -.3567595  -.0941686
      lft2000    .2385933    .1079073    2.21   0.027    .0270989   .4500877
      lft4000    .4741545    .0967918    4.90   0.000    .284446    .6638629
      rght500   -.3860197    .0803155   -4.81   0.000   -.5434352  -.2286042
     rght1000   -.2317725    .0674639   -3.44   0.001   -.3639994  -.0995456
     rght2000    .317059     .1215412    2.61   0.009    .0788427   .5552752
     rght4000    .5135121    .0951842    5.39   0.000    .3269544   .7000697

LR test for independence:      chi2(28) =   448.21  Prob > chi2 = 0.0000
LR test for    sphericity:     chi2(35) =   451.11  Prob > chi2 = 0.0000

Explained variance by components
  Components  Eigenvalue  Proportion  SE_Prop  Cumulative  SE_Cum    Bias
       Comp1   3.929005     0.4911    0.0394    0.4911    0.0394   .056663
       Comp2   1.618322     0.2023    0.0271    0.6934    0.0273   .015812
       Comp3   .9753248     0.1219    0.0178    0.8153    0.0175  -.014322
       Comp4   .4667822     0.0583    0.0090    0.8737    0.0127   .007304
       Comp5   .34009       0.0425    0.0066    0.9162    0.0092   .026307
       Comp6   .3158912     0.0395    0.0062    0.9557    0.0055  -.057717
       Comp7   .2001111     0.0250    0.0040    0.9807    0.0031  -.013961
       Comp8   .1544736     0.0193    0.0031    1.0000    0.0000  -.020087
```

图 13-19　输出结果

此处，主成分分析如同一个估计命令，输出被组织在不同的方程中。第 1 个方程包含特征值，第 2 个方程名为 Comp1，是第 1 个主成分等。

主成分分析报告了特征值的标准误。到目前为止，在应用研究中测试特征值可能比较少见，但对结果的解释应考虑稳定性。如果看到标准误是 0.56，那么将第一个特征值报告为 3.929 是没有意义的。主成分分析还报告了主成分的标准误，并估计了协方差。

在命令窗口中输入：

. screeplot　　　　　　　//绘制碎石图

输出结果如图 13-20 所示。碎石图的纵坐标为特征值，横坐标为公因子。位于特征值等于 1 处的水平线标示了保留主成分常用的分界点。从图 13-20 中可以看出前两个公因子的特征值较大（皆大于 1）。

在命令窗口中输入：

. screeplot, ci(asymptotic)　　//绘制具有95%的置信水平的渐进置信区间的碎石图

输出结果如图 13-21 所示。图 13-21 给出了在原始特征值 95%的置信区间内的特征值分布图，表明了特征值可能的取值范围。

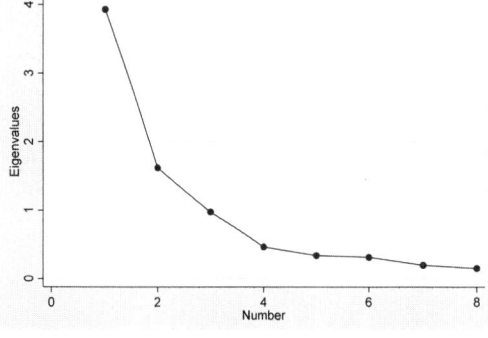

图 13-20　输出结果

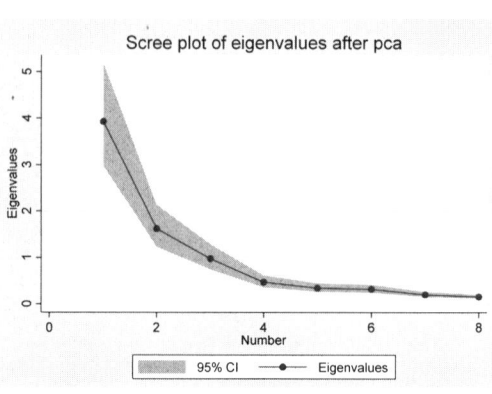

图 13-21　输出结果

在命令窗口中输入：

```
. scoreplot                           //绘制得分图
```

输出结果如图 13-22 所示。得分图描述了主成分分析之后各得分向量的散点图。

在命令窗口中输入：

```
. loadingplot                         //绘制载荷图
```

输出结果如图 13-23 所示。从载荷图中可以看出第 1 个主成分和第 2 个主成分。

图 13-22　输出结果

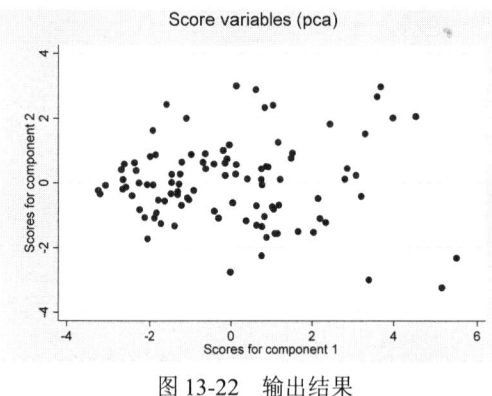

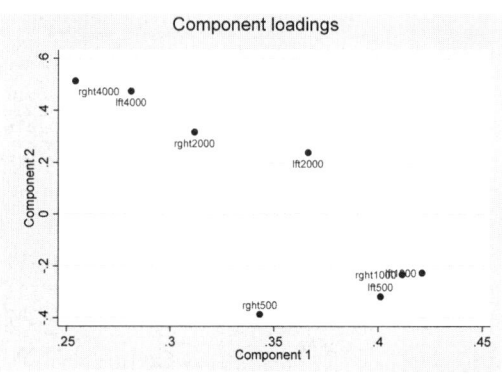

图 13-23　输出结果

13.2　因子分析

本节首先介绍因子分析基本理论，其次介绍如何在 Stata 中实现因子分析。

13.2.1　因子分析基本理论

1. 因子分析的数学模型

一般地，假设对 n 个样本观测了 m 个指标 $X_1, X_2, \cdots, X_m$，得到的观测数据如表 13-1 所示。通过分析各指标 $X_1, X_2, \cdots, X_m$ 之间的相关性，找出起支配作用的潜在因素——公

因子 $F_1, F_2, \cdots, F_q$（$q \leqslant m$），使得这些公因子可以解释各指标之间的相关性。

设各指标 X_i 为标准化指标，建立模型：
$$\begin{cases} X_1 = a_{11}F_1 + a_{12}F_2 + \cdots + a_{1q}F_q + e_1 \\ X_2 = a_{21}F_1 + a_{22}F_2 + \cdots + a_{2q}F_q + e_2 \\ \cdots\cdots \\ X_m = a_{m1}F_1 + a_{m2}F_2 + \cdots + a_{mq}F_q + e_m \end{cases}$$

令
$$X = \begin{pmatrix} X_1 \\ X_2 \\ \vdots \\ X_m \end{pmatrix},\ A = \begin{pmatrix} a_{11} & a_{12} & \cdots & a_{1q} \\ a_{21} & a_{22} & \cdots & a_{2q} \\ \vdots & \vdots & & \vdots \\ a_{m1} & a_{m2} & \cdots & a_{mq} \end{pmatrix},\ F = \begin{pmatrix} F_1 \\ F_2 \\ \vdots \\ F_q \end{pmatrix},\ e = \begin{pmatrix} e_1 \\ e_2 \\ \vdots \\ e_m \end{pmatrix}$$

则模型可写成矩阵形式：
$$X = AF + e$$

（1）各指标 X_i 的均值为 0，方差为 1（$\bar{X}_i = 0$，$s_i^2 = 1$）；各公因子 F_j 的均值为 0，方差为 1（$\bar{F}_j = 0$，$s_{F_j}^2 = 1$）；各特殊因子 e_i 的均值为 0，方差为 σ_i^2（$\bar{e}_i = 0$，$s_{e_i}^2 = \sigma_i^2$）。

（2）各公因子之间的相关系数为 0，即 $r_{F_i, F_j} = 0$；各特殊因子之间的相关系数为 0，即 $r_{e_i, e_j} = 0$；各公因子与各特殊因子之间的相关系数为 0，即 $r_{F_j, e_i} = 0$。

原始指标向量 X 的协方差矩阵 Σ_X 为相关矩阵，公因子向量 F 的协方差矩阵（此时为相关矩阵）Σ_F 为单位阵，特殊因子向量 e 的协方差矩阵 Σ_e 为对角矩阵，有

$$\Sigma_X = R_X,\ \Sigma_F = R_F = I_{q \times q},\ \Sigma_e = \begin{pmatrix} \sigma_1^2 & & & \\ & \sigma_2^2 & & \\ & & \ddots & \\ & & & \sigma_m^2 \end{pmatrix}$$

由此可知，求公因子就是求满足上述条件的 $m \times q$ 阶矩 $A_{m \times q}$。

2．因子模型的性质

由条件（1）、（2）可知，X 的协方差矩阵为
$$\Sigma_X = E(AF + e)(AF + e)^{\mathrm{T}} = AA^{\mathrm{T}} + \Sigma_e$$

下面介绍矩阵 A 的统计意义。

（1）公共度。

由以上公式可得
$$\begin{cases} X_i = \sum_{k=1}^{q} a_{ik} F_k + e_i \\ 1 = \mathrm{Var}\left(X_i = \sum_{k=1}^{q} a_{ik}^2 + \sigma_i^2\right) \end{cases},\ i = 1, 2, \cdots, m$$

记 $h_i^2 = \sum_{k=1}^{q} a_{ik}^2$，则有 $1 = h_i^2 + \sigma_i^2$，$i = 1, 2, \cdots, m$。h_i^2 的大小反映了全体公因子对原始指标 X_i 的影响，其被称为公共度或共性方差。

① 当 $h_i^2 = 1$ 时，$\sigma_i^2 = 0$，即 X_i 只由公因子的线性组合来表示，而与特殊因子无关。

② 当 h_i^2 接近 0 时，表明原始指标 $X_1, X_2, \cdots, X_m$ 受公因子的影响不大，主要由特殊因子来描述。

因此，公共度 h_i^2 反映了原始指标 X_i 对所有公因子的依赖程度。

（2）因子贡献及因子方差贡献率。

下面考虑指定的一个公因子 F_j 对各原始指标的影响。矩阵 A 中第 j 列元素 $g_j^2 = \sum_{i=1}^{m} a_{ij}^2$ 反映了第 j 个公因子 F_j 对所有原始指标的影响，称 g_j^2 为公因子 F_j 对所有原始指标的贡献。显然，g_j^2 的值越大，F_j 对原始指标的影响就越大。

注意到在指标标准化后，全部原始指标的总方差为指标个数 m，故称

$$\frac{g_j^2}{m} = \frac{\sum_{i=1}^{m} a_{ij}^2}{m}$$

为公因子 F_j 对原始指标的方差贡献率。

（3）因子载荷及因子载荷矩阵。

由上述分析可得，原始指标 X_i 与公因子 F_j 之间的协方差为

$$\mathrm{Cov}(X_i, F_j) = \sum_{k=1}^{q} a_{ik} \mathrm{Cov}(F_k, F_j) + \mathrm{Cov}(e_i, F_j) = a_{ij}$$

由于假定各原始指标与各公因子的方差均为 1，所以有

$$a_{ij} = r_{X_i, F_j}$$

即 a_{ij} 就是 X_i 与 F_j 之间的相关系数。

显然，a_{ij} 作为 X_i 与 F_j 之间的相关系数，反映了 X_i 与 F_j 之间相互联系的密切程度。另外，a_{ij} 作为公因子的系数，又体现了原始指标 X_i 的信息在公因子 F_j 上的反映，因此称 a_{ij} 为原始指标 X_i 在公因子 F_j 上的因子载荷，而称矩阵 $A = (a_{ij})_{m \times q}$ 为因子载荷矩阵。

3. 因子载荷矩阵的求解

若已知原始指标的相关矩阵 R_X 和 Σ_e，则

$$R_X - \Sigma_e = AA^\mathrm{T}$$

记 $R^* = R_X - \Sigma_e = (r_{ij}^*)_{m \times m}$，称 R^* 为约相关矩阵。

> **注意**：R^* 中对角线上的元素是 h_i^2 而不是 1，非对角线上的元素则与 R_X 完全一样。

现在依次求出矩阵 A 的各列元素，使各因子贡献按如下顺序排列：

$$g_1^2 \geqslant g_2^2 \geqslant \cdots \geqslant g_q^2$$

由于 $\boldsymbol{R}^* = (r_{ij}^*) = \boldsymbol{A}\boldsymbol{A}^{\mathrm{T}}$，所以有

$$r_{ij}^* = \sum_{k=1}^{q} a_{ik} a_{jk}, \quad i,j = 1,2,\cdots,m$$

欲求矩阵 $\boldsymbol{A}$ 的第 1 列元素 $a_{11}, a_{21}, \cdots, a_{m1}$，可使 $g_1^2 = a_{11}^2 + a_{21}^2 + \cdots + a_{m1}^2$ 达到最大。这是一个条件极值问题，按条件极值的求解法可得

$$\begin{pmatrix} r_{11}^* & r_{12}^* & \cdots & r_{1m}^* \\ r_{21}^* & r_{22}^* & \cdots & r_{2m}^* \\ \vdots & \vdots & & \vdots \\ r_{m1}^* & r_{m2}^* & \cdots & r_{mm}^* \end{pmatrix} \begin{pmatrix} a_{11} \\ a_{21} \\ \vdots \\ a_{m1} \end{pmatrix} = g_1^2 \begin{pmatrix} a_{11} \\ a_{21} \\ \vdots \\ a_{m1} \end{pmatrix}$$

这表明 g_1^2 是约相关矩阵 $\boldsymbol{R}^*$ 的（最大）特征值，$\boldsymbol{a}_1 = (a_{11}, a_{21}, \cdots, a_{m1})^{\mathrm{T}}$ 是 g_1^2 所对应的特征向量。

若取约相关矩阵 $\boldsymbol{R}^*$ 的最大特征值 $\lambda_1 (= g_1^2)$ 及 λ_1 所对应的单位特征向量 $\boldsymbol{l}_1$（$m \times 1$ 阶列向量），则 $\boldsymbol{l}_1$ 不能满足 $\boldsymbol{l}_1^{\mathrm{T}} \boldsymbol{l}_1 = \lambda_1$ 的条件（因为 $\boldsymbol{l}_1^{\mathrm{T}} \boldsymbol{l}_1 = 1$）。但由特征值与特征向量的关系知，对于任意常数 c，$c\boldsymbol{l}_1$ 还是 λ_1 的特征向量，故只需取 $\boldsymbol{a}_1 = \sqrt{\lambda_1} \boldsymbol{l}_1$，则有 $\boldsymbol{a}_1^{\mathrm{T}} \boldsymbol{a}_1 = \lambda_1 \boldsymbol{l}_1^{\mathrm{T}} \boldsymbol{l}_1 = \lambda_1 = g_1^2$，故 $\boldsymbol{a}_1 = \sqrt{\lambda_1} \boldsymbol{l}_1$ 满足要求。

类似地，可求得 $g_2^2 = \lambda_2$，$\boldsymbol{a}_2 = \sqrt{\lambda_2} \boldsymbol{l}_2$。一般地，有 $g_j^2 = \lambda_j$，$\boldsymbol{a}_j = \sqrt{\lambda_j} \boldsymbol{l}_j$，$j = 1, 2, \cdots, q$（注意：由于 $\boldsymbol{R}^*$ 是非负定矩阵，且 $\boldsymbol{R}^*$ 的秩为 q，所以 $\boldsymbol{R}^*$ 只有前 q 个特征值大于 0，即 $\lambda_1 \geqslant \lambda_2 \geqslant \cdots \geqslant \lambda_q > 0$），从而得

$$\boldsymbol{A} = \left(\sqrt{\lambda_1} \boldsymbol{l}_1 \sqrt{\lambda_2} \boldsymbol{l}_2 \cdots \sqrt{\lambda_q} \boldsymbol{l}_q \right)_{m \times q}$$

$\boldsymbol{A}$ 就是要求的解。

上面求解过程的前提是原始指标的相关矩阵及特殊因子的协方差矩阵 $\boldsymbol{R}_X$ 和 $\boldsymbol{\Sigma}_e$ 均已知，但对于一个实际问题，通常只有 $\boldsymbol{R}_X$ 已知，而 $\boldsymbol{\Sigma}_e$ 则是未知的。因此，在实际问题中欲建立因子分析模型，必须对约相关矩阵 $\boldsymbol{R}^*$ 进行估计。

由于约相关矩阵 $\boldsymbol{R}^*$ 与相关矩阵 $\boldsymbol{R}_X$ 除主对角线上的元素以外是完全相同的，因此只需对 $\boldsymbol{R}^*$ 的主对角线上的元素进行估计，估计方法不同，因子分析方法就不同。下面介绍两种常用的约相关矩阵 $\boldsymbol{R}^*$ 的估计方法。

（1）主成分解。取 $h_i^2 = 1$，这时 $\boldsymbol{R} = \boldsymbol{R}_X$，进行分析的结果即主成分分析的结果，按相应规则保留一定数目的主成分，所得主成分就是公因子。这样所得到的解称为因子分析的主成分解。

（2）主因子解。先估计 h_i^2，一般可采用以下方法。

① h_i^2 取第 i 个指标与其他所有指标的多元复相关系数的平方。

② h_i^2 取 $\boldsymbol{R}_X$ 的第 i 行上各相关系数绝对值的最大值（主对角线上的元素除外）。

③ 确定 $\boldsymbol{R}_X$ 的第 i 行上最大的两个值（主对角线上的元素除外），如第 i 行上最大的两

个相关系数为 r_{ik} 和 r_{il}，取 $h_i^2 = \dfrac{r_{ik} r_{il}}{r_{kl}}$。

④取 $h_i^2 = 1$，它等价于主成分解。

⑤由分析者自行确定。

然后由此估计出约相关矩阵，并进行因子分析的计算，所得结果即主因子解。

> **注意** 公因子的主成分解和主因子解实际上均为近似解，为了得到近似程度更好的解，常常采用迭代法，即将上述 h_i^2 的各种取值视为公共度的初始估计值，求得的因子载荷矩阵 A 则为初始解，由解得的 A，按 $h_i^2 = \sum\limits_{k=1}^{q} a_{ik}^2$ 计算出公共度，重复上述步骤，直到解稳定为止。

此外，还可以用极大似然法来估计因子载荷矩阵。假定公因子 F 和特殊因子 e 服从正态分布，则可以利用迭代方法求得因子载荷矩阵 A 和特殊因子协方差矩阵 Σ_e 的极大似然估计 $\hat{A}$ 与 $\hat{\Sigma}_e$，所得的解被称为公因子的极大似然解。该方法需要进行较多的计算，有时还可能不收敛，但所获得的结果具有较好的统计性质。

4．主要计算步骤

（1）搜集原始数据并整理为如表 13-1 所示的形式。

（2）对各指标进行标准化。

（3）求指标间的相关系数矩阵。

（4）求指标间的约相关矩阵 R^*。

① R^* 的非对角线上的元素与相关矩阵 R_X 的非对角线上的元素相等，即

$$r_{ij}^* = r_{ij}, \quad i \neq j$$

② R^* 的对角线上的元素为公共度 h_i^2，即 $r_{ii}^* = h_i^2$。由此可得

$$R^* = \begin{pmatrix} h_1^2 & r_{12} & \cdots & r_{1m} \\ r_{21} & h_2^2 & \cdots & r_{2m} \\ \vdots & \vdots & & \vdots \\ r_{m1} & r_{m2} & \cdots & h_m^2 \end{pmatrix}$$

（5）求出约相关矩阵 R^* 所有大于 0 的特征值及对应的特征向量。

先由 R^* 的特征方程

$$|R^* - \lambda I| = 0$$

求得 m 个特征值，取前 q 个大于 0 的，并按从大到小的顺序排列，即

$$\lambda_1 \geqslant \lambda_2 \geqslant \cdots \geqslant \lambda_q > 0$$

再由矩阵方程

$$(R^* - \lambda_j I) l_j = \mathbf{0}_{m \times 1}, \quad j = 1, 2, \cdots, q$$

求得各 λ_j 所对应的特征向量 l_j，并将 l_j 单位化，仍记为 l_j。

(6) 写出因子载荷矩阵 A，并得出原始指标向量 X 的公因子表达式：

$$A = \left(\sqrt{\lambda_1}l_1 \sqrt{\lambda_2}l_2 \cdots \sqrt{\lambda_q}l_q\right)_{m\times q} = \begin{pmatrix} a_{11} & a_{12} & \cdots & a_{1q} \\ a_{21} & a_{22} & \cdots & a_{2q} \\ \vdots & \vdots & & \vdots \\ a_{m1} & a_{m2} & \cdots & a_{mq} \end{pmatrix}$$

$$\begin{cases} X_1 = a_{11}F_1 + a_{12}F_2 + \cdots + a_{1q}F_q \\ X_2 = a_{21}F_1 + a_{22}F_2 + \cdots + a_{2q}F_q \\ \cdots\cdots \\ X_m = a_{m1}F_1 + a_{m2}F_2 + \cdots + a_{mq}F_q \end{cases}$$

注意 这里得到的原始指标向量 X 的公因子表达式实际上仍是近似的。

根据因子模型的性质及因子载荷矩阵的求解过程可知，在进行因子分析时总希望：
（1）保留的公因子个数 q 远小于原始指标个数 m，一般按以下原则来确定。
①若 $\lambda_j \geqslant 1$，则保留其对应的公因子。
②若前 k 个公因子的累计贡献率达到某个特定的值（一般以大于70%为宜），则保留前 k 个公因子，使 m 个原始指标的总方差基本上能被所保留的公因子解释。
（2）各公共度 h_i^2（$i=1,2,\cdots,m$）接近1，即各原始指标 X_i 的方差绝大部分能被所保留的公因子解释。
（3）各原始指标在同一公因子 F_j 上的因子载荷的绝对值 $|a_{ij}|$（$i=1,2,\cdots,m$）之间的差别应尽可能大，使得公因子 F_j 的意义主要由一个或几个 $|a_{ij}|$ 大的原始指标表达。

5. 因子旋转

建立因子分析模型不仅可以找出公因子，还可以了解各公因子的意义，以便对实际问题进行分析。在很多情况下，因子分析的主成分解、主因子解与极大似然解中的各公因子的典型代表变量并不是很突出，容易使各公因子的专业意义难以解释，从而达不到因子分析的主要目的。

对于该问题，可以通过因子旋转来解决。数学上可以证明，对任一正交阵 T，若 F 是公因子，则 $T^\mathrm{T}F$ 仍是公因子；若矩阵 A 是一个因子载荷矩阵，则 AT 仍是因子载荷矩阵。从这个意义上讲，因子分析的解是不唯一的。

在实际工作中，如果求得的因子载荷矩阵 A 不甚理想，则可右乘一个正交阵 T，使 AT 能有更好的实际意义。这种变换因子载荷矩阵的方法，称为因子轴的正交旋转（或因子正交旋转）。

正交旋转具有下列性质：①保持各指标的公共度不变；②旋转后所得的公因子保持互不相关。

可以按不同的原则来求得正交变换矩阵，相应地有不同的正交旋转方法。常用的是方差最大法（Varimax），该方法通过旋转使每个公因子上因子载荷的平方向 0 和 1 两极分化，造成尽可能大的差别，以使各公因子尽可能支配不同的原始指标，从而使各公因子具有较为清晰的专业意义。其他的正交旋转还有四次方最大旋转（Quartimax）、均方最大旋转（Equamax）等。

除正交旋转以外，有时还可进行斜交旋转，即 $A \to AP$，P 不限于正交阵，但要求 P 为满秩矩阵。斜交旋转不能保证各公因子的互不相关性，且对因子载荷的解释要复杂得多，但在加大因子载荷平方的差别上取得的效果一般要比正交旋转取得的效果好。

13.2.2 Stata 实现

在 Stata 中，实现因子分析的命令为 factor、factormat，其语法格式为：

```
factor varlist [if] [in] [weight] [,method options]       //数据的因子分析
factormat matname, n(#) [method options factormat_options]  //相关矩阵或协方差矩阵的因子分析
```

其中，varlist 为参与因子分析的变量列表；matname 为参与因子分析的相关矩阵或协方差矩阵；method 用于设置因子分析的方法类型，如表 13-11 所示；options 选项含义如表 13-12 所示；factormat_options 选项含义同 pcamat 命令中的 pcamat_options 选项含义。

表 13-11 方法类型

方法类型	含　义	方法类型	含　义
pf	主因子法	ipf	迭代公因子方差的主因子法
pcf	主成分因子法	ml	最大似然因子法

表 13-12 options 选项含义

选　项	含　义
factors(#)	设置需要保留的因子的最大数量#
mineigen(#)	设置临界特征值，系统将仅保留特征值大于临界值#的因子
citerate(#)	设置重新估计公因子方差的迭代次数#，仅适用于迭代公因子方差的主因子法 ipf
blanks(#)	当载荷值小于括号内设置的临界值#时，将因子载荷显示为空白
altdivisor	使用相关系数矩阵的迹作为计算贡献率的除数
protect(#)	设置最大似然因子法的初始值#，不使用随机初始值，仅适用于最大似然因子法 ml，输出结果会显示是否所有初始值都收敛到相同的解，当指定一个很大的值（如50）时，会合理保证找到的解决方案是全局的，而不是局部最大值
random	使用随机初始值，仅适用于最大似然因子法 ml
seed(seed)	使用随机数种子，仅适用于最大似然因子法 ml
norotated	显示未旋转的结果

13.2.3 因子分析的其他命令

1. 恰当性检验

在进行因子分析之前，需要判断原始变量是否适合进行因子分析，Stata 提供了因子分析的恰当性检验方法，包括 KMO、SMC 等。在进行因子分析之后，通过 estat 命令可以显示估计的数值与矩阵变量的统计量，如表 13-13 所示。

表 13-13　estat 命令

命　令	含　义
estat anti	显示反映像相关矩阵与反映像协方差矩阵
estat common	公因子的相关系数矩阵
estat factors	给出不同因子个数模型的 AIC、BIC
estat kmo	KMO 抽样精度
estat residuals	相关系数矩阵与协方差矩阵残差
estat rotatecompare	比较未旋转的主成分和旋转的主成分
estat smc	复相关系数平方
estat structure	变量与公因子间的相关系数
estat summarize	基本描述性统计指标

碎石图、得分图、载荷图、因子旋转相关命令与主成分分析中相同,这里不再赘述。

2. 因子得分

Stata 可以通过 predict 命令预测变量得分、拟合值和残差,其语法格式为:

predict [type] {stub* | newvarlist} [if] [in] [, statistic options]

其中,statistic 选项含义如表 13-14 所示;options 选项含义如表 13-15 所示。

表 13-14　statistic 选项含义

选　项	含　义
regression	回归得分法
bartlett	Bartlett 得分法

表 13-15　options 选项含义

选　项	含　义
norotated	利用未旋转的结果进行估计
notable	不显示得分系数表
format(%fmt)	得分系数的显示格式

13.2.4　应用示例

【例 13-6】根据数据集 bg2.dta（关于不同背景的人就医成本的数据集）分析医生对成本的态度。该数据集中包含 568 名医生针对 6 个关于成本的问题的问卷调查结果数据,数据按五分制进行编码,其中 1 表示"同意",5 表示"不同意"。

在命令窗口中输入:

```
. use D:\DingJB\Stata\bg2, clear
(Physician-cost data)
. describe                    //输出结果略
. factor bg2cost1-bg2cost6    //执行因子分析
```

输出结果如图 13-24 所示。分析结果中只保留了前 3 个因子,这是因为与其余因子相关的特征值为负值。根据默认准则 mineigen(0),一个因子必须具有大于 0 的特征值才能被保留。通过指定 mineigen(#)可以将阈值设置得更高。

```
. factor bg2cost1-bg2cost6
(obs=568)

Factor analysis/correlation              Number of obs    =    568
   Method: principal factors             Retained factors =      3
   Rotation: (unrotated)                 Number of params =     15

    Factor   |  Eigenvalue   Difference     Proportion   Cumulative
   ----------+------------------------------------------------------
    Factor1  |    0.85389      0.31282         1.0310       1.0310
    Factor2  |    0.54107      0.51786         0.6533       1.6844
    Factor3  |    0.02321      0.17288         0.0280       1.7124
    Factor4  |   -0.14967      0.03951        -0.1807       1.5317
    Factor5  |   -0.18918      0.06197        -0.2284       1.3033
    Factor6  |   -0.25115           .         -0.3033       1.0000

LR test: independent vs. saturated: chi2(15) =  269.07 Prob>chi2 = 0.0000

Factor loadings (pattern matrix) and unique variances

    Variable |   Factor1    Factor2    Factor3  |  Uniqueness
   ----------+-------------------------------+-------------
    bg2cost1 |   0.2470     0.3670    -0.0446 |    0.8023
    bg2cost2 |  -0.3374     0.3321    -0.0772 |    0.7699
    bg2cost3 |  -0.3764     0.3756     0.0204 |    0.7169
    bg2cost4 |  -0.3221     0.1942     0.1034 |    0.8479
    bg2cost5 |   0.4550     0.2479     0.0641 |    0.7274
    bg2cost6 |   0.4760     0.2364    -0.0068 |    0.7175
```

图 13-24　输出结果

尽管分析结果中选择保留 3 个因子，但通过数据分析发现只有前两个因子有意义。其中，第 1 个因子似乎描述了医生对成本的平均立场，因为它"积极"地影响了医生对所有问题的回答（如因子载荷表第一列中的符号所示），说"积极"是因为其中 3 个符号是负的。

查看 describe 结果可以发现，bg2cost2、bg2cost3 和 bg2cost4 上的响应是反向的。也就是说，如果医生认为费用不应该对医疗产生重大影响，则可能不同意这 3 项，而同意其他 3 项。

第 2 个因子对所有 6 个项目都有积极的影响，可以被解释为描述医生同意任何听起来不错的想法的倾向。从统计的角度来看，建议保留第 2 个因子，而从实质的角度来说，应该放弃它。

Uniqueness 列是变量方差的百分比，这些方差不是由共同因子解释的。Uniqueness 可以是纯粹的测量误差，也可以代表在特定变量中可靠测量的量，但不能由任何其他变量测量。Uniqueness 越大，就越有可能不仅仅是测量误差，大于 0.6 的值通常被认为是比较大的。该问题中的所有变量甚至都大于 0.71。Uniqueness 很大，这些因子就不能很好地解释变量。

在因子分析中，由于负特征值，因此特征值的累计比例超过了 1.0。在默认情况下，使用所有特征值的总和作为除数来计算比例和累计比例。而利用 altdivisor 选项可以使用相关系数矩阵的迹作为除数来显示比例和累计比例。在资料来源中，对于采用哪一个作为除数并没有共识，因此两者都可采用。

在命令窗口中输入：

. factor, altdivisor　　　　　　　　//使用相关系数矩阵的迹作为计算贡献率的除数

输出结果如图 13-25 所示。factor 为因子模型提供了几种可供选择的估计策略。在拟合第 1 个模型时，没有指定任何选项，因此获得的是主因子解。

```
. factor, altdivisor

Factor analysis/correlation              Number of obs    =     568
    Method: principal factors            Retained factors =       3
    Rotation: (unrotated)                Number of params =      15

    Factor    Eigenvalue   Difference    Proportion   Cumulative

    Factor1     0.85389     0.31282         0.1423      0.1423
    Factor2     0.54107     0.51786         0.0902      0.2325
    Factor3     0.02321     0.17288         0.0039      0.2364
    Factor4    -0.14967     0.03951        -0.0249      0.2114
    Factor5    -0.18918     0.06197        -0.0315      0.1799
    Factor6    -0.25115        .           -0.0419      0.1380

LR test: independent vs. saturated:  chi2(15) = 269.07 Prob>chi2 = 0.0000

Factor loadings (pattern matrix) and unique variances

    Variable   Factor1    Factor2    Factor3    Uniqueness

    bg2cost1    0.2470     0.3670    -0.0446      0.8023
    bg2cost2   -0.3374     0.3321    -0.0772      0.7699
    bg2cost3   -0.3764     0.3756     0.0204      0.7169
    bg2cost4   -0.3221     0.1942     0.1034      0.8479
    bg2cost5    0.4550     0.2479     0.0641      0.7274
    bg2cost6    0.4760     0.2364    -0.0068      0.7175
```

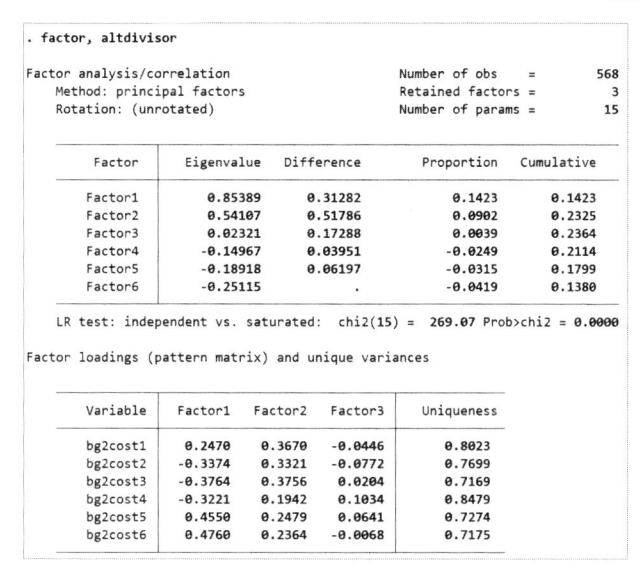

图 13-25　输出结果

在命令窗口中输入：

. factor bg2cost1-bg2cost6, pcf　　　　//主成分因子法

输出结果如图 13-26 所示。主成分因子模型基于唯一性为 0 的假设，可以发现，在两个因子之后还有相当大的可变性，因此主成分因子是不合适的，应该使用其他方法。

```
. factor bg2cost1-bg2cost6, pcf
(obs=568)

Factor analysis/correlation              Number of obs    =     568
    Method: principal-component factors  Retained factors =       2
    Rotation: (unrotated)                Number of params =      11

    Factor    Eigenvalue   Difference    Proportion   Cumulative

    Factor1     1.70622     0.30334         0.2844      0.2844
    Factor2     1.40288     0.49422         0.2338      0.5182
    Factor3     0.90865     0.18567         0.1514      0.6696
    Factor4     0.72298     0.05606         0.1205      0.7901
    Factor5     0.66692     0.07456         0.1112      0.9013
    Factor6     0.59236        .            0.0987      1.0000

LR test: independent vs. saturated:  chi2(15) = 269.07 Prob>chi2 = 0.0000

Factor loadings (pattern matrix) and unique variances

    Variable   Factor1    Factor2    Uniqueness

    bg2cost1    0.3581     0.6279      0.4775
    bg2cost2   -0.4850     0.5244      0.4898
    bg2cost3   -0.5326     0.5725      0.3886
    bg2cost4   -0.4919     0.3254      0.6521
    bg2cost5    0.6238     0.3962      0.4539
    bg2cost6    0.6543     0.3780      0.4290
```

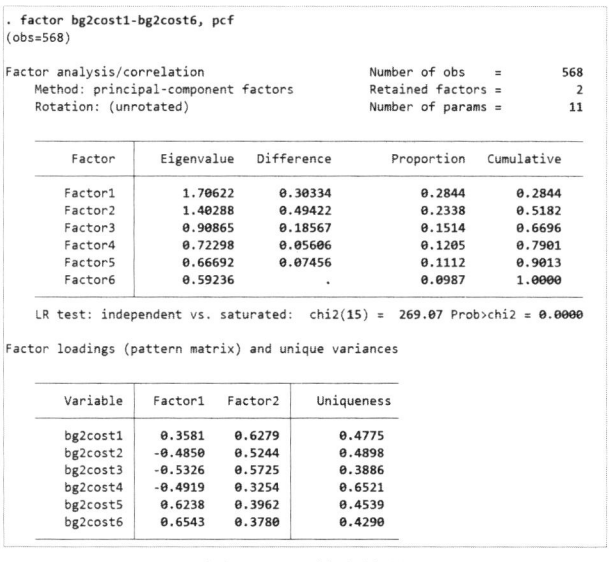

图 13-26　输出结果

在命令窗口中输入：

. factor bg2cost1-bg2cost6, ipf　　　　//使用迭代公因子方差的主因子法拟合模型

输出结果如图 13-27 所示。可以发现输出结果中保留了太多因素，与主因子或主成分因子不同，在此不能简单地忽略不必要的因素，因为不确定性是根据数据重新估计的，取决于保留因子的数量。

```
. factor bg2cost1-bg2cost6, ipf
(obs=568)
Factor analysis/correlation              Number of obs    =      568
    Method: iterated principal factors   Retained factors =        5
    Rotation: (unrotated)                Number of params =       15

    Factor    Eigenvalue   Difference      Proportion   Cumulative
    Factor1      1.08361      0.31752          0.5104       0.5104
    Factor2      0.76609      0.53816          0.3608       0.8712
    Factor3      0.22793      0.19469          0.1074       0.9786
    Factor4      0.03324      0.02085          0.0157       0.9942
    Factor5      0.01239      0.01256          0.0058       1.0001
    Factor6     -0.00017            .         -0.0001       1.0000

LR test: independent vs. saturated:  chi2(15) =  269.07 Prob>chi2 = 0.0000

Factor loadings (pattern matrix) and unique variances

    Variable   Factor1   Factor2   Factor3   Factor4   Factor5   Uniqueness
    bg2cost1    0.2471    0.4059   -0.1349   -0.1303    0.0288       0.7381
    bg2cost2   -0.4040    0.3959   -0.2636    0.0349    0.0040       0.6093
    bg2cost3   -0.4479    0.4570    0.1290    0.0137   -0.0564       0.5705
    bg2cost4   -0.3327    0.1943    0.2655    0.0091    0.0810       0.7744
    bg2cost5    0.5294    0.3338    0.2161   -0.0134   -0.0331       0.5604
    bg2cost6    0.5174    0.2943   -0.0801    0.1208    0.0265       0.6240
```

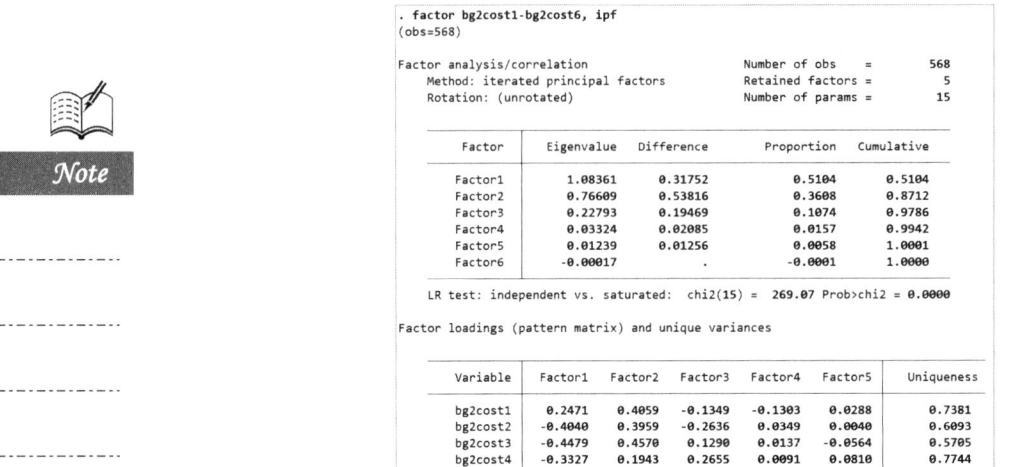

图 13-27 输出结果

在命令窗口中输入：

. factor bg2cost1-bg2cost6, ipf factors(2) blanks(.30)

输出结果如图 13-28 所示。将该模型和保留 5 个因子的前一个模型的输出结果进行比较可以发现，这些结果没有太大差异。

```
. factor bg2cost1-bg2cost6, ipf factors(2) blanks(.30)
(obs=568)
Factor analysis/correlation              Number of obs    =      568
    Method: iterated principal factors   Retained factors =        2
    Rotation: (unrotated)                Number of params =       11

    Factor    Eigenvalue   Difference      Proportion   Cumulative
    Factor1      1.03954      0.30810          0.5870       0.5870
    Factor2      0.73144      0.60785          0.4130       1.0000
    Factor3      0.12359      0.11571          0.0698       1.0698
    Factor4      0.00788      0.03656          0.0045       1.0743
    Factor5     -0.02867      0.07418         -0.0162       1.0581
    Factor6     -0.10285            .         -0.0581       1.0000

LR test: independent vs. saturated:  chi2(15) =  269.07 Prob>chi2 = 0.0000

Factor loadings (pattern matrix) and unique variances

    Variable   Factor1   Factor2   Uniqueness
    bg2cost1              0.3941       0.7937
    bg2cost2   -0.3590                 0.7827
    bg2cost3   -0.5189    0.4935       0.4872
    bg2cost4   -0.3230                 0.8699
    bg2cost5    0.4667    0.3286       0.6742
    bg2cost6    0.5179    0.3325       0.6212

(blanks represent abs(loading)<.3)
```

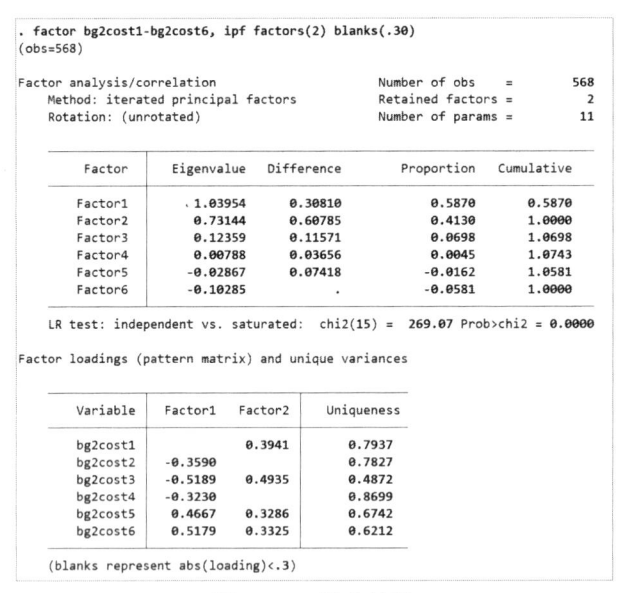

图 13-28 输出结果

在命令窗口中输入：

. screeplot   //绘制碎石图

输出结果如图 13-29 所示。碎石图的纵坐标为特征值，横坐标为公因子。位于特征值等于 1 处的水平线标示了保留主成分常用的分界点。从图 13-29 中可以看出，前两个公因子的特征值较大（皆大于 1）。

在命令窗口中输入：

. loadingplot   //绘制载荷图

输出结果如图 13-30 所示。从载荷图中可以看出第 1 个主成分和第 2 个主成分。

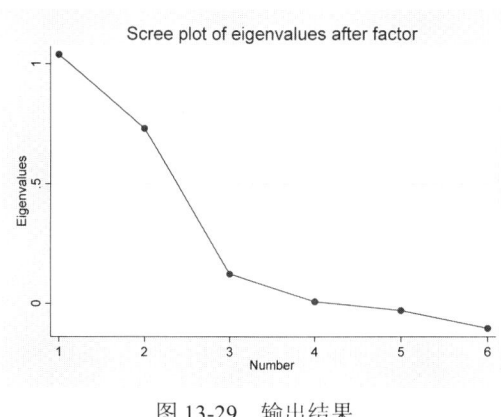

图 13-29　输出结果

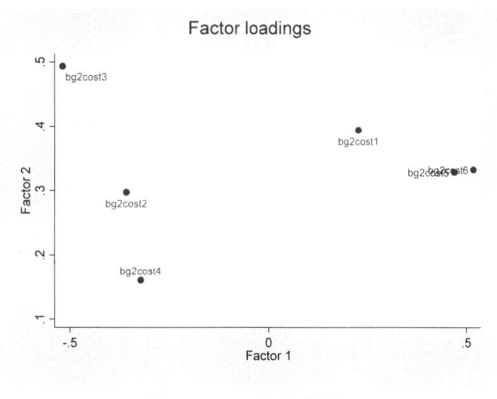

图 13-30　输出结果

13.3　本章小结

　　主成分分析和因子分析都是多元分析中实现降维处理的两种统计分析方法。只有当原始数据中的变量之间具有较强的相关关系时降维效果才会明显，否则不适合进行主成分分析和因子分析。主成分分析是指通过对原始自变量进行线性组合，形成综合指标，达到降维目标；因子分析是指保留原始自变量，挖掘其背后起到支配作用的不可观测的潜在变量（因子）。本章重点介绍了这两种统计分析方法在 Stata 中的实现，读者应熟练掌握它们，以解决统计分析中的问题。

第三部分 时间序列分析篇

第14章 时间序列分析初步

时间序列分析是一种动态数据处理的统计分析方法,是现代计量经济学的重要内容,广泛应用于经济、商业、社会问题研究,在指标预测中具有重要地位,是研究统计指标动态特征和周期特征及相关关系的重要方法。时间序列分析的主要特点是以时间的推移研究来预测市场需求趋势,不受其他外在因素的影响。但当遇到外界发生较大变化(如国家政策发生变化)的情况时,根据过去的数据进行预测,往往会有较大的偏差。

14.1 基本时间序列模型

时间序列分析是指将经济发展水平、购买力大小、销售变化量等同一变量的一组观测值按时间顺序加以排列,构成统计的时间序列,并运用一定的数字方法使其向外延伸,预计市场未来的发展变化趋势,确定市场预测值。

通常,人们用时间序列的观测时期代表的时间作为模型的解释变量,用来表示被解释变量随时间的自发变化趋势。这种变量叫作时间变量,也叫作趋势变量。

时间变量通常用 t 表示,其在用时间序列构建的计量经济模型中得到了广泛的应用。时间变量既可以单独作为一元线性回归模型中的解释变量,也可以作为多元线性回归模型中的一个解释变量,其对应的回归系数表示被解释变量随时间推移的变化趋势,时间变量也经常被用在预测模型中。

14.1.1 时间序列的构成因素

时间序列的构成是各种不同的因素对事物的发展变化共同起作用的结果。这些因素概括起来可以分为长期趋势变动因素、季节变动因素、循环变动因素和不规则变动因素4类。由此造成客观事物的变动呈现出4种不同的状态。

(1)长期趋势变动。长期趋势变动是在事物的发展过程中起着主要的、决定性的作用的因素，这类因素使事物长期沿着一定的方向发展，使事物的变化呈现出某种长期的变化趋势。例如，经济是持续增长的，表现为国内生产总值逐年增长的趋势。

（2）季节变动。季节变动又称季节波动，是指某些现象由于受自然条件和经济条件变动的影响，而在一年中随季节变动而发生有规律的变动。例如，蚊帐的销售量由于受季节变动的影响而呈现出淡、旺季交替变化的周期性变动；某些水果深加工企业由于受原材料生长季节的影响，其生产呈现周期性变动；等等。

（3）循环变动。循环变动是指一年以上的周期性变化，是从低到高再从高到低周而复始的一种有规律的变动。循环变动不同于长期趋势变动，不是沿着单一方向的持续变动，而是升降相间、涨落交替的变动。循环变动也不同于季节变动，季节变动有比较固定的变动规律，且变动周期长度在一年以内，而循环变动则无固定的变动规律，变动周期多在一年以上，且变动周期长短不一。

（4）不规则变动。不规则变动也称为随机漂移，属于序列中无法确切解释、无须解释的那些剩余变动。引起事物发生不规则变动的因素多是一些偶然因素，它们的影响使事物的发展变化呈现出无规律的、不规则的状态。

时间序列的构成因素分析要观察在一个相当长的时期内，各个因素的影响使事物的发展变化中出现的长期趋势变动、季节变动、循环变动和不规则变动。

构成时间序列的 4 类因素，按影响方式不同可以设定为不同的组合模型。其中，最常用的有以下两种。

乘法模型假定 4 类因素对事物的发展变化的影响是相互作用的，以长期趋势变动成分的绝对量为基础，其余量均以比率表示，可表示为

$$Y = T \cdot S \cdot C \cdot I$$

加法模型假定 4 类因素对事物的发展变化的影响是相互独立的，每个成分均以绝对量表示，可表示为

$$Y = T + S + C + I$$

式中，Y 为时间序列的指标数值；T 为长期趋势变动成分；S 为季节变动成分；C 为循环变动成分；I 为不规则变动成分。

14.1.2 时间序列长期趋势分析

通过测定和分析过去一段时间内事物的发展变化趋势，可以认识和掌握事物发展变化的规律，为统计预测提供必要的条件，同时也可以消除原有时间序列中长期趋势变动的影响，更好地研究季节变动和循环变动等问题。测定和分析长期趋势变动的主要方法是对时间序列进行修匀，常用方法有平滑方法（如移动平均法、指数平滑法）、时间回归法（趋势方程法）、Holt-Winters 平滑法等。

1. 移动平均法

移动平均法是指在原时间序列内依次求连续若干期的平均值作为其某一期的趋势值，如此逐项递移求得一系列的移动平均值，形成一个新的、派生的平均值时间序列。在新的时间序列中偶然因素的影响被削弱，从而呈现出事物在较长时间内的基本发展变

化趋势。

中心化移动平均法是指把时间序列连续 N 期的平均值作为 N 期的中间一期的趋势值。如果 N 为奇数，则把 N 期的移动平均值作为中间一期的趋势值；如果 N 为偶数，则应将移动平均值再进行一次两项移动平均，以调整趋势值的位置，使趋势值能对准某一时期，相当于对原时间序列进行一次 $N+1$ 项移动平均，首末两个数据的权重为 0.5，中间数据的权重为 1。

移动平均法的数学公式为

$$\hat{x}_t = \sum_{i=-l}^{f} \omega_i x_{t+i} \Bigg/ \sum_{i=-l}^{f} \omega_i$$

式中，$\hat{x}_t$ 为移动平均值，x_t 为要平滑的变量或表达式；f 为最长的领先期；l 为滤波的最长滞后期；ω_i 为权重。

移动平均法一般用来消除不规则变动的影响，对时间序列进行修匀，以观察时间序列的其他成分。如果移动平均的项数等于季节长度，则可以消除季节变动成分的影响；如果移动平均的项数等于平均周期长度的倍数，则可以消除循环变动的影响。

2. 指数平滑法

指数平滑法与移动平均法一样，具有将大部分随机效应消除的功能。它也是一种较为流行的平滑方法，是借助平滑技术消除时间序列中高低突变数值，得出一个趋势数列，据此对未来发展变化趋势的可能水平进行估计的一种预测方法。指数平滑法实际上是一种特殊的加权移动平均法，一般用于观测值具有长期趋势变动和季节变动的预测。

（1）一次指数平滑法。如果时间序列数据是围绕一个常数均值上下随机波动的，而不具有趋势性或季节性特征，那么可以通过一次指数平滑法对其进行拟合。从这个意义上讲，一次指数平滑法完全可以被理解为一种适应性预期方法。

一次指数平滑法可以被理解为一种几何加权移动平均法，权重几何递减，平滑系数决定了平滑时间序列对原时间序列均值变动的反应速度，平滑系数越大，反应速度越快。

（2）二次指数平滑法。二次指数平滑是指对一次指数平滑的再平滑，如果时间序列数据不是围绕一个常数均值上下波动的，而具有一定的线性趋势，那么可以通过二次指数平滑法对其进行拟合。

3. 时间回归法（趋势方程法）

时间回归法（趋势方程法）是指使用回归分析中的最小二乘法，以时间 t 或 t 的函数为自变量拟合趋势方程。趋势线的选择要根据散点图观察数据的特点，结合理论分析和经验确定，同时要比较不同回归模型的决定系数、估计标准误等指标。趋势方程可以使用回归分析中的最小二乘法进行估计。

4. Holt-Winters平滑法

如果时间序列数据不是围绕一个常数均值上下波动的，而呈现一定的季节变动，那么可以通过 Holt-Winters 平滑法对其进行拟合。

相对于二次指数平滑法，Holt-Winters 平滑法有两个平滑参数，通过最小化样本内预测误差平方和来获得估计值。

Holt-Winters 平滑法包括乘法 Holt-Winters 平滑法和加法 Holt-Winters 平滑法，分别适用于不同的场景。根据经验判断，当季节变动成分随时间的推移而增长时，采用乘法 Holt-Winters 平滑法更为合适；当季节变动成分不随时间的推移而增长时，采用加法 Holt-Winters 平滑法更为合适。

14.1.3 平稳性检验

在定义时间序列之前需要先定义随机过程，因为随机过程的一次实现为时间序列。由随机变量组成的一个有序序列称为随机过程，记为

$$\{x(s,t), s\in S, t\in T\}$$

式中，S 表示样本空间；T 表示序数集。对于每个 t，$t\in T$，$x(\cdot,t)$ 是样本空间 S 中的一个随机变量。对于每个 s，$s\in S$，$x(s,\cdot)$ 是随机过程在序数集 T 中的一次实现。

随机过程也常简称过程，简记为 $\{x_t\}$ 或 x_t，一般分为离散型随机过程和连续型随机过程两类：①当一个随机过程 $\{x_t\}$ 对任意的 $t\in T$ 都是一个连续型随机变量时，为连续型随机过程；②当一个随机过程 $\{x_t\}$ 对任意的 $t\in T$ 都是一个离散型随机变量时，为离散型随机过程。

下面只介绍离散型随机过程。

1．平稳随机过程

离散型随机过程包括平稳随机过程和非平稳随机过程，针对平稳随机过程的定义有以下两种。

（1）严（强）平稳随机过程。

在一个随机过程中，若随机变量的任意子集的联合分布函数与时间无关，即对 T 的任何时间子集 $(t_1, t_2,\cdots,t_n)$ 及任何实数 k（$(t_i+k)\in T, i=1,2,\cdots,n$），都有

$$F\big(x(t_1),x(t_2),\cdots,x(t_n)\big)=F\big(x(t_1+k), x(t_2+k),\cdots,x(t_n+k)\big)$$

成立，其中 $F(\cdot)$ 表示 n 个随机变量的联合分布函数，则称其为严平稳随机过程或强平稳随机过程。严平稳意味着随机过程所有存在的矩都不随时间的推移而变化。

（2）宽平稳随机过程。

严平稳的条件是非常严格的，而且对于一个随机过程，上述联合分布函数不便于分析和使用。因此，希望给出不像严平稳那样严格的条件。若放松条件，则可以只要求分布的主要参数相同，这就是宽平稳的概念。

如果一个随机过程 m 阶矩以下的矩的取值全部与时间无关，则称该随机过程为 m 阶平稳随机过程。如果严平稳随机过程的二阶矩为有限常数值，则其一定是宽平稳随机过程。反之，一个宽平稳随机过程不一定是严平稳随机过程。

对于正态随机过程而言，严平稳与宽平稳是一致的。这是因为正态随机过程的联合分布函数完全由均值、方差和协方差唯一确定。本书中称二阶平稳随机过程为平稳随机过程。

2. 两种基本的随机过程

两种基本的随机过程是白噪声过程及随机游走过程。

（1）白噪声（White Noise）过程。

对于随机过程 $\{x_t, t \in T\}$，若满足下面的条件，则称 $\{x_t\}$ 为白噪声过程。

$$E(x_t) = 0, \quad \mathrm{Var}(x_t) = \sigma^2 < \infty, \quad t \in T$$

$$\mathrm{Cov}(x_t, x_{t+k}) = 0, \quad (t+k) \in T, \quad k \neq 0$$

白噪声过程是平稳随机过程，这是因为其均值为 0，方差不变，随机变量之间非相关。显然上述白噪声过程是二阶宽平稳随机过程。如果 $\{x_t\}$ 同时还服从正态分布，它就是一个严平稳随机过程。

（2）随机游走（Random Walk）过程。

对于表达式 $x_t = x_{t-1} + u_t$，如果 u_t 为白噪声过程，则称 x_t 为随机游走过程。随机游走过程的均值为 0，方差为无限大，所以随机游走过程是非平稳随机过程。

14.2 数据预处理的 Stata 实现

14.2.1 定义时间序列

在进行时间序列分析之前，首先要定义变量为时间序列数据，只有定义之后才能对变量使用时间序列算子，才能使用时间序列分析的相关命令。

在 Stata 中，定义时间序列的命令为 tsset，其语法格式为：

```
tsset timevar [, options]              //将数据声明为时间序列
tsset panelvar timevar [, options]     //将数据声明为时间序列
```

其中，timevar 为时间变量；options 选项分为两类，其中 unitoptions 用来定义时间单位（月、周、日等），deltaoption 用来定义时间周期（timevar 两个观测值之间的周期数），其含义如表 14-1 所示。

表 14-1　options 选项含义

选项	含义
noquery	抑制汇总计算和输出
unitoptions（定义时间单位）	
(default)	默认选项，Stata 从时间变量的显示格式中获取变量的单位
clocktime	设置为毫秒，格式为%tc，其中 0=1960 年 1 月 1 日 00:00:00.000，1=1960 年 1 月 1 日 00:00:00.001，依次类推
daily	设置为日，格式为%td，其中 0=1960 年 1 月 1 日，1=1960 年 1 月 2 日，依次类推
weekly	设置为周，格式为%tw，其中 0=1960 年第 1 周，1=1960 年第 2 周，依次类推
monthly	设置为月，格式为%tm，其中 0=1960 年 1 月，1=1960 年 2 月，依次类推
quarterly	设置为季度，格式为%tq，其中 0=1960 年第 1 季度，1=1960 年第 2 季度，依次类推
halfyearly	设置为半年，格式为%th，其中 0=1960 年上半年，1=1960 年下半年，依次类推
yearly	设置为年，格式为%ty，其中 1960=1960 年，1961=1961 年，依次类推
generic	设置时间变量的格式为%tg，即一般格式，只要求时间变量为整数

续表

选项	含义
format(%fmt)	设置时间变量的格式，并应用默认规则，即若事先通过 fomat 命令设置了 timevar 的显示格式为%t*，则无须再专门设置时间变量的单位选项（unitoptions），Stata 会根据时间变量的显示格式自动获取时间变量的单位，否则需要设置时间变量的单位选项
deltaoption（定义时间周期）	
delta(#)	#表示数值，如 delta(1)、delta(2)等
delta((exp))	exp 为表达式，如 delta((7*24))
delta(# units)	units 表示时间单位，如 delta(7 days)、delta(15 minutes)、delta(7 days 15 minutes)等
delta((exp) units)	表达式与时间单位组合，如 delta((2+3) weeks)

> **说明** 当指定 units 时，对于%tc，时间单位包括 seconds、second、secs、sec、minutes、minute、mins、min、hours、hour、days、day、weeks、week。对于其他%t*格式，指定的单位必须与数据匹配，如%ty 的单位必须是 year 或 years。

定义时间序列的方式有 3 种，如生成格式为%td 的时间序列 timevar 的方法如下。

方法 1：

format timevar %td
tsset timevar

方法 2：

tsset timevar, daily

方法 3：

tsset timevar, format(%td)

14.2.2　调整时间设置的初始值

通常，数据文件中 timevar 的初始值为 1，依次排序为 1,2,3,4,5,…。通过函数可以将初始值调整为具有实际意义的日期。例如，在某个数据文件中，timevar 的初始值为 1，依次排序为 1,2,3,4,5,…，而实际上数据是从 2020 年 6 月开始的，即 timevar = 1 代表 2020 年 6 月的数据，timevar = 2 代表 2020 年 7 月的数据，依次类推。输入以下命令，可以将 timevar 赋值为实际日期：

generate newtimevar=tm(2020m6)+timevar-1

其中，generate 为生成变量的命令；newtimevar 为新生成的变量名称；函数 tm()用于将时间转换为系统默认格式。

在 Stata 系统默认格式下，时间变量可能不易读，因为 Stata 系统定义 1960 年 1 月为第 0 个月，所以 2020 年 6 月对应第 725 个月，因而 timevar = 1 对应观测值 newtimevar=725，而 725 是不易解读或者说无法直观解释的，所以需要执行以下命令：

format newtimevar %tm

将变量 newtimevar 转换成%tm 格式，以便于理解。在调整好时间设置的初始值后，需要重新设置时间变量，即把新生成的 newtimevar 作为时间变量，具体命令形式为：

tsset newtimevar

当数据单位为毫秒、日、周、季度、半年、年时，也有相应的函数 tc()、td()、tw()、tq()、th()、ty()及相应的格式%tc、%td、%tw、%tq、%th、%ty。

假设时间变量 timevar1 为年度数据，其初始值为 1，对应 2000 年，通过下面的命令可以将其转换为 Stata 的系统时间：

gen newtimevar1=ty(2000)+t-1

如果数据文件中没有 timevar，只有一系列观测值，即从 2000 年 1 月 1 日起每天的温度观测数据，则通过下面的命令也可以产生一个时间变量：

gen newtimevar=td(1jan2000)+n_-1   //"n_"代表观测值序号

【例 14-1】通过数据集 tssetxmpl.dta 演示调整时间设置的初始值的过程。

在命令窗口中输入：

```
. use D:\DingJB\Stata\tssetxmpl, clear
. list t income                //输出结果如图 14-1（a）所示
. tsset t                     //将数值型变量 t 声明为时间序列
Time variable: t, 1 to 9
        Delta: 1 unit
. regress income l.income     //进行回归分析，输出结果略
. generate newt = tm(1995m7) + t - 1
```

说明 tm()是一个返回月份等效值的函数，tm（1995m7）评估为常数 426，即 1960 年 1 月之后的第 426 个月。

```
. list t newt income           //输出结果如图 14-1（b）所示
. format newt %tm
. list t newt income           //输出结果如图 14-1（c）所示
. tsset newt
Time variable: newt, 1995m7 to 1996m3
        Delta: 1 month
```

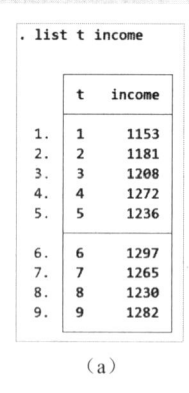

. list t income			. list t newt income				. list t newt income			
	t	income		t	newt	income		t	newt	income
1.	1	1153	1.	1	426	1153	1.	1	1995m7	1153
2.	2	1181	2.	2	427	1181	2.	2	1995m8	1181
3.	3	1208	3.	3	428	1208	3.	3	1995m9	1208
4.	4	1272	4.	4	429	1272	4.	4	1995m10	1272
5.	5	1236	5.	5	430	1236	5.	5	1995m11	1236
6.	6	1297	6.	6	431	1297	6.	6	1995m12	1297
7.	7	1265	7.	7	432	1265	7.	7	1996m1	1265
8.	8	1230	8.	8	433	1230	8.	8	1996m2	1230
9.	9	1282	9.	9	434	1282	9.	9	1996m3	1282
（a）			（b）				（c）			

图 14-1　输出结果

说明 除了月，Stata 还提供了时钟时间（达毫秒级），以及日、周、季度、半年和年数据，与函数 tm()相对应的是函数 td()、tw()、tq()、th()和 ty()，并且与格式%tm 相对应的是格式%td、%tw、%tq、%th 和%ty。如果数据在不同的时间尺度上，则需要输入不同命令：

针对日，如果变量 t=1 对应于 1993 年 3 月 15 日（15mar1993），则输入：
. generate newt = td(15mar1993) + t - 1
. tsset newt, daily

针对周，如果变量 t=1 对应于 1994 年第 1 周（1994w1），则输入：
. generate newt = tw(1994w1) + t - 1
. tsset newt, weekly

针对月，如果变量 t=1 对应于 2004 年 7 月（2004m7），则输入：
. generate newt = tm(2004m7) + t - 1
. tsset newt, monthly

针对季度，如果变量 t=1 对应于 1994 年第 1 季度（1994q1），则输入：
. generate newt = tq(1994q1) + t - 1
. tsset newt, quarterly

针对半年，如果变量 t=1 对应于 1921 年下半年（1921h2），则输入：
. generate newt = th(1921h2) + t - 1
. tsset newt, halfyearly

针对年，如果变量 t=1 对应于 1842 年（1842），则输入：
. generate newt = 1842 + t - 1
. tsset newt, yearly

14.2.3 时间变量为字符串格式时的处理

当数据文件中的 timevar 为字符串格式时，首先需要通过 generate 命令将其转换成时间变量。例如，数据文件中的 timevar 为字符串格式且单位为毫秒，按照"月-日-年 时:分:秒"的格式显示，其命令形式为：

generate double newtimevar=clock(timevar,"MDYhms")

这里，以毫秒为单位的时间数值会非常大，当使用默认的 float 格式生成新时间变量 newtimevar 时，时间数值将被四舍五入，导致结果不精确甚至出现错误，因此在命令中加入了 double，将新变量 newtimevar 设置为双精度格式。

在数据文件中，timevar 的单位为毫秒，所以采用 clock() 函数，其参数根据数据具体格式确定，如"MDYhms"表示按照"月-日-年 时:分:秒"的格式显示。如果单位为日、周、月、季度、半年、年，则需要使用 date()、weekly()、monthly()、quarterly()、halfyearly()、yearly() 函数。

将字符串格式的变量转换为时间变量后，需要重新设置时间变量，即把新生成的 newtimevar 作为时间变量，具体命令格式为：

tsset newtimevar, clocktime

时间变量 timevar、newtimevar 的单位为毫秒，通过 deltaoption 选项可以设置时间变量的周期，即设置时间变量相邻观测值的间隔时间（几个单位），以方便时间序列算子的使用。例如，设置时间间隔为 10 分钟，命令为：

tsset newtimevar, delta((1000*60*10))

单位为毫秒，1000 毫秒=1 秒，1000 毫秒×60=1 分钟，1000 毫秒×60×10 = 10 分钟。
如果要把数据恢复为普通的数据，则语法格式为：

tsset, clear   //清除时间序列设置

如果要显示数据当前的 tsset 方式，则语法格式为：

```
tsset                              //显示数据当前的 tsset 方式
```

【例 14-2】通过数据集 tssetxmpl.dta 演示时间变量为字符串格式时的处理方法。该数据集中包含一个编码为字符串的时间变量 yrmo，包含观测的月份和年份，有时还会在两者之间加标点符号。

在命令窗口中输入：

```
. use D:\DingJB\Stata\tssetxmpl, clear
. list yrmo income                           //输出结果如图 14-2（a）所示
. generate mdate = monthly(yrmo, "MY")       //通过 monthly()将字符串转换为数字表示
. list yrmo mdate income                     //输出结果如图 14-2（b）所示
```

新变量 mdate 包含从 1960 年 1 月开始的月份数据。

在命令窗口中输入：

```
. format mdate %tm
. tsset mdate
Time variable: mdate, 1995m7 to 1996m3
        Delta: 1 month
. list yrmo mdate income                     //输出结果如图 14-2（c）所示
```

也可以采用下面的命令实现时间序列的声明：

```
. tsset mdate, format(%tm)
```

或

```
. tsset mdate, monthly
```

. list yrmo income			. list yrmo mdate income				. list yrmo mdate income			
	yrmo	income		yrmo	mdate	income		yrmo	mdate	income
1.	7/1995	1153	1.	7/1995	426	1153	1.	7/1995	1995m7	1153
2.	8/1995	1181	2.	8/1995	427	1181	2.	8/1995	1995m8	1181
3.	9/1995	1208	3.	9/1995	428	1208	3.	9/1995	1995m9	1208
4.	10/1995	1272	4.	10/1995	429	1272	4.	10/1995	1995m10	1272
5.	11/1995	1236	5.	11/1995	430	1236	5.	11/1995	1995m11	1236
6.	12/1995	1297	6.	12/1995	431	1297	6.	12/1995	1995m12	1297
7.	1/1996	1265	7.	1/1996	432	1265	7.	1/1996	1996m1	1265
8.	2.1996	1230	8.	2.1996	433	1230	8.	2.1996	1996m2	1230
9.	3- 1996	1282	9.	3- 1996	434	1282	9.	3- 1996	1996m3	1282
(a)			(b)				(c)			

图 14-2 输出结果

14.2.4 拓展时间区间

在 Stata 中，拓展时间区间的命令为 tsappend。在使用 tsappend 命令拓展时间区间前，必须先用 tsset 命令定义时间变量。tsappend 命令的语法格式为：

```
tsappend, {add(#) | last(date | clock) tsfmt(string)} [optlons]
```

其中，add(#)用于指定要增加的观测值个数；last(date|clock)用于指定要将时间拓展

到的日期；tsfmt(string)用于将 last(date|clock)选项中的日期转化为 Stata 默认时间所对应的整数，string 包括 tc、td、tw、tm、tq、th 和 ty。

说明 add(#)与 last(date|clock) tsfmt(string)用于设置需要拓展时间区间的具体形式，两者选其一即可。当不设置 add()选项时，必须同时设置 last(date|clock)选项和 tsfmt(string)选项。

注意 如果时间变量有间隔（出现缺失值），那么 tsappend 命令会自动补齐。对于有间隔的时间变量（出现缺失值），通过 tsfill 命令可以将其补齐，其语法格式为：
　　tsfill

在使用 tsfll 命令填充时间变量间隔前，必须先用 tsset 命令定义时间变量。

【例 14-3】通过数据集 tsappend1.dta 演示拓展时间区间的过程。

本例中，在 tsappend 命令之前和之后对 tsset 命令的调用都是在没有时间变量的情况下进行的，因此该命令显示的是数据当前时间序列变量情况。

在命令窗口中输入：

```
. use D:\DingJB\Stata\tsappend1, clear
. regress y l.y                //输出结果略
. matrix b = e(b)
. matrix colnames b = L.xb one
. tsset
Time variable: t2, 1960m2 to 2000m1
        Delta: 1 month
```

输出结果显示，数据中存在月份数据，时间变量 t2 从 1960m2 开始，到 2000m1 结束。

在命令窗口中输入：

```
. tsappend, add(12)            //添加额外的观测值
. tsset
Time variable: t2, 1960m2 to 2001m1
        Delta: 1 month
```

输出结果显示，数据中添加了新的一年数据，时间变量 t2 从 1960m2 开始，到 2001m1 结束。

```
. predict xb if t2<=tm(2000m2)   //动态预测
(option xb assumed; fitted values)
(12 missing values generated)
. generate one=1
. matrix score xb=b if t2>=tm(2000m2), replace
. line y xb t2 if t2>=tm(1995m1), ytitle("") xtitle("time")
```

输出结果如图 14-3 所示。

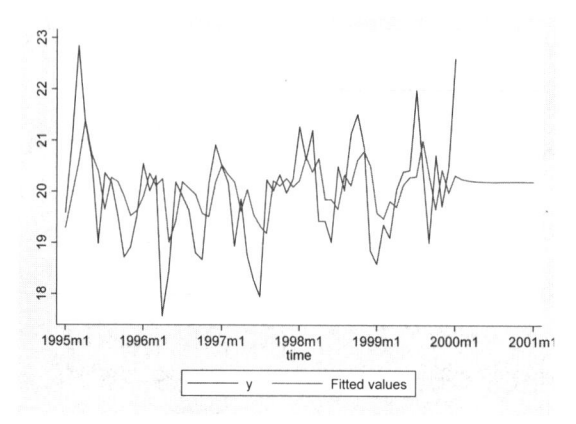

图 14-3 输出结果

在对 tsappend 的声明中,也可以不直接声明增加 12 个观测值,而是直接指定 2001 年第 1 个月的观测值。

在命令窗口中输入:

```
. use D:\DingJB\Stata\tsappend1, clear
. tsset
Time variable: t2, 1960m2 to 2000m1
        Delta: 1 month
. tsappend, last(2001m1) tsfmt(tm)
. tsset
Time variable: t2, 1960m2 to 2001m1
        Delta: 1 month
```

这里,在 tsfmt() 中指定 string 为 tm,因为有月份数据,并且由 date 和 time 函数可知要使用 tm() 函数,所以指定了 tsfmt(tm) 选项。

14.2.5 绘制时间序列趋势图

绘制时间序列趋势图的命令及其语法格式为:

```
[twoway] tsline varlist [if] [in] [,tsline_options]          //绘制时间序列趋势图
[twoway] tsline y1 y2 [if] [in] [,tsrline_options]          //绘制带置信区间的时间序列趋势图
```

其中,时间变量由 tsset 命令设置;varlist 为 y1 [y2…yk]。

通常,要在消除变量的时间序列长期趋势变动后(或者说变量平稳后)才能进行回归分析并得出有效的结论,因此在绘制时间序列趋势图时,如果该变量存在长期趋势变动,则应该在进行一阶差分后再进行查看。

所谓一阶差分,指的是对变量的原始数据进行处理,用前面的数据减去后面的数据后得出一个新的时间序列。如果变量的一阶差分还存在长期趋势变动,则在进行二阶差分后再进行查看,以此类推,直到变量平稳为止。

所谓二阶差分,指的是把由一阶差分得到的时间序列作为原始数据,并进行前项减后项处理,得到新的时间序列。通常,如果变量的低阶差分是平稳的,那么其高阶差分也是平稳的。

【例 14-4】通过数据集 tsline1.dta 演示绘制时间序列趋势图的过程。该数据集给出了

两个独立的时间序列（每个时间序列中有 200 个观测值），第一个时间序列模拟 ϕ_1=0.8 和 ϕ_2=0.2 的 AR(2)过程，第二个时间序列模拟 θ_1=0.8 和 θ_2=0.2 的 MA(2)过程。

在命令窗口中输入：

```
. use D:\DingJB\Stata\tsline1, clear
(Two simulated time series)
. tsset lags
Time variable: lags, 0 to 199
        Delta: 1 unit
. tsline ar ma
```

输出结果如图 14-4 所示。

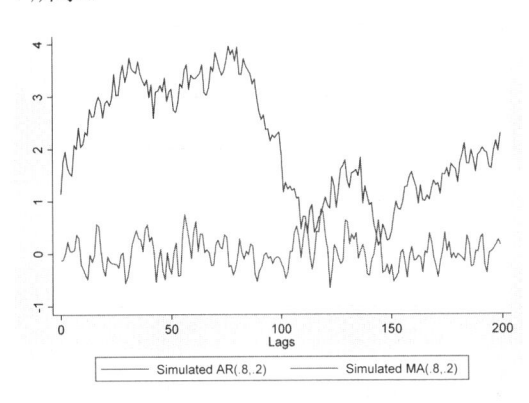

图 14-4　输出结果

14.2.6　时间序列算子

在对时间序列进行处理时常常会用到变量的差分值、滞后值等。如果要观测相邻两期数据之间的变化，则需要用到变量的差分值。如果设置即期（当期）值为 x，则常用的时间序列算子及其含义如表 14-2 所示。

表 14-2　常用的时间序列算子及其含义

算　子	含　义	算　子	含　义
L.	一阶滞后值 x_{t-1}	D.	一阶差分值 $x_t - x_{t-1}$
L2.	二阶滞后值 x_{t-2}	D2.	二阶差分值 $(x_t - x_{t-1}) - (x_{t-1} - x_{t-2})$，即 $x_t - 2x_{t-1} + x_{t-2}$
…	…	…	…
F.	一阶提前值 x_{t+1}	S.	一阶季节差分值 $x_t - x_{t-1}$
F2.	二阶提前值 x_{t+2}	S2.	二阶季节差分值 $x_t - x_{t-2}$
…	…	…	…

说明

（1）各类时间序列算子可以组合运用，也可以重复运用。例如，针对变量 gnp，L3.gnp、LL2.gnp、L2L.gnp、LLL.gnp 都是指 gnp 的三阶滞后值，功能完全相同。又如，LF.gnp 是指先提前一期再滞后一期的 gnp，即 gnp 的当期值；S10D.gnp 是指将变量 gnp 先进行一阶差分再进行十阶季节差分。

（2）时间序列算子不区分大小写，也可以采用简化形式，这与使用 Stata 中的

> 各种命令不同。例如，L(1/3).gnp 与 L.gnp、L2.gnp、L3.gnp 的功能一样；D2S12.gnp 与 d2s12.gnp 的功能一样。
> （3）D1.=S1.，但 D2.≠S2.、D3≠S3.，依次类推。D2.指的是差异的差异，S2.是指两个周期的差异。例如，D2S12.gnp 表示 gnp 的 12 个周期差的差值。一阶滞后值 x_{t-1} 与 x_t 的时间间隔为 deltaoption 选项中设置的时间周期。

14.3 趋势分析与平滑方法的 Stata 实现

通常时间序列数据可以分解为平滑与粗糙两个部分。在 Stata 中，进行平滑的命令为 tssmooth，其语法格式为：

tssmooth smoother [type] newvar=exp [if] [in] [,...]

其中，smoother[type]有一系列目录，如表 14-3 所示。

表 14-3 平滑种类

平滑种类	smoother[type]	平滑种类	smoother[type]
移动平均	ma	非季节性 Holt-Winters 平滑	hwinters
一次指数平滑	exponential	季节性 Holt-Winters 平滑	shwinters
二次指数平滑	dexponential	非线性平滑	nl

14.3.1 移动平均法

在 Stata 中，应用移动平均法进行平滑的命令为 tssmooth ma，包括统一权重的移动平均滤波的命令和指定权重的移动平均滤波的命令。

统一权重的移动平均滤波的命令及其语法格式为：

tssmooth ma [type] newvar=exp [if] [in], window(#l(#c[#f])) [replace]   //统一权重的移动平均滤波

其中，type 用来指定生成的新变量类型。newvar 用来指定新生成变量的名称，exp 代表要分析的变量（或其表达式）。window()选项用来设置移动平均过程的跨期，"#l"（#后面是小写字母 l，不是数字 1）用于设置滞后期数；#c 用于设置滤波中是否包括当前观测值（0 表示不包括，1 表示包括，默认不包括）；#f 用于设置领先变量的期数，要求 0<#f<样本数量的一半。设置 replace 选项意味着，如果系统中已经存在 newvar 变量，则其将被新生成的变量替换。

指定权重的移动平均滤波的命令及其语法格式为：

tssmooth ma [type] newvar = exp [if] [in],weights([numlist_l] <#c> [numlist_f)) [replace]
//指定权重的移动平均滤波

其中，weights()选项用来设置移动平均各项的权重。numlist_l 为可选项，用于指定滞后变量的权重；#c 必填，并且要用单书名号括起来，用于指定当前项的权重；numlist_f 也是可选项，用于指定领先变量的权重。此外，每个 numlist 的元素个数都要求小于样本数量的一半。例如，选项 weights(1/3 <5> 2/1)，意味着平滑序列为

$$\hat{x}_t = \frac{1}{14}(1x_{t+3} + 2x_{t+2} + 3x_{t+1} + 5x_t + 2x_{t+1} + 1x_{t+2})$$

weights(1/3<5>2/1)等同于 weights(1 2 3 <5> 2 1)，总权重数为 1+2+3+5+2+1=14。

【例 14-5】针对销售数据的时间序列数据集 sales1.dta（数据分为信号和噪声两部分），为消除噪声，试应用移动平均法进行平滑。

在命令窗口中输入：

```
. use D:\DingJB\Stata\sales1, clear
. tsset
Time variable: t, 1 to 50
Delta: 1 unit
. tssmooth ma sm1=sales, window(2 1 2)
The smoother applied was
(1/5)*[x(t-2) + x(t-1) + 1*x(t) + x(t+1) + x(t+2)]; x(t)= sales
```

在本例中，通过一个跨度为 5 的对称移动平均法进行平滑，即对时间序列的两个滞后值、当前值和两个提前值取平均，平均值中的每个项的权重为 1。

下面对平滑结果进行检验，查看平滑是否有效，即检验通过平滑后的时间序列噪声是否存在自相关。在时间序列数据中，噪声类似于基本回归分析模型中的残差，即拟合值与原变量值之差。

在命令窗口中输入：

```
. generate noise=sales-sm1      //计算平滑序列和序列本身之间的差
. ac noise                      //绘制噪声变量的自相关图
```

输出结果如图 14-5 所示。可以发现一阶自相关系数代表的线超出了阴影区域（95%的置信区间），因此噪声变量存在一阶自相关。

在命令窗口中输入：

```
. tssmooth ma sm2=sales, weights(1/2 <3> 2/1)
The smoother applied was
       (1/9)*[1*x(t-2) + 2*x(t-1) + 3*x(t) + 2*x(t+1) + 1*x(t+2)]; x(t)= sales
. generate noise2 = sales-sm2
. ac noise2
```

输出结果如图 14-6 所示。图 14-6 没有显示出来自噪声的自相关的显著证据。

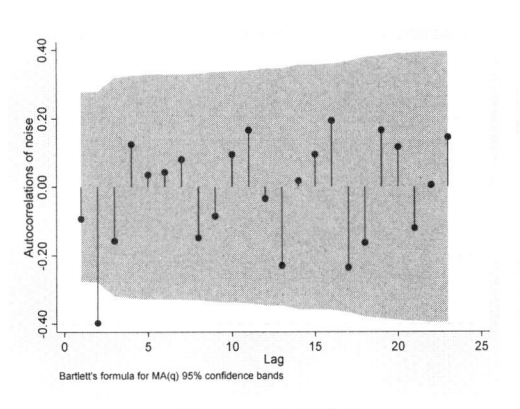

图 14-5　输出结果　　　　　　　　图 14-6　输出结果

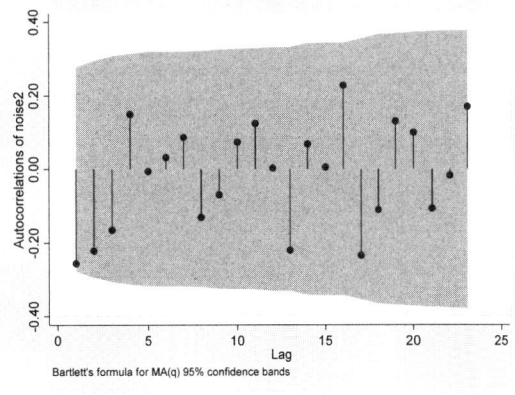

14.3.2 指数平滑法

在 Stata 中，实现一次指数平滑法的命令为 tssmooth exponential，其语法格式为：

tssmooth exponential [type] newvar=exp [if] [in] [, options]

在 Stata 中，实现二次指数平滑法的命令为 tssmooth dexponential，其语法格式为：

tssmooth dexponential [type] newvar=exp [if] [in] [, options]

其中，type、newvar、exp 的含义同 tssmooth ma 命令（后面不再介绍）；options 选项含义如表 14-4 所示。

表 14-4　options 选项含义

选项	含义
replace	如果数据文件中已经存在 newvar，则其将被新生成的变量替换
parms(#α)	用#α 作为平滑参数，要求 0<#α<1。若不设置该选项，则 Stata 会选择一个平滑参数来最小化样本内预测误差平方和
samp0(#)	通过计算前#个观测值的均值来获得递推的初始值。选项 samp0(#)和选项 s0(#)或 s0(#1 #2)用于指定获取初始值的方式，二者不能同时设置，如果这两个选项都不设置，则 Stata 会计算前半部分样本的均值以获取初始值
s0(#)	针对一次平滑法，用#作为递推的初始值
s0(#1 #2)	针对二次平滑法，用#1、#2 作为递推的初始值
forecast(#)	设置样本外预测的期数，默认为 forecast(0)

【例 14-6】根据数据集 sales1.dta，试预测 3 个时期的销售额，其中平滑参数为 0.4。

在命令窗口中输入：

. use D:\DingJB\Stata\sales1, clear
. tssmooth exponential sm1=sales, parms(.4) forecast(3)
exponential coefficient = 0.4000
sum-of-squared residuals = 8345
root mean squared error = 12.919
. line sm1 sales t, title("Single exponential forecast") ytitle(Sales) xtitle(Time)
//预测序列与实际序列进行比较，并绘制实际序列和预测序列图形

输出结果如图 14-7 所示。图 14-7 表明，预测序列可能没有足够快地适应实际序列的变化。我们知道平滑参数用于控制预测调整的速度，其数值越小，预测调整的速度越慢。因此，出现这种情况可能是选择的平滑参数 0.4 过小造成的。

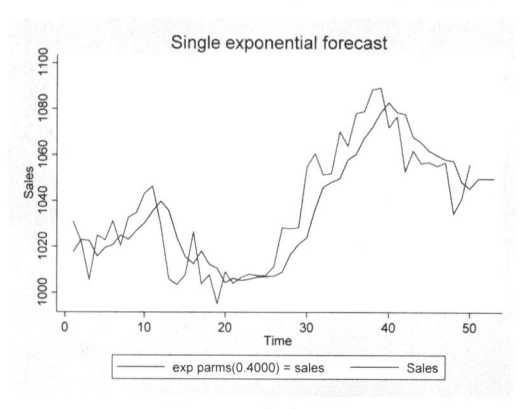

图 14-7　输出结果

在本例中，可以通过 tssmooth exponential 自行选择平滑参数，使预测误差平方和最小化来研究平滑参数。

在命令窗口中输入：

```
. tssmooth exponential sm2=sales, forecast(3)
computing optimal exponential    coefficient (0,1)
optimal exponential coefficient =        0.7815
sum-of-squared residuals         =        6727.7056
root mean squared error          =        11.599746
. line sm2 sales t, title("Single exponential forecast with optimal alpha") ytitle(sales) xtitle(Time)
```

输出结果如图 14-8 所示。可以发现最优平滑参数为 0.7815，趋势明显向好。另外可知，残差平方和为 6727.7056，均方误差的平方根为 11.599746。

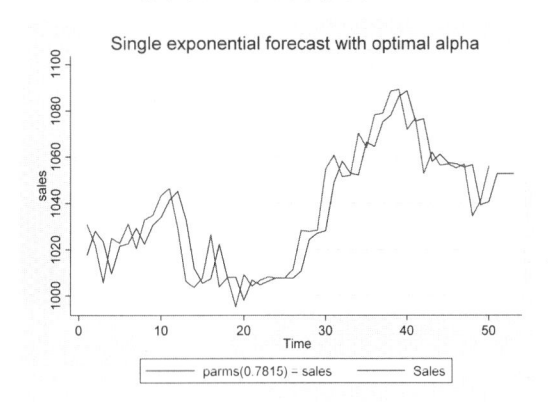

图 14-8　输出结果

【例 14-7】根据某书的月销量数据集 sales2.dta，试通过二次指数预测方法对销售数据进行拟合。

在命令窗口中输入：

```
. use D:\DingJB\Stata\sales2, clear
. tssmooth exponential double sm1=sales, p(.7) s0(1031)       //生成平滑序列 sm1
. tssmooth exponential double sm2=sm1, p(.7) s0(1031)         //生成平滑序列 sm2
. tssmooth dexponential double sm2b=sales, p(.7) s0(1031 1031)
```

输出结果如图 14-9 所示。

```
. tssmooth exponential double sm1=sales, p(.7) s0(1031)

exponential coefficient     =      0.7000
sum-of-squared residuals    =      13923
root mean squared error     =      13.192

. tssmooth exponential double sm2=sm1, p(.7) s0(1031)

exponential coefficient     =      0.7000
sum-of-squared residuals    =      7698.6
root mean squared error     =      9.8098

. tssmooth dexponential double sm2b=sales, p(.7) s0(1031 1031)

double-exponential coefficient  =    0.7000
sum-of-squared residuals        =    3724.4
root mean squared error         =    6.8231
```

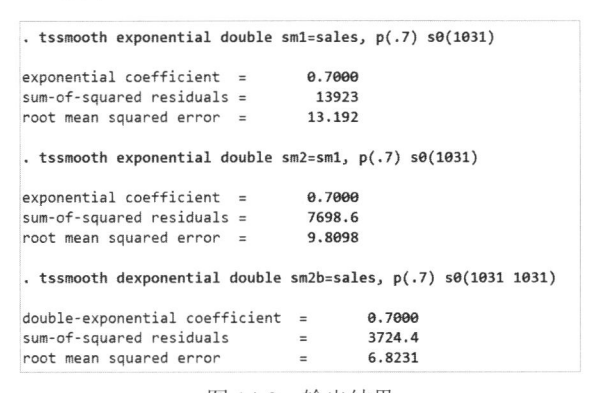

图 14-9　输出结果

在命令窗口中输入：

```
. generate double sm2c = f2.sm2
(2 missing values generated)
. list sm2b sm2c in 1/10
```

输出结果如图 14-10 所示。可以看出二次指数平滑只对平滑后的时间序列进行平滑。因为初始值被视为时间零值，所以在平滑时，实际上会丢失 2 个观测值。

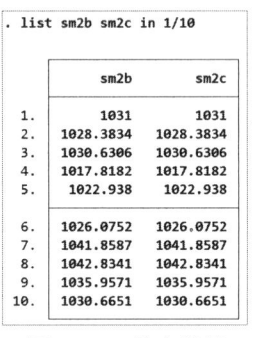

```
. list sm2b sm2c in 1/10

         sm2b        sm2c
 1.      1031        1031
 2.   1028.3834   1028.3834
 3.   1030.6306   1030.6306
 4.   1017.8182   1017.8182
 5.    1022.938    1022.938

 6.   1026.0752   1026.0752
 7.   1041.8587   1041.8587
 8.   1042.8341   1042.8341
 9.   1035.9571   1035.9571
10.   1030.6651   1030.6651
```

图 14-10　输出结果

在命令窗口中输入：

```
. tssmooth dexponential f2=sales, forecast(4)        //二次指数平滑
```

输出结果如图 14-11 所示。

在命令窗口中输入：

```
. line f2 sales t, title("Double exponential forecast with optimal alpha") ytitle(Sales) xtitle(time)
```

输出结果如图 14-12 所示。图 14-12 描述了通过将二次指数平滑法应用于销售数据集而获得的拟合效果。样本外的动态预测不是恒定的，就像在一次指数平滑法情况下一样。

```
. tssmooth dexponential f2=sales, forecast(4)
computing optimal double-exponential coefficient (0,1)

optimal double-exponential coefficient =     0.3631
sum-of-squared residuals                =   16075.805
root mean squared error                 =   14.175598
```

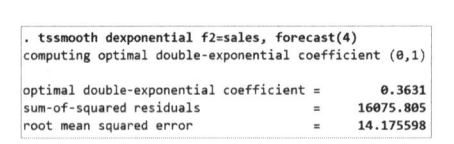

图 14-11　输出结果

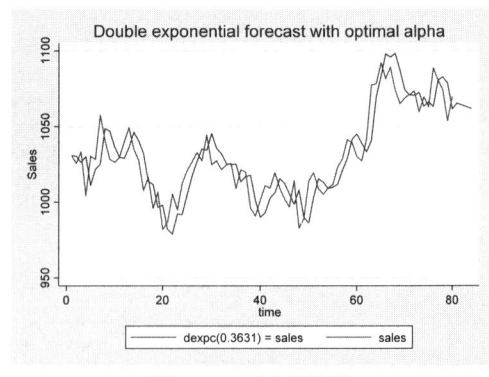

图 14-12　输出结果

14.3.3　非季节性 Holt-Winters 平滑法

在 Stata 中，实现非季节性 Holt-Winters 平滑法的命令为 tssmooth hwinters，其语法格式为：

```
tssmooth hwinters [type] newvar=exp [if] [in] [, options]
```

其中，options 选项含义如表 14-5 所示。

表 14-5 options 选项含义

选项	含义
replace	如果数据文件中已经存在 newvar，则其将被新生成的变量替换
parms(#α #β)	用#α、#β 作为平滑参数，要求 0≤#α≤1、0≤#β≤1。若不设置该选项，则 Stata 会通过迭代过程来选择平滑参数，以最小化样本内预测误差平方和。当收敛困难时，可以尝试使用 from() 来提供更好的初始值
samp0(#)	通过计算前#个观测值的均值来获得递推的初始值。选项 samp0(#)和选项 s0(#cons #lt)用于指定获取初始值的方式，二者不能同时设置，如果这两个选项都不设置，则 Stata 会采用回归方法来计算初始值
s0(#cons #lt)	用#cons、#lt 作为递推的初始值
forecast(#)	设置样本外预测的期数，默认为 forecast(0)

【例 14-8】 根据某书的月销售额数据集 bsales.dta，试用非季节性 Holt-Winters 平滑法进行拟合。

在命令窗口中输入：

. use D:\DingJB\Stata\bsales, clear
. tssmooth hwinters hw1=sales, parms(.7 .3) forecast(3)   //使用默认方法获取递归的初始值

输出结果如图 14-13 所示。

在命令窗口中输入：

. line sales hw1 t, title("Holt-Winters Forecast with alpha=.7 and beta=.3") ytitle(Sales) xtitle(Time)

输出结果如图 14-14 所示。可以发现预测针对的是销售额线性下降的情况。在本例中，坡度似乎过大，可能是因为选择了 α 和 β 的缘故。还可以发现线性和常数序列的初始值可以影响前几个观测值的预测序列的样本内拟合效果。

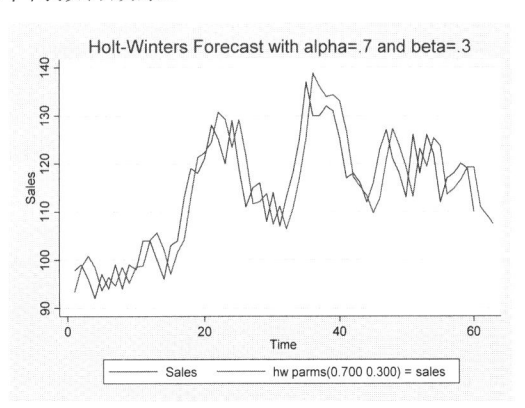

图 14-13 输出结果

图 14-14 输出结果

对于某些问题，基于差分（diff）的初始值为最初的几个观测值提供了更好的样本内拟合效果。然而，基于差分的初始值并不总是优于基于回归的初始值的。

在命令窗口中输入：

. tssmooth hwinters hw2=sales, parms(.7 .3) forecast(3) diff

输出结果如图 14-15 所示。

在命令窗口中输入：

. list hw1 hw2 if _n<6 | _n>57

输出结果如图 14-16 所示。可以发现使用 diff 选项对于一系列合理长度的预测所产生的结果差别不大。

图 14-15　输出结果

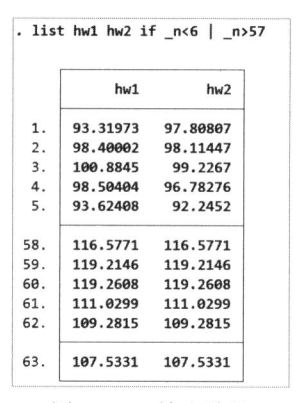

图 14-16　输出结果

当 Holt-Winters 模型可以很好地拟合数据时，通常可以很容易地找到最佳平滑参数；当 Holt-Winters 模型拟合效果不佳时，很难找到使样本内预测误差平方和最小化的 α 和 β。下面使用 α 和 β 来预测图书销售数据，以最大限度地减小样本内预测误差平方和。

在命令窗口中输入：

. tssmooth hwinters hw3=sales, forecast(3)

输出结果如图 14-17 所示。图 14-17 给出了使用最优 α 和 β 的数据和预测。

在命令窗口中输入：

. line sales hw3 t, title("Holt-Winters Forecast with optimal alpha and beta") ytitle(Sales) xtitle(Time)

输出结果如图 14-18 所示。对图 14-18 与图 14-17 进行比较，可以发现选择不同的 α 和 β 可以导致不同的预测结果。新的预测结果不是销售额线性下降，而是销售额线性上升。

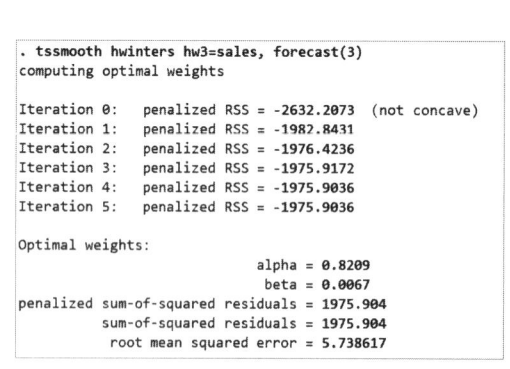

图 14-17　输出结果

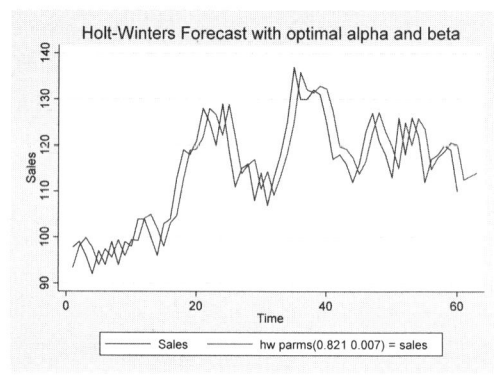

图 14-18　输出结果

14.3.4　季节性 Holt-Winters 平滑法

在 Stata 中，实现季节性 Holt-Winters 平滑法的命令为 tssmooth shwinters，其语法格式为：

tssmooth shwinters [type] newvar=exp [if] [in] [, options]

其中，options 选项含义如表 14-6 所示。

表 14-6 options 选项含义

选项	含义
replace	如果数据文件中已经存在 newvar，则其将被新生成的变量替换
parms(#α #β #γ)	用#α、#β、#γ 作为平滑参数，要求 0≤#α≤1, 0≤#β≤1, 0≤#γ≤1。若不设置该选项，则 Stata 会通过迭代过程来选择平滑参数，以最小化样本内预测误差平方和。当收敛困难时，可以尝试使用 from()来提供更好的初始值
samp0(#)	通过计算前#个观测值的均值来获得递推的初始值
s0(#cons #lt)	用#cons、#lt 作为递推的初始值
forecast(#)	设置样本外预测的期数，默认为 forecast(0)
period(#)	设置季节效应的周期为#。若不设置该选项，则季节效应的周期会从 tsset 的选项 daily、weekly……yearly 中获得，若之前 tsset 没有设置，则必须使用该选项
additive	采用加法模型，默认采用乘法模型
sn0_0(varname)	使用变量 varname 的值作为初始季节值，sn0_0(varname)与 sn0_v(newvar)不可同时使用
sn0_v(newvar)	将估计的初始季节值保存在变量 newvar 中
snt_v(newvar)	将估计的最后一年的季节值保存在变量 newvar 中
normalize	将季节值标准化，即在乘法模型中使季节值之和为 1，在加法模型中使季节值之和为 0
altstarts	使用另一种方法计算初始值
from(#α #β #γ)	用#α、#β、#γ 作为平滑参数的初始值

【例 14-9】数据集 turksales.dta 中包含某生产商在 20 世纪 90 年代的火鸡季度销售数据。该数据具有很强的季节变动成分和上升趋势，试用季节性 Holt-Winters 平滑法来预测该生产商 2000 年的火鸡销售额。

在命令窗口中输入：

. use D:\DingJB\Stata\turksales, clear
. tssmooth shwinters shw1=sales, forecast(4) //数据已设置为季度格式，不需要指定 period()选项

输出结果如图 14-19 所示。

在命令窗口中输入：

. line sales shw1 t, title("Multiplicative Holt-Winters forecast") xtitle(Time) ytitle(Sales)

输出结果如图 14-20 所示。

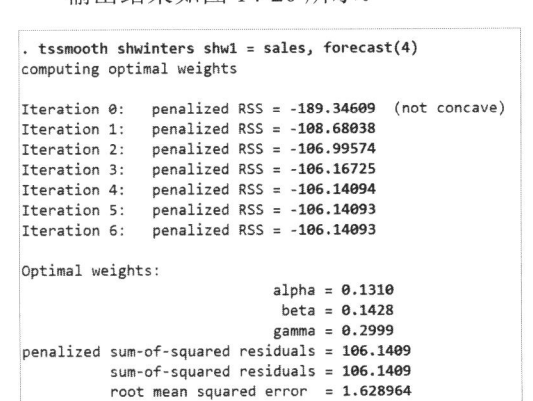

```
. tssmooth shwinters shw1 = sales, forecast(4)
computing optimal weights

Iteration 0:     penalized RSS = -189.34609  (not concave)
Iteration 1:     penalized RSS = -108.68038
Iteration 2:     penalized RSS = -106.99574
Iteration 3:     penalized RSS = -106.16725
Iteration 4:     penalized RSS = -106.14094
Iteration 5:     penalized RSS = -106.14093
Iteration 6:     penalized RSS = -106.14093

Optimal weights:
                         alpha =  0.1310
                          beta =  0.1428
                         gamma =  0.2999
penalized sum-of-squared residuals =  106.1409
          sum-of-squared residuals =  106.1409
          root mean squared error  =  1.628964
```

图 14-19 输出结果 图 14-20 输出结果

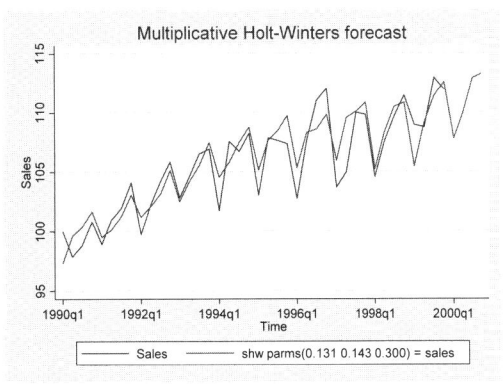

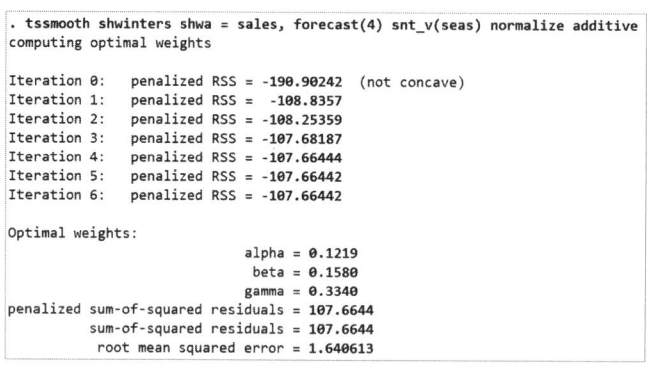

tssmooth shwinters 命令默认采用乘法模型，下面将数据拟合到加法模型中，以预测该生产商 2000 年的火鸡销售额。使用 snt_v()选项将 1999 年的季节值保存在新变量 seas 中。

在命令窗口中输入：

. tssmooth shwinters shwa = sales, forecast(4) snt_v(seas) normalize additive

输出结果如图 14-21 所示。

```
. tssmooth shwinters shwa = sales, forecast(4) snt_v(seas) normalize additive
computing optimal weights

Iteration 0:     penalized RSS = -190.90242    (not concave)
Iteration 1:     penalized RSS =  -108.8357
Iteration 2:     penalized RSS = -108.25359
Iteration 3:     penalized RSS = -107.68187
Iteration 4:     penalized RSS = -107.66444
Iteration 5:     penalized RSS = -107.66442
Iteration 6:     penalized RSS = -107.66442

Optimal weights:
                                 alpha = 0.1219
                                 beta  = 0.1580
                                 gamma = 0.3340
penalized sum-of-squared residuals = 107.6644
          sum-of-squared residuals = 107.6644
             root mean squared error = 1.640613
```

图 14-21   输出结果

在命令窗口中输入：

. line shw1 shwa t if t>=tq(2000q1), title("Multiplicative and additive"
> "Holt-Winters forecasts") xtitle("Time") ytitle("Sales") legend(cols(1))

输出结果如图 14-22 所示。输出结果表明，乘法模型的预测值大于加法模型的预测值，乘法模型具有更好的样本拟合效果。

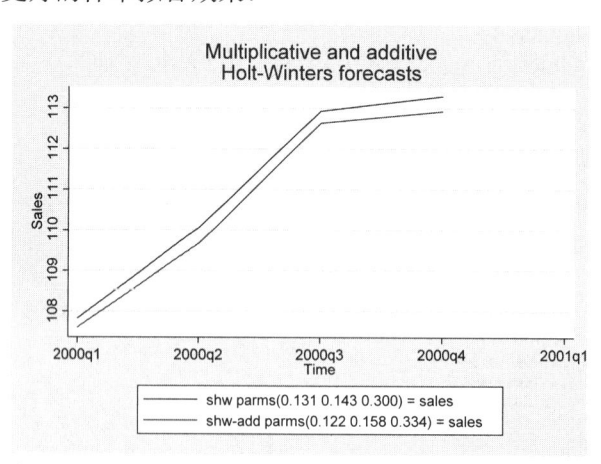

图 14-22   输出结果

通过列出 1999 年的季节变动成分，可以检查估计的季节变动成分是否直观、合理。

在命令窗口中输入：

. list t seas if seas < .

输出结果如图 14-23 所示。输出结果表明，估计的季节变动成分的迹象与直观感觉一致。

```
. list t seas if seas < .

          t        seas
37.  1999q1   -2.7533393
38.  1999q2   -.91752573
39.  1999q3    1.8082417
40.  1999q4    1.8626233
```

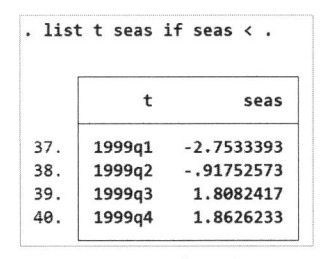

图 14-23　输出结果

14.4　本章小结

时间序列分析不以经济理论为依据，不考虑其他解释变量的作用，而依据变量自身的变化规律，利用外推机制描述时间序列的变化。本章对基本时间序列模型进行了介绍，对数据的预处理、趋势分析和平滑方法在 Stata 中的实现进行了重点介绍，这些内容都是时间序列分析中最基本的内容，学好这些内容才能为后面章节的学习打下基础。

第 15 章

ARIMA 模型

ARIMA 模型也称为博克思-詹金斯法，是由博克思（Box）和詹金斯（Jnkins）提出的一种著名的时间序列预测方法，ARIMA 模型广泛应用在时间序列的模型拟合和预测中。ARIMA 模型的基本思想是将预测对象随时间推移而形成的数据序列视为一个随机序列，并用一定的数学模型来拟合该序列，该序列一旦被有效拟合，就可以用于由时间序列的过去值及现在值预测未来值。

15.1 模型基本理论

时间序列模型分为自回归过程（AR 模型）、移动平均过程（MA 模型）、自回归移动平均过程（ARMA 模型）、单整自回归移动平均过程（ARIMA 模型）4 种，这些模型本质上都是多元线性回归模型。

在完整的 ARIMA(p,d,g)模型中，AR 表示自回归，p 为自回归项，MA 表示移动平均，g 为移动平均项数，d 为时间序列平稳时所进行的差分次数。

15.1.1 自回归过程（AR 模型）

如果一个剔除了均值的平稳时间序列可以表达为

$$x_t = \phi_1 x_{t-1} + \phi_2 x_{t-2} + \cdots + \phi_p x_{t-p} + u_t$$

则称 x_t 为 p 阶自回归过程，用 AR(p)表示。式中，ϕ_i（$i=1,2,\cdots,p$）为自回归参数；u_t 为白噪声过程。x_t 是由它的 p 个滞后变量的加权和与 u_t 相加而成的。

若用滞后算子表示，则有

$$\left(1 - \phi_1 L - \phi_2 L^2 - \cdots - \phi_p L^p\right) x_t = \Phi(L) x_t = u_t$$

式中，$\Phi(L) = 1 - \phi_1 L - \phi_2 L^2 - \cdots - \phi_p L^p$，称为特征多项式或自回归算子。

常与自回归过程联系在一起的是平稳性问题。对于 AR(p)，如果其特征方程

$$\Phi(z) = 1 - \phi_1 z - \phi_2 z^2 - \cdots - \phi_p z^p = (1 - G_1 z)(1 - G_2 z) \cdots (1 - G_p z) = 0$$

的全部根的绝对值都大于 1，则 AP(p)是一个平稳随机过程。

15.1.2 移动平均过程（MA 模型）

如果一个剔除了均值和确定性成分的线性随机过程可用

$$x_t = u_t + \theta_1 u_{t-1} + \theta_2 u_{t-2} + \cdots + \theta_q u_{t-q}$$
$$= \left(1 + \theta_1 L + \theta_2 L^2 + \cdots + \theta_q L^q\right) u_t = \Theta(L) u_t \tag{15-1}$$

表达，则称其为 q 阶移动平均过程，记为 MA(q)。式中，$\theta_1, \theta_2, \cdots, \theta_q$ 为回归参数；u_t 为白噪声过程。之所以称为移动平均，是因为 x_t 是由 $q+1$ 个 u_t 与 u_t 滞后项的加权和构造而成的。移动指的是 t 的变化，平均指的是加权和。

由定义可知，任何一个 q 阶移动平均过程都是由 $q+1$ 个白噪声变量的加权和构成的，所以任何一个移动平均过程都是平稳的。

与移动平均过程相联系的一个重要概念是可逆性。移动平均过程具有可逆性的条件是特征方程

$$\Theta(z) = \left(1 + \theta_1 z + \theta_2 z^2 + \cdots + \theta_q z^q\right) = 0$$

的全部根的绝对值都大于 1。

由于 $\Theta(L)$ 可表示为

$$\Theta(L) = \left(1 - H_1 L\right)\left(1 - H_2 L\right) \cdots \left(1 - H_q L\right)$$

并且由式（15-1）可知 $\Theta(L)^{-1} x_t = u_t$，所以有

$$\Theta(L)^{-1} = \left(\frac{m_1}{1 - H_1 L} + \frac{m_2}{1 - H_2 L} + \cdots + \frac{m_q}{1 - H_q L}\right)$$

式中，m_i（$i=1,2,\cdots,q$）为待定参数。由此可见，保证 MA(q) 可以转换成一个无限阶自回归过程，即 MA(q) 具有可逆性的条件是 $\Theta(L)^{-1}$ 收敛。对于 $|L| \leq 1$，必须有 $|H_j| < 1$ 或 $|H_j^{-1}| > 1$（$j=1,2,\cdots,q$）成立。

H_j^{-1} 是特征方程 $\Theta(L) = \left(1 - H_1 L\right)\left(1 - H_2 L\right) \cdots \left(1 - H_q L\right) = 0$ 的根，所以 MA(q) 具有可逆性的条件是特征方程 $\Theta(L) = 0$ 的全部根取值必须在单位圆之外。这是因为 $x_t = \Theta(L) u_t$ 是平稳的，如果转换成 $\Theta(L)^{-1} x_t = u_t$ 后变得不平稳，则显然失去了可逆性。

> **注意**
> 对于无限阶移动平均过程，即
> $$x_t = \sum_{i=0}^{\infty} \left(\theta_i u_{t-i}\right) = u_t \left(1 + \theta_1 L + \theta_2 L^2 + \cdots\right)$$
> 其方差为
> $$\text{Var}(x_t) = \sum_{i=0}^{\infty} \left(\theta_i^2 \text{Var}(u_{t-i})\right) = \sigma_u^2 \sum_{i=0}^{\infty} \theta_i^2$$

很明显，有限阶移动平均过程都是平稳的，但对于无限阶移动平均过程还须另加约束条件才能保证其平稳性。这个条件就是 $\{x_t\}$ 的方差必为有限值，即

$$\sum_{i=0}^{\infty} \theta_i^2 < \infty$$

15.1.3 自回归移动平均过程（ARMA 模型）

由自回归和移动平均两部分共同构成的随机过程称为自回归移动平均过程，记为 ARMA(p,q)，其中 p、q 分别表示自回归和移动平均两部分的最大阶数。

ARMA(p,q) 的一般表达式是

$$x_t = \phi_1 x_{t-1} + \phi_2 x_{t-2} + \cdots + \phi_p x_{t-p} + u_t + \theta_1 u_{t-1} + \theta_2 u_{t-2} + \cdots + \theta_q u_{t-q}$$

即

$$(1 - \phi_1 L - \phi_2 L^2 - \cdots - \phi_p L^p) x_t = (1 + \theta_1 L + \theta_2 L^2 + \cdots + \theta_q L^q) u_t$$

或

$$\Phi(L) x_t = \Theta(L) u_t$$

式中，$\Phi(L)$ 和 $\Theta(L)$ 分别表示 L 的 p 阶、q 阶特征多项式。

ARMA(p,q) 的平稳性只依赖于其自回归部分，即 $\Phi(L) = 0$ 的全部根取值应在单位圆之外（绝对值大于 1）；其可逆性只依赖于移动平均部分，即 $\Theta(L) = 0$ 的全部根取值应在单位圆之外。

实际中最常用的是 ARMA(1,1)：

$$x_t - \phi_1 x_{t-1} = u_t + \theta_1 u_{t-1}$$

或

$$(1 - \phi_1 L) x_t = (1 + \theta_1 L) u_t$$

很明显，只有当 $-1 < \phi_1 < 1$ 和 $-1 < \theta_1 < 1$ 时，上述模型才是平稳的、可逆的。

15.1.4 单整自回归移动平均过程（ARIMA 模型）

对于自回归移动平均过程（包括自回归过程），如果特征方程 $\Phi(L) = 0$ 的全部根取值在单位圆之外，则该过程是平稳的；如果若干个或全部根取值在单位圆之内，则该过程是强非平稳的。

此外，还有第三种情形，即特征方程的若干个根取值恰好在单位圆上，这种根称为单位根，这种过程也是非平稳的。下面介绍这种重要的非平稳随机过程。

考虑如下模型：

$$\Phi(L) \Delta^d y_t = \Theta(L) u_t \tag{15-2}$$

式中，$\Phi(L)$ 是一个平稳的自回归算子，即 $\Phi(z) = 0$ 的根都大于 1；$\Theta(L)$ 表示可逆的移动平均算子。若取

$$x_t = \Delta^d y_t$$

则（15-2）可表示为

$$\Phi(L) x_t = \Theta(L) u_t$$

说明 y_t 经过 d 次差分之后，可用一个平稳的、可逆的自回归移动平均过程 x_t 表示。

若随机过程 y_t 经过 d 次差分之后可变换为一个以 $\Phi(L)$ 为 p 阶自回归算子、以 $\Theta(L)$ 为 q 阶移动平均算子的平稳、可逆的随机过程，则称 y_t 为 (p,d,q) 阶单整（单积）自回归

移动平均过程，记为 ARIMA(p,d,q)。这样取名的目的是与以后各章中的称谓相一致。单整自回归移动平均过程也称为综合自回归移动平均过程。其中，$\Phi(L)\Delta^d$ 称为广义自回归算子。

式（15-2）是随机过程的一般表达式，当 $p \neq 0$、$d = 0$、$q \neq 0$ 时，ARIMA(p,d,q) 变成 ARMA(p,q)；当 $d = 0$、$p = 0$、$q \neq 0$ 时，ARIMA(p,d,q) 变成 AM(q)；当 $p = d = q = 0$ 时，ARIMA(p,d,q) 变成白噪声过程。

对 $\Delta^d y_t = x_t$ 进行逆运算，得

$$y_t = S^d x_t$$

式中，S 是无限累加（积分）算子。当 $d = 1$ 时，Sx_t 定义为

$$Sx_t = \sum_{i=-\infty}^{t} x_i = (1 + L + L^2 + \cdots)x_t = (1-L)^{-1}x_t = \Delta^{-1}x_t = y_t$$

则有

$$S = (1-L)^{-1} = \Delta^{-1}$$

单整（单积）与差分互为逆运算。

15.2 单位根过程及其检验

由于虚假回归问题的存在，在回归模型中应避免直接使用不存在协整关系的非平稳变量，因此检验变量的平稳性是一个必须进行的步骤。本节将介绍序列平稳性的严格的统计检验，即单位根检验。

15.2.1 常见的非平稳随机过程

在介绍单位根检验之前，先介绍 4 种常见的非平稳随机过程。

（1）随机游走过程。

$$y_t = y_{t-1} + u_t, \quad y_0 = 0, \quad u_t \sim \text{IID}(0, \sigma^2) \tag{15-3}$$

其均值为 0，方差为无限大，但不含有确定性时间趋势。

（2）随机趋势过程。

$$y_t = \alpha + y_{t-1} + u_t, \quad y_0 = 0, \quad u_t \sim \text{IID}(0, \sigma^2) \tag{15-4}$$

式中，α 称为位移项（漂移项）。由式（15-4）可知，$E(y_1) = \alpha$（过程初始值的期望）。对式（15-4）进行如下迭代变换：

$$y_t = \alpha + y_{t-1} + u_t = \alpha + (\alpha + y_{t-2} + u_{t-1}) + u_t = \cdots = \alpha t + y_0 + \sum_{i=1}^{t} u_i$$

y_t 由确定性时间趋势项 αt 和 $y_0 + \sum_{i=1}^{t} u_i$ 组成。可以把 $y_0 + \sum_{i=1}^{t} u_i$ 看作随机的截距项。在不存在任何冲击 u_t 的情况下，截距项为 y_0。每个冲击 u_t 都表现为截距的移动。

每个冲击 u_t 对截距项的影响都是持久的，导致序列的条件均值发生变化，所以称这

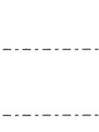

样的过程为随机趋势过程（Stochastic Trend Process）或有漂移项的非平稳过程（Non-Stationary Process With Drift）。

因为对 y_t 进行一次差分后，序列就平稳了，$\Delta y_t = y_t - y_{t-1} = \phi_0 + u_t$ 为平稳过程，所以也称 y_t 为差分平稳过程（Difference-Stationary Process）。α 是 Δy_t 序列的均值，反映原序列 y_t 的增长速度。

（3）趋势平稳过程。

$$y_t = \beta_0 + \beta_1 t + u_t, \quad u_t = \rho u_{t-1} + v_t, \quad \rho < 1, \quad v_t \sim \text{IID}(0, \sigma^2) \quad (15\text{-}5)$$

y_t 与趋势值 $\beta_0 + \beta_1 t$ 不同，差值为 u_t。因为 u_t 是平稳的，所以 y_t 只会暂时背离趋势。y_{t+k} 的长期预测值将趋近趋势线 $\beta_0 + \beta_1(t+k)$，所以称其为趋势平稳过程（Trend Stationary Process）。

趋势平稳过程由确定性时间趋势 $\beta_1 t$ 所主导。趋势平稳过程也称为退势平稳过程，因为减去趋势后，其为平稳过程，即 $y_t - \beta_1 t = \beta_0 + u_t$。

整理式（15-5），可得到趋势平稳过程的另一种表达形式：

$$y_t = \phi_0 + \alpha t + \rho y_{t-1} + v_t, \quad \rho < 1, \quad v_t \sim \text{IID}(0, \sigma^2)$$

式中，$\phi_0 = \beta_0 - \rho(\beta_0 - \beta_1)$，$\alpha = \beta_1(1-\rho)$。当 $\rho < 1$ 时，必然有 $\alpha \neq 0$，y_t 为退势平稳过程；当 $\rho = 1$ 时，必然有 $\alpha = 0$，y_t 为随机趋势过程。

趋势平稳过程的差分过程是过度差分过程，$\Delta y_t = \beta_1 + u_t - u_{t-1}$。因为移动平均特征方程中含有单位根，所以应该用退势的方法获得平稳过程，即 $y_t - \beta_1 t = \beta_0 + u_t$。

（4）趋势非平稳过程。

$$y_t = \phi_0 + \alpha t + y_{t-1} + u_t, \quad y_0 = 0, \quad u_t \sim \text{IID}(0, \sigma^2) \quad (15\text{-}6)$$

式中，ϕ_0 称为位移项（漂移项）；αt 称为趋势项。式（15-6）是含有随机趋势和确定性趋势的混合随机过程。对式（15-6）进行如下迭代变换：

$$y_t = \mu + \alpha t + y_{t1} + u_t = \mu + \alpha t + (\mu + \alpha(t-1) + y_{t2} + u_{t-1}) + u_t = \cdots$$

$$= y_0 + \mu t + (\alpha t)t - \alpha(1 + 2 + \cdots + t) + \sum_{i=1}^{t} u_i$$

$$= y_0 + \mu t + \alpha t^2 - \frac{\alpha}{2}(1+t)t + \sum_{i=1}^{t} u_i = \left(\mu - \frac{\alpha}{2}\right)t + \frac{\alpha}{2}t^2 + \sum_{i=1}^{t} u_i \quad (\text{设定 } y_0 - 0)$$

趋势非平稳过程是含有随机趋势和确定性趋势的混合随机过程。趋势项中包括 t 的一次项和二次项。这种过程在经济问题中非常少见。

15.2.2 单位根检验

（1）单位根检验的基本原理。

典型的单位根检验（Unit Root Test），即迪基-富勒（DF）检验是由 David Dickey 和 Wayne Fuller 提出的，是在对数据进行平稳性检验时常用到的一种方法。

考虑如下模型：

$$Y_t = \rho Y_{t-1} + u_t \quad (15\text{-}7)$$

对该模型进行滞后迭代，整理得

$$Y_t = \rho^T Y_{t-T} + \rho u_{t-1} + \rho^2 u_{t-2} + \cdots + \rho^T u_{t-T} + u_t$$

根据 ρ 值的不同，可以分为3种情况考虑。

①若 $\rho<1$，则当 $T \to \infty$ 时，$\rho^T \to 0$，即对序列的冲击将随着时间的推移逐渐减小，此时序列是稳定的。

②若 $\rho>1$，则当 $T \to \infty$ 时，$\rho^T \to \infty$，即对序列的冲击将随着时间的推移逐渐增大，很显然，此时序列是不稳定的。

③若 $\rho=1$，则当 $T \to \infty$ 时，$\rho^T = 1$，即对序列的冲击随着时间的推移是不变的，很显然，此时序列也是不稳定的。

对于式(15-7)，DF检验相当于对其系数的显著性检验，所建立的原假设是 $H_0: \rho=1$，如果拒绝原假设，则称 Y_t 没有单位根，此时 Y_t 是平稳的；如果不能拒绝原假设，则称 Y_t 有单位根，此时 Y_t 为随机游走序列，是不稳定的。

式（15-7）也可以表达为

$$\Delta Y_t = (\rho-1)Y_{t-1} + u_t = \delta Y_{t-1} + u_t$$

此时的原假设变为 $H_0: \delta=0$。注意到，如果不能拒绝 H_0，则 $\Delta Y_t = u_t$ 是一个平稳序列，即 Y_t 一阶差分后是一个平稳序列，此时称 Y_t 为一阶单整过程序列，记为 $I(1)$。$I(1)$ 在金融、经济时间序列数据中是普遍应用的，而 $I(0)$ 则表示平稳时间序列。

从理论与应用的角度看，DF检验模型有3个：

$$Y_t = (1+\delta)Y_{t-1} + u_t, \quad \text{即} \quad \Delta Y_t = \delta Y_{t-1} + u_t$$

$$Y_t = \beta_1 + (1+\delta)Y_{t-1} + u_t, \quad \text{即} \quad \Delta Y_t = \beta_1 + \delta Y_{t-1} + u_t$$

$$Y_t = \beta_1 + \beta_2 t + (1+\delta)Y_{t-1} + u_t, \quad \text{即} \quad \Delta Y_t = \beta_1 + \beta_2 t + \delta Y_{t-1} + u_t$$

式中，t 是时间或趋势变量。在每种模型中，建立的原假设都是 $H_0: \rho=1$ 或 $H_0: \delta=0$，即有一个单位根。第一个模型和另外两个模型的差别在于是否包含常数（截距）项和趋势项。如果误差项是自相关的，就把第三个模型修改为

$$\Delta Y_t = \beta_1 + \beta_2 t + \delta Y_{t-1} + \alpha_i \sum_{i=1}^{m} \Delta Y_{t-i} + \varepsilon_t$$

可以发现，式中增加了 ΔY_t 的滞后项，建立在该式基础上的 DF 检验又称为增广的 DF（Augmented Dickey-Fuller，ADF）检验。ADF检验统计量和DF检验统计量有同样的渐近分布，使用相同的临界值。

（2）ADF检验模型的确定。

首先通过考察数据图形来判断ADF检验模型是否应该包含常数项和趋势项。其次判断滞后项数 m，常用的方法有两种。

第一种方法是渐进 t 检验，首先选择一个较大的 m，其次用 t 检验确定系数是否显著，如果显著，则选择滞后项数为 m；如果不显著，则减小 m 直到对应的系数显著。

第二种方法是信息准则，常用的信息准则有AIC、SC。一般而言，选择给出最小信息准则值的 m。

15.2.3 协整检验

有时虽然两个变量都是随机游走的,但它们的某种线性组合却可能是平稳的。在这种情况下,称这两个变量是协整的。

很多金融、经济时间序列数据都是不平稳的,但它们可能受某些共同因素的影响,从而在时间上表现出共同的趋势,即变量之间存在一种稳定的关系,它们的变化受到这种关系的制约,因此它们的某种线性组合可能是平稳的,即存在协整关系。

假如 X_t 和 Y_t 都是 $I(1)$,若要检验它们之间是否存在协整关系,则可以先对模型进行普通最小二乘回归,然后检验其残差是否平稳。因为如果 X_t 和 Y_t 之间不存在协整关系,那么它们的任一线性组合都是非平稳的,其残差也将是非平稳的。

检验残差是否平稳可以采用单位根检验方法,但要注意,此时的临界值不能再用(A)DF 检验的临界值,而要用恩格尔和格兰杰(Engle and Granger)提供的临界值,故这种协整检验又称为(扩展的)恩格尔-格兰杰检验,记为(A)EG 检验。

此外,也可以用协整回归的 Durbin-Watson 检验(Cointegration Regression Durbin-Watson Test,CRDW 检验)进行。CRDW 检验构造的 Durbin-Watson 统计量是

$$\mathrm{DW} = \frac{\sum (e_t - e_{t-1})^2}{\sum (e_t)^2}$$

其对应的原假设是 $\mathrm{DW}=0$。若 e_t 是随机游走的,则 $e_t - e_{t-1}$ 的数学期望为 0,所以 Durbin-Watson 统计量应接近 0,即不能拒绝原假设;如果拒绝原假设,就可以认为变量之间存在协整关系。

> (1) CRDW 检验对于带常数项或趋势项加上常数项的随机游走是不适用的,因此该检验一般仅用于大致判断是否存在协整关系。
> (2) 对于 EG 检验,当一个系统中有两个以上变量时,除非知道该系统中存在的协整关系的个数,否则是很难用 EG 检验方法来进行估计和检验的。因此,一般而言,EG 检验仅适用于包含两个变量,即存在单一协整关系的系统。在小样本下,由 EG 检验得出的结论并不可靠。

15.3 ARIMA 模型的 Stata 实现

15.3.1 相关性检验

在进行 ARIMA 分析前,需要了解序列的特征,包括自相关图、偏自相关图和 Q 统计量等。自相关图刻画序列 u_t 的邻近数据之间存在多大程度的相关性。偏自相关图刻画的是第 k 期间距的相关而不考虑第 $k-1$ 期间距的相关。

p 阶滞后的 Q 统计量的原假设是序列不存在 p 阶自相关;备选假设是序列存在 p 阶自相关。

在 Stata 中,实现相关性检验的命令语法格式为:

```
corrgram varname [if] [in] [, corrgram_options]    //自相关图和偏自相关图、Q统计量
ac varname [if] [in] [, ac_options]                //具有置信区间的自相关图
pac varname [if] [in] [, pac_options]              //具有置信区间的偏自相关图
```

其中，corrgram_options 选项含义如表 15-1 所示；ac_options 选项含义如表 15-2 所示；pac_options 选项含义如表 15-3 所示。

表 15-1 corrgram_options 选项含义

选　项	含　义
lags(#)	计算自相关值，#表示滞后阶数
noplot	抑制绘图
yw	通过 Yule-Walker 方程组计算偏自相关值

表 15-2 ac_options 选项含义

选　项	含　义
lags(#)	计算自相关值，#表示滞后阶数
generate(newvar)	生成新变量保存自相关值，默认不绘图
level(#)	设置置信水平，默认为 level(95)
fft	通过傅里叶变换计算自相关值
addplot(plot)	将其他图表添加到生成的图形中

表 15-3 pac_options 选项含义

选　项	含　义
lags(#)	计算自相关值，#表示滞后阶数
generate(newvar)	生成新变量保存自相关值，默认不绘图
yw	通过 Yule-Walker 方程组，计算偏自相关值
level(#)	设置置信水平，默认为 level(95)
ciopts(area options)	影响置信带的表现形式
srv	在图中包含标准残差（SRV）
srvopts(marker options)	影响绘制的标准残差图的再现
addplot(plot)	将其他图表添加到生成的图形中

【例 15-1】数据集 air2.dta 中包含对 1949 年至 1960 年国际航空公司的月度乘客人数进行的 144 次观测数据。对 air 进行分析，观察偏相关图和自相关图，进而得到 air 的类型。

在命令窗口中输入：

```
. use D:\DingJB\Stata\air2, clear
(TIMESLAB: Airline passengers)
. corrgram air, lags(20)
```

输出结果如图 15-1 所示。

这些数据可能既有趋势成分，也有季节变动成分。首次差分会减小趋势的影响，而季节差分有助于控制季节性。

在命令窗口中输入：

```
. ac air, lags(20)              //绘制自相关图
```

输出结果如图 15-2 所示。可以发现一阶自相关系数超出了 95%的置信区间的边缘，因此存在其他阶数的自相关。

在命令窗口中输入：

. pac DS12.air, lags(20) srv   //绘制偏自相关图，在图中包含标准残差

输出结果如图 15-3 所示。可以发现偏自相关系数部分超出了 95%的置信区间的边缘，因此存在偏自相关。

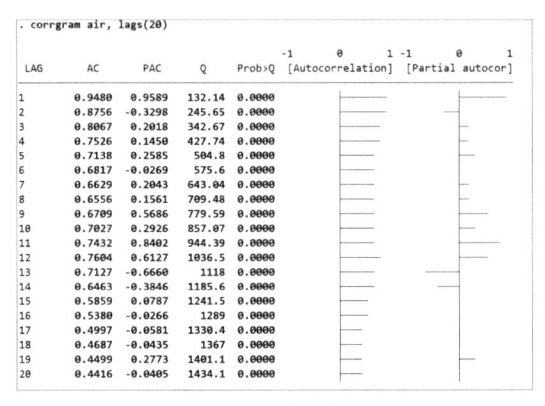

图 15-1　输出结果

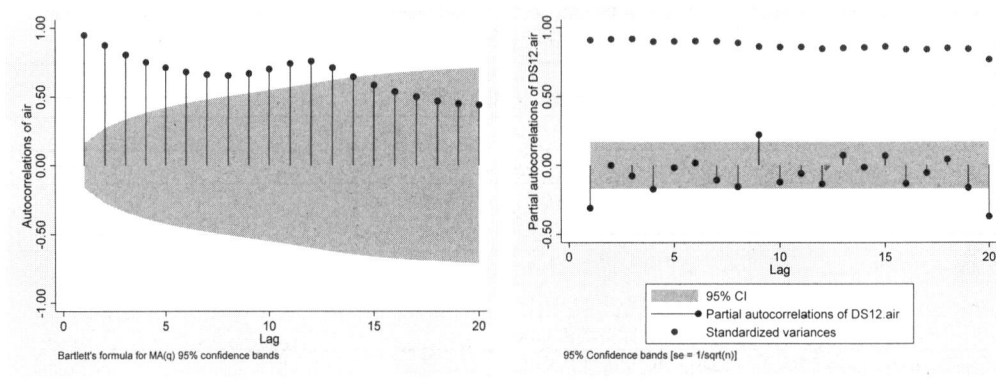

图 15-2　输出结果

图 15-3　输出结果

15.3.2　平稳性检验

检验序列的平稳性，可以采用 Phillips-Perron（PP）检验、ADF 检验及应用 GLS 扩展的 Dickey-Fuller（DF-GLS）检验，其命令语法格式为：

```
dfuller varname [if] [in] [, dfuller_options]     //ADF 检验
dfgls varname [if] [in] [, dfgls_options]         //DF-GLS 检验
pperron varname [if] [in] [, pperron_options]     //PP 检验
```

其中，dfuller_options 选项含义如表 15-4 所示；dfgls_options 选项含义如表 15-5 所示；pperron_options 选项含义如表 15-6 所示。

表 15-4　dfuller_options 选项含义

选　　项	含　　义
noconstant	抑制回归中的常数项
trend	在回归中包含趋势项
drift	在回归中包含漂移项
regress	显示回归表
lags(#)	包括#阶滞后差分

表 15-5 dfgls_options 选项含义

选项	含义
maxlag(#)	使用#作为 DF-GLS 回归的最高滞后阶数
notrend	不包含趋势项
ers	利用插值法计算临界值

表 15-6 pperron_options 选项含义

选项	含义
noconstant	抑制回归中的常数项
trend	在回归中包含趋势项
regress	显示回归表
lags(#)	包括#阶滞后差分

说明 DF-GLS 检验是用于检验时间序列数据是否有单位根的方法，有单位根表示时间序列数据存在随机漂移或趋势，这会对建模和预测造成影响。对于 DF-GLS 检验结果，可以根据以下几点来判断是否有单位根。

（1）根据最大滞后期的 DF-GLS tau 值来判断，如果在5%或10%的临界值之上，则有单位根。

（2）根据最佳滞后期的 DF-GLS tau 值来判断，如果在5%或10%的临界值之上，则有单位根。

（3）根据确定最佳滞后期的方法，如果选定的最佳滞后期为0，则有单位根。

【例 15-2】续上例，试对 air 进行平稳性检验。由于数据随着时间的推移呈现出明显的上升趋势，所以使用 trend 选项。

在命令窗口中输入：

```
. use D:\DingJB\Stata\air2, clear
(TIMESLAB: Airline passengers)
. dfuller air, lags(3) trend regress
```

输出结果如图 15-4 所示。由输出结果可知，P 值为 0.0000，在所有共同显著性水平上拒绝有单位根的原假设，原始变量 air 是非平稳的。

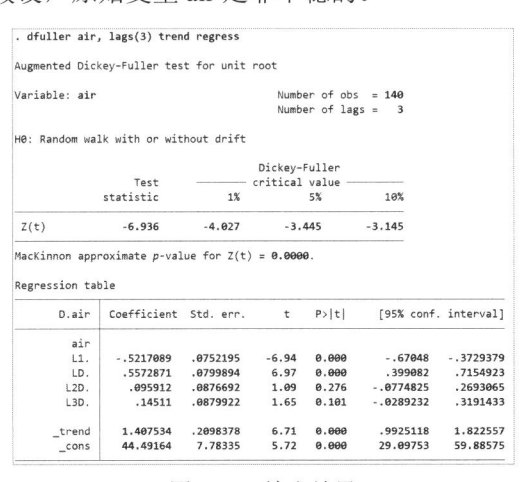

图 15-4 输出结果

这一点可以通过观察 $Z(t)$ 值得到，实际 $Z(t)$ 值为-6.936，在1%的置信水平（-4.027）、5%的置信水平（-3.445）、10%的置信水平（-3.145）上都应拒绝原假设。因此 air 没有单位根，无须对其进行一阶差分后再检验。

在命令窗口中输入：

```
. pperron air, lags(4) trend regress
```

输出结果如图15-5所示。在所有共同显著性水平上都拒绝有单位根的原假设。因为样本容量的不同，所以 $Z(t)$ 的插值临界值与 dfuller 命令中略有不同：在 ADF 回归中，由于包含滞后差分项作为回归项，因此丢失了观测结果。

【例15-3】使用德国宏观经济数据集 lutkepohl2.dta，确定消费对数 ln_consump 是否有单位根。

在命令窗口中输入：

```
. use D:\DingJB\Stata\lutkepohl2, clear
(Quarterly SA West German macro data, Bil DM, from Lutkepohl 1993 Table E.1)
. tsset qtr
. dfuller ln_consump, lags(4) trend    //消费随时间的推移而增长，故使用 trend 选项
```

输出结果如图15-6所示。P 值为0.8834，不能拒绝有单位根的原假设。这一点可以通过观察 $Z(t)$ 值得到，实际 $Z(t)$ 值为-1.318，在1%的置信水平（-4.069）、5%的置信水平（-3.463）、10%的置信水平（-3.158）上都应拒绝原假设。因此，ln_consump 有单位根，需要对其进行一阶差分后再检验。

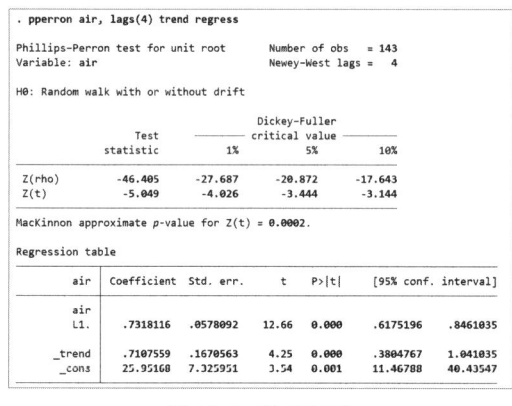

图15-5 输出结果

图15-6 输出结果

在命令窗口中输入：

```
. dfuller d.ln_consump, lags(4) notrend
```

输出结果如图15-7所示。P 值为0.2195，说明有单位根，经过一阶差分后未实现平稳。因此，ln_consump 的一阶差分数据有单位根，需要对其进行二阶差分后再检验。这里的"d."表示一阶差分。

在命令窗口中输入：

```
. dfuller d2.ln_consump, lags(4) notrend
```

输出结果如图15-8所示。P 值为0.0000，经过二阶差分后实现了平稳，所以是二阶

单整的，ln_consump 的二阶差分数据不再有单位根。这里的"d2."表示二阶差分。

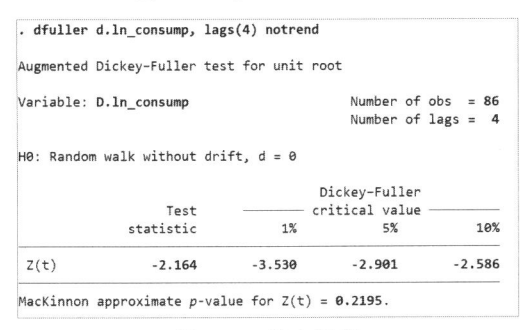

```
. dfuller d.ln_consump, lags(4) notrend
Augmented Dickey-Fuller test for unit root
Variable: D.ln_consump          Number of obs  = 86
                                Number of lags =  4
H0: Random walk without drift, d = 0
                              Dickey-Fuller
                  Test       critical value
                statistic     1%      5%      10%
Z(t)             -2.164     -3.530  -2.901   -2.586
MacKinnon approximate p-value for Z(t) = 0.2195.
```

图 15-7　输出结果

```
. dfuller d2.ln_consump, lags(4) notrend
Augmented Dickey-Fuller test for unit root
Variable: D2.ln_consump         Number of obs  = 85
                                Number of lags =  4
H0: Random walk without drift, d = 0
                              Dickey-Fuller
                  Test       critical value
                statistic     1%      5%      10%
Z(t)             -5.392     -3.531  -2.902   -2.586
MacKinnon approximate p-value for Z(t) = 0.0000.
```

图 15-8　输出结果

【例 15-4】使用德国宏观经济数据集 lutkepohl2.dta，检验投资的自然对数 ln_inv 是否有单位根。

在命令窗口中输入：

```
. use D:\DingJB\Stata\lutkepohl2, clear
(Quarterly SA West German macro data, Bil DM, from Lutkepohl 1993 Table E.1)
. dfgls ln_inv              ///使用默认选项
```

输出结果图 15-9 所示。有单位根的原假设对于滞后 1~3 不被拒绝，对于滞后 9~10 在 10%的置信水平上被拒绝，对于滞后 4~8、11 在 5%的置信水平上被拒绝。

```
. dfgls ln_inv
DF-GLS test for unit root            Number of obs = 80
Variable: ln_inv
Lag selection: Schwert criterion     Maximum lag   = 11

                            ———— Critical value ————
 [lags]    DF-GLS tau       1%        5%       10%
   11        -2.925       -3.610    -2.763   -2.489
   10        -2.671       -3.610    -2.798   -2.523
    9        -2.766       -3.610    -2.832   -2.555
    8        -3.259       -3.610    -2.865   -2.587
    7        -3.536       -3.610    -2.898   -2.617
    6        -3.115       -3.610    -2.929   -2.646
    5        -3.054       -3.610    -2.958   -2.674
    4        -3.016       -3.610    -2.986   -2.699
    3        -2.071       -3.610    -3.012   -2.723
    2        -1.675       -3.610    -3.035   -2.744
    1        -1.752       -3.610    -3.055   -2.762

Opt lag (Ng-Perron seq t) = 7 with RMSE = .0388771
Min SIC  = -6.169137 at lag 4 with RMSE = .0398949
Min MAIC = -6.136692 at lag 1 with RMSE = .0440319
```

图 15-9　输出结果

为了进行比较，通过使用具有两种不同滞后标准的 dfuller 命令来检验 ln_inv 中是否有单位根。dfuller 命令需要使用 trend 选项，因为默认选项不包括 trend 选项。

在命令窗口中输入：

```
. dfuller ln_inv, lag(4) trend      //设置最大 4 阶滞后
. dfuller ln_inv, lag(7) trend      //设置最大 7 阶滞后
```

输出结果如图 15-10 所示。尽管 MacKinnon 近似 P 值小于 0.1，但具有 4 阶滞后的 dfuller 命令产生的临界值和检验统计量不支持拒绝原假设（有单位根）。在具有 7 阶滞后

的情况下，临界值和检验统计量在 5%的置信水平上拒绝了原假设（没有单位根），并且 MacKinnon 近似 P 值小于 0.01。

dfuller 命令的结果没有 dfgls 命令的结果那么明显，因为有趋势的 DF-GLS 检验已经被证明比 ADF 检验更强大。

```
. dfuller ln_inv, lag(4) trend
Augmented Dickey-Fuller test for unit root
Variable: ln_inv                      Number of obs  = 87
                                      Number of lags =  4
H0: Random walk with or without drift
                                    Dickey-Fuller
                       Test       critical value
                    statistic    1%       5%      10%
        Z(t)         -3.133    -4.069   -3.463  -3.158
MacKinnon approximate p-value for Z(t) = 0.0987.

. dfuller ln_inv, lag(7) trend
Augmented Dickey-Fuller test for unit root
Variable: ln_inv                      Number of obs  = 84
                                      Number of lags =  7
H0: Random walk with or without drift
                                    Dickey-Fuller
                       Test       critical value
                    statistic    1%       5%      10%
        Z(t)         -3.994    -4.075   -3.466  -3.160
MacKinnon approximate p-value for Z(t) = 0.0090.
```

图 15-10　输出结果

15.3.3　Stata 实现

在 Stata 中，时间序列的 ARIMA 模型可以通过 arima 命令来实现，其语法格式为：

```
arima depvar [indepvars], ar(numlist) ma(numlist)      //具有 ARMA 扰动的回归模型
arima depvar, arima(#p,#d,#q)                          //ARIMA(p,d,q)模型
arima depvar, arima(#p,#d,#q) sarima(#P,#D,#Q,#s)
                          //乘法季节 ARIMA(p,d,q)×(P,D,Q)S 模型（SARIMA 模型）
arima depvar [indepvars] [if] [in] [weight] [, options]   //完整语法格式
```

其中，depvar 为被解释变量；indepvars 为解释变量（可选项）；options 选项含义如表 15-7 所示。

表 15-7　options 选项含义

选项	含义
noconstant	抑制常数项
arima(#p,#d,#q)	指定因变量的 ARIMA(p, d, q)模型
ar(numlist)	结构模型扰动的自回归项
ma(numlist)	结构模型扰动的移动平均项

第 15 章 ARIMA 模型

续表

选 项	含 义
constraints(constraints)	应用指定的线性约束
sarima(#P ,#D,#Q,#s)	指定周期为 s 的乘法季节 ARIMA 项
mar(numlist, #s)	指定乘法形式的季节自回归项,可重复
mma(numlist, #s)	指定乘法形式的季节移动平均项,可重复
condition	使用条件 MLE 进行估计,而不是完全 MLE
savespace	在估计期间保存变量(临时删除多余变量)
diffuse	使用扩散先验启动卡尔曼递归
p0(# | matname)	使用交替先验启动卡尔曼递归,很少使用
state0(# | matname)	使用备用状态向量启动卡尔曼递归
vce(vcetype)	设置模型估计值的标准差,vcetype 可以是 opg、robust 或 oim
level(#)	设置置信水平,默认为 level(95)
detail	时间序列间隔的报告列表
nocnsreport	不显示约束
collinear	保持共线性变量
coeflegend	显示图例,而不是统计信息

arima(#p,#d,#q)表示对被解释变量进行 d 阶差分,并包括 1 阶到 p 阶的自回归项,以及 1 阶到 q 阶的移动平均项。例如:

arima depvar, arima(3,1,4)

等同于

arima d.depvar, ar(1/3) ma(1/4)

> **注意** 使用 ARIMA 模型前需要先检验数据的平稳性和相关性,经判断满足要求后才能使用。

【例 15-5】数据集 wpi1.dta 给出了 1960 年第 1 季度(1960q1)至 1990 年第 4 季度(1990q4)期间价格指数(WPI)的季度数据。试采用 ARIMA 模型进行分析。其中,ARIMA(1,1,1)是包括差分及自回归和移动平均分量的最简单 ARIMA 模型。

在命令窗口中输入:

. use D:\DingJB\Stata\wpi1 ,clear

选择一个自然对数差分模型来稳定差分序列中的方差,下面绘制原始数据和一阶差分图。

在命令窗口中输入:

. line wpi t, title("US Wholesale Price Index") xtitle(Quarterly date)

输出结果如图 15-11 所示。

在命令窗口中输入:

. line d.wpi t, title("US Wholesale Price Index--difference of logs") xtitle(Quarterly date)

输出结果如图 15-12 所示。

图15-11 输出结果

图15-12 输出结果

绘制自相关图、偏自相关图。

在命令窗口中输入：

```
. ac D.ln_wpi, ylabels(-.4(.2).6)        //绘制 ln_wpi 一阶差分的自相关图
```

输出结果如图 15-13 所示。由此可以发现存在其他阶数的自相关。

在命令窗口中输入：

```
. pac D.ln_wpi, ylabels(-.4(.2).6)       //绘制 ln_wpi 一阶差分的偏自相关图
```

输出结果如图 15-14 所示。由此可以发现存在其他阶数的偏自相关。

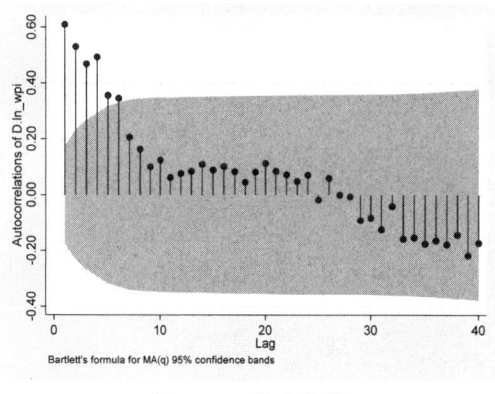

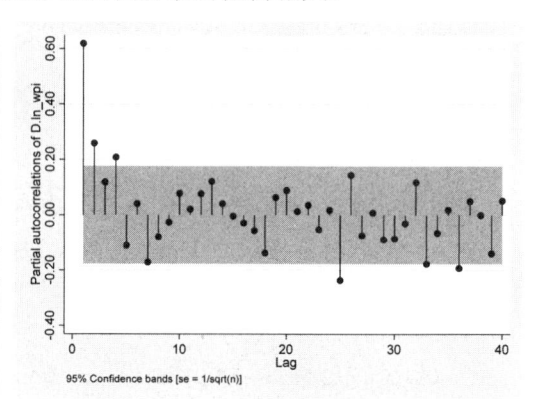

图15-13 输出结果

图15-14 输出结果

```
. arima wpi, arima(1,1,1)        //拟合 wpi 时间序列
```

等同于

```
. arima D.wpi, ar(1) ma(1)
```

其中，因变量 wpi 前面的 D.是用于差分的 Stata 时间序列算子。该语法可供选择的模型参数更加丰富。

输出结果如图 15-15 所示。根据估计结果可以发现，自回归阶数 AR(1)的系数约为 0.874，移动平均阶数 MA(1)的系数约为-0.412，并且两者都非常显著（P>|z|为 0.000）；白噪声干扰的估计标准差约为 0.725。

第 15 章
ARIMA 模型

```
. arima wpi, arima(1,1,1)
(setting optimization to BHHH)
Iteration 0:   log likelihood = -139.80133
Iteration 1:   log likelihood = -135.6278
Iteration 2:   log likelihood = -135.41838
Iteration 3:   log likelihood = -135.36691
Iteration 4:   log likelihood = -135.35892
(switching optimization to BFGS)
Iteration 5:   log likelihood = -135.35471
Iteration 6:   log likelihood = -135.35135
Iteration 7:   log likelihood = -135.35132
Iteration 8:   log likelihood = -135.35131

ARIMA regression

Sample: 1960q2 thru 1990q4          Number of obs  =      123
                                     Wald chi2(2)  =   310.64
Log likelihood = -135.3513           Prob > chi2   =   0.0000

                          OPG
       D.wpi | Coefficient  std. err.     z    P>|z|    [95% conf. interval]
wpi
       _cons | .7498197    .3340968    2.24   0.025    .0950019    1.404637
ARMA
          ar
         L1. | .8742288    .0545435   16.03   0.000    .7673256    .981132
          ma
         L1. | -.4120458   .1000284   -4.12   0.000   -.6080979   -.2159938
      /sigma | .7250436    .0368065   19.70   0.000    .6529042    .7971829

Note: The test of the variance against zero is one sided, and the two-sided
      confidence interval is truncated at zero.
```

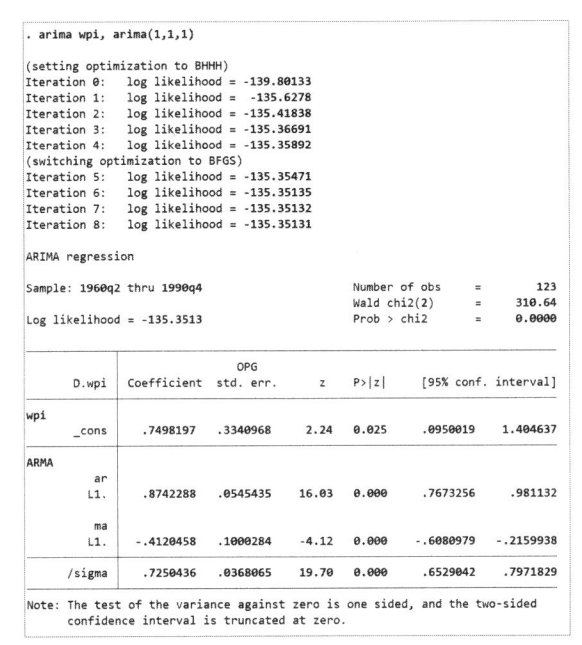

图 15-15　输出结果

在命令窗口中输入：

. arima D.ln_wpi, ar(1) ma(1 4)   //添加季节性影响

输出结果如图 15-16 所示。由此可以发现，对数差分序列仍然高度自相关，达到约 0.781 的水平，尽管创新在下一季度会产生负面影响（约为-0.399），并在下一年产生约 0.309 的积极季节性影响。

```
. arima D.ln_wpi, ar(1) ma(1 4)
(setting optimization to BHHH)
Iteration 0:   log likelihood =  382.67447
Iteration 1:   log likelihood =  384.80754
Iteration 2:   log likelihood =  384.84749
Iteration 3:   log likelihood =  385.39213
Iteration 4:   log likelihood =  385.40983
(switching optimization to BFGS)
Iteration 5:   log likelihood =   385.9021
Iteration 6:   log likelihood =  385.95646
Iteration 7:   log likelihood =  386.02979
Iteration 8:   log likelihood =  386.03326
Iteration 9:   log likelihood =  386.03354
Iteration 10:  log likelihood =  386.03357

ARIMA regression

Sample: 1960q2 thru 1990q4          Number of obs  =      123
                                     Wald chi2(3)  =   333.60
Log likelihood = 386.0336            Prob > chi2   =   0.0000

                          OPG
    D.ln_wpi | Coefficient  std. err.     z    P>|z|    [95% conf. interval]
ln_wpi
       _cons | .0110493    .0048349    2.29   0.022    .0015731    .0205255
ARMA
          ar
         L1. | .7806991    .0944946    8.26   0.000    .5954931    .965905
          ma
         L1. | -.3990039   .1258753   -3.17   0.002   -.6457149   -.1522928
         L4. | .3090813    .1200945    2.57   0.010    .0737003    .5444622
      /sigma | .0104394    .0004702   22.20   0.000    .0095178    .0113609

Note: The test of the variance against zero is one sided, and the two-sided
      confidence interval is truncated at zero.
```

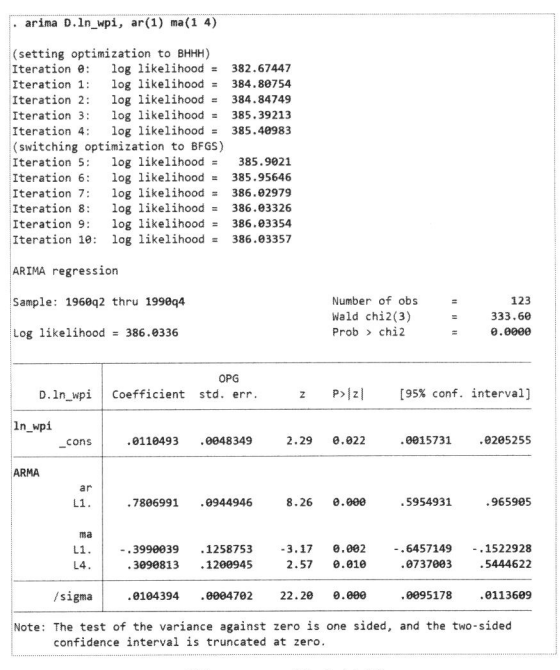

图 15-16　输出结果

【例 15-6】 数据集 airline.dta 中包含 1949 年 1 月至 1960 年 12 月国际航空公司每月的乘客数据。

在命令窗口中输入：

```
. use D:\DingJB\Stata\air2, clear
(TIMESLAB: Airline passengers)
. generate lnair = ln(air)
. arima lnair, arima(0,1,1) sarima(0,1,1,12) noconstant
```

输出结果如图 15-17 所示。由此可知，国际航空公司每月的乘客人数模型为

$$\Delta\Delta_{12} \ln air_t = -0.402 u_{t-1} - 0.557 u_{t-12} + 0.224 u_{t-13} + u_t$$
$$\hat{\sigma} = 0.037$$

式中，u_{t-13} 的系数是由 u_{t-1} 和 u_{t-12} 的系数乘积得到的（$0.224 \approx (-0.402) \times (-0.557)$）。arima 命令标记了因变量 DS12.lnair，以表明它已经将差分算子 Δ 和 lag-12 季节差分算子 Δ_{12} 应用于 lnair。

> **说明** 在对数据进行一次差分和季节性差分后，趋势成分不再存在，因此使用 arima 命令的 noconstant 选项。

```
. arima lnair, arima(0,1,1) sarima(0,1,1,12) noconstant
(setting optimization to BHHH)
Iteration 0:   log likelihood =   223.8437
Iteration 1:   log likelihood =  239.80405
Iteration 2:   log likelihood =  244.10265
Iteration 3:   log likelihood =  244.65895
Iteration 4:   log likelihood =  244.68945
(switching optimization to BFGS)
Iteration 5:   log likelihood =  244.69431
Iteration 6:   log likelihood =  244.69647
Iteration 7:   log likelihood =  244.69651
Iteration 8:   log likelihood =  244.69651

ARIMA regression

Sample: 14 thru 144                     Number of obs     =        131
                                        Wald chi2(2)      =      84.53
Log likelihood = 244.6965               Prob > chi2       =     0.0000

------------------------------------------------------------------------------
                 |                 OPG
     DS12.lnair  | Coefficient  std. err.      z    P>|z|   [95% conf. interval]
-----------------+------------------------------------------------------------
ARMA             |
              ma |
             L1. | -.4018324   .0730307    -5.50   0.000   -.5449698   -.2586949
-----------------+------------------------------------------------------------
ARMA12           |
              ma |
             L1. | -.5569342   .0963129    -5.78   0.000   -.745704    -.3681644
-----------------+------------------------------------------------------------
         /sigma  |  .0367167   .0020132    18.24   0.000    .0327708    .0406625
------------------------------------------------------------------------------
Note: The test of the variance against zero is one sided, and the two-sided
      confidence interval is truncated at zero.
```

图 15-17　输出结果

上述语句等同于

```
. arima DS12.lnair, ma(1) mma(1,12) noconstant
```

> **说明** 对于简单的乘法模型，使用 sarima() 选项会更简易，尽管第 2 种语法格式允许合并更复杂的季节性因素。

为方便控制多种季节模式，mar()选项和 mma()选项可以重复使用。例如，月度销售数据可能显示出季度模式，因为企业在提供资金预算的季度开始时购买产品，并且在一年中的几个月比其他大多数月份购买产品更加频繁，即使控制了季度波动后也是如此。因此，可以选择拟合模型：

$$(1-\rho L)(1-\rho_{4,1}L^4)(1-\rho_{12,1}L^{12})(\Delta\Delta_4\Delta_{12}\,\text{sales}_t-\beta_0) = (1-\theta L)(1-\theta_{4,1}L^4)(1-\theta_{12,1}L^{12})u_t$$

该模型看起来相当复杂，但使用 arima 命令进行估计会很简单：

在命令窗口中输入：

. arima DS4S12.sales, ar(1) mar(1,4) mar(1,12) ma(1) mma(1,4) mma(1,12)

如果想在滞后 4 期的季节性 AR 项中包括两阶滞后，在滞后 12 期的季节性 MA 项中包括第一个和第三个（不是第二个）项，语句为：

. arima DS4S12.sales, ar(1) mar(1 2,4) mar(1, 12) ma(1) mma(1,4) mma(1 3,12)

> **说明** 具有多个季节性因素的模型可能很难拟合。通常，一个季节性因素加上一两个 AR 项或 MA 项就足够了。

15.4 本章小结

本章首先对时间序列模型进行了较为详细的介绍，包括 AR 模型、MA 模型、ARMA 模型、ARIMA 模型，这些模型本质上都是多元线性回归模型；其次对单位根过程及其检验进行了较为详细的介绍；最后着重介绍了 ARIMA 模型在 Stata 中的实现方法，掌握这些方法就可以利用 ARIMA 模型对时间序列数据进行处理。

第16章 VAR 模型与 VEC 模型

联立方程组的结构性方法是用经济理论来建立表示变量之间关系的模型。但是,经济理论通常并不足以对变量之间的动态关系提供一个严密的说明,并且内生变量既可以出现在等式的左端又可以出现在等式的右端,这使得估计和推断更加复杂。为解决这类问题,研究者提出用非结构性方法来建立表示变量之间关系的模型,即 VAR 模型与 VEC 模型。

16.1 模型基本理论

向量自回归(Vector Auto Regression,VAR)模型是 Sims 于 1980 年提出的。VAR 模型采用多方程联立形式,不以经济理论为基础,在模型的每个方程中,内生变量对模型的全部内生变量的滞后值进行回归,从而估计全部内生变量的动态关系。

16.1.1 VAR 模型定义

VAR 模型是自回归模型的多方程联立形式,所以被称为向量自回归模型。假设 $y_{1,t}$ 与 $y_{2,t}$ 之间存在关系,如果分别建立两个自回归模型:

$$y_{1,t} = f(y_{1,t-1}, y_{1,t-2}, \cdots)$$
$$y_{2,t} = f(y_{2,t-1}, y_{2,t-2}, \cdots)$$

则无法捕捉两个变量之间的关系。如果采用多方程联立形式,就可以建立起两个变量之间的关系。VAR 模型的结构与两个参数有关:一个是所含变量个数 N,另一个是最大滞后阶数 k。

以两个变量 $y_{1,t}$ 与 $y_{2,t}$ 滞后 1 期的 VAR 模型为例:

$$\begin{cases} y_{1,t} = c_1 + \pi_{11.1} y_{1,t-1} + \pi_{12.1} y_{2,t-1} + u_{1t} \\ y_{2,t} = c_2 + \pi_{21.1} y_{1,t-1} + \pi_{22.1} y_{2,t-1} + u_{2t} \end{cases}$$

式中,$u_{1t}, u_{2t} \sim \text{IID}(0, \sigma^2)$,$\text{Cov}(u_{1t}, u_{2t}) = 0$。写成矩阵形式为

$$\begin{bmatrix} y_{1,t} \\ y_{2,t} \end{bmatrix} = \begin{bmatrix} c_1 \\ c_2 \end{bmatrix} + \begin{bmatrix} \pi_{11.1} & \pi_{12.1} \\ \pi_{21.1} & \pi_{22.1} \end{bmatrix} \begin{bmatrix} y_{1,t-1} \\ y_{2,t-1} \end{bmatrix} + \begin{bmatrix} u_{1t} \\ u_{2t} \end{bmatrix}$$

设

$$Y_t = \begin{bmatrix} y_{1,t} \\ y_{2,t} \end{bmatrix}, \quad c = \begin{bmatrix} c_1 \\ c_2 \end{bmatrix}, \quad \boldsymbol{\Pi}_1 = \begin{bmatrix} \pi_{11.1} & \pi_{12.1} \\ \pi_{21.1} & \pi_{22.1} \end{bmatrix}, \quad u_t = \begin{bmatrix} u_{1t} \\ u_{2t} \end{bmatrix}$$

则有

$$Y_t = c + \boldsymbol{\Pi}_1 Y_{t-1} + u_t$$

因此，含有 N 个变量滞后 k 期的 VAR 模型可表示为

$$Y_t = c + \boldsymbol{\Pi}_1 Y_{t-1} + \boldsymbol{\Pi}_2 Y_{t-2} + \cdots + \boldsymbol{\Pi}_k Y_{t-k} + u_t, \quad u_t \sim \text{IID}(0, \boldsymbol{\Omega})$$

式中，

$$Y_t = \begin{pmatrix} y_{1,t} & y_{2,t} & \cdots & y_{N,t} \end{pmatrix}^{\mathrm{T}}$$

$$c = \begin{pmatrix} c_1 & c_2 & \cdots & c_N \end{pmatrix}^{\mathrm{T}}$$

$$\boldsymbol{\Pi}_j = \begin{bmatrix} \pi_{11.j} & \pi_{12.j} & \cdots & \pi_{1N.j} \\ \pi_{21.j} & \pi_{22.j} & \cdots & \pi_{2N.j} \\ \vdots & \vdots & & \vdots \\ \pi_{N1.j} & \pi_{N2.j} & \cdots & \pi_{NN.j} \end{bmatrix}, \quad j = 1, 2, \cdots, k$$

$$u_t = \begin{pmatrix} u_{1t} & u_{2t} & \cdots & u_{Nt} \end{pmatrix}^{\mathrm{T}}$$

Y_t 为 $N \times 1$ 阶时间序列列向量；c 为 $N \times 1$ 阶常数项列向量；$\boldsymbol{\Pi}_1, \boldsymbol{\Pi}_2, \cdots, \boldsymbol{\Pi}_k$ 均为 $N \times N$ 阶参数矩阵；$u_t \sim \text{IID}(0, \boldsymbol{\Omega})$ 为 $N \times 1$ 阶随机误差列向量，其中每个元素都是非自相关的，但这些元素，即不同方程对应的随机误差项之间可能存在相关关系。

因为 VAR 模型中每个方程的右侧只含有内生变量的滞后项，它们与 u_t 是渐近不相关的，所以可以用普通最小二乘法依次估计每个方程，得到的参数估计值都具有一致性。

16.1.2 VAR 模型的稳定性特征

稳定性是指当把一个脉动冲击施加在 VAR 模型中某个方程的信息过程上时，随着时间的推移，这个冲击会逐渐消失。如果这个冲击不消失，则系统是不稳定的。

VAR 模型稳定的充分必要条件是 $\boldsymbol{\Pi}_1$ 的所有特征值都在单位圆以内（在以横轴为实数轴、纵轴为虚数轴的坐标系中，以原点为圆心、半径为 1 的圆称为单位圆），或者特征值的模都小于 1。

针对一阶 VAR 模型：

$$Y_t = c + \boldsymbol{\Pi}_1 Y_{t-1} + u_t$$

当 $t = 1$ 时，有

$$Y_1 = c + \boldsymbol{\Pi}_1 Y_0 + u_1$$

当 $t = 2$ 时，采用迭代方式计算，有

$$Y_2 = c + \boldsymbol{\Pi}_1 Y_1 + u_2 = c + \boldsymbol{\Pi}_1 (c + \boldsymbol{\Pi}_1 Y_0 + u_1) + u_2$$
$$= (I + \boldsymbol{\Pi}_1) c + \boldsymbol{\Pi}_1^2 Y_0 + \boldsymbol{\Pi}_1 u_1 + u_2$$

当 $t = 3$ 时，进一步迭代，有

$$Y_3 = c + \Pi_1 Y_2 + u_3 = c + \Pi_1\left[(I + \Pi_1)c + \Pi_1^2 Y_0 + \Pi_1 u_1 + u_2\right] + u_3$$
$$= (I + \Pi_1 + \Pi_1^2)c + \Pi_1^3 Y_0 + \Pi_1^2 u_1 + \Pi_1 u_2 + u_3$$

依次类推。对于 t 期，按上述形式推导有

$$Y_t = (I + \Pi_1 + \Pi_1^2 + \cdots + \Pi_1^{t-1})c + \Pi_1^t Y_0 + \sum_{i=0}^{t-1} \Pi_1^i u_{t-i}$$

由此可知，$\Pi_1^1 = I$。通过上述变换，把 Y_t 表示成了漂移项向量 c、初始值向量 Y_0 和信息向量 u_t 的函数。因此，系统是否稳定可以通过观察漂移项向量 c、初始值向量 Y_0 和信息向量 u_t 受冲击后的表现确定。

假定模型是稳定的，可得到如下 3 个结论。

（1）假设 $t = 1$ 时，对 c 施加一个单位的冲击，那么到 t 期的影响是

$$(I + \Pi_1 + \Pi_1^2 + \cdots + \Pi_1^{t-1})$$

当 $t \to \infty$ 时，此影响是一个有限值 $(I - \Pi_1)^{-1}$。

（2）假设在初始值向量 Y_0 上施加一个单位的冲击，到 t 期的影响为 Π_1^t。随着 $t \to \infty$，$\Pi_1^t \to 0$，影响趋于消失（因为对于平稳的 VAR 模型，Π_1 中的元素小于 1，所以随着 $t \to \infty$，取 t 次方后，$\Pi_1^t \to 0$）。

（3）由 $\sum_{i=0}^{t-1}\Pi_1^i u_{t-i}$ 项可以看出，白噪声中的冲击离 t 期越远，其影响力越小。

$\sum_{i=0}^{t-1}\Pi_1^i = (I - \Pi_1)^{-1}$ 称为长期乘子矩阵，是对 $\sum_{i=0}^{t-1}\Pi_1^i u_{t-i}$ 求期望得到的。

由对单一方程的分析知道，有单位根的自回归过程对信息中的脉动冲击有长久的记忆能力。同理，有单位根的 VAR 模型也是非平稳过程。当信息中存在脉动冲击时，VAR 模型中内生变量的响应不会随时间的推移而消失。

平稳变量构成的一定是稳定的模型，但稳定的模型不一定由平稳变量构成，也可能由非平稳变量（存在协整关系）构成。

16.1.3 格兰杰非因果性检验

VAR 模型还可用来检验一个变量与另一个变量是否存在因果关系。经济计量学中的格兰杰非因果性定义如下。

如果由 y_t 和 x_t 的滞后值所决定的 y_t 的条件分布与仅由 y_t 的滞后值所决定的 y_t 的条件分布相同，即

$$f(y_t | y_{t-1}, \cdots, x_{t-1}, \cdots) = f(y_t | y_{t-1}, \cdots)$$

则称 x_{t-1} 对 y_t 存在格兰杰非因果性。

格兰杰非因果性的另一种表述是，其他条件不变，若加上 x_t 的滞后值后对 y_t 的预测精度起不到显著性改善作用，则称 x_{t-1} 对 y_t 存在格兰杰非因果性。

为简便起见，通常总是把 x_{t-1} 对 y_t 存在格兰杰非因果性表述为 x_t（去掉下标-1）对 y_t 存在格兰杰非因果性（严格来讲，这种表述是不正确的）。在实际中，除使用格兰杰非

因果性概念以外，还会使用格兰杰因果性概念。顾名思义，这个概念首先由格兰杰（1969年）提出。西姆斯（1972年）也提出了因果性定义。这两个定义是一致的。

根据以上定义，x_t对y_t是否存在因果性的检验可通过检验 VAR 模型以y_t为被解释变量的方程中是否可以把x_t的全部滞后值剔除掉而完成。例如，VAR 模型中以y_t为被解释变量的方程表示为

$$y_t = \sum_{i=1}^{k} \alpha_i y_{t-i} + \sum_{i=1}^{k} \beta_i x_{t-i} + u_{1t} \qquad (16\text{-}1)$$

如有必要，常数项、趋势项、季节虚拟变量等都可以包括在式（16-1）中。检验x_t对y_t是否存在格兰杰非因果性的原假设是

$$H_0: \quad \beta_1 = \beta_2 = \cdots = \beta_k = 0$$

显然如果式（16-1）中x_t的滞后值的回归参数估计值全部不存在显著性，则上述假设不能被拒绝。换句话说，如果x_t的任何一个滞后值的回归参数估计值存在显著性，则结论应是x_t对y_t存在格兰杰因果性。上述检验可用F统计量完成：

$$F = \frac{(\text{SSE}_r - \text{SSE}_u)/k}{\text{SSE}_u/(T - kN)}$$

式中，SSE_r表示施加约束（原假设成立）后的残差平方和；SSE_u表示不施加约束条件下的残差平方和；k表示最大滞后期；N表示 VAR 模型中所含当期变量个数；T表示样本容量。在原假设成立条件下，F统计量近似服从$F_{(k, T-kN)}$分布。用样本计算的F值如果落在临界值范围以内，则接受原假设，即x_t对y_t不存在格兰杰因果性。

> （1）格兰杰因果性并非真正意义上的因果性，表明的仅是数据上的一种动态相关性，如果要准确界定变量的因果性，则需要相应的实践经验作为支撑。
> （2）参与格兰杰因果性检验的各变量要求是同阶单整的。
> （3）存在协整关系的变量间至少有一种格兰杰因果性。

16.1.4 VAR 模型的脉冲响应函数和方差分解

由于 VAR 模型参数的普通最小二乘估计值只具有一致性，因此进行单个参数估计值的经济解释是很困难的。要想对一个 VAR 模型进行分析，通常要观察系统的脉冲响应函数和方差分解。

（1）脉冲响应函数。

脉冲响应函数（IRF）描述的是一个内生变量对误差冲击的反应。具体地说，它描述的是在随机误差项上施加一个标准差大小的冲击后对内生变量的当期值和未来值所带来的影响。

有如下 VAR 模型，$y_{1,t}$表示 GDP，$y_{2,t}$表示货币供应量：

$$\begin{cases} y_{1,t} = c_1 + \pi_{11.1} y_{1,t-1} + \pi_{12.1} y_{2,t-1} + u_{1t} \\ y_{2,t} = c_2 + \pi_{21.1} y_{1,t-1} + \pi_{22.1} y_{2,t-1} + u_{2t} \end{cases}$$

在该模型中，如果误差u_{1t}和u_{2t}不相关，就很容易解释。u_{1t}是$y_{1,t}$的误差项；u_{2t}是$y_{2,t}$

的误差项。脉冲响应函数衡量当期 u_{1t} 和 u_{2t} 一个标准差的货币冲击分别对 GDP 与货币供应量的当前值及未来值的影响。

脉冲响应函数描述了其他变量在 t 期及以前各期保持不变的前提下，$y_{i,t+s}$ 对误差为 u_{jt} 时一次冲击的响应过程。

对脉冲响应函数进行解释存在困难是因为实际中各方程对应的误差项从来都不是完全非相关的。当误差项相关时，它们有一个共同的组成部分，不能被任何特定的变量识别。为解决这个问题，引入一个变换矩阵 $\boldsymbol{M}$ 与 $\boldsymbol{u}_t$ 相乘，即

$$\boldsymbol{v}_t = \boldsymbol{M}\boldsymbol{u}_t \sim (0, \boldsymbol{\Omega})$$

从而把 $\boldsymbol{u}_t$ 的方差-协方差矩阵变换为一个对角矩阵 $\boldsymbol{\Omega}$。现在解决这个问题有多种方法，其中一种变换方法被称为乔利斯基（Cholesky）分解法，可用于使误差项正交。

原误差项相关的部分归于 VAR 模型中的第一个变量的随机扰动项。在上述模型中，u_{1t} 和 u_{2t} 的共同部分完全归于 u_{1t}，因为 u_{1t} 在 u_{2t} 之前。

（2）方差分解。

VAR 模型的另一种分析方法是方差分解，即分析未来 $t+s$ 期的 $y_{j,t+s}$ 的预测误差的方差由不同信息的冲击影响的比例。

假设式（16-2）是由任一 VAR(k) 模型转换而得到的关于 Y_t 的一阶向量自回归模型，即

$$\boldsymbol{Y}_t = \boldsymbol{A}\boldsymbol{Y}_{t-1} + \boldsymbol{U}_t \tag{16-2}$$

$$E\left(\boldsymbol{U}_t \boldsymbol{U}_t^{\mathrm{T}}\right) = \begin{cases} \boldsymbol{Q}, & i = j \\ 0, & i \neq j \end{cases}$$

式中，$\boldsymbol{Q}_{Np \times Np} = \begin{bmatrix} \boldsymbol{\Omega} & 0 & \cdots & 0 \\ 0 & 0 & \cdots & 0 \\ \vdots & \vdots & & \vdots \\ 0 & 0 & \cdots & 0 \end{bmatrix}$，其中每个元素都是 $N \times N$ 阶的。式（16-2）中的前 N 行就是原 VAR(k) 模型。

对式（16-2）进行迭代运算，得

$$\begin{aligned} \boldsymbol{Y}_t &= \boldsymbol{A}\boldsymbol{Y}_{t-1} + \boldsymbol{U}_t = \boldsymbol{A}(\boldsymbol{A}\boldsymbol{Y}_{t-2} + \boldsymbol{U}_{t-1}) + \boldsymbol{U}_t = \boldsymbol{A}^2\boldsymbol{Y}_{t-2} + \boldsymbol{A}\boldsymbol{U}_{t-1} + \boldsymbol{U}_t = \cdots \\ &= \boldsymbol{A}^s \boldsymbol{Y}_{t-s} + \boldsymbol{U}_t + \boldsymbol{A}\boldsymbol{U}_{t-1} + \boldsymbol{A}^2\boldsymbol{U}_{t-2} + \cdots + \boldsymbol{A}^{s-1}\boldsymbol{U}_{t-s+1} \end{aligned} \tag{16-3}$$

把式（16-3）中的 t 期换为 $t+s$ 期，得

$$\boldsymbol{Y}_{t+s} = \boldsymbol{A}^s \boldsymbol{Y}_t + \boldsymbol{U}_{t+s} + \boldsymbol{A}\boldsymbol{U}_{t+s-1} + \boldsymbol{A}^2 \boldsymbol{U}_{t+s-2} + \cdots + \boldsymbol{A}^{s-1}\boldsymbol{U}_{t+1} \tag{16-4}$$

式（16-4）中的前 N 项（原 VAR 模型中的方程）可用向量表示为

$$\boldsymbol{Y}_{t+s} = \boldsymbol{A}_{11}^{(s)}\boldsymbol{Y}_t + \boldsymbol{A}_{12}^{(s)}\boldsymbol{Y}_{t-1} + \cdots + \boldsymbol{A}_{1k}^{(s)}\boldsymbol{Y}_{t-k+1} + \boldsymbol{u}_{t+s} + \boldsymbol{A}_{11}\boldsymbol{u}_{t+s-1} + \boldsymbol{A}_{11}^{(2)}\boldsymbol{u}_{t+s-2} + \cdots + \boldsymbol{A}_{11}^{(s-1)}\boldsymbol{u}_{t+1}$$

式中，$\boldsymbol{A}_{11}^{(s)}\boldsymbol{Y}_t + \boldsymbol{A}_{12}^{(s)}\boldsymbol{Y}_{t-1} + \cdots + \boldsymbol{A}_{1k}^{(s)}\boldsymbol{Y}_{t-k+1}$ 表示 $\boldsymbol{A}^s\boldsymbol{Y}_t$ 的前 N 项；$\boldsymbol{u}_{t+s} + \boldsymbol{A}_{11}\boldsymbol{u}_{t+s-1} + \boldsymbol{A}_{11}^{(2)}\boldsymbol{u}_{t+s-2} + \cdots + \boldsymbol{A}_{11}^{(s-1)}\boldsymbol{u}_{t+1}$ 表示 $\boldsymbol{U}_{t+s} + \boldsymbol{A}\boldsymbol{U}_{t+s-1} + \boldsymbol{A}^2\boldsymbol{U}_{t+s-2} + \cdots + \boldsymbol{A}^{(s-1)}\boldsymbol{U}_{t+1}$ 的前 N 项。其中，$\boldsymbol{A}_{1j}^{(s)}(j=1,2,\cdots,k)$ 表示 $\boldsymbol{A}^s$ 中第 1 至 N 行和第 $[N(k-1)+1]$ 至 Nk 列围成的块；$\boldsymbol{A}_{11}^{(i)}(i=1,2,\cdots,s^{-1})$ 表示 $\boldsymbol{A}^i$ 的左上块；$\boldsymbol{A}^i$ 为 $\boldsymbol{A}$ 的 i 次方。

将 Y_{t+s} 改写为

$$Y_{t+s} = A_{11}^{(s)} Y_t + A_{12}^{(s)} Y_{t-1} + \cdots + A_{1k}^{(s)} Y_{t-k+1} + u_{t+s} + \Psi_1 u_{t+s-1} + \Psi_2 u_{t+s-2} + \cdots + \Psi_{s-1} u_{t+1} \quad (16\text{-}5)$$

式中，$A_{11} = \Psi_1$，$A_{11}^{(2)} = \Psi_2$……$A_{11}^{(s-1)} = \Psi_{s-1}$。当用式（16-5）进行预测时，应该令式中的 $u_{t+s}, u_{t+s-1}, u_{t+s-2}, \cdots, u_{t+1}$ 等于 $\mathbf{0}$，得

$$\hat{Y}_{t+s|t} = A_{11}^{(s)} Y_t + A_{12}^{(s)} Y_{t-1} + \cdots + A_{1k}^{(s)} Y_{t-k+1}$$

$t+s$ 期 $y_{j,t+s}$（$j=1,2,\cdots,N$）的预测误差可以表示为向量自回归形式，即

$$Y_{t+s} - \hat{Y}_{t+s|t} = u_{t+s} + \Psi_1 u_{t+s-1} + \cdots + \Psi_{s-2} u_{t+2} + \Psi_{s-1} u_{t+1}$$

因此，预测前 s 期的 $\hat{Y}_{t+s|t}$ 的误差均方为

$$\begin{aligned}\mathrm{MSE}\left(\hat{Y}_{t+s|t}\right) &= E\left[\left(Y_{t+s} - \hat{Y}_{t+s|t}\right)\left(Y_{t+s} - \hat{Y}_{t+s|t}\right)'\right] \\ &= \Omega + \Psi_1 \Omega \Psi_1' + \Psi_2 \Omega \Psi_2' + \cdots + \Psi_{s-1} \Omega \Psi_{s-1}'\end{aligned}$$

式中，$\Omega = E(u_t u_t')$（不同期的 u_t 等于 $\mathbf{0}$）。

下面考察每个正交化误差项对 $\mathrm{MSE}\left(\hat{Y}_{t+s|t}\right)$ 的贡献。现在，通过式（16-6）把 u_t 变换为正交化误差项 v_t：

$$u_t = M v_t = m_1 v_{1t} + m_2 v_{2t} + \cdots + m_N v_{Nt} \quad (16\text{-}6)$$

式中，$v_{1t}, v_{2t}, \cdots, v_{Nt}$ 不相关（相互正交）。因此有

$$\begin{aligned}\Omega = E(u_t u_t') &= (m_1 v_{1t} + m_2 v_{2t} + \cdots + m_N v_{Nt})(m_1 v_{1t} + m_2 v_{2t} + \cdots + m_N v_{Nt})' \\ &= m_1 m_1' \mathrm{Var}(v_{1t}) + m_2 m_2' \mathrm{Var}(v_{2t}) + \cdots + m_N m_N' \mathrm{Var}(v_{Nt})\end{aligned} \quad (16\text{-}7)$$

把用式（16-7）表达的 Ω 代入 $\mathrm{MSE}\left(\hat{Y}_{t+s|t}\right)$ 公式，合并同期项，得

$$\begin{aligned}\mathrm{MSE}\left(\hat{Y}_{t+s|t}\right) =\ & \mathrm{Var}(v_{1t})\left(m_1 m_1' + \Psi_1 m_1 m_1' \Psi_1' + \Psi_2 m_1 m_1' \Psi_2' + \cdots + \Psi_{s-1} m_1 m_1' \Psi_{s-1}'\right) + \\ & \mathrm{Var}(v_{2t})\left(m_2 m_2' + \Psi_1 m_2 m_2' \Psi_1' + \Psi_2 m_2 m_2' \Psi_2' + \cdots + \Psi_{s-1} m_2 m_2' \Psi_{s-1}'\right) + \cdots + \\ & \mathrm{Var}(v_{Nt})\left(m_2 m_2' + \Psi_1 m_N m_N' \Psi_1' + \Psi_2 m_N m_N' \Psi_2' + \cdots + \Psi_{s-1} m_N m_N' \Psi_{s-1}'\right) \\ =\ & \sum_{j=1}^{N} \mathrm{Var}(v_{jt})\left(m_j m_j' + \Psi_1 m_j m_j' \Psi_1' + \Psi_2 m_j m_j' \Psi_2' + \cdots + \Psi_{s-1} m_j m_j' \Psi_{s-1}'\right)\end{aligned}$$

则

$$\frac{\mathrm{Var}(v_{jt})\left(m_j m_j' + \Psi_1 m_j m_j' \Psi_1' + \ldots + \Psi_{s-1} m_j m_j' \Psi_{s-1}'\right)}{\sum_{j=1}^{N} \mathrm{Var}(v_{jt})\left(m_j m_j' + \Psi_1 m_j m_j' \Psi_1' + \ldots + \Psi_{s-1} m_j m_j' \Psi_{s-1}'\right)}$$ 表示正交化的第 j 个信息对前 s 期预测量 $\hat{Y}_{t+s|t}$ 方差的贡献百分比。

16.1.5 VEC 模型

对于 $k=1$ 的 VAR 模型，$Y_t = \Pi_1 Y_{t-1} + u_t$，等号两侧同减 Y_{t-1}，得

$$\Delta Y_t = (\Pi_1 - I) Y_{t-1} + u_t$$

对于 $k=2$ 的 VAR 模型，$Y_t = \Pi_1 Y_{t-1} + \Pi_2 Y_{t-2} + u_t$，等号两侧同减 Y_{t-1}，在右侧加、减

$\Pi_2 Y_{t-1}$，并整理得

$$\Delta Y_t = (\Pi_1 + \Pi_2 - I) Y_{t-1} - \Pi_2 \Delta Y_{t-1} + u_t$$

对于 $k=3$ 的 VAR 模型，$Y_t = \Pi_1 Y_{t-1} + \Pi_2 Y_{t-2} + \Pi_3 Y_{t-3} + u_t$，等号两侧同减 Y_{t-1}，在右侧加、减 $\Pi_2 Y_{t-1}$ 和 $\Pi_3 Y_{t-1}$，并整理得

$$\Delta Y_t = (\Pi_1 + \Pi_2 + \Pi_3 - I) Y_{t-1} - \Pi_2 Y_{t-1} - \Pi_3 Y_{t-1} + \Pi_2 Y_{t-2} + \Pi_3 Y_{t-3} + u_t$$
$$= (\Pi_1 + \Pi_2 + \Pi_3 - I) Y_{t-1} - \Pi_2 \Delta Y_{t-1} - \Pi_3 Y_{t-1} + \Pi_3 Y_{t-3} + u_t$$

在右侧加、减 $\Pi_3 Y_{t-2}$，并整理得

$$\Delta Y_t = (\Pi_1 + \Pi_2 + \Pi_3 - I) Y_{t-1} - \Pi_2 \Delta Y_{t-1} - \Pi_3 Y_{t-1} + \Pi_3 Y_{t-2} - \Pi_3 Y_{t-2} + \Pi_3 Y_{t-3} + u_t$$
$$= (\Pi_1 + \Pi_2 + \Pi_3 - I) Y_{t-1} - \Pi_2 \Delta Y_{t-1} - \Pi_3 \Delta Y_{t-1} - \Pi_3 \Delta Y_{t-2} + u_t$$
$$= (\Pi_1 + \Pi_2 + \Pi_3 - I) Y_{t-1} - (\Pi_2 + \Pi_3) \Delta Y_{t-1} - \Pi_3 \Delta Y_{t-2} + u_t$$

对于 k 阶 VAR 模型，$Y_t = \Pi_1 Y_{t-1} + \Pi_2 Y_{t-2} + \cdots + \Pi_k Y_{t-k} + u_t$，利用 $k=1,2,3$ 的 VAR 模型的推导规律，其向量误差修正（VEC）模型的表达式是

$$\Delta Y_t = (\Pi_1 + \Pi_2 + \cdots + \Pi_k - I) Y_{t-1} - (\Pi_2 + \Pi_3 + \cdots + \Pi_k) \Delta Y_{t-1} - (\Pi_3 + \Pi_4 + \cdots + \Pi_k) \Delta Y_{t-2} - \cdots - \Pi_k \Delta Y_{t-(k-1)} + u_t$$

令

$$\Gamma_j = -\sum_{i=j+1}^{k} \Pi_i, \quad j = 1, 2, \cdots, k-1$$

$$\Pi = -\Gamma_0 - I = \sum_{i=1}^{k} \Pi_i - I = \Pi_1 + \Pi_2 + \cdots + \Pi_k - I$$

则 ΔY_t 可以表示为

$$\Delta Y_t = \Pi Y_{t-1} + \Gamma_1 \Delta Y_{t-1} + \Gamma_2 \Delta Y_{t-2} + \cdots + \Gamma_{k-1} \Delta Y_{t-(k-1)} + u_t \tag{16-8}$$

这是 VEC 模型的一般表达式。Π 称为压缩矩阵，又称为影响矩阵（Impact Matrix）。Π 是全部参数矩阵的和减一个单位矩阵。Π 为多项式矩阵，其中每个元素都是一个多项式，其运算规则与一般矩阵相同。滞后期的延长不影响对协整向量个数的分析。

根据格兰杰定理，VEC 模型的表达式是

$$A^{\dagger}(L)(1-L) Y_t = \alpha \beta' Y_{t-1} + d(L) u_t \tag{16-9}$$

式中，$A^{\dagger}(L)$ 是多项式矩阵 $A(L)$ 分离出因子 $1-L$ 后降低一阶的多项式矩阵；$d(L)$ 是由滞后算子表示的多项式矩阵。

式（16-9）与式（16-8）完全相同。其中

$$A^{\dagger}(L)(1-L) Y_t = A^{\dagger}(L) \Delta Y_t = \Delta Y_t - \Gamma_1 \Delta Y_{t-1} - \Gamma_2 \Delta Y_{t-2} - \cdots - \Gamma_{k-1} \Delta Y_{t-(k-1)}$$
$$d(L) u_t = u_t$$

在这里 $d(L)$ 退化为单位列向量。

16.1.6　Johansen 协整检验

Johansen 协整检验的基本思想是基于 VAR 模型，将一个求极大似然函数的问题转化

为一个求特征根和对应的特征向量的问题。此估计方法由 Johansen 提出。假定条件是，$u_t \sim \text{IID}(0, \Omega)$。实际中这个条件比较容易满足。

当 u_t 中存在自相关时，只要在 VAR 模型中适当增加内生变量的滞后阶数，就能达到 u_t 非自相关的要求。此估计方法为极大似然估计法。

给定 VAR 模型：

$$Y_t = \Pi_1 Y_{t-1} + \Pi_2 Y_{t-2} + \cdots + \Pi_k Y_{t-k} + \Phi D_t + u_t, \quad u_t \sim \text{IID}(0, \Omega) \quad (16\text{-}10)$$

式中，Y_t 是 $N \times 1$ 阶列向量；D_t 表示 $d \times 1$ 阶确定性向量（d 表示确定性变量个数），用来描述常数项 c、时间趋势项 t、季节虚拟变量（如果需要）和其他一些有必要设置的虚拟变量；Φ 是确定性向量 D_t 的 $N \times d$ 阶系数矩阵，其中每一行对应 VAR 模型中的一个方程。式（16-10）的 VEC 模型形式是

$$\Delta Y_t = \Pi Y_{t-1} + \Gamma_1 \Delta Y_{t-1} + \Gamma_2 \Delta Y_{t-2} + \cdots + \Gamma_{k-1} \Delta Y_{t-(k-1)} + \Phi D_t + u_t$$

式中，

$$\Gamma_j = \sum_{i=j+1}^{k} \Pi_i, \quad j = 1, 2, \cdots, k-1$$

$$\Pi = \Gamma_0 - I = \sum_{i=1}^{k} \Pi_i - I = \Pi_1 + \Pi_2 + \cdots + \Pi_k - I$$

对变量之间协整关系的检验可以通过计算系数矩阵 Π 的秩及其特征值来完成。将系数矩阵的特征值按照从大到小的顺序排列，如果变量之间不存在协整关系（长期关系），则 Π 的秩为 0。

16.2 模型的 Stata 实现

16.2.1 获取 VAR 模型的阶数

在拟合 VAR 模型前，首先需要获取 VAR 模型的阶数。在 Stata 中，获取 VAR 模型的阶数的命令为 varsoc。该命令既可以在估计模型之前执行，也可以在估计完模型之后执行。

（1）在估计模型之前获取 VAR 模型的阶数的命令语法格式为：

varsoc depvarlist [if] [in] [, options]

其中，depvarlist 为 VAR 模型中的各个变量；options 选项含义如表 16-1 所示。

表 16-1 options 选项含义

选 项	含 义
maxlag(#)	设置 VAR 模型的最高滞后阶数，默认为 maxlag(4)
exog(varlist)	在各方程中加入外生变量 varlist
constraints(constraints)	对外生变量进行约束。如果要获得内生变量存在约束情况下的信息准则，则可以直接使用 var 命令拟合模型，模型拟合结果中会直接给出各种信息准则值
noconstant	抑制 VAR 模型各方程中的常数项
lutstats	滞后阶数选择统计量
level(#)	设置置信水平，默认为 level(95)

选项	含义
separator(#)	每#行绘制一条分割线

> **提示**：可使用的滞后阶数选择标准主要为最终预测误差（Final Prediction Error，FPE）、赤池信息准则（Akaike's Information Criterion，AIC）、施瓦茨的贝叶斯信息准则（Schwarz's Bayesian Information Criterion，SBIC）及汉南-昆信息准则（Hannan and Quinn Information Criterion，HOIC）。

（2）在估计完模型之后获取 VAR 模型的阶数的命令语法格式为：

```
varsoc [, estimates(estname)]
```

其中，estimates(estname)选项表示对保存的 VAR 模型拟合结果 estname 确定阶数。若不确定阶数，则 varsoc 命令将被用于确定最近估计的 VAR 模型的最优阶数。

（3）除 varsoc 命令以外，还可以使用 varwle 命令通过 Wald 滞后排除统计量来判断 VAR 模型的滞后阶数，该命令只适用于拟合 VAR 模型之后。

varwle 命令将给出每个方程中所有内生变量在各个滞后期上的联合显著性，以及所有方程中的内生变量在各个滞后期上的联合显著性。varwle 命令的语法格式为：

```
varwle [, estimates(estname) separator(#)]
```

其中，estimates(estname)选项表示对保存的 VAR 模型拟合结果 estname 确定阶数。如果设置 separator(#)选项，则将在结果中每#行绘制一条分割线。

【例 16-1】根据数据集 lutkepohl2.dta，获取 VAR 模型的阶数。

在估计模型之前获取 VAR 模型的阶数，在命令窗口中输入：

```
. use D:\DingJB\Stata\lutkepohl2, clear
(Quarterly SA West German macro data, Bil DM, from Lutkepohl 1993 Table E.1)
. varsoc dln_inv dln_inc dln_consump if qtr<=tq(1978q4), lutstats
```

输出结果如图 16-1 所示。

```
. varsoc dln_inv dln_inc dln_consump if qtr<=tq(1978q4), lutstats

Lutkepohl's lag-order selection criteria

  Sample: 1961q2 thru 1978q4                       Number of obs =      71

  Lag      LL       LR      df    p      FPE       AIC      HQIC      SBIC
   0    564.784                        2.7e-11   -24.423   -24.423*  -24.423*
   1    576.409   23.249    9  0.006   2.5e-11   -24.497   -24.3829  -24.2102
   2    588.859   24.901*   9  0.003   2.3e-11* -24.5942* -24.3661   -24.0205
   3    591.237    4.7566   9  0.855   2.7e-11   -24.4076  -24.0655  -23.5472
   4    598.457   14.438    9  0.108   2.9e-11   -24.3575  -23.9012  -23.2102

* optimal lag
Endogenous: dln_inv dln_inc dln_consump
Exogenous: _cons
```

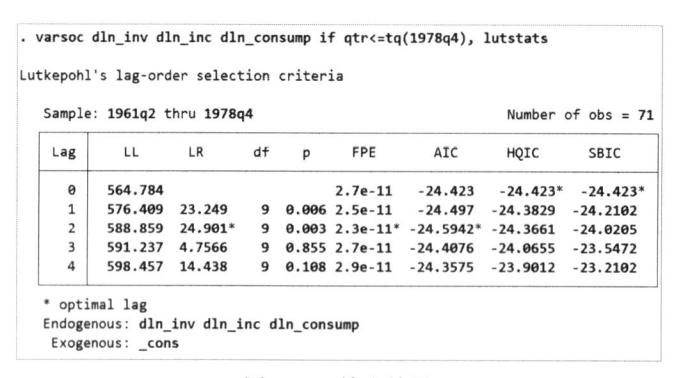

图 16-1　输出结果

在估计完模型之后获取 VAR 模型的阶数，在命令窗口中输入：

```
. var dln_inc dln_consump if qtr<=tq(1978q4), lutstats exog(l.dln_inv)    //输出结果略
. varsoc
```

输出结果如图 16-2 所示。由于原始模型中包含 dln-inv 的一阶滞后值，因此 varsoc

命令对其适用的每个模型都进行了同样的处理。

```
. varsoc
Lutkepohl's lag-order selection criteria

   Sample: 1960q4 thru 1978q4                Number of obs =     73

  +---------------------------------------------------------------+
  | Lag |    LL      LR    df    p     FPE     AIC     HQIC   SBIC |
  |-----+---------------------------------------------------------|
  |  0  | 460.646                    1.3e-08 -18.2962 -18.2962 -18.2962*|
  |  1  | 467.606  13.919  4  0.008 1.2e-08 -18.3773 -18.3273 -18.2518 |
  |  2  | 477.087  18.962* 4  0.001 1.0e-08* -18.5275* -18.4274* -18.2764|
  +---------------------------------------------------------------+

 * optimal lag
 Endogenous: dln_inc dln_consump
 Exogenous:  L.dln_inv  _cons
```

图 16-2　输出结果

16.2.2　构建 VAR 模型

在 Stata 中，构建 VAR 模型的命令为 var，其语法格式为：

var depvarlist [if] [in] [, options]

其中，depvarlist 为 VAR 模型中各个变量；options 选项含义如表 16-2 所示。

表 16-2　options 选项含义

选　　项	含　　义
noconstant	抑制 VAR 模型各方程中的常数项
lags(numlist)	在 VAR 模型各方程中使用 numlist 所设置的滞后项，默认为 lags(1 2)，即每个方程中包括所有变量的一阶滞后值和二阶滞后值
exog(varlist)	在 VAR 模型各方程中加入外生变量 varlist
constraints(numlist)	使用 numlist 所设置的线性约束估计 VAR 模型
[no] log	不显示/显示似不相关回归的迭代过程
iterate(#)	设置 VAR 模型中似不相关回归的最大迭代次数，默认为 iterate(1600)
tolerance(#)	设置 VAR 模型中似不相关回归的收敛误差
noisure	使用一步迭代的似不相关回归
dfk	进行小样本的自由度调整，在计算误差的方差-协方差矩阵时，使用 $1/(T-\bar{m})$ 而非 $1/T$ 作为除数。其中，$\bar{m}$ 为方程的平均参数数量
small	汇报小样本的 t 统计量和 F 统计量
nobigf	对于约束为 0 的系数不计算其参数向量
level(#)	设置置信水平，默认为 level(95)
lutstats	滞后阶数选择统计量
nocnsreport	在结果中不显示所使用的约束条件
coeflegend	显示图例，而不是统计信息

注意

（1）Stata 默认使用普通最小二乘法对 VAR 模型进行估计，设置 constraints(numlist) 选项后，Stata 使用迭代的似不相关回归对 VAR 模型进行估计。[no]log、iterate(#)、tolerance(#)、noisure 这些选项是针对迭代的似不相关回归估计方法的，因此只有在设置 constraints(numlist) 选项后才可使用。

（2）同样地，如果设置了 noisure 选项，即使用迭代的似不相关回归而不是逐步迭代，则 [no]log、iterate(#)、tolerance(#) 选项也不能使用。

【例 16-2】数据集 lutkepohl2.dta 中包含 1982 年第 4 季度的数据，数据由 3 个变量组成：投资自然对数的一阶差分 dln_inv，收入自然对数的一阶差分 dln_inc，以及自然消耗对数的一阶差分 dln_consump。

在命令窗口中输入：

```
. use D:\DingJB\Stata\lutkepohl2, clear
(Quarterly SA West German macro data, Bil DM, from Lutkepohl 1993 Table E.1)
. tsset
Time variable: qtr, 1960q1 to 1982q4
        Delta: 1 quarter
. var dln_inv dln_inc dln_consump if qtr<=tq(1978q4), lutstats dfk
```

这里，指定 lutstats 选项可以通过滞后阶数选择统计量，指定 dfk 选项进行小样本的自由度调整，所有的滞后阶统计量都使用最大似然估计法计算。因此，指定 dfk 选项不会改变计算的滞后阶统计量，但会改变估计的方差-协方差矩阵。

输出结果如图 16-3 所示。输出结果分为两部分：表头和包括系数、标准误、置信区间的标准 Stata 输出表。表头包含 VAR 模型中每个方程的汇总统计数据，以及用于选择 VAR 模型滞后顺序的统计数据。

```
. var dln_inv dln_inc dln_consump if qtr<=tq(1978q4), lutstats dfk

Vector autoregression

Sample: 1960q4 thru 1978q4                     Number of obs     =         73
Log likelihood =   606.307          (lutstats) AIC               =  -24.63163
FPE            =  2.18e-11                     HQIC              =  -24.40656
Det(Sigma_ml)  =  1.23e-11                     SBIC              =  -24.06686

Equation           Parms      RMSE     R-sq      chi2     P>chi2
----------------------------------------------------------------
dln_inv               7     .046148   0.1286   9.736909   0.1362
dln_inc               7     .011719   0.1142   8.508289   0.2032
dln_consump           7     .009445   0.2513   22.15096   0.0011
----------------------------------------------------------------

------------------------------------------------------------------------------
             | Coefficient  Std. err.      z    P>|z|     [95% conf. interval]
-------------+----------------------------------------------------------------
dln_inv      |
     dln_inv |
         L1. |  -.3196318   .1254564    -2.55   0.011    -.5655218   -.0737419
         L2. |  -.1605508   .1249066    -1.29   0.199    -.4053633    .0842616
             |
     dln_inc |
         L1. |   .1459851   .5456664     0.27   0.789    -.9235013    1.215472
         L2. |   .1146009   .5345709     0.21   0.830    -.9331388    1.162341
             |
 dln_consump |
         L1. |   .9612288   .6643086     1.45   0.148    -.3407922     2.26325
         L2. |   .9344001   .6650949     1.40   0.160     -.369162    2.237962
             |
       _cons |  -.0167221   .0172264    -0.97   0.332    -.0504852    .0170409
-------------+----------------------------------------------------------------
dln_inc      |
     dln_inv |
         L1. |   .0439309   .0318592     1.38   0.168     -.018512    .1063739
         L2. |   .0500302   .0317196     1.58   0.115    -.0121391    .1121995
             |
     dln_inc |
         L1. |  -.1527311   .1385702    -1.10   0.270    -.4243237    .1188615
         L2. |   .0191634   .1357525     0.14   0.888    -.2469067    .2852334
             |
 dln_consump |
         L1. |   .2884992    .168699     1.71   0.087    -.0421448    .6191431
         L2. |     -.0102   .1688987    -0.06   0.952    -.3412354    .3208353
             |
       _cons |   .0157672   .0043746     3.60   0.000     .0071932    .0243412
-------------+----------------------------------------------------------------
dln_consump  |
     dln_inv |
         L1. |   -.002423   .0256763    -0.09   0.925    -.0527476    .0479016
         L2. |   .0338806   .0255638     1.33   0.185    -.0162235    .0839847
             |
     dln_inc |
         L1. |   .2248134   .1116778     2.01   0.044      .005929    .4436978
         L2. |   .3549135   .1094069     3.24   0.001     .1404798    .5693471
             |
 dln_consump |
         L1. |  -.2639695   .1359595    -1.94   0.052    -.5304451    .0025062
         L2. |  -.0222264   .1361204    -0.16   0.870    -.2890175    .2445646
             |
       _cons |   .0129258   .0035256     3.67   0.000     .0060157    .0198358
------------------------------------------------------------------------------
```

图 16-3　输出结果

使用 exog()选项指定在 VAR 模型中包含外生变量，即使用具有外生变量的 VAR 模型。

在命令窗口中输入：

```
. var dln_inc dln_consump if qtr<=tq(1978q4), dfk exog(dln_inv)
```

输出结果如图 16-4 所示。当模型中包含外生变量时，用于分析 VAR 模型的所有后估计命令都有效，但 *h* 阶提前预测的渐近标准误不可用。

```
. var dln_inc dln_consump if qtr<=tq(1978q4), dfk exog(dln_inv)

Vector autoregression
Sample: 1960q4 thru 1978q4                    Number of obs  =         73
Log likelihood =   478.5663                   AIC            =  -12.78264
FPE            =   9.64e-09                   HQIC           =  -12.63259
Det(Sigma_ml)  =   6.93e-09                   SBIC           =  -12.40612

Equation         Parms      RMSE      R-sq      chi2      P>chi2
dln_inc             6     .011917    0.0702   5.059587    0.4087
dln_consump         6     .009197    0.2794   25.97262    0.0001

                 Coefficient  Std. err.      z    P>|z|     [95% conf. interval]
dln_inc
  dln_inc
    L1.          -.1343345    .1391074    -0.97   0.334    -.4069801    .1383111
    L2.           .0120331    .1380346     0.09   0.931    -.2585097    .2825759
  dln_consump
    L1.           .3235342    .1652769     1.96   0.050    -.0004027    .647471
    L2.           .0754177    .1648624     0.46   0.647    -.2477066    .398542
  dln_inv         .0151546    .0302319     0.50   0.616    -.0440987    .074408
  _cons           .0145136    .0043815     3.31   0.001     .0059259    .0231012

dln_consump
  dln_inc
    L1.           .2425719    .1073561     2.26   0.024     .0321578    .452986
    L2.           .3487949    .1065281     3.27   0.001     .1400036    .5575862
  dln_consump
    L1.          -.3119629    .1275524    -2.45   0.014    -.5619611   -.0619648
    L2.          -.0128502    .1272325    -0.10   0.920    -.2622213    .2365209
  dln_inv         .0503616    .0233314     2.16   0.031     .0046329    .0960904
  _cons           .0131013    .0033814     3.87   0.000     .0064738    .0197288
```

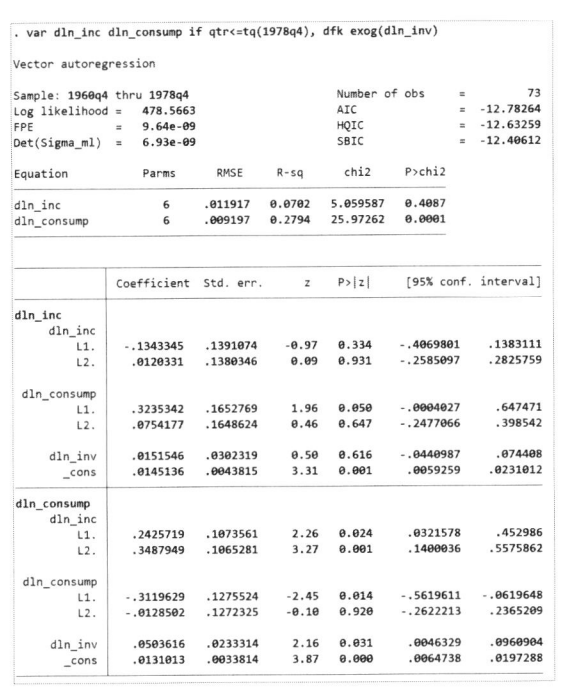

图 16-4 输出结果

16.2.3 平稳性条件判断

在 Stata 中，varstable 命令可以实现 VAR 模型的平稳性条件判断，其语法格式为：

varstable [, options]

其中，options 选项含义如表 16-3 所示。

表 16-3 options 选项含义

选项	含义
estimates(estname)	对保存的拟合结果 estname 进行平稳性检验，默认对最近估计的 VAR 模型进行检验
amat(matrix_name)	将伴随矩阵保存为 matrix_name
graph	对伴随矩阵的特征值绘图
dlabel	用特征值到单位圆的距离对特征值进行标记
modlabel	用特征值的模对特征值进行标记，dlabel 与 modlabel 不能同时设置
rlopts(cline_options)	影响参考单位圆的再现
nogrid	抑制极轴网格显示
pgrid([...])	指定极轴网格的半径和外观
addplot(plot)	将其他图表添加到生成的图形中

【例 16-3】在用 var 命令拟合 VAR 模型后，可以使用 varstable 命令来检查 VAR 模型是否满足平稳性条件。使用上例中的 VAR 模型，演示 varstable 命令的使用。

在命令窗口中输入：

```
. use D:\DingJB\Stata\lutkepohl2, clear
. var dln_inv dln_inc dln_consump if qtr>=tq(1961q2) & qtr<=tq(1978q4)    //输出结果略
. varstable, graph
```

输出结果如图 16-5（a）所示。由于每个特征值的模严格小于 1，因此估计满足特征

值平稳性条件。指定 graph 选项会生成如图 16-5（b）所示的特征值图，其中实分量在 x 轴上，复分量在 y 轴上。通过特征值图可以直观地看到特征值位于单位圆内。

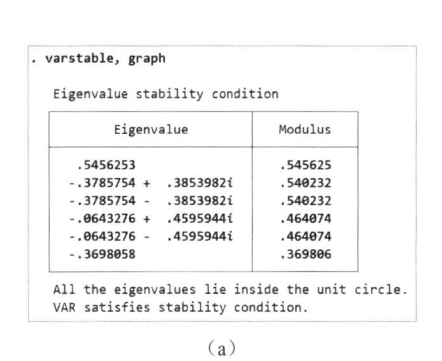

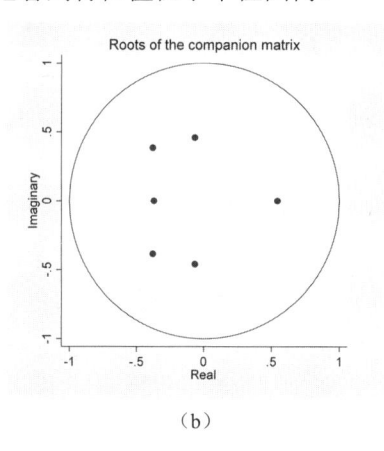

图 16-5　输出结果

16.2.4　残差的自相关检验

在 Stata 中，varlmar 命令可以实现 VAR 模型残差的自相关拉格朗日乘子检验，其语法格式为：

varlmar [, options]

其中，options 选项含义如表 16-4 所示。

表 16-4　options 选项含义

选　　项	含　　义
mlag(#)	设置自相关的最大滞后阶数#，默认为 mlag(2)
estimates(estname)	对保存的拟合结果 estname 进行残差的自相关检验，默认对当前结果进行检验
separator(#)	每#行绘制一条分割线

【例 16-4】使用上例中的 VAR 模型，演示 varlmar 命令的使用。

在命令窗口中输入：

```
. use D:\DingJB\Stata\lutkepohl2, clear
. var dln_inv dln_inc dln_consump if qtr<=tq(1978q4), dfk    //输出结果略
. varlmar, mlag(5)
```

输出结果如图 16-6 所示。由输出结果可知，不能拒绝原假设，即对于检验的滞后 5 期中的任何一期，残差中都不存在自相关，所以该检验没有给出 VAR 模型错误指定的暗示。

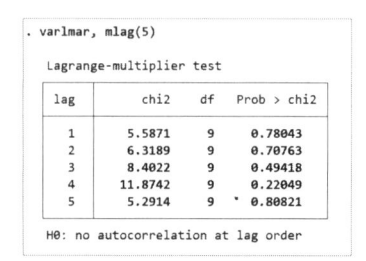

图 16-6　输出结果

16.2.5 残差的正态性检验

在 Stata 中，varnorm 命令可以实现 VAR 模型残差的正态性检验，该命令将检验每个方程的残差是否服从正态分布，以及所有方程的残差是否服从多元正态分布，默认给出 Jarque-Bera 统计量、偏度统计量和峰度统计量。varnorm 命令的语法格式为：

varnorm [, options]

其中，options 选项含义如表 16-5 所示。

表 16-5 options 选项含义

选 项	含 义
jbera	输出 Jarque-Bera 统计量，默认输出所有统计量
skewness	输出偏度统计量
kurtosis	输出峰度统计量
estimates(estname)	对保存的拟合结果 estname 进行残差的正态性检验，默认对当前结果进行检验
cholesky	使用 Cholesky 分解法
separator(#)	每#行绘制一条分割线

【例 16-5】使用上例中的 VAR 模型，演示 varnorm 命令的使用。

在命令窗口中输入：

```
. use D:\DingJB\Stata\lutkepohl2, clear
. var dln_inv dln_inc dln_consump if qtr<=tq(1978q4), dfk    //输出结果略
. varnorm
```

输出结果如图 16-7 所示。由输出结果可知，无论是单方程 Jarque-Bera 统计还是联合 Jarque-Berra 统计，都没有拒绝原假设。Jarque-Bera 统计结果使用偏度和峰度统计结果的总和，偏度（Skewness）和峰度（Kurtosis）统计结果具有相似的结构。

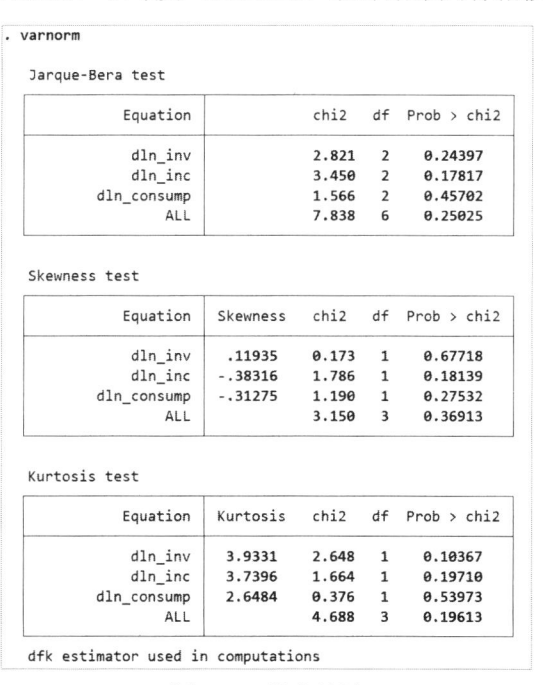

```
. varnorm

Jarque-Bera test

  Equation              chi2    df   Prob > chi2
  dln_inv              2.821     2      0.24397
  dln_inc              3.450     2      0.17817
  dln_consump          1.566     2      0.45702
  ALL                  7.838     6      0.25025

Skewness test

  Equation         Skewness   chi2   df   Prob > chi2
  dln_inv           .11935   0.173    1      0.67718
  dln_inc          -.38316   1.786    1      0.18139
  dln_consump      -.31275   1.190    1      0.27532
  ALL                        3.150    3      0.36913

Kurtosis test

  Equation         Kurtosis   chi2   df   Prob > chi2
  dln_inv           3.9331   2.648    1      0.10367
  dln_inc           3.7396   1.664    1      0.19710
  dln_consump       2.6484   0.376    1      0.53973
  ALL                        4.688    3      0.19613

dfk estimator used in computations
```

图 16-7 输出结果

16.2.6 格兰杰因果性检验

VAR 模型反映的是变量之间的动态关系，而不是变量之间的因果关系，这与回归分析不同。为了探究变量之间的因果关系，需要进行格兰杰因果性检验。

在 Stata 中，实现 VAR 模型的格兰杰因果性检验的命令为 vargranger，对于 VAR 模型中的每个方程，该命令可检验其他的外生变量是否为因变量的格兰杰因。vargranger 命令的语法格式为：

vargranger [, options]

其中，options 选项含义如表 16-6 所示。

表 16-6 options 选项含义

选 项	含 义
estimates(estname)	对保存的拟合结果 estname 进行残差的正态性检验，默认对当前结果进行检验
separator(#)	每#行绘制一条分割线

> 格兰杰因果性检验的基本思想是，如果 A 变量是 B 变量的因，同时 B 变量不是 A 变量的因，那么 A 变量的滞后值就可以帮助预测 B 变量的未来值，但 B 变量的滞后值却不能帮助预测 A 变量的未来值。
> 在操作层面，如果 A 变量是 B 变量的因，那么以 A 变量为因变量、A 变量的滞后值及 B 变量的滞后值为自变量进行最小二乘回归，B 变量的滞后值的系数显著。

【例 16-6】使用上例中的 VAR 模型，演示 vargranger 命令的使用。

在命令窗口中输入：

```
. use D:\DingJB\Stata\lutkepohl2, clear
. var dln_inv dln_inc dln_consump if qtr<=tq(1978q4), dfk small    //输出结果略
. vargranger                         //对估计完成的 VAR 模型进行格兰杰因果性检验
```

输出结果如图 16-8 所示。以第一个方程为例进行解读。

```
vargranger

Granger causality Wald tests

      Equation        Excluded       F     df   df_r   Prob > F

       dln_inv         dln_inc    .04847    2     66    0.9527
       dln_inv     dln_consump    1.5004    2     66    0.2306
       dln_inv             ALL    1.5917    4     66    0.1869

       dln_inc         dln_inv    1.7683    2     66    0.1786
       dln_inc     dln_consump    1.7184    2     66    0.1873
       dln_inc             ALL    1.9466    4     66    0.1130

   dln_consump         dln_inv     .97147    2     66    0.3839
   dln_consump         dln_inc    6.1465    2     66    0.0036
   dln_consump             ALL    3.7746    4     66    0.0080
```

图 16-8 输出结果

（1）第 1 行给出了方程 dln_inv 中 dln_inc 的两个滞后期的系数是否联合为 0 的 Wald 检验，因为其 P 值为 0.9527，所以不能拒绝 dln_inc 的两个滞后期的系数联合为 0 的原假设，从而也就不能认为 dln_inc 是 dln_inv 的格兰杰因。

（2）第 2 行给出了方程 dln_inv 中 dln_consump 的两个滞后期的系数是否联合为 0 的 Wald 检验，由输出结果可知，不能认为 dln_consump 是 dln_inv 的格兰杰因。

（3）第 3 行给出了方程 dln_inv 中所有其他内生变量的两个滞后期的系数是否联合为 0 的 Wald 检验，由输出结果可知，不能拒绝 dln_inc 与 dln_consump 联合起来不是 dln_inv 的格兰杰因的原假设。

16.2.7 脉冲响应分析

在拟合 VAR 模型后，可以进行脉冲响应分析、方差分解，以观察指定变量如何对其他变量的脉冲做出反应。在进行脉冲响应分析时，首先创建激活 IRF 文件，其次估计 irf 系列函数，最后进行绘图或列表分析。

在 Stata 中，使用 irf 系列命令可以进行脉冲响应、方差分解等函数的估计，以及 IRF 文件绘图、制表，使用 varbasic 命令可以进行基本 VAR 模型的估计与绘图。

1．IRF文件的显示、激活和清除

在 Stata 中，IRF 文件的显示、激活和清除命令为：

```
irf set                          //显示处于当前活动状态的 IRF 文件
irf set irf_filename             //激活 IRF 文件
irf set irf_filename, replace    //创建新的 IRF 文件，替换当前处于活动状态的 IRF 文件
irf set, clear                   //清除当前处于活动状态的 IRF 文件
```

【例 16-7】irf set 命令应用示例。

在命令窗口中输入：

```
. irf set
no irf file active
. irf set results1
(file results1.irf created)
(file results1.irf now active)
. irf set, clear
irf file has been cleared
. irf set
no irf file active

. use D:\DingJB\Stata\lutkepohl2, clear
(Quarterly SA West German macro data, Bil DM, from Lutkepohl 1993 Table E.1)
. var dln_inc dln_consump, exog(l.dln_inv)    //输出结果略
. irf set results2
(file results2.irf created)
(file results2.irf now active)
. irf create order1
(file results2.irf updated)
```

2．irf系列函数的估计

激活 IRF 文件后，即可利用 irf create 命令估计脉冲响应函数和方差分解函数。该命令会同时估计脉冲响应函数、动态乘子函数、预测误差方差分解函数及其各自的标准差，并将这些结果保存到当前处于活动状态的 IRF 文件中。irf create 命令的语法格式为：

```
irf create irfname [, var_options]        //VAR 模型的 IRF 文件创建
irf create irfname [, svar_options]       //SVAR 模型的 IRF 文件创建
irf create irfname [, vec_options]        //VEC 模型的 IRF 文件创建
```

其中，irfname 用于设置拟创建的变量名称，以方便在 IRF 文件中记录本次估计的结果；var_options 选项含义如表 16-7 所示。SVAR 模型及 VEC 模型的选项不进行介绍。

表 16-7 var_options 选项含义

选 项	含 义
set(filename [, replace])	将 IRF 文件 filename 设为活动状态，默认使用当前处于活动状态的 IRF 文件，设置该选项，也可以不通过 irf set 命令提前激活 IRF 文件
replace	替换已存在的 irfname 文件
step(#)	设置预测期#，默认为 step(8)
order(varlist)	设置 Cholesky 分解中内生变量的排序
estimates(estname)	使用之前保存的 VAR 模型估计结果，默认使用最近的估计结果
nose	不计算标准差
bs	使用残差自助法计算的标准差
bsp	使用参数自助法计算的标准差
nodots	使用自助法模拟时不显示"."
reps(#)	设置自助模拟的次数#，默认为 reps(200)
bsaving(filename [, replace])	将自助法的估计结果保存到 filename 中

【例 16-8】irf create 命令应用示例。

在命令窗口中输入：

```
. use D:\DingJB\Stata\lutkepohl2, clear
. var dln_inv dln_inc dln_consump if qtr>=tq(1961q2) & qtr<=tq(1978q4),
> lags(1/2)                //输出结果略
. irf create asymp, step(8) set(results1)
(file results1.irf created)
(file results1.irf now active)
(file results1.irf updated)
. set seed 123456
. irf create bs, step(8) bs reps(250) nodots
(file results1.irf updated)
. irf ctable (asymp dln_inc dln_consump fevd) (bs dln_inc dln_consump fevd),
> noci stderror
```

输出结果如图 16-9 所示。

```
. irf ctable (asymp dln_inc dln_consump fevd) (bs dln_inc dln_consump fevd),
> noci stderror

            (1)       (1)       (2)       (2)
  Step     fevd      S.E.      fevd      S.E.

     0        0         0         0         0
     1  .282135   .087373   .282135   .102756
     2  .278777   .083782   .278777   .098161
     3   .33855   .090006    .33855    .10586
     4  .339942   .089207   .339942   .104191
     5  .342813   .090494   .342813   .105351
     6  .343119   .090517   .343119   .105258
     7  .343079   .090499   .343079   .105266
     8   .34315   .090569    .34315   .105303

(1) irfname = asymp, impulse = dln_inc, and response = dln_consump.
(2) irfname = bs, impulse = dln_inc, and response = dln_consump.
```

图 16-9 输出结果

3. IRF文件绘图

在 Stata 中，利用 irf graph 命令可以对脉冲响应函数、动态乘子函数及预测误差方差分解函数等进行绘图。irf graph 命令的语法格式为：

irf graph stat [, options]

其中，stat 为可用的统计函数，如表 16-8 所示；options 选项含义如表 16-9 所示。

表 16-8 stat 统计函数说明

参　数	含　　义	参　数	含　　义
irf	脉冲响应函数	cdm	累积动态乘子函数
oirf	正交脉冲响应函数	fevd	Cholesky 预测误差方差分解函数
dm	动态乘子函数	sirf	结构脉冲响应函数
cirf	累积脉冲响应函数	sfevd	结构预测误差方差分解函数
coirf	累积正交脉冲响应函数		

表 16-9 options 选项含义

选　　项	含　　义
set(filename)	将 IRF 文件 filename 设为活动状态，默认对当前处于活动状态的 IRF 文件中所有保存的 IRF 结果绘图
irf(irfnames)	使用 irfnames 标识的 IRF 结果
impulse(impulsevar)	使用 impulsevar 作为脉冲变量
response(endogvars)	使用 endogvars 作为响应变量，若不设置 impulse()选项和 response()选项，则 Stata 将对脉冲变量和响应变量的所有组合绘图
noci	不显示置信区间
level(#)	设置置信水平，默认为 level(95)
lstep(#)	设置绘图的起始期数，默认为 lstep(0)
ustep(#)	设置绘图的最大期数
individual	对每个脉冲变量和响应变量的组合分别绘图
iname(namestub [, replace])	设置各个图的名称前缀，设置 individual 选项后方可使用
isaving(filenamestub [, replace])	将各个图保存到文件中并设置文件名的前缀，设置 individual 选项后方可使用

当需要实现多个图的组合时，可以使用 irf cgraph 命令，其语法格式为：

irf cgraph (spec_1) [(spec_2) ... [(spec_N)]] [, options]

其中，spec_k 为：

(irfname impulsevar responsevar stat [, spec_options])

其中，irfname 为 IRF 文件的名称；impulsevar 为脉冲变量；responsevar 为响应变量；stat 的选项及含义同 irf graph 命令；spec_options 为可选项，包括 noci、level(#)、lstep(#)、ustep(#)，选项含义同 irf graph 命令对应的选项。

当需要将多个表叠加到一幅图上时，可以使用 irf ograph 命令，其语法格式为：

irf ograph (spec_1) [(spec_2) ...[(spec_15)]] [, options]

其中，spec_k 为：

(irfname impulsevar responsevar stat [, spec_options])

命令中各选项的含义与 irf cgraph 命令中对应选项的含义相同，这里不再赘述。

【例 16-9】根据两个不同的 SVAR 模型生成的结果，试对两个模型中 IRF 和 FEVD 的形状是否相似进行判断。

在命令窗口中输入：

```
. use D:\DingJB\Stata\lutkepohl2, clear
. mat a = (.,0,0\0,.,0\.,.,.)
. mat b = I(3)
. svar dln_inv dln_inc dln_consump, aeq(a) beq(b)        //输出结果略
. irf create modela, set(results3) step(8)
. svar dln_inc dln_inv dln_consump, aeq(a) beq(b)        //输出结果略
. irf create modelb, step(8)
. irf graph oirf sirf, impulse(dln_inc) response(dln_consump)
```

输出结果如图 16-10 所示。图 16-10 显示，对于两个模型，oirf 估计和 sirf 估计基本上相同，并且对于这两个模型来说，函数形状非常相似。

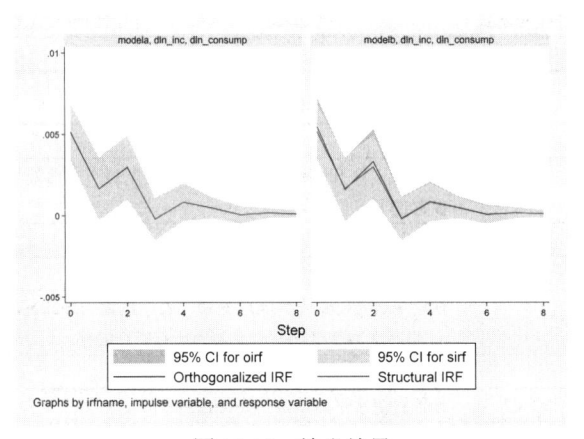

图 16-10　输出结果

为了了解 IRF 和 FEVD 是否与 Cholesky 分解存在显著差异，在命令窗口中输入：

```
. irf graph fevd sfevd, impulse(dln_inc) response(dln_consump) lstep(1)    legend(cols(1))
```

输出结果如图 16-11 所示。由图 16-11 可知，两个模型的函数形状基本相似。同时可以发现它们之间的微小差异：在 modela 中，结构估计略大于基于 Cholesky 的估计，而在 modelb 中，基于 Cholesky 的估计略大于结构估计。然而，这两个模型的结构估计都接近这两个估计的宽置信区间的中心。

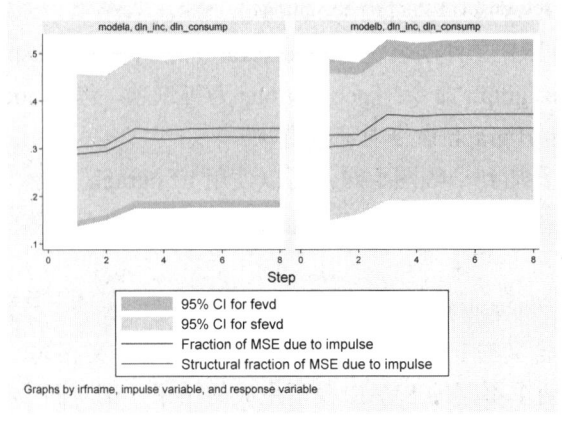

图 16-11　输出结果

4．IRF文件制表

除图形方式以外，还可以使用irf table命令通过表格的形式展示IRF、动态乘子函数及FEVD等。irf table命令的语法格式为：

irf table [stat] [, options]

其中，stat为可用的统计函数，其选项及含义与irfgraph命令相同，若不设置stat选项，则将所有的统计量都将汇报出来；options选项含义如表16-10所示。

表16-10　options选项含义

选　项	含　义
set(filename)	将IRF文件filename设为活动状态，默认对当前处于活动状态的IRF文件中所有保存的IRF结果制表
irf(irfnames)	使用irfnames标识的IRF结果
impulse(impulsevar)	使用impulsevar作为脉冲变量
response(endogvars)	使用endogvars作为响应变量，若不设置impulse()选项和response()选项，则Stata将对脉冲变量和响应变量的所有组合制表
individual	对每个脉冲变量和响应变量的组合分别制表
title("text")	设置表格标题为text
level(#)	设置置信水平，默认为level(95)
noci	不显示置信区间
stderror	在表格中包括标准误
nostructural	从默认统计列表中取消显示sirf和sfevd
step(#)	对所有表使用公共最大步长范围#

当需要实现多个表的组合时，可以使用irf ctable命令，其语法格式为：

irf ctable (spec_1) [(spec 2) ... [(spec_N)]] [, options]

其中，spec_k为：

(irfname impulsevar responsevar stat [,spec_options])

其中，stat为可用的统计函数，其选项及含义与irf graph命令中对应的选项及含义相同。限于篇幅，spec_options选项及options选项含义不进行介绍。

【例16-10】通过var命令拟合一个模型，并保存来自两个不同排序的IRF。

在命令窗口中输入：

```
. use D:\DingJB\Stata\lutkepohl2, clear
. var dln_inv dln_inc dln_consump      //输出结果略
. irf set results4
. irf create ordera, step(8)
. irf create orderb, order(dln_inc dln_inv dln_consump) step(8)
. irf table oirf fevd, impulse(dln_inc) response(dln_consump) noci std
> title("ordera versus orderb")
```

输出结果如图16-12所示。输出结果显示为单个表格，根据数据的多少会自动换行。表中的结果表明，正交化的IRF变化不大。

由于估计的FEVD发生了显著变化，因此可能需要生成两个表，其中包含估计的FEVD及其95%的置信区间。

在命令窗口中输入：

. irf table fevd, impulse(dln_inc) response(dln_consump) individual

输出结果如图 16-13 所示。由于指定了 individual 选项，所以输出结果包含两个表，每组 IRF 结果为一个表。输出结果表明，每个估计函数都在另一个估计函数的置信区间内，因此可得出这些估计函数没有显著差异的结论。

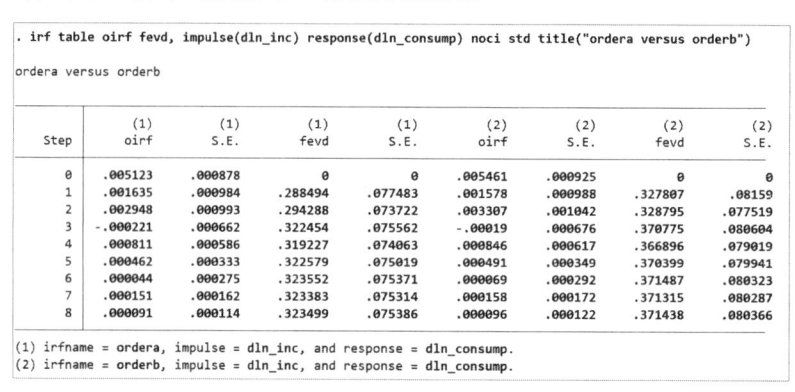

图 16-12　输出结果

图 16-13　输出结果

16.2.8　Johansen 协整检验

当变量之间同阶单整时，可以应用 Johansen 检验查看变量之间是否协整。在 Stata 中，可以通过 vecrank 命令实现模型的 Johansen 检验，其语法格式为：

vecrank depvarlist [if] [in] [, options]

其中，depvarlist 为参与协整检验的变量列表；options 选项含义如表 16-11 所示。

表 16-11　options 选项含义

选项	含义
lags(#)	设置#为对应的 VAR 模型的最高滞后阶数
trend(constant)	设置协整方程没有趋势，水平数据呈线性趋势，默认设置
trend(rconstant)	设置协整方程没有趋势，水平数据也没有趋势
trend(trend)	设置协整方程包括线性趋势，未差分数据为二次趋势
trend(rtrend)	设置协整方程包括线性趋势，未差分数据为线性趋势
trend(none)	不包括任何趋势项或常数项
sindicators(varlist_si)	包含标准化的季节标准变量 varlist_si
noreduce	不进行因变量滞后项的多重共线性检验

续表

选 项	含 义
notrace	不汇报迹统计量
max	汇报最大特征值统计量,可使用最大特征值统计量来判断协整关系的个数
ic	汇报信息准则,可通过信息准则来判断协整关系的个数
level99	输出 1%而非 5%的临界值
levela	输出 1%及 5%的临界值

【例 16-11】数据集 balance2.dta 中包含 1959 年第 1 季度至 1982 年第 4 季度美国总消费、投资和国内生产总值的季度数据。经济学中的平衡增长假设意味着希望在这 3 个变量中找到两个协整方程。试使用 vecrank 命令通过 Johansen 检验查看变量之间是否协整。

在命令窗口中输入:

```
. use D:\DingJB\Stata\balance2, clear
(macro data for VECM/balance study)
. vecrank y i c, lags(5)
```

输出结果如图 16-14 所示。由此可以发现表头中包括有关样本、趋势规范和模型中包含的滞后期数等信息;主表中包括 r 的每个可能值,即协整方程的数量。当 $r=3$ 时,模型中的 3 个变量都是平稳的。

```
. vecrank y i c, lags(5)

Johansen tests for cointegration
Trend: Constant                         Number of obs =    91
Sample: 1960q2 thru 1982q4              Number of lags =    5
                                                      Critical
Maximum                              Trace              value
   rank   Params       LL  Eigenvalue  statistic         5%
      0       39  1231.1041      .       46.1492       29.68
      1       44  1245.3882   0.26943    17.5810       15.41
      2       47  1252.5055   0.14480     3.3465*       3.76
      3       48  1254.1787   0.03611
* selected rank
```

图 16-14 输出结果

在本例中,$r=0$ 时的跟踪统计量 46.1492 超过了其 29.68 的临界值,所以拒绝没有协整方程的原假设。类似地,$r=1$ 时的跟踪统计量 17.5810 超过了其 15.41 的临界值,所以拒绝存在一个或更少协整方程的原假设。

相反,$r=2$ 时的跟踪统计量 3.3465 小于其临界值 3.76,所以不能拒绝存在两个或更少协整方程的原假设。因为 Johansen 检验估计 r 的方法是接受第一个 r 作为 $\hat{r}$,而原假设不被拒绝,所以接受 $r=2$ 作为对这 3 个变量之间的协整方程数量的估计。当 $r=2$ 时,跟踪统计量的*表示这是 Johansen 检验选择的 r 值。

在命令窗口中输入:

. vecrank y i c, lags(5) level99   //指定 level99 选项,用 1%的临界值来估计 r

输出结果如图 16-15 所示。输出结果表明,从 5%的置信水平切换到 1%的置信水平会将所得估计值从 $r=2$ 更改为 $r=1$。

```
. vecrank y i c, lags(5) level99

Johansen tests for cointegration
Trend: Constant                              Number of obs   =  91
Sample: 1960q2 thru 1982q4                   Number of lags  =   5
                                                           Critical
Maximum                                           Trace      value
   rank  Params        LL   Eigenvalue       statistic         1%
      0      39  1231.1041        .            46.1492       35.65
      1      44  1245.3882    0.26943          17.5810*      20.04
      2      47  1252.5055    0.14480           3.3465        6.65
      3      48  1254.1787    0.03611

* selected rank
```

图 16-15　输出结果

16.3　本章小结

本章对 VAR 模型与 VEC 模型的理论及其在 Stata 中的实现方法进行了详细的介绍，掌握这些方法就可以利用 VAR 模型与 VEC 模型对时间序列数据进行处理。

第17章 ARCH 系列模型

很多时间序列数据,尤其是金融资产的收益率时间序列数据,常常具有一些特征,包括"尖峰厚尾""波动聚集性""杠杆效应"等。其中,波动聚集性是指时间序列数据的波动(方差)表现为大的波动后面跟随大的波动,小的波动后面跟着小的波动,也就是说,时间序列数据存在异方差性。本章将要介绍的自回归条件异方差(ARCH)模型及其扩展模型可以很好地解决时间序列数据存在异方差性的问题。

17.1 模型基本理论

ARCH 模型是由 Engle 提出的,该模型假定随机误差项的条件方差依赖于误差项前期值平方的大小,从而可以很好地拟合该类时间序列数据。

ARCH 模型也存在滞后期长度难以确定、违反参数非负数约束等缺陷,因此后来又有了很多延伸形式,形成了 ARCH 系列模型。下面先来介绍 ARCH 模型。

17.1.1 ARCH 模型

若一个平稳随机变量 x_t 可以表示为 $\mathrm{AR}(p)$ 形式,其随机误差项的条件方差可用误差项平方的 q 阶分布滞后模型描述,即

$$x_t = \beta_0 + \beta_1 x_{t-1} + \beta_2 x_{t-2} + \cdots + \beta_p x_{t-p} + u_t \tag{17-1}$$

$$\sigma_t^2 = E\left(u_t^2\right) = \alpha_0 + \alpha_1 u_{t-1}^2 + \alpha_2 u_{t-2}^2 + \cdots + \alpha_q u_{t-q}^2 \tag{17-2}$$

则称 u_t 服从 q 阶的 ARCH 过程,记作 $u_t \sim \mathrm{ARCH}(q)$。式(17-1)称为均值方程,式(17-2)称为 ARCH 方程,这两式还应满足如下条件。

对于式(17-1),为保证平稳性,特征方程 $1 - \beta_1 L - \beta_2 L^2 - \cdots - \beta_p L^p = 0$ 的根取值应在单位圆之外。x_t 的条件期望为

$$E\left(x_t \mid x_{t-1}, x_{t-2}, \cdots, x_{t-p}\right) = \beta_0 + \beta_1 x_{t-1} + \beta_2 x_{t-2} + \cdots + \beta_p x_{t-p}$$

x_t 的无条件期望($T \to \infty$ 时)为

$$E(x_t) = \frac{\beta_0}{1 - \beta_1 - \cdots - \beta_p}$$

对于式（17-2），由于 u_t^2 的非负性，因此对 α_i 应有如下约束：
$$\alpha_0 > 0, \quad \alpha_i \geqslant 0, \quad i = 1, 2, \cdots, q$$

当全部 $\alpha_i = 0$ ($i = 1, 2, \cdots, q$) 时，条件方差 $\sigma_t^2 = \alpha_0$。因为条件方差是非负的，所以要求 $\alpha_0 > 0$。为保证 σ_t^2 是一个平稳的，式（17-2）的特征方程
$$1 - \alpha_1 L - \alpha_2 L^2 - \cdots - \alpha_q L^q = 0$$

的根取值都应在单位圆之外。对 α_i（$i = 1, 2, \cdots, q$）的另一个约束是
$$0 \leqslant \alpha_1 + \alpha_2 + \cdots + \alpha_q < 1$$

对式（17-2）求期望，得
$$\sigma_t^2 = \alpha_0 + \alpha_1 E(u_{t-1}^2) + \alpha_2 E(u_{t-2}^2) + \cdots + \alpha_q E(u_{t-q}^2)$$
$$= \alpha_0 + \alpha_1 \sigma_{t-1}^2 + \alpha_2 \sigma_{t-2}^2 + \cdots + \alpha_q \sigma_{t-q}^2$$

当 $T \to \infty$ 时，有
$$\sigma^2 = \alpha_0 + \alpha_1 \sigma^2 + \alpha_2 \sigma^2 + \cdots + \alpha_q \sigma^2$$

故无条件方差为
$$\sigma^2 = \frac{1}{1 - \sum_{i=1}^{q} \alpha_i} \alpha_0 \tag{17-3}$$

由此可见，若保证 σ_t^2 是一个平稳过程，则应该有约束 $0 \leqslant \alpha_1 + \alpha_2 + \cdots + \alpha_q < 1$。因为 $\mathrm{Var}(x_t) = \mathrm{Var}(u_t) = \sigma_t^2$，所以式（17-3）可以用来预测 x_t 的方差。

17.1.2　GARCH 模型

广义 ARCH（GARCH）模型是由 Bollerslev 提出的，该模型假定随机误差项的条件方差不仅依赖于误差项前期值平方的大小，而且依赖于误差项条件方差的前期值，所以 GARCH 模型的应用更为广泛。

ARCH(q) 模型是关于 σ_t^2 的分布滞后模型。为避免 u_t^2 的滞后项过多，可采用加入 σ_t^2 的滞后项的方法（回忆可逆性概念）。对于式（17-2），可给出如下形式：
$$\sigma_t^2 = \alpha_0 + \alpha_1 u_{t-1}^2 + \lambda_1 \sigma_{t-1}^2 \tag{17-4}$$

此模型称为 GARCH 模型，用 GARCH(1,1) 表示。其中 u_{t-1} 称为 ARCH 项，σ_{t-1} 称为 GARCH 项。式（17-4）应满足条件 $\alpha_0 > 0$，$\alpha_1 \geqslant 0$，$\lambda_1 \geqslant 0$。

当 $0 \leqslant \lambda_1 < 1$ 时，式（17-4）变为
$$(1 - \lambda_1 L) \sigma_t^2 = \alpha_0 + \alpha_1 u_{t-1}^2$$
$$\sigma_t^2 = \frac{\alpha_0}{1 - \lambda_1} + \frac{\alpha_1}{1 - \lambda_1 L} u_{t-1}^2$$
$$= \frac{\alpha_0}{1 - \lambda_1} + \left(\alpha_1 + \alpha_1 \lambda_1 L + \alpha_1 \lambda_1^2 L^2 + \alpha_1 \lambda_1^3 L^3 + \cdots \right) u_{t-1}^2$$

因此，GARCH 模型可以看作无限阶的 ARCH 模型。

GARCH 模型的一般表达式是含有 q 个 ARCH 项和 p 个 GARCH 项的形式，即 GARCH(p,q)：

$$\sigma_t^2 = \alpha_0 + \lambda_1 \sigma_{t-1}^2 + \cdots + \lambda_p \sigma_{t-p}^2 + \alpha_1 u_{t-1}^2 + \cdots + \alpha_q u_{t-q}^2 \quad (17\text{-}5)$$

式（17-5）应满足的条件是 $\alpha_0 > 0$，$\alpha_i \geqslant 0$（$i=1,2,\cdots,q$），$\lambda_i \geqslant 0$（$i=1,2,\cdots,p$），且

$$0 \leqslant \left(\sum_{i=1}^{q} \alpha_i + \sum_{i=1}^{p} \lambda_i \right) < 1$$

对于 GARCH 模型，相应的均值方程被解释变量的条件期望和条件方差分别是

$$E\{y_t \mid x_t\} = x_t \beta$$
$$\text{Var}\{y_t \mid x_t\} = \sigma_t^2$$

对式（17-5）两侧求期望，并令 $T \to \infty$，可得 u_t 的无条件方差为

$$\sigma^2 = \frac{\alpha_0}{1 - \sum_{i=1}^{q} \alpha_i - \sum_{i=1}^{p} \lambda_i}$$

17.1.3 GARCH-M 模型

基于 GARCH 模型，研究者提出了均值 GARCH（GARCH-M）模型，其基本思想是将时间序列数据的条件方差或条件方差的其他形式加入其均值方程。例如，金融资产的预期收益率应当与其风险成正比，风险越大，预期收益率应当越高。

将时间序列数据的条件方差或条件方差的其他形式加入其均值方程，可构成 GARCH-M 模型，即

$$r_t = \mu_t + \delta \sigma_t + u_t$$
$$\sigma_t^2 = \alpha_0 + \sum_{i=1}^{q} \alpha_i u_{t-i}^2 + \sum_{i=1}^{p} \lambda_i \sigma_{t-i}^2$$

其中，第一个方程为均值方程，第二个方程为条件方差方程。

17.1.4 其他模型

研究发现，金融资产价格存在杠杆效应，即相同幅度的价格下跌比相同幅度的价格上涨对金融资产价格波动的冲击影响更大，或者说影响是非对称的。

基于此，研究者提出了非对称 ARCH 模型，包括门限 ARCH（TARCH）模型、指数 GARCH（EGARCH）模型及幂 ARCH（PARCH）模型等。

这些模型的共同特点是条件方差方程中加入了非对称项，能有效拟合负冲击（坏消息）比正冲击（好消息）对金融资产价格波动影响更大的特点。

1. TARCH模型

TARCH 模型及后面的 EGARCH 模型、PARCH 模型都是非对称 ARCH 模型，可以考虑杠杆效应，即相同幅度的价格下跌比相同幅度的价格上涨对金融资产价格波动的冲击影响更大。

TARCH(1,1)模型的条件方差形式为

$$\sigma_t^2 = \alpha_0 + \alpha_1 u_{t-1}^2 + \beta \sigma_{t-1}^2 + \gamma u_{t-1}^2 I_{t-1}$$

式中，I_{t-1} 为虚拟变量，且 $I_{t-1} = \begin{cases} 1, & u_{t-1} < 0 \\ 0, & u_{t-1} \geqslant 0 \end{cases}$。

正冲击（好消息，$u_{t-1} > 0$）和负冲击（坏消息，$u_{t-1} < 0$）对条件方差 σ_t^2 的影响不同，正冲击的影响为 $\alpha_1 u_{t-1}^2$，负冲击的影响为 $(\alpha_1 + \lambda) u_{t-1}^2$。对于条件方差的非负数的要求为 $\alpha_0 \geqslant 0$，$\alpha_1 \geqslant 0$，$\beta \geqslant 0$。若 $\gamma = 0$，则表示不存在非对称效应；若 $\gamma > 0$，则表示存在非对称效应。

2. EGARCH模型

EGARCH(1,1)模型的条件方差形式为

$$\ln(\sigma_t^2) = \omega + \beta \ln(\sigma_{t-1}^2) + \gamma \frac{u_{t-1}}{\sqrt{\sigma_{t-1}^2}} + \alpha \left(\frac{|u_{t-1}|}{\sqrt{\sigma_{t-1}^2}} - \sqrt{\frac{2}{\pi}} \right)$$

由此可以发现，条件方差是针对 $\ln(\sigma_t^2)$ 建模的，所以即使参数估计值是负数，条件方差 σ_t^2 仍然是正数。或者说，EGARCH 模型不需要人为假定模型参数是非负数。同时，如果参数 $\gamma < 0$，则表明存在杠杆效应；如果参数 $\gamma = 0$，则表明不存在非对称效应。

3. PARCH模型

PARCH 模型对标准差建模，因此大幅冲击对条件方差的影响比标准 GARCH 模型中要小。PARCH(1,1)模型的条件方差形式为

$$\sigma_t^\delta = \omega + \alpha \left(|u_{t-1}| - \gamma u_{t-1} \right)^\delta + \beta \sigma_{t-1}^\delta$$

式中，δ 为标准差的幂参数，且 $\delta > 0$，与模型的其他参数一起估计；$|\gamma| \leqslant 1$。

17.2 模型的 Stata 实现

17.2.1 拟合 ARCH 系列模型

拟合 ARCH 系列模型的命令为 arch，其语法格式为：

arch depvar [indepvars] [if] [in] [weight] [, options]

其中，depvar 为被解释变量；indepvars 为解释变量；options 选项含义如表 17-1 所示。

表 17-1　options 选项含义

选　项	含　义
noconstant	抑制 ARCH 系列模型中的常数项
arch(numlist)	设置 ARCH 模型扰动项的滞后阶数
garch(numlist)	设置 GARCH 模型扰动项的滞后阶数
saarch(numlist)	简单的非对称 ARCH 模型扰动项
tarch(numlist)	阈值 ARCH 模型扰动项
aarch(numlist)	非对称 ARCH 模型扰动项

续表

选项	含义
narch(numlist)	非线性 ARCH 模型扰动项
narchk(numlist)	带位移的非线性 ARCH 模型扰动项
abarch(numlist)	绝对值 ARCH 模型扰动项
atarch(numlist)	绝对值 TARCH 模型扰动项
sdgarch(numlist)	设置 σ_t 的滞后期
earch(numlist)	设置 EGARCH 模型中信息项的滞后期
egarch(numlist)	设置 $\ln \sigma_t^2$ 的滞后期
parch(numlist)	PARCH 模型扰动项
tparch(numlist)	阈值 PARCH 模型扰动项
aparch(numlist)	非对称 PARCH 模型扰动项
nparch(numlist)	非线性 PARCH 模型扰动项
nparchk(numlist)	带位移的非线性 PARCH 模型扰动项
pgarch(numlist)	PGARCH 模型扰动项
constraints(constraints)	使用线性约束
archm	在均值方程中包括条件异方差项
archmlags(numlist)	设置 ARCH-in-Mean 模型均值方程中条件异方差的滞后期
archmexp(exp)	对 ARCH-M 模型均值方程中条件异方差项进行表达式 exp 所示的变换
arima(#p,#d,#q)	对因变量拟合 ARIMA(p,d,q)模型
ar(numlist)	结构模型扰动项的 AR 项
ma(numlist)	结构模型扰动项的 MA 项
distribution(dist [#])	设置残差由 dist 所设置的分布：gaussian（默认）、normal、t 或 ged。#为自由度或形状参数。gaussian、normal 均指正态分布，且不可以设置#
het(varlist)	设置乘积异方差，即在条件方差方程中包括 varlist 的变量
savespace	在估计时节省内存
vce(vcetype)	设置方差的估计方法，可以是 opg、robust 或 oim
level(#)	设置置信水平，默认为 level(95)
detail	汇报时间序列的间断点
nocnsreport	不显示约束
collinear	保持共线性变量
coeflegend	显示图例，而不是统计信息

17.2.2 ARCH 模型的 LM 检验

在 Stata 中，estat archlm 命令可以实现 ARCH 模型的 LM 检验，其语法格式为：

estat archlm [, options]

其中，options 选项含义如表 17-2 所示。

表 17-2 options 选项含义

选项	含义
lags(numlist)	设置滞后期
force	允许在使用稳健标准差回归之后进行检验

17.2.3 对 ARCH 系列模型进行预测

在 Stata 中，对 ARCH 系列模型进行预测的命令为 predict，其语法格式为：

```
predict [type] newvar [if] [in] [,statistic options]
```
其中，可选项的含义在前文中已经介绍过，这里不再赘述。

【**例 17-1**】数据集 wpi1.dta 中包含 1960 年第 1 季度（1960q1）至 1990 年第 4 季度（1990q4）的季度数据。试采用 ARCH 模型进行分析。

在命令窗口中输入：

```
. use D:\DingJB\Stata\wpi1, clear
. regress D.ln_wpi           //拟合只有一个常数项的模型
```

输出结果如图 17-1 所示。

图 17-1 输出结果

在命令窗口中输入：

```
. estat archlm
```

输出结果如图 17-2 所示。结果显示了 ARCH(1)效应的测试结果。因为 LM 检验显示 P 值为 0.0038，远低于 0.05，所以拒绝无 ARCH(1)效应的原假设。因此，可以通过指定 arch(1)来进一步估计 ARCH(1)参数。

图 17-2 输出结果

一阶 GARCH 模型是经验工作中最常用的条件方差模型，通常被写成 GARCH(1,1)。在命令窗口中输入：

```
. arch D.ln_wpi, arch(1) garch(1)    //估计对数差分序列的 GARCH(1,1)过程
```

输出结果如图 17-3 所示。由此得到的模型为

$$y_t = 0.006 + u_t$$
$$\sigma_t^2 = 0.436 u_{t-1}^2 + 0.454 \sigma_{t-1}^2$$

这里，$y_t = \ln(\text{wpi}_t) - \ln(\text{wpi}_{t-1})$。

说明 这里模型的 Wald 检验和概率都被报告为缺失（.）。通常，Stata 报告均值方程的模型检验，在本例中，对于 ARCH 模型，均值方程通常只由一个常数组成，无须检验。

采用可以保留条件方差的 GARCH(1,1) 模型，并将均值建模为具有 AR(1) 项和 MA(1) 项及第四滞后 MA 项的 ARMA 过程。

在命令窗口中输入：

. arch D.ln_wpi, ar(1) ma(1 4) arch(1) garch(1)

输出结果如图 17-4 所示。由此得到的模型为

$$y_t = 0.007 + 0.792(y_{t-1} - 0.007) - 0.342u_{t-1} + 0.245u_{t-4} + u_t$$
$$\sigma_t^2 = 0.204u_{t-1}^2 + 0.695\sigma_{t-1}^2$$

这里，$y_t = \ln(\text{wpi}_t) - \ln(\text{wpi}_{t-1})$。

图 17-3 输出结果

图 17-4 输出结果

ARCH(1) 系数 0.204 与 0 没有显著差异，但 ARCH(2) 和 GARCH(1) 系数总体上是显著的。进行 test 检验的结果如下：

. test [ARCH]L1.arch [ARCH]L1.garch
 (1) [ARCH]L.arch = 0
 (2) [ARCH]L.garch = 0
       chi2(2) =   84.92
     Prob > chi2 =   0.0000

17.3 本章小结

ARCH 系列模型可以解决时间序列数据存在异方差性的问题。本章在介绍 ARCH 系列模型的基础上，详细介绍了 ARCH 系列模型在 Stata 中的实现方法。通过本章的学习，读者可以掌握利用 ARCH 系列模型处理异方差问题的方法。

参考文献

[1] 李子奈，潘文卿．计量经济学[M]．北京：高等教育出版社，2020．

[2] 李昕，张明明．SPSS 28.0 统计分析从入门到精通（升级版）[M]．北京：电子工业出版社，2022．

[3] 陈强．计量经济学及 Stata 应用[M]．北京：高等教育出版社，2015．

[4] 陈强．高级计量经济学及 Stata 应用[M]．2 版．北京：高等教育出版社，2014．

[5] 马慧慧．Stata 统计分析与应用[M]．3 版．北京：电子工业出版社，2016．

[6] 杨维忠，张甜．Stata 统计分析从入门到精通[M]．北京：清华大学出版社，2022．

[7] 王天夫，李博柏．STATA 实用教程[M]．北京：人民大学出版社，2008．

[8] 高铁梅．计量经济分析方法与建模：Eviews 应用及实例[M]．2 版．北京：清华大学出版社，2009．

[9] 张晓峒．计量经济分析[M]．北京：经济科学出版社，2000．

[10] 隆恩．基于 Stata 的数据分析流程[M]．唐丽娜，王卫东，译．北京：人民大学出版社，2019．

[11] GUJARATI D N，PORTER D C．计量经济学基础[M]．5 版．北京：人民大学出版社，2011．

[12] 王燕．时间序列分析：基于 R[M]．2 版．北京：人民大学出版社，2020．